周恩来与河北

ZHOU EN LAI YU HE BEI

中共河北省委党史研究室 编著

中共党史出版社

敬爱的周恩来总理永远活在我们的心中

周恩来与河北

ZHOUENLAIYUHEBEI

主　　　编：安树彦

副 主 编：赵胜军　李殿京

执 行 主 编：张平均

执行副主编：丁建同

编　　　辑：田　超　郭　冰　余炳荣

撰稿人(按姓氏笔画)：

　　　　丁建同　田　超　刘洪升　杜丽荣　张平均

　　　　张建华　张振岭　余炳荣　郝洪喜　郭　冰

　　　　高振芬　曾文友

责任编辑:黄 艳 刘 洋
封面设计:张 成 侯梦玮
版式设计:张 成

图书在版编目(CIP)数据

周恩来与河北/中共河北省委党史研究室编著—北京:
中共党史出版社,2008.3
ISBN 978-7-80199-929-0

Ⅰ.周… Ⅱ.中… Ⅲ.纪实文学–中国–当代 Ⅳ.125

中国版本图书馆 CIP 数据核字(2008)第 018656 号

书 名:周恩来与河北

作 者:中共河北省委党史研究室
出版发行:中共党史出版社
社 址:北京市海淀区芙蓉里南街 6 号院 1 号楼
邮 编:100080
经 销:新华书店
印 刷:河北方华印刷有限公司
开 本:787×1092 1/16
字 数:419 千字
印 张:23.25
印 数:1—1500 册
版 次:2008 年 3 月第 1 版 2008 年 3 月第 1 次印刷

ISBN 978-7-80199-929-0
定 价:58.00 元

前　言

在纪念周恩来同志诞辰 110 周年之际,《周恩来与河北》一书公开出版发行了。这既是恭奉给伟大的无产阶级革命家、中华人民共和国开国总理周恩来的一曲美好赞歌,也是献给河北 6800 万人民的一件珍贵礼品。

河北是一片有着光荣革命传统的土地。革命先辈在这片土地上英勇奋斗,创造了风雷激荡的业绩,谱写了气壮山河的诗篇。《周恩来与河北》一书,采取纪实的写法,再现了周恩来在河北革命和建设中的活动情况,真实地记录了周恩来高瞻远瞩、运筹帷幄、指挥若定的雄才大略;辛勤工作、为民公仆的革命精神;实事求是、联系群众的优良作风;严于律己、与群众同甘共苦的高尚情操。解放战争时期,毛泽东和中共中央、中央军委在西柏坡指挥了举世闻名的“三大战役”,召开了具有深远历史意义的七届二中全会。周恩来作为毛泽东的助手,也充分显示了高超的领导艺术才能、光辉的战略思想、灵活的策略原则。中华人民共和国成立后,为把社会主义建设事业推向前进,周恩来又多次来到河北调查研究,走遍了河北大地的山山水水,不仅直接指导了河北的经济建设,而且为正确指导全国的经济建设提供了决策依据。

周恩来在河北的实践活动,在党的历史上占有光辉的一页。他在河北的一言一行,为我们党特别是为河北的党员干部树立了学习的榜样。

当前,河北人民正在党的十七大精神和中共河北省委七届三中全会精神的指导下,紧紧围绕又好又快发展这个主题,为把河北建设成为沿海经济发展社会强省而奋斗。我们一定要在老一辈无产阶级革命家的精神鼓舞下,站在新的历史起点上，打开解放思想这个"总闸门"，不断加快改革开放步伐，集中精力抓建设，一心一意谋发展，自觉为构建社会主义和谐社会和全面建设小康社会，推进社会主义现代化建设辛勤工作，奋力拼搏，开拓进取，再创辉煌。

《周恩来与河北》的出版发行，无疑对河北人民更好地继承和发扬先辈革命家的好思想、好作风，对我们高举中国特色社会主义的伟大旗帜，坚持科学发展观，加快改革开放和经济发展，搞好物质文明、精神文明、政治文明建设，特别是加强党的建设，都有着极其重大的现实意义。我们要把河北的事情办好，构建和谐河北，尽快把河北建设成为沿海经济社会发展强省，这就是我们对周恩来同志诞辰的最好纪念。

编　者

2007 年 11 月于石家庄

目　录

引子 …………………………………………………………… (1)

第一章　青年作客开平镇 ……………………………… (4)

应同窗挚友之邀 ……………………………………… (4)

兴致勃勃奔唐山 ……………………………………… (6)

在开平镇体察民情 …………………………………… (8)

毕业后的友情 ………………………………………… (9)

第二章　肩负使命顺直行 ……………………………… (12)

棘手的"顺直问题" …………………………………… (12)

三次派人解决未果 …………………………………… (13)

"顺直问题"越演越烈 ………………………………… (16)

临危受命顺直行 ……………………………………… (19)

深入调查摸实情 ……………………………………… (20)

为《出路》撰写文稿 …………………………………… (22)

有惊无险脱虎口 ……………………………………… (23)

主持顺直扩大会 ……………………………………… (24)

建立新的顺直领导层 ………………………………… (28)

返沪之后仍关怀 ……………………………………… (29)

第三章　亲赴石门为抗战 ……………………………… (33)

从太原到石家庄 ……………………………………… (33)

在群众大会上演讲 …………………………………… (35)

看望市委工作人员 ……………………………… (36)

第四章 柏坡岭上注心血 ………………………… (37)

一路艰辛到柏坡 ………………………………… (38)

斗室油灯理万机 ………………………………… (40)

大决战中的参谋长 ……………………………… (43)

制定财经工作方针 ……………………………… (52)

领导第二战场的斗争 …………………………… (54)

学会管理城市 …………………………………… (57)

没有总理衔的总理 ……………………………… (59)

擘划新中国蓝图 ………………………………… (63)

雨夜救人显温情 ………………………………… (64)

春回大地赴京"赶考" …………………………… (67)

第五章 视察安国和徐水 ………………………… (70)

出行安国前的忧虑 ……………………………… (70)

掌握了第一手材料 ……………………………… (73)

时刻心系群众冷暖 ……………………………… (76)

为安国制药厂题词 ……………………………… (79)

在安国中学皱起眉头 …………………………… (82)

总理眼里闪出泪花 ……………………………… (85)

你家有没有老人 ………………………………… (88)

第六章 邯郸调研知真情 ………………………… (91)

你是县里来的 好吹 …………………………… (93)

农业搞不好是不行的 …………………………… (98)

不要怕见群众嘛 ………………………………… (99)

今年搞个实事求是年 …………………………… (102)

不要叫我总理 叫我周恩来 …………………… (105)

红薯很好吃 可进国宴 ………………………… (109)

不办食堂就不是社会主义吗 …………………… (113)

不要把食堂和社会主义制度联系起来 …………………… (117)

搞供给制　那是将来的事情 …………………………… (120)

中央的重点在北方　北方的重点是河北 ……………… (124)

我犯官僚主义　你在杨桥也犯官僚主义啊 …………… (126)

你们真是英雄 ……………………………………………… (131)

磁县语重共谋抗旱 ……………………………………… (139)

第七章　亲临灾区到邢台 …………………………… (143)

邢台发生大地震 ………………………………………… (143)

国务院紧急部署 ………………………………………… (148)

连夜直奔隆尧城 ………………………………………… (151)

心系白家寨群众 ………………………………………… (154)

第二次来到灾区 ………………………………………… (161)

与王口群众心连心 ……………………………………… (167)

自力更生　重建家园 …………………………………… (169)

家里丢了地里拿回来 …………………………………… (170)

老百姓的贴心人 ………………………………………… (171)

组织万人宣传队 ………………………………………… (174)

第八章　六到唐山情满怀 …………………………… (177)

莅临启新厂 ……………………………………………… (177)

微访百姓家 ……………………………………………… (180)

置身高炉前 ……………………………………………… (182)

驱步矿井下 ……………………………………………… (186)

情注"穷棒子" …………………………………………… (191)

心系"活愚公" …………………………………………… (195)

第九章　谋划国策在幽燕 …………………………… (203)

搞计划要从实际出发 …………………………………… (204)

提出了"四个现代化" …………………………………… (206)

主持长江三峡工程会议 ………………………………… (207)

为"耀华"解决大问题 …………………………………… (209)

关心"起士林"的建设 …………………………………… (211)

心中总是装着人民群众 …………………………………… (213)

对北油南运基地的前瞻 …………………………………… (214)

关心海滨防沙造林 ………………………………………… (215)

难忘的"7464 工程" ……………………………………… (217)

第十章　足迹踏遍石家庄 ……………………………… (219)

要安全第一　质量第一 …………………………………… (219)

晋谒烈士英灵 ……………………………………………… (225)

治理污染　综合利用 ……………………………………… (226)

要精打细收　颗粒归仓 …………………………………… (229)

搞生产必须算账 …………………………………………… (231)

要重视产品质量这个大问题 ……………………………… (235)

第十一章　水利所治民心所系 ………………………… (239)

深谋远虑修官厅 …………………………………………… (239)

从此"无定"变永定 ……………………………………… (243)

百年大计　质量第一 ……………………………………… (244)

大坝上的足迹 ……………………………………………… (248)

全面规划　综合利用 ……………………………………… (252)

第十二章　风范永存天地间 …………………………… (257)

一块碑文的故事 …………………………………………… (257)

在北戴河买票看戏 ………………………………………… (259)

在小饭馆吃豆腐脑 ………………………………………… (260)

我们现在不能忘了人家好处 ……………………………… (261)

尊重民主人士 ……………………………………………… (262)

与游客握手交谈 …………………………………………… (262)

应该这样坚持原则 ………………………………………… (264)

永不知疲倦的人 …………………………………………… (265)

感人的夫妻情 ································ (266)

三拒上菜 ······································ (267)

礼让货车 ······································ (268)

照顾观众 ······································ (269)

秤窝窝头 ······································ (271)

颗粒归仓 ······································ (271)

与不入食堂的老农话食堂 ··············· (272)

初到伯延"偷袭"食堂 ····················· (274)

第十三章 追思伟人继遗志 ·············· (278)

古镇幽幽寄深情 ··························· (278)

莘莘学子的怀念 ··························· (280)

沙石峪人的思念 ··························· (282)

追忆总理的"生活关" ····················· (286)

一位工程师的怀念 ························ (288)

挥不去的镜头 ······························ (292)

周恩来与河北有关讲话、文章、电报、批示等 ······· (296)

讲话 ·· (296)

文章 ·· (320)

电报、电话 ···································· (322)

批示、指示 ···································· (325)

信件、报告 ···································· (332)

周恩来在河北大事记 ······················ (338)

1917 年 ·· (338)

1928 年 ·· (338)

1929 年 ·· (339)

1937 年 ·· (339)

1940 年 ·· (340)

1948 年 ·· (340)

1949 年 ……………………………………………………………… (342)

1950 年 ……………………………………………………………… (344)

1951 年 ……………………………………………………………… (344)

1953 年 ……………………………………………………………… (344)

1954 年 ……………………………………………………………… (345)

1955 年 ……………………………………………………………… (345)

1956 年 ……………………………………………………………… (345)

1957 年 ……………………………………………………………… (345)

1958 年 ……………………………………………………………… (346)

1959 年 ……………………………………………………………… (347)

1960 年 ……………………………………………………………… (348)

1961 年 ……………………………………………………………… (349)

1962 年 ……………………………………………………………… (350)

1965 年 ……………………………………………………………… (350)

1966 年 ……………………………………………………………… (350)

1968 年 ……………………………………………………………… (352)

1972 年 ……………………………………………………………… (353)

1973 年 ……………………………………………………………… (353)

结束语 ……………………………………………………………… (354)

后　记 ……………………………………………………………… (361)

引 子

关于周恩来最早到河北的时间,过去河北从事地方党史研究的同志普遍认为是 1928 年 12 月 11 日,周恩来到河北解决顺直问题。近读《周恩来早期文集》上卷(南开大学出版社 1993 年版),发现周恩来在天津南开中学读书时,就曾在 1916 年分别到过河北省的山海关、昌黎等地。这里摘录周恩来 1916 年春天的一篇题为《春假约友赴山海关旅行短札》的作文加以印证。

全文如下:

某兄伟鉴:

自都门袂别以来,时景迢迢,亦已三月余矣。而踏青时既届,春假之期复临,念此大好时光,不忍虚度,思欲为之能不旅行,以畅我胸襟乎?观察燕赵之习俗,复有昔日所谓感慨悲歌之士者乎?奈敝校同志多有束装归里者,不作此思。忽忆及兄台在此假期内萍迹他乡,不免岑寂,返家之时既不足于百无聊赖之中,闻斯议必奋然兴起无疑,况惜阴如吾兄者乎。旅行目的之地,弟以如肯偕往,山海关为宜一游,观长城形胜,委蜿于西渤海之涛,于东关号第一,地居险要。是行或有所得,则胜于闷居斗室百倍。精神灵敏如兄者,当必赞同。京津非遥,祈赐回玉。明日弟恭候车站,以验吾之所以信兄者也,兄将何以履吾言乎。

此颂学祉无量。

周恩来在 18 岁时作文"约友赴山海关旅行",与他的人生经历有关。

周恩来自幼家境窘迫,生活困苦。1910 年,他 12 岁时,就随回家探亲的三堂伯周贻谦从南方来到北方,投奔在奉天度支局俸饷科任科员的伯父周贻赓生活。同年春就读于铁岭银岗书院,秋天又转到奉天第六两等小学堂(后改名为东关模范学校)学习。1913 年 2 月,周贻赓调到天津长芦盐运司榷运科工作,把家搬到了天津,周恩来也随之迁居津门,于是年 8 月考入南开学校。在南开

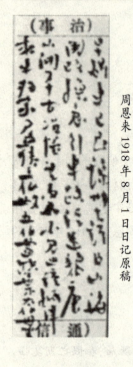

周恩来 1918 年 8 月 1 日日记原稿

学校学习的三年时间里,少年周恩来乘坐火车"出关"赴奉天和"进关"徙天津,都要途经连接关内外铁路的交通枢纽山海关,对"地居险要",可"观长城形胜,委蜿于西渤海之涛",特别是有"天下第一关"("于东关号第一")的山海关留有极深的印象。但当时,他可能仅仅是在火车上望一望山海关古城,并无缘下车登长城"一游"。因此,1916 年春天,周恩来则在写约友春假出外旅行的作文时,走笔写出这封给"都门"(北京)友人的短札,表达了自己想到山海关一游的渴望。

1917 年 6 月,周恩来在南开学校毕业,9 月赴日本留学。在去日本留学之前,曾专程去沈阳探望又转回东北任职奉天省清丈总局西安清丈行局科员的伯父周贻赓,看望小学的母校师生。据考证,他在去沈阳途中,曾应昌黎的南开同学之邀,到昌黎逗留一二日,游览了碣石山;昌黎距山海关仅 60 公里,他很有可能借机或结伴,或独行,到山海关一游,再由山海关继续东行。1918 年夏天,周恩来曾由日本东京回国到天津探家。他是从东京乘坐火车到下关,再由下关乘船到釜山,

周恩来经常与同学常策欧、王朴山在一起切磋学业,锻炼身体,因而成为好朋友。这是三人 1914 年的合影。左起:常策欧、王朴山、周恩来

取道朝鲜半岛连接东北的铁路，经山海关回到天津的。他在 1918 年 8 月 1 日的日记中有这样的记述："早醒，车已至锦州大站。由山海关改换急引车，路经昌黎、唐山、开平、古冶，怅望昌黎不见。四钟抵津，乘车归家……"据前一天日记，他是在 7 月 31 日"晚抵奉"，"九钟复行"的，因改坐的是慢车，早起醒来车已到锦州这个大站。无疑，他是在 8 月 1 日上午由山海关换乘"急引车"（快车），赶往天津（下午"四钟抵"）。在换车时，他肯定在山海关车站作了短暂的逗留。1918 年 8 月 1 日的日记是周恩来早年有关"山海关"的又一段文字。所幸的是，不管是这一天的日记，还是那篇作文，手迹均存留至今。

周恩来在青年时代最后一次路经山海关，是在转年 5 月。1919 年 4 月中旬，周恩来"回国图他兴"，由横滨乘舟到大连回国，在沈阳、哈尔滨等地盘桓近一个月，才回到了天津。在回津时，他又途经山海关。

第一章 青年作客开平镇

1917年春节前夕，唐山近郊的开平镇耿家营常家来了一位南方籍的年轻人，他英俊潇洒，谈吐大方，吸引了四邻八家的人们都来探视。此人便是周恩来。

应同窗挚友之邀

原来，周恩来和当地学子常策欧同是天津南开学校的学生。周恩来这次开平之行，是应常策欧之邀，一块到其家过春节的。

1913年8月，周恩来考入天津南开学校。当时，他只有15岁，虽然家境贫寒，但他并不沮丧，相反，他更刻苦地学习文化，因此成绩总是名列前茅，再加上他"凡朋友及公益事无不尽力"的豪爽性格，班上的许多同学都乐意与他交往。他与常策欧是同班同学，两人同住一室，两床相对，正可谓朝夕相处；加之志趣相投，友谊日增，情同手足。两人总是学习上互相切磋，品德上互相砥砺，思想上

青年时期的周恩来

相互交流，很快成为"以校为家，以同学为兄弟"的同窗挚友。

南开学校是一所闻名国内，仿照欧美近代教育制度开办的私立学校，校长张伯苓曾到日本、欧美考察，思想比较开明，办学十分认真。在学习上，周恩来

和常策欧勤奋好学,听习兼顾,晨夕少息,多次获得班里国文、捷算、习字课程的优胜者称号。1916年,南开学校组织了全校作文比赛,周恩来、常策欧所在的丁二班摘取了第一名的桂冠,并且他们还荣获"含咀英华"奖状,老师们高兴地与他们合影。

在课外活动上,他们共同阅读清初进步思想家顾炎武、王夫之的文章和西方启蒙思想家卢梭、赫胥黎的著作,共同背诵古典诗词,以诗明志,共同讨论"辛亥滦州起义"等仁人志士的壮举。尤其对学校和班上的各种公益活动,他们无不热心尽力,甘于默默地去作那些为公众"服役"的事情。周恩来认为:"课外事务则如猬集,东南西北,殆无时无地而不有责任系诸身,人视之以为愚,弟当之尚倍有乐趣于中。"

在生活上,周恩来吃穿节俭,常靠抄写文件弥补费用。他曾在作文中写道:"踯躅途中,睹乞丐成群也,则思推己及人,视天下饥如己饥、溺如己溺。""殊弗预埋首窗下,孳孳于字里行间,而置他事于不问也。"常策欧虽然家庭较为富裕,但自律严格,生活适度,从不铺张,与同学们一样俭朴。

1914年,周恩来、张瑞峰、常策欧在学校发起组织"敬业乐群会",他们"以智育为主体,而归宿于道德,联同学之感情,补教科之不及。"会内分智育部、稽古部、演说部和俱乐部,会员达到200多人。他们共同组织学术报告会、茶话会,组织参观、郊游、旅行等活动。在《敬业》会刊上,常策欧发表了《本会成立小史》,周恩来发表了"极目青郊外,烟霾布正浓,中原方逐鹿,博浪踵相踪"的诗作等文章。

周恩来(右)和张瑞峰(中)、常策欧(左)发起组织敬业乐群会

随着年龄的增长,周恩来、

1917年春,常策欧为周恩来写的小传

常策欧等学子的心情更加炽热了。他们看到,民国虽然成立,政权却很快落到了北洋军阀袁世凯的手里。英国武装进犯西藏,沙俄策划外蒙"独立",日本强行提出二十一条,袁世凯称帝,张勋复辟等消息使学生们痛心。"呜呼,处近日神州存亡危急之秋,东临同种,忽逞野心,噩耗传来,举国骚然,咸思一战,以为背城借一之举,破釜沉舟之计。一种爱国热诚,似已达于沸点"。周恩来的这段记述表达了他们当时的心情。怎么办?他们用满腔的爱国情愫学习文化知识、学习进步报刊,努力"作事于社会,服役于国家,以其所学,供至于世"。在心底渐渐树立了"险夷不变应尝胆,道义争担敢歇肩"的远大抱负。

1917年春,周恩来、常策欧等人编辑南开第十次第二组毕业同学录,他们两人分别为同学录作序。在同学录上,除刊印毕业同学的照片外,还附有各人的小传。这些小传都是由相互熟悉、了解较深的同学执笔的。常策欧写了周恩来的小传,周恩来写了常策欧的小传。

兴致勃勃奔唐山

1917年寒假前,常策欧热情邀请周恩来到唐山作客。周恩来对唐山心仪已久,他在少年旅居沈阳时曾路过唐山,也在一些报刊书籍上了解过唐山,对其煤矿、工厂、铁路具有一些印象,对其社会情况也有一些了解,遂愉快地答应常策欧的邀请,偕伴到开平过年,同时做一番社会考察。

是年农历腊月二十六,他俩从天津乘火车兴致勃勃地奔向唐山。数九寒天,冀东大地上江河流冰,草木瑟瑟,海鸥在朔风中搏击,行人在雪地上踯躅。面对此情此景,常策欧深情地向周恩来介绍起冀东的兴衰荣辱、风土人情。周恩来情不自禁的吟起自己的近作:"茫茫大陆起风云,举国昏沉岂足云,最是伤心秋又到,虫声唧唧不堪闻"。常策欧则以"宁海城边衰草秋,残垒夕阳相向愁,国旗拔去插欧帜,夷歌互答声啾啾"的家乡抒情诗答之。

下午4点钟,火车到达唐山。苍莽暮色中,他们看到了这座筚路蓝缕中成长的工业重镇的真实模样。唐山大地上,1878年建起了中国北方第一座煤矿,1881年修建了中国第一条标准轨距铁路,1882年造出了中国第一辆机车,1889年生产出了中国第一桶水泥。伴随着工业的发展,外国势力愈发干预、插手工矿生产,他们骗占矿山,掠夺资源,欺压工人,致使大量财富流失,工人们生活在水深火热之中。革命先驱李大钊曾写道:"工人的生活尚不如骡马的生活,工人的生命尚不如骡马的生命。"同时,唐山的产业工人们以"特别能战斗的精神"与列强势力和资本家进行着顽强的抗争。1882年7月,开平煤矿工人爆发了要求改善待遇的罢工,1891年又掀起了反对外国技师、工头的斗争,1916年这里的工人积极宣扬"十月革命"的盛况,盼望一个"工人之国"早日到来。

周恩来和常策欧望着在逆境中成长的工厂,在寒风中挣扎的工人,不约而同地发出举世昏沉的感叹,要发奋学习济世的本领,让"基础立于此日,发达俟呼将来"。

在常策欧家人的接应下,周恩来他们来到开平镇常家。"伯母好、姐姐好。"周恩来彬彬有礼的举止让常母满心欢喜,拿出了家中最好的食品、腾出院中最好的房屋接待这位远方的贵客。晚上,周恩来和常策欧同住常宅后院的小楼上。他们谈学习、谈社会、谈理想、谈未来,度过了一个个不眠的夜晚。白天,常家的邻居、亲友都来看望周恩来,异口同声地夸奖这位南方的学生有"福"相。

周恩来素来勤快、干净,经常帮助常母干些杂活,和周围人们唠些家常,他们相处的像一家人,非常亲密。

在开平镇体察民情

大年初一,常家附近的街上张灯结彩、人头攒动。周恩来和常策欧发现人群中一位满身油污、疲惫不堪的工人在寻觅什么,遂前去攀谈。

工人们告诉他们:这位工人姓郑,是附近马家沟煤矿的机械匠,趁放假时加班做年工检修机器,以补贴贫困的家庭。现刚刚下班,准备买点东西回家。周恩来点点头,把工人的话记在心里,并拱手向郑师傅拜年。

正月初三,他在常家遇到了串亲的母女二人,见小女孩步履蹒跚,行动困难,心里顿生疑问。

常策欧解释说:"这小孩可能缠足了。"

周恩来鼓起勇气指着孩子的脚对女孩的母亲说:"是天足好还是缠足好啊?现在是民国了,应该解放孩子的脚啊!"

常策欧也接着话题讲了许多缠足的弊病。

孩子的母亲终于接受了他们的意见,回去后放了孩子的脚,这件事后来在开平镇上成为佳话广泛流传。

正月初十是开平大集,常策欧邀了几个同伴陪周恩来到了集上。在锣鼓声中,他们饶有兴致地看了高跷、秧歌表演,品尝了蜂蜜麻糖、棋子烧饼等地方小吃。在观音阁旁,周恩来径直走近一家粮店调查行情。

开平镇曾是冀东有名的一座古城,有"龙岗绕势三千陌,月殿飘香十二楼"之誉,周恩来对这里的楼阁、庙宇非常感兴趣,每到一处都悉心观看,但残破的城垣、失修的建筑无不使他忧心忡忡。"这残破的古老城池多像我们的国家啊!"说话间,周恩来好像想起了什么,问常策欧:"白雅雨就是在这里就义的吗?"

"是的,白雅雨又叫白毓昆,是辛亥滦州起义的主要将领,任革命军参谋长,辛亥起义失败后,于1912年4月撤退至开平东边的古冶时被捕,和七八名起义的志士被杀害,他临刑时表现得异常壮烈,慷慨赋诗'此身随死了,千古美名传',就义后,天津政法学堂为他开了追悼会,尸体安葬在金刚桥畔。"

一阵沉默后,常策欧又低声念道:"风萧萧兮易水寒,壮士一去不复还。"随之,周恩来声情并茂地吟诵了骆宾王的绝句:"此地别燕丹,壮士发冲冠,昔时人已没,近日水犹寒。"

常策欧本想带周恩来到唐山看看,但此时开滦煤矿、京奉路唐山制造厂的洋人、把头正在镇压工人们的"反包工制"斗争,并再次策划向俄国输送华工,社会十分混乱。为防不测,在常母的极力劝阻下,他们未能到唐山作进一步的考察。

正月十二早晨,在常母、姐姐的护送下,他们先乘马车到唐山,而后换乘火车返回天津。

月台上,常母不停的念叨:"恩来,再来啊。"

"伯母、姐姐,我一定再来唐山,一定再来看你们!"周恩来边挥手边大声回答。随着汽笛长鸣,两位学子又踏上了征程。

这次开平之行,周恩来收获颇多。回到天津不久,他写出了许多感怀文章。怎样才能将祖国从危难中拯救出来?年轻的周恩来愈发陷入深深的思索之中。

毕业后的友情

1917 年 6 月,周恩来、常策欧以优异的成绩在南开学校毕业。当时,日本在

周恩来(后排右一)与留日同学合影

明治维新后正在兴盛起来,英国的工业化如日中天。周恩来很想去日本看看,从中思考解救中国的方法。常策欧选择了到英国学习,以改变中国的落后面貌。由于周恩来家境贫寒,难以给他多少支持,关键时刻,常策欧家里拿出了部分积蓄,帮助周恩来去日本求学。

1917 年 9 月,周恩来和常策欧分别远赴日、欧留学。分别前,周恩来写下了抒发救国抱负的著名诗篇:"大江歌罢掉头东,遂觅群科济世雄,面壁十年图破壁,难酬蹈海亦英雄。"他们期盼着"愿相会于中华腾飞世界时"。

1919 年秋,常策欧赴英国留学,就读于伦敦大学。1920 年 12 月,周恩来赴巴黎勤工俭学。当时正值寒假,周恩来决定利用假期到伦敦看望常策欧,并考察英国社会状况,于是便乘船渡过英吉利海峡,到达伦敦。从 1920 年底到 1921 年初,周恩来和常策欧两人住在常策欧的公寓里,从天下大事到求学问题无所不谈。1922 年 1 月,周恩来再次赴伦敦看望常策欧。

在假期,常策欧也到巴黎看望周恩来,平时就靠通信联系。旅欧期间,周恩来寄给常策欧的信共有 100 多封,但可惜的是,这些信大部分被毁于十年浩劫中。在保存下来的仅有的几封信中,我们摘录了这封 1922 年 3 月 25 日周恩来在柏林期间写给常策欧的信:

"醒兄(常策欧字醒亚——编者注):

两次寄来报信,均收到。

《Times》(《泰晤士报》)既如此减价,便请先代定一月直接寄弟处好了。

书目承示知多种,谢谢。

贝氏《柏林指南》已买得。

柏林天气,前数日亦甚冷,且曾飞雪两日。今日略见晴明。伦敦如何?

报请快定!

匆匆。询近好!

恩来

一九二二·三·二五"

从这封信中,我们可以看出周恩来和常策欧两人关系之密切,联系之频繁。

建国后,常策欧在天津北洋大学担任英语教授。这期间,他和其他同学一起多次被邀请到周恩来的家中做客。他们一起回忆过去的岁月,都感到亲切。

1951 年深秋,常策欧因心脏病引起脑血栓并发症,在协和医院治疗一段后出院回家。周恩来虽日理万机,仍牵挂着老同学,亲自到常策欧的家中探视。已经不能说话的常策欧激动得几次张口想说什么,却说不出来。周恩来怕他听不清,伏在耳边大声劝慰他,让他好好养病,病好后一起建设祖国。遗憾的是常策欧一病不起,于1953年病逝了,享年55岁。他病逝前是天津北洋大学(现天津大学前身)教师。在他逝世后,周恩来还亲自看望和慰问他的子女。

对此,常家只是把对周恩来的敬慕和思念埋在心里,从不炫耀。1976年,周恩来逝世,常家陷入深深的悲痛之中。在1986年和1991年,常家将保存了多年的周恩来的2张明信片和12幅照片捐赠给了天津周恩来、邓颖超纪念馆,受到了有关部门的高度重视和隆重表彰。

周恩来这次来唐山虽然处于学生时代,但他那优良品德,卓越才思,爱国激情给常家留下了深刻的印象。周恩来在开平过年的情形一直成为当地人们的美谈,鞭策着一代又一代青年的成长。

1921年12月,周恩来和南开挚友李福景(左)、常策欧(中)在伦敦的合影

第二章　肩负使命顺直行

1928年11月上旬,中共中央政治局常委、秘书长兼中央组织部长的周恩来,在参加完党的六大,受中央委托在莫斯科处理完六大各项未了事宜后,回到国内。此时,正值中共顺直省委内部闹纠纷,中央数次派人解决,效果不太明显,形成令中央深感棘手的所谓"顺直问题"。当年12月,周恩来亲赴顺直,终于彻底解决了这一矛盾,充分表现了他高超的"理党"领导水平。

棘手的"顺直问题"

所谓"顺直问题"是怎样发生的? 周恩来又是如何解决这一问题的呢? 下面我们作一个较详细的叙述。

顺直指的是北平(曾名顺天府)和河北(曾名直隶省)。建党和大革命时期曾有以李大钊为书记的中共北方区委,工作范围包括河北、山西、北平、天津、察哈尔、绥远、热河、河南北部及陕北等广大地区,革命工作有过显著成绩。大革命失败,李大钊等被大军阀张作霖杀害,北方党组织失去领导中枢,工作陷于半停顿状态。

1927年5月19日,中共中央政治局常委会决定建立顺直省委,工作范围与原来的北方区委相同。但是,因革命形势的急剧变化,党内出现了不同意见,特别是省委内部的分岐,引起党员的极大不满和党内的混乱。在一些革命高潮时入党又没有经过教育和训练的新党员中,小资产阶级意

中共顺直省委旧址

见泛滥;有的党员怀疑党的策略转变,对党的政策采取自由主义态度;有的不顾党的民主集中制,搞极端民主化;有的不愿意过艰苦斗争生活,以雇佣观点对待工作,给钱就干,不给钱不干,闹"经济主义";有的看到前途困难重重,就悲观失望,消极怠工等。"顺直问题"由此产生,纠纷不断,愈演愈烈,令中共中央深感棘手。

三次派人解决未果

王荷波

为了解决顺直省委纠纷问题,中央曾三次派人前往,但均未见效。

第一次是八七会议后,中共临时中央政治局决定成立以政治局委员王荷波为书记的中共中央北方局,负责"全权解决"顺直省委纠纷问题,改组省委,撤换彭述之(仍留省委工作),由朱锦堂任书记。史称"第一次改组"。但接着发生了两件大事:一件是发动"顺直大暴动",两位省委常委牺牲,并使历尽艰难保存下来的一点力量又遭受严重损失;二是由于叛徒告密,北方局遭破坏,王荷波等被捕牺牲。于是,顺直党的工作又陷入停顿。

第二次是1927年11月中旬,中共中央决定撤销北方局,顺直省委受中央直接指导,并派蔡和森任中央北方巡视员,指导顺直省委工作。1928年1月27日,蔡和森主持对顺直省委进行"第二次改组",推举工人出身但政治水平很低的王藻文为书记,将彭述之开除出省委。这次改组,由于缺乏正确的政治指导,"不能用教育的方法在实际工作中去解决问题,反而带着个人意气及派别成见",因此,不但不能解决问题,反

彭述之

而更促成顺直党组织的混乱和分裂。保南地方党组织一些人以本地区未派代表出席省委改组会议为由，竟认为"省委不合法"，并在正定自行组织"第二省委"。彭述之则跑到上海向党中央告蔡和森的状，而蔡和森也即派人到中央辩解。此时党中央领导也不统一，一会儿听彭述之的，说"一月改组"不当；一会儿又听蔡和森的，说改组是正当的。这就使顺直党组织无所适从，从思想到组织都陷于混乱，工作难以开展，处于瘫痪状态。

第三次是 1928 年 3 月，中共中央决定派刘少奇以全国总工会特派员身份到天津，旋又决定他参加顺直省委常委，以加强省委领导。6 月，中共留守中央又加派陈潭秋来顺直巡视指导工作。7 月，刘少奇、陈潭秋、韩连会主持召开省委扩大会议，决定改组省委，推举韩连会代替王藻文任书记，并给闹纠纷最烈的韩麟符以撤销内蒙古特委书记、留党察看 6 个月的处分。会后，刘、陈回上海向党中央汇报情况。史称"第三次改组"，又称"七月改组"。

陈潭秋

八九月间，六大新中央负责人向忠发、蔡和森、李立三等回国开始工作，听取了留守中央及刘、陈的汇报。从一开始(在莫斯科开六大听了顺直代表王藻文、王仲一等的报告)，中共中央便知道顺直问题是当时全党工作中"第一个最严重的问题"，这个问题又是"发生在党非常涣散的时候"；如果"不能很快的得到正确的解决，不独北方工作不能发展，并且全党涣散的精神都不能转变"。

此时周恩来尚未回国，中央以向忠发(实际是李立三)为核心，对解决顺直问题采取了"惩办主义"的办法。10 月 4 日中央政治局会议，认为蔡和森对顺直省委问题负有责任，决定撤销其政治局常委和宣传部长职务，由李立三代替；还维持顺直省委对韩麟符的处分决定，仍派刘少奇去天津指导顺直省委工作。

"惩办主义"是不能解决问题的。10 月，刘少奇刚从上海返回天津，顺直党内又发生一系列严重问题。一是韩麟符问题。认为处分过重，一部分干部和党员联合起来进行反省委的活动；二是王藻文问题。王对处分极为不满，联合一部分被开除党籍的人由反省委而勾结敌人叛党，顺直省委不得不决定开除他的党籍；三是"京东问题"。京东唐山、乐亭、玉田、遵化等地党组织负责人认为

"七月改组"是"不合组织的",不承认新省委,派代表到天津"请愿",并组织所谓"京东护党请愿团",赴中央控告顺直省委,也就是控告刘少奇。一时间竟闹得满城风雨,使顺直省委几乎完全不能行使职权。

在这种情况下,刘少奇、陈潭秋、韩连会商量决定:由他们三人联名签发一则通告,指出:"顺直党内完全为小资产阶级意识所支配",省委"已经没有指导工作和解决问题的可能",指责京东组织"京东护党请愿团""显然有分裂党的倾向"等。通告宣布停止顺直省委职权,停止京东各县委组织的活动,报请中央组织特别委员会来处理顺直一切问题;特委未成立之前,由他们三人直接指导和主管省委工作。

11月9日,中共中央政治局举行常委会议,讨论顺直省委领导间产生严重分歧、各级组织涣散、派别纠纷不断的问题。李立三提出发展工人斗争、打击小资产阶级意识的意见,甚至主张在顺直党内开展"两条路线斗争"。

此时周恩来已于11月上旬回到国内,出席了这次常委会。

"不应该是两条路线","主要的还是政治的说服"。在11月9日的常委会上,周恩来明确表示不同意李立三的"惩办主义"和"两条路线斗争"的主张。他在发言中指出:"顺直残留的斗争直到现在,主要的是缺少了政治的指导。这点中央要特别注意。"他强调说:"我觉得中央委员会有一人去一下才好。"11月27日,中央政治局会议继续讨论顺直省委问题。讨论的结果是:不同意停止省委职权的做法,并做出五条决议:(一)即刻恢复省委职权,陈潭秋以巡视员名义参加省委工作,刘少奇脱离铁路总工会,完全做省委工作;(二)少数同志组织的"护党请愿团"应立即解散,因为这不符合党的组织原则,是破坏党纪的行为;(三)省委应在三个月内召集全省党员代表大会,在代表大会前,须积极改造各级党部,引进积极分子,尤其是工人分子到各级指导机关去工作;(四)一切党内纠纷均由代表大会解决,代表大会召开之前,禁止一切关于党内纠纷的讨论;(五)京东四县党部立即停止活动,并由省委派巡视员去巡视并实行改组。

会议决定,派中共中央政治局常委、中央组织部长周恩来去顺直巡视,调张金刃(张慕陶)参加顺直省委工作,韩连会仍任顺直省委书记,省委恢复职权,改组常委。

于是,周恩来担起了解决这个令人棘手的"顺直问题"的重担。

"顺直问题"越演越烈

正如党的六届二中全会所指出的,顺直问题是中央开始工作之后第一个最严重的问题。为什么顺直问题这样难解决呢?

这要从北方党的历史说开去。北方党是在党的主要创始人之一李大钊的亲自创建和领导下发展起来的。在创建初期,他曾领导和组织过北方著名的工人运动,对全国工人运动产生过重大影响,后又推动了国共合作和北方国民革命运动的发展,为北方革命做出过巨大贡献。由于当时的历史环境,它在发展过程中也存在一些弱点:一是知识分子成分较多,特别是大革命时期入党的知识分子,有些人心存浓厚的资产阶级民主主义思想,对建立资产阶级民主共和国等抱有很大幻想;二是大革命时期入党的工农同志,由于现实斗争的残酷紧迫,因而缺乏严格的阶级训练,存有雇佣革命的观念等各种非无产阶级意识;三是大革命时期,党为推动北方国民革命运动的发展,着力强调了民主革命的纲领和各阶级要求,有些忽视自己阶级的独立行动和政治要求,模糊了党内的阶级意识。凡此种种,就形成了北方党内矛盾的历史根源。

而在现实中,党的五大以后,党中央派彭述之到北方组建了顺直省委,代替了原北方区委以指导北方党的工作。但彭述之到任之后依然坚持陈独秀的右倾错误,政治上由等待主义变成关门主义,组织上实行宗法式的家长统治。

八七会议后,党中央派蔡和森、王荷波到北方组建北方局,指导北方党工作。蔡和森、王荷波贯彻八七会议精神,批判了彭述之的错误,改组了顺直省委,使党内情绪日渐活跃起来,党的组织有了恢复,工作有了一定的开展。他们把开展土地革命、组织工农暴动、夺取反动政权作为北方工作的总方针,制定了《北方局暴动计划》,普遍发动工农斗争,给敌人以不断的打击。但由于敌我力量悬殊等种种原因,致使玉田暴动失败和北方局被破坏。因而造成省委领导情绪异常消沉,工作陷入停顿。党内同志极为不满,认为这不是我们工人的党,完全是知识分子欺骗工人的把戏,因此强烈要求改组省委,党内矛盾开始出现。

据文献记载,1928 年 1 月 27 日,召开了顺直省委改组会议。会议进一步贯彻了八七会议精神,集中批判了彭述之的机会主义错误,改组了省委,由王藻文任书记。会议为打破彭述之的家长制统治,充分发扬了党内民主,调动了党内积极性,会后使党的工作出现了新气象。但1月改组会议存在一些严重的缺点。一是没有结合北方实际情况制定出顺直党的政治任务决议案。二是在批判机会主义错误中,过分集中于彭述之个人,过分否定过去的工作,把知识分子同机会主义分子联结起来,从而扩展了工学之间的矛盾。三是不适当地强调了党内民主,模糊了民主与集中的关系。四是忽视对党内经济主义倾向的抵制和批判,因而使其发展,造成党内的经济纠纷。

2月中旬,蔡和森奉命返回上海,结束对顺直省委的巡视工作,党中央派刘少奇为中央特派员到北方指导顺直省委的工作。这时,王藻文对出现的经济困难极为不满,工作消极。在他的错误领导下,顺直党内矛盾全面爆发了:政治上时"左"时右,不是盲动就是不动;以反机会主义为名责骂党的过去,责骂知识分子,造成党内严重的工学矛盾和派别观念;在党内发展个人绝对自由和绝对民主化;在经济上发展雇佣革命观念,造成不好解决的经济问题。此后,顺直党内发生一系列严重事件:3月,省委干部阎怀聘利用保(定)南各县党组织对省委的不满,自行组织"保南省委"与省委相对抗;4月,在北方国民党与奉系军阀的战争中,制定了一个以打杀为中心的盲动主义计划。当党中央批评了这一盲动主义错误后,省委由盲动转为不动,一切等"北伐军"到来再说;6月,国民党军队统治北方后,党内一些人竟认为"北伐成功了","革命胜利了",有的党员动摇了,使党员人数日见减少。

7月,中共中央致函顺直省委,指出顺直党内问题的严重性,要求全党必须深恶痛绝地同党内错误倾向做斗争,改造党的组织。中央决定增派陈潭秋为中央特派员到北方,与刘少奇一起共同执行改造顺直党的任务。

同月,陈潭秋、刘少奇主持召开了顺直省委扩大会议。会议听取和讨论了党中央的政治报告、省委关于顺直政治经济状况及党务问题的报告,批判了1月改组会议以后党内在政治上的机会主义和盲动主义错误,制定了比较正确的《政治任务决议案》,批判纠正了党内各种错误倾向,改组了省委,由韩连会任省委书记。

虽然顺直省委7月扩大会议的基本精神和内容都是正确的,但在解决党内矛盾的做法上存在严重缺点:一是没有抓住党内矛盾的来龙去脉,找出产生矛盾的主客观原因,进行历史的实事求是的分析;二是看问题简单片面,一概否定;三是处理问题缺乏深入细致的思想工作,强调机械纪律,带有命令主义。由于以上缺点,不能真正解决党内矛盾。致使制定了正确的政治路线却无人推行,使党内矛盾继续发展。9月初又发生了"京东护党请愿团"事件,赴中央控告顺直省委,一时间闹得满城风雨,使顺直省委几乎完全不能行使职权。1928年6月,陈潭秋在给中央的报告中,这样描述顺直党的状况:"一、没有正确的政治路线,使党员群众都觉得无出路,因此消极烦闷,对党怀疑;二、将机会主义的错误,没有归咎于党的指导机关的政策,而是单纯地归咎于党的组织,更简单的归咎于某几个人。这种影响,使一般同志只是着眼在个人,互相猜忌,把党仅置脑后,因个人问题掩蔽了政治与党的一切工作;三、因为极端民主化的影响,使党的纪律大部废弛,省委威信极低,没有能力命令或处分同志。严格的说,省委决议案在上层没有严格执行,省委书记可以不服从省委决议案,按自己的意思去做。下级党部更时常以轻蔑的态度为豪,对省委的警告和处分视若无睹;四、对机会主义的另一种解释,差不多以知识分子作为机会主义的代表,因此在隐约中不免有工学界限;五、说过去负责人经济不清,于是引起了党内纠缠不清的经济斗争。"

对于顺直党内矛盾的严重发展,陈潭秋、刘少奇认为省委"能力薄弱"、"信仰完全失去",已无法工作,遂于10月28日与韩连会三人,以中央特派员与中央委员名义发出通告,宣布停止顺直省委行使职权,停止京东四县党组织活动,建议中央组织专门特委解决顺直党内矛盾问题。在中央特委未成立之前,省委一切工作由陈潭秋、刘少奇、韩连会三人直接处理。

1928年10月间,陈潭秋再次到上海,向李立三汇报了北方党的工作情况。李立三说:"北方党目前比较乱,在莫斯科已经研究了,准备召开顺直扩大会议,任务是传达六大精神,整顿北方党的组织,你们先去天津筹备这次会议。"他告诉陈潭秋:"这次党中央派周恩来同志到天津主持顺直扩大会议,因为他对北方比较熟悉。你们赶快回天津,准备迎接周恩来同志。"

陈潭秋回到天津,首先介绍了李立三给他看过的文件精神和中央的情况,并研究决定大家分头下去,进行调查研究,然后再做大会的筹备工作。

12月初,调查研究工作结束,省委着手大会的筹备工作,起草党务问题、农民运动、青年工作、"济难会"问题决议案等文件。其中政治决议案只搞了个提纲,等周恩来到来后参加起草。

临危受命顺直行

1928年12月11日下午，此时天津海河码头显得热闹非凡。一位文质彬彬、身着长衫的年轻人正在那里徘徊，像是在等候什么人。此人就是中共顺直省委的徐彬如。那么，他在等谁呢？

事情要从当月上旬顺直省委接到的一封秘密电报说起。那天，在省委主持工作的陈潭秋，接到由上海党中央发来的一封秘密电报，说周恩来即将去天津，要省委派一位和周恩来认识的同志去码头迎接，并告诉了周恩来的化装情况。陈潭秋等人商议后，认为徐彬如是最佳人选。徐彬如当时是在顺直省委协助陈潭秋搞宣

周恩来

传工作，同时筹备顺直扩大会议。因为徐彬如在广州、上海期间都与周恩来一起工作过，比较熟悉。由于众人尽知周恩来一向对工作要求很严，大家心生敬畏，此事又涉及党的秘密，故而陈潭秋在对徐彬如布置任务时，并未明说要去接谁，只是做一手势，摸了一下胡子，说："他要来了。"徐彬如便立刻明白了来者是谁，因为周恩来是有名的美髯公。

下午4点左右，一艘轮船正向码头驶来，汽笛长鸣。原本已非常繁忙热闹的码头顿时沸腾起来，伫立在此不时眺望前方等候亲友的人们纷纷涌向前去。徐彬如随着人流快步向前。这时，这艘由塘沽方向开来的轮船已缓缓地靠岸了。

下船的人群中走出一位富商模样的人。只见他30岁左右的年纪，中等身材，留着八字胡，双眼炯炯有神，头戴礼帽，身着长衫，显得十分干练、沉稳和刚毅。他就是中共中央派来解决顺直问题的周恩来。

徐彬如一眼就认出了"富商"就是周恩来。与此同时，周恩来也认出了徐彬如。

"是你在这儿，什么时候来的？"刚一见面，周恩来就亲切地问道。

"比你先到两个月。"徐彬如一边回答，一边看表。他见时间已经不早了，便

提议在附近饭馆吃点饭。

其实,周恩来比徐彬如对天津的情况还要熟悉,他便风趣地说:"你忘了,我不吃两条腿(指鸡)的。走,我带你到别的地方吃四条腿的去。"

饭后,徐彬如带领周恩来先到了长春旅社(今天津滨江道117号,时为党的秘密交通机关,县委书记们到津的住处——编者注)。稍事休息后,又将周恩来安排到日租界的一家饭店去住,并约定第二天省委的同志前来汇报。

深入调查摸实情

周恩来一到天津,就不顾旅途疲劳,立即投入了紧张的工作。他没有等到第二天,当晚便首先听取了陈潭秋、刘少奇、韩连会、张昆弟等省委领导人的工作汇报,听取他们对顺直省委的工作意见。陈潭秋等人在谈顺直省委所属各地区和各系统的工作情况时说,在向干部宣布停止省委职权后,党内发生两种意见:一种是同意这种主张;另一种则是仍在扩大前次的纠纷。他们还汇报了召开顺直省委扩大会议的筹备情况。谈话会决定:扩大会议的政治报告由周恩来自己起草。在研究出席扩大会的代表名单时,周恩来的意见是,凡出席六大回来的华北地区的中央委员都可以参加,但代表的名额不宜多。经反复研究,由50多人压缩为40多人。并与陈潭秋、刘少奇、韩连会等共同商讨召开省委扩大会议的准备情况。

13日,召集顺直省委常委会,周恩来作中央关于解决顺直问题的意见的报告。常委们都表示接受中央的意见。会议通过了恢复省委职权,改组常委的议案。

从14日开始,周恩来又连续参加和召开了一系列基层党组织的会议,听取中下层干部的意见。14日上午,听取了团省委书记何成湘的工作汇报,同他讨论了青年的思想工作;晚上参加了天津纱厂支部座谈会,了解下面党员的思想情况。15日上午,参加了天津胶皮(洋车夫)支部座谈会(当时天津基层党组织仅保存了纱厂和胶皮两个支部——编者注)。下午,他主持召开了天津基层党支部书记和省委工作人员联席会,向与会者作了政治报告,听取他们对省委的意见和解决党内矛盾的办法。通过认真动员,大家敞开思想,畅所欲言,从而了解了党内大量的思想情况。1928年顺直省委十二月扩大会议的《党务问题决议案》曾这样描述党内的情况："党员群众的确是日渐涣散,一部分被诱于国民党或第三党,思想消极而离开党;一部分虽尚在党内而畏惧胆怯,思想比群众还落后;极少数的部分尚能在群众中起作用。""由于这两年来历史上堆积的错误……相互间关系坏到极点,互不信任,互相猜疑……谁也不愿意真心实意地到群众中去做工作","大家唯一的观点,便是由中央另派几个得力而观念正确的人做指导工作,大家便都可不闹任何问题而切实工作了。"在暴露思想的基础上,经过耐心引导和细致工作,大家都表示今后"愿到群众中工作",如此,中下层干部的思想也都渐趋统一了。

16日,周恩来赴唐山做"京东护党请愿团"的工作。这是顺直党内矛盾的难点。他到唐山后,同"请愿团"每个成员都进行了亲切和诚恳的谈话,耐心听取他们对省委工作的意见,肯定他们意见的正确方面,支持他们对省委工作的批评,同时指出他们在组织上的错误。经过深入细致的思想工作,他们全都解开了思想疙瘩,心悦诚服地接受了批评,表示和党同心同德共同解决问题。遂使"京东请愿团"的问题迎刃而解。

接着,周恩来又抓紧有限的几天时间,进行紧张的多种多样的调查研究工作。他接见各地党组织的负责人,下去参加各区委和支部的会议,广泛听取他们对省委和中央的意见和要求;考察下层党员群众的实际生活与工作情形,以备做决定工作计划的根据。在此期间,他对大家做了许多深入细致的耐心的说服教育工作。

由于周恩来在深入调查研究,弄清实际情况的基础上,坚持从思想教育入手,开展切合实际而又充分说理的批评,引导党员以向前看的精神,从积极工作的过程中去求得纠纷的解决,这样做果然收到预期的效果。周恩来在12月17日给中共中央的信中讲到:经过工作,"大多数接受中央恢复省委职权、扩大省委、改组常委的办法,并一致认为必须积极到群众中工作,从参加和领导群众斗争做起,才能建立起党的无产阶级基础,才能逐渐肃清小资产阶级意识,才是解决党内纠纷的正确出路。"

原来像一团乱麻而令中央深感棘手的所谓"顺直问题",周恩来到天津后,与刘少奇、陈潭秋等通过深入细致,耐心教育的工作,终于很快理出了头绪。

为《出路》撰写文稿

为了统一思想，把扩大会议的筹备工作搞得更好、更充分些，筹备组针对顺直党内存在的问题，编印出版了一个党内刊物《出路》，意即北方党的出路。主要内容：一是对顺直党的出路和如何整顿进行讨论，统一认识；二是论述党的组织原则，向党员和干部进行组织纪律和党的基础知识教育。此外还刊登一些有关中国革命前途、共产主义事业和党的方针政策等方面的文章。这是一个不定期的政治理论性比较强的油印小册子，一共出了 13 期，到 1929 年 8 月 31 日停刊。就在顺直省委扩大会议即将召开之前，12 月 18 日《出路》第二期印出。在这

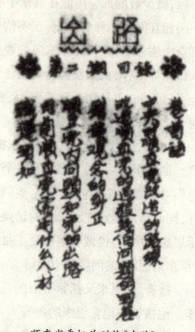

顺直省委机关刊物《出路》

期刊物中，第一篇文章就是中央致顺直省委信，题为《中央对顺直党改造的路线》；接着是周恩来以"伍豪"署名的文章：《改造顺直党的过程中的几个问题的回答》。在文章中，他阐明了自己对改造顺直党的意见。文章指出，经过几天的考察，"说顺直党的基础已落伍可以，说全部落伍绝非事实；说有些腐烂可以，说全部腐烂便非事实"，"当着有几个干部同志去到群众中做一点工作时，党员群众的观念立刻可以改变过来。假使指导再得法，对一些群众工作再有些办法，便是小小

1928 年 12 月 8 日，周恩来在顺直省委机关刊物《出路》第二期上发表《改造顺直党的过程中的几个问题的回答》文章

的少少的一、二个支部,也定会使工作发动起来。"因此文章认为,"顺直党的这个基础还不是完全要不得,还不须立刻解散重新组织,也不是必须超过旧基础才有办法","正确的办法是要在现在还存在的旧基础上深入群众,积极工作,发展斗争,吸收新同志来继续不断的改造顺直的党,逐渐的产生新的斗争。"文章告诫说:"省委必须懂得过去的工作错误,立即改变工作方法,去深入群众","解散省委,信赖中央派人来代替省委以解决一切纠纷的不正确观念,我们是不应助长的。"文章从实际情况出发,生动具体地阐述了党中央关于改造顺直党的正确路线。他认为,只要党内的无产阶级意识加强了,工作向前发展了,工作紧张起来了,原来的落伍分子大多数也会随着转变过来。极少数自甘于落伍,"不能深入群众积极工作的分子,终将被淘汰。"同时,他也劝说对新成立的省委不满意的一部分顺直党内同志:"七月后的省委有错误是事实;但有错假使能改,不一定便须停止职权。七月后的省委错在没有向群众中去做工作,做事办法有命令主义的精神,这种错误是能改的。"周恩来还在这篇文章中,采取循循善诱的方法,很有说服力地剖析了极端民主化与民主集中制的区别、命令主义与说服群众的区别、惩办主义与铁的纪律的区别。

经过周恩来深入细致的工作,原来像一团乱麻那样的问题,终于得到了初步的解决,顺直党内的思想逐渐接近,并趋于一致了,解决顺直党内矛盾的条件全部成熟了。在此基础上,周恩来决定于12月底召开顺直省委扩大会议,统一北方地区全党的认识。

有惊无险脱虎口

在解决顺直省委问题的过程中,还发生了这样一件事:一次集会时,反动军警突然包围了会场,不过他们并不知道这是一次共产党的重要集会,只当作是一部分青年过激分子组织的会议,目的只是想抓住从外地来参加会议的头头。于是,这些鹰犬们就严令所有被围在场内的与会人员,可以带信给在天津的家人或亲属来将他们保领回去,然后再从剩下的没人认领的人中查出共产党的要人。这使周恩来处于十分危险的境地。情急之中,他突然想到了寓居天津的三伯父周贻谦,就让一位被家人保释出去的同志帮他带一封信送交三伯父。

周贻谦的妻弟钱能训曾担任过北洋政府的交通总长和代国务总理。"攀"

上这棵大树,周贻谦也在他的荫庇下担任一些收入可观的职务,如铁岭税捐局局长、天津长芦盐运司榷运科科长等,并经常在京、津一带的重要场合出现,认识他的人很多。但他对周恩来这个闹革命的侄儿并不太看好,所以周恩来这次秘密到天津时也没有告诉他。现在情况危急,只有三伯父出面,他才能转危为安。周恩来虽然知道此举有一定风险,但他更相信受中华传统文化影响的三伯父对他的亲情。1910年,他12岁时,就是这位三伯父把他带出淮安驸马巷到东北读书的。

周贻谦接到周恩来遇险的信后大惊失色,立即穿起长袍褂,并让家人从车行要了一辆汽车,赶往周恩来出事的地点。

行车路上,周贻谦再三忖度:十几年了,当年稚气未脱的孩子早已长成大人了,见面能一眼认出来吗?在这种节骨眼上,如果稍有迟疑都会发生意想不到的后果。最后,他决定写一字幅放置于车前。可字幅上写什么呢?如果写"接周恩来",无疑是把他送入虎口;写"接侄儿"吧,能引起周恩来的注意吗?临提笔时,周贻谦写下了"接周大鸾"四个字。果然,车一到会场门口,机灵的周恩来看到自己乳名就雀跃似地喊道:"三伯,三伯,我爸叫我来给您拜寿,可我被一个朋友拉来听一个什么会议……"军警们一见是周贻谦出面,而且伯侄之间彼此熟悉,亲密无间,只好放人。

主持顺直扩大会

1928年12月底,在天津法租界张庄大桥兴义里附近的两排平房里,按中央和周恩来预定的计划,中共顺直省委扩大会议在这里举行了。出席会议的代表,除参加中共六大的顺直省一部分代表外,还有北平、天津、唐山、张家口、京东、石家庄、直南等地党组织的负责人,共43人。

扩大会议由刘少奇、陈潭秋轮流主持,主要是由周恩来作政治报告,内容就是周恩来在《出路》第二期上的那篇文章。报告比较长,内容严肃深刻,生动具体,虽有批评,但绝不武断粗暴;虽有教育,但绝无"家长"口吻,加上周恩来那与人为善的态度,亲切感人的精神,循循善诱的风格,使与会者无不心悦诚服,乐意接受。

周恩来的报告分为两个部分:一是传达党的六大决议精神,制定顺直党的政治路线;二是针对顺直党内存在的问题,提出改造党的途径。这个报告是周恩来在了解北方党的情况过程中,认真准备并进行了反复修改而形成的。

他首先根据六大决议精神,分析了全国政治形势,阐明中国的社会性质和党的基本任务。指出当前全国革命形势不是高潮,而是介于两个高潮之间;党的基本任务不是进攻和普遍组织暴动,而是争取群众,积蓄力量,为迎接新的革命高潮做好准备。因此他指出,在当前形势下党必须注意防止盲动主义,把它作为主要危险加以克服。他说:八七会议后北方指导机关的盲动情绪很高,把党在革命处于

1928 年 12 月底召开的顺直省委扩大会议(油画)

低潮时采取的争取群众的策略看成是"机会主义",不顾客观条件组织群众暴动,最后遭到失败,许多同志牺牲,"这不是无产阶级的革命战术,而是流氓无产阶级孤注一掷的拼命主义",必须引为鉴诫。

他又提出,在防止盲动主义的同时,还必须继续反对机会主义。他指出,在北方党内确实存在机会主义倾向,如"八七会议后,北方指导机关盲动情绪虽高,但在群众中却绝少反国民党的深切宣传","国民党来后,顺直党也没有坚决地在这一政治任务上有很大努力,以致直到目前党内尚存有利用国民党的党员,党外有更多对国民党产生幻想的工农群众。"因此他说:贯彻党的六大决议,不但要反对盲动主义,也要反对机会主义。他告诫说:不要以为六大认为"目前只是宣传武装暴动的时候而不是直接号召暴动的时候,那么就应该以合法的方法来发展组织,取消一切武装斗争,乡村游击战争等",这种合法倾向"只是引导群众增加对现在政府的幻想,减少群众革命的决心和勇气,把群众送到敌人的影响之下"。正确的作法应当是现在就要"加紧群众的工作,争取广大群众来准备暴动,当新的高潮到来,便立刻把武装暴动从宣传的口号变成行动的口号"。

在一系列的问题上,周恩来都明确地为顺直党提出了正确的政治路线。

对于顺直党内矛盾,他首先作了历史的分析。他说:"二七"以前,北方党是在无产阶级激烈斗争中建立和发展起来的,"在斗争的历史上,唐山、长辛店、天津都是中国工人运动的发源地","北方铁路工人、矿山工人是当时全国工人阶级斗争的中心","国民党在北方的发展很迟,且不足为我们的对抗力量",北方党斗争的历史环境是好的,但在发展过程中也有缺点,"没有经过象南方一样的革命高潮和激烈的革命斗争,故党的发展不能从广大的革命斗争中锻炼出来"。他接着指出:"二七"以后,实行了国共合作,北方党在政治上"隐蔽了阶级独立的政策和斗争"。国民军时代,党有过发展,又过多"宣传各阶级的联合阵线,特别是上层领袖的联合","党的政治主张始终混合在国民党之内,不能为群众认识"。"等到苏联大使馆事件发生后,北方党便走入停止日常斗争,等待北伐军来再大干的消沉状态。武汉反动,述之同志北来,更由等待主义进而为闭门主义"。这就种下了北方党"种种的根本的政治上组织上的错误"。从以上进行的精辟分析中,我们可以看出,周恩来从顺直党内现实的问题中找出了错误路线产生的历史根源。

接着,他指出:彭述之来北方后,政治上搞"闭门主义",严重脱离了群众;组织上搞家长制统治,毫无党内民主,"使党员的政治观念无法提高,使错误的政治路线无法纠正",这当然是错误的。但1月改组会议纠正这一错误时,"不作历史和实事求是的分析,指出产生的根源和正确的解决办法,而只是对机会主义错误负责者进行人身攻击",于是打破了家长制又走向极端民主化,"不承认指导机关在指导工作上应有的职权,要指导机关在任何问题上都跟着群众意见乱跑","谁也不信任谁,谁也猜疑谁,谁也不服谁"。他说:这不是无产阶级的组织观念,而是一群小资产阶级争极端平等自由的把戏。周恩来从分析中指明了顺直党内问题产生的组织上的原因。

接着他又指出:顺直党内问题的发生,固然有历史的和组织上的原因,但"党的组织还没有布尔什维克化,党内还存在许多非无产阶级意识,也是一个主要的原因"。特别是到现在,"党内的组织仍然没能强大的无产阶级的基础,仍然存在有许多小资产阶级的意识,尤其在党员成分上农民占百分之七十五,因此,这种小资产阶级意识还有大大发展的可能。"为此他提出,改造顺直党必须坚决反对小资产阶级意识。他列举了党内小资产阶级意识的种种表现:极端民主化,把反机会主义变成攻击个人和反对知识分子,闹个人意气,搞小组织,雇佣革命观念等等。他尖锐地指出这是一种"堕落的倾向",如果任其泛滥,不但可以"破坏党的组织,妨碍党的工作",甚至"可以把党的组织打得粉碎,以至消灭"。他要求顺直全党必须共同负起责任,一致奋斗,把党内小资产阶级意识扫除干净。在这里,周恩来充分揭示了顺直党内问题产生的社会思想原因。

最后他指出:由于这两年"历史上堆积的错误,每个同志都免不了做过或多或少的错误行动,或保留着或多或少的不正确观念",他说,"但有错误能改","顺直全体同志只要肯先承认过去的错误和自己观念的不正确,并肯从积极方面接受正确的指导,肯下决心去做群众工作,则顺直党的本身便有出路"。"中央派工作人员来加强省委指导自然是应当的,但不能以为是解决顺直党务的先决条件。"

周恩来在政治报告中指出,这次会议总的方针是贯彻六大决议,争取群众,发动斗争,准备迎接新的革命高潮。要求顺直全体党员都要负起改造党的责任。周恩来同志的政治报告使顺直党组织明确了方向,消除了分歧,增强了团结,从根本上解决了顺直的党内矛盾。

在周恩来报告之后,刘少奇和陈潭秋都分别作了报告。刘少奇主要谈代表资格的审查和北方党的一些情况;陈潭秋主要谈整顿北方党的方针。会上,针对大家对北方党的不同看法。周恩来解答说:顺直党内固然存在着不少问题,但那是在一定历史条件下造成的,只要多做工作,完全可以改变过来。要是认为顺直党的基础全部要不得,"自然很容易走到你攻击我、我攻击你、互不信任、互相猜疑、谁都不服谁、谁也不切实去做群众工作的地步。""正确的办法是要在现在还存在的旧基础上,深入群众、积极工作、发展斗争,吸收新同志来继续不断的改造顺直的党,逐渐的产生新的斗争。"他认为,只要党内无产阶级意识加强了,工作向前发展了,工作紧张起来了,原来的落伍分子大多数也会随着转变过来。同时,他也劝说对新成立的省委不满意的一部分同志:"七月后的省委有错误是事实;但有错误假使能改,不一定便须停止职权。七月后的省委错误在没有向群众中去做工作,做事办法有命令主义的精神,这种错误是能改的。"陈潭秋同意周恩来的分析。

在扩大会议上,周恩来还代表组织号召青年知识分子党员到基层去,到工厂去,到产业工人中去开展工作,接受锻炼。当时,许多青年知识分子党员都响应了这一号召,例如徐彬如就到下边区里去担任区委书记并到工厂去做职工运动。

会议根据六大决议精神,结合顺直党的具体情况,通过了一些决议案。其中有《顺直党的政治任务决议案》、《顺直省委党务问题决议案》,以及关于职工、农民、青年、妇女等工作决议案。这些决议案事先都经周恩来审阅过。通过会议,党内认识基本取得统一,各项工作也做出了合理安排。最后,会议经过选举产生了新的中共顺直省委。同时成立的还有顺直革命军事委员会、职工运动委员会、农民运动委员会、妇女运动委员会等。

建立新的顺直领导层

1929 年 1 月 10 日晚 7 点多钟,周恩来在佛照楼亲自主持召开了改组后的省委第一次常委会,并宣布新的省委领导人名单:韩连会任书记,陈潭秋任宣传部长,张金刃任组织部长。省委设立职运、农运、军运、妇运几个委员会,由张昆弟任工委书记,郝清玉任农委书记,张兆丰任军委书记,秦兰英任妇委书记,郭宗鉴任省委秘书长。刘少奇调回中央工作。

1929 年 1 月,顺直省委常委在天津佛照楼旅馆(今哈尔滨道 50 号)召开会议,周恩来代表中央宣布新省委名单

此次改组后顺直党组织有了一个健全的领导中枢,有力地推动了北方党的工作。会上还委任了一些特委、县委书记。这次扩大会议的召开,在北方党的历史上具有重大意义。

顺直扩大会议以后,原计划要恢复天津市委,后来根据周恩来传达中央关于省委要集中注意产业中心区域工作的指示精神,决定暂不恢复市委而先建立若干区委,而由顺直省委直接领导。据此,天津建立 5 个区委。据徐彬如的回忆,5 个区委即下边区(以小刘庄裕源纱厂为主)、河北区(以恒源纱厂为主)、河西区(以西楼五村为主),另两个区的名字他记不准了,大概一个叫租界区(以市区租界为主),一个叫河东区(以佟家楼裕大纱厂为主)。从而推动了天津党的基层工作的开展。

党的六届二中全会对周恩来的顺直之行作出了这样的评价:"在顺直党的历史上,已经酝酿着很复杂的纠纷,到了六次大会的前后更广大的爆发起来,使顺直党成为破碎零离的现象。中央经过极大的努力,派人巡视,召集几次顺直的会议,特别与这一错误的倾向奋斗,最后得到了顺直全党的拥护,才把顺直的党挽救过来。"

周恩来在中国革命和北方革命处于极其严峻的关键时刻,不辱使命,殚精竭虑,为顺直党乃至北方党作出了卓越的历史性贡献。

返沪之后仍关怀

1 月改组会议以后,周恩来完成了顺直党的改造任务,于当月返回上海。但他依然心系北方党的建设,继续为顺直党的建设做了大量的工作。

一是顺直之行时省委曾向周恩来说天津出版刊物没有铅印,请中央帮助解决。周恩来当时即答应回去后就设法解决。1929 年 2 月,党中央派毛泽民来天津。同来的有毛泽民的夫人钱希均和他们的孩子,还有毛泽东和毛泽民的侄子毛远跃,他们携全套印刷设备从上海到天津,在英租界广东道(今唐山道 47 号——编者注)建立了新华印刷厂。印刷中共中央的《向导》和《中国青年》、《共产主义A.B.C》及北方党的《北方红旗》等党内书刊和党的一些文件、通电等。对于配合全国和北方的斗争起了重大作用。为掩护工作,该印刷厂公开对外营业,建立了一套严密的保密措施。因保密工作做得好,它一直秘密工作到 1931

1929 年,顺直省委时期《北方红旗》负责人胡锡奎

年初毛泽民调离北方,从未被敌人发现。

二是派刚从苏联学习回国的胡锡奎到北方任顺直省委宣传部秘书,协助陈潭秋工作。胡锡奎在陈潭秋的领导下,有力地推动了北方党宣传工作的开展。至1929年5月,由省委直接出版的刊物除《出路》、《北方红旗》外,还有《工人话报》、《士兵呼声》,还编印了《什么是三民主义》、《打倒国民党》、《什么是改良主义》、《国奉战争经过与教训》、《革命常识》等小册子。此外,团省委还出版了《青工小报》,济难会出版了《星星》文艺半月刊,北京市委出版了《斗争》、《工人周报》,唐山、保定、石家庄、邢台等地党组织,也都计划出版政治刊物,北方党的宣传战线出现生动活泼的局面。

此外,周恩来还将原《陕西日报》总编刘天章调天津,始任《商报》编辑,后在省委领导下与张友渔、李子昂、宋少初等创办天津《好报》,运用各种新闻报导宣传党的政策主张,以真实的内容和深刻的思想性著称一时,受到工人群众的热烈欢迎,赢得《好报》就是好》的声誉。

三是为建立北方特科工作,在天津执行改造顺直党的任务时,即决定将正在天津等待赴苏学习的柳直荀留天津工作,担负北方党与党中央和共产国际的联络任务,并兼任因被捕的郭宗鉴而空缺的省委秘书长。为执行这一任务,柳直荀以刘克明的化名在法租界5号路(今长林路——编者注)开设古玩店为掩护,一直坚持工作至1929年5月。后因给其夫人李淑一寄信,导致李淑一在长沙被捕。为防止敌人破坏,柳直荀于当年9月被中央调往上海工作。

四是从山西调薄一波与张友渔、李子昂等在天津搞特科工作。薄一波打入敌人警备司令部从事军运工作,张友渔打入敌市政府任新闻科长,李子昂打入敌公安局任预审科主任科员。他们为掌握敌人情报,掩护和营救被捕同志,做了大量重要的工作。

五是1930年初,又调聂荣臻和贺昌到顺直省委任省委常委兼组织部长,指导各地党组织的工作,同时也从事工运和兵运工作。贺昌任顺直省委书记。

贺昌

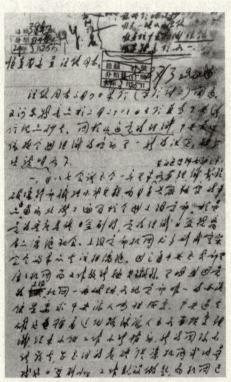

1929 年 3 月 25 日，周恩来为中共中央起草的给顺直省委及山西省委书记汪铭的指示信

六是在天津期间，就观察到当时的省委书记韩连会"工作上也有缺点"。为了加强省委领导，经党中央决定于 1929 年 5 月又派中央政治局候补常委卢福坦（1932 年被捕叛变——编者注）任顺直省委书记，韩连会任候补书记。

由于党内矛盾的解决和领导力量的加强，顺直党的状况有了迅速而重大的变化：党内无产阶级意识加强了，政治水准提高了，干部普遍深入群众中进行工作，北方的革命斗争蓬勃发展起来了。陈潭秋 1929 年 6 月 2 日在《关于顺直最近工作状况向中央的报告》中对此做了这样的描述："党的内部在最近期间确实有一个进步，政治水平确已有相当的进步，尤其一般干部同志对于政治水平与认识确实提高了很多，过去各种错误观念与倾向已纠正了不少，很多过去表现很不好的干部，现在在工作中逐渐转变过来了"，"自 1 月以来，顺直工人群众斗争的事实，如井陉南矿的两次斗争，天津大英纱厂、裕元、北洋纱厂、善隆、乾昌、义和各地毯工人的斗争，店员及手工工人的斗争，唐山华新纱厂的斗争，磁县窑工、临城矿工、赵县轧奎工人的斗争，真如雨后春笋继续不断的蓬勃发展起来。"在农村，也普遍开展了反纳税的斗争。

伴随革命斗争的发展，党的组织在不断地恢复壮大。天津的基层党组织，原来仅留下两个支部，至 1929 年 5 月已发展到 14 个支部。由于革命斗争的发展和党组织的壮大，顺直党改变了过去"在群众中几乎没有丝毫影响"的状况，真正成为群众斗争的领导中枢，为以后北方党的发展奠定了坚实的基础。

周恩来的顺直之行，生前不让别人讲，怕替他宣传，为他搞纪念馆，表现了他虚怀若谷的风范。据徐彬如回忆，1953 年，在筹备中国革命博物馆时，徐彬如负责此项工作,周恩来要求他在馆内不要多陈列自己的照片,不要宣传他个人。但对其他革命同志的事迹,却十分重视——1929年,郭宗鉴曾发现两个叛徒,他设法引出他们,率赤色恐怖队用枪将二人撂倒。二人其一当场毙命,其一尚有一口气,说出打他的是郭宗鉴。同年郭宗鉴被捕,在狱中坚贞不屈,光荣牺牲。周恩来非常关心此事,解放后多次提出天津应搜集其事迹材料,整理出来以对天津人民进行革命传统教育。

第三章 亲赴石门为抗战

1937年8月,党中央在陕北洛川召开了政治局扩大会议。会议确定党的工作重心应放在战区和敌后。具体行动方针是,在敌人后方放手发动群众,自主地开展游击战争,配合正面战场,开辟敌后战场,建立敌后抗日根据地;在国民党统治区放手发动抗日的群众运动,与国民党的消极抗战路线进行斗争。

会后,周恩来受党中央的委托,以中共中央代表的身份,就坚持华北抗战、协同作战等问题,亲自到山西省的太原、崞县、代县以及河北省的保定等地同国民党军队的高级将领阎锡山、徐永昌等进行谈判。在从太原赴保定途中,周恩来曾两次在石家庄停留。在石期间,周恩来等人在群众大会上讲了话,看望了地下党市委机关工作人员。周恩来等人的到来,对后来石家庄的抗日救亡运动产生了较大的影响。

从太原到石家庄

抗战时期的周恩来

1937年9月上旬,就坚持华北抗战问题,特别是国共双方军队在山西省境内协同作战,坚守山西的国防工事问题,周恩来先后在代县、大同等地与国民党第二战区司令长官阎锡山、第七集团军总司令傅作义等会谈以后,于9月12日回到太原八路军办事处。这时正巧石家庄市委书记陶希晋到太原向中共中央华北局汇报工作,于是,周恩来等人便在陶希晋的陪同下来到石家庄,与陶希晋一起陪同周恩来等来石的还有王奉瑞。王奉瑞是东北人,留日学生,他和张学良比较熟悉。当时他是特别党员,即不过组织生

· 33 ·

活，只发生个别联系，在市委的领导下作秘密工作。他当时的公开身份是正太铁路局的车务处长，由他陪同乘车比较方便。

周恩来等是乘坐正太铁路局的火车来到石家庄的。他们坐的是一等车厢，晚上从太原出发，夜里到达石家庄。当时由于战争的破坏，平汉路的火车比较少，为了等去保定的火车，周恩来等在石家庄停留了两三天。

陪同周恩来来石的，还有四个人，他们是：

八路军副总指挥彭德怀，为了协同作战等问题，以八路军代表的名义陪同周恩来到各地同国民党军队将领进行谈判。

续范亭，山西崞县人，早年参加同盟会，西安事变以后，响应中国共产党的号召，回到山西，任国民党第二战区民族革命战争战地总动员委员会主任委员，第二战区保安司令。

南汉宸，山西赵城人，中共党员，长期从事党的秘密工作和统战工作。西安事变后，任国民党第二战区民族革命战争战地总动员委员会组织部长兼宣传部长。

边章伍，河北束鹿人，保定军官学校毕业，1931年在任国民革命军第二十六路军参谋长时参加宁都起义，1932年加入共产党，当时在中共中央军委工作。

因为续范亭、南汉宸、边章伍和阎锡山、徐永昌等人都是老朋友，有他们陪同，既便于谈判，又可以保证沿途的安全。

周恩来等来到石家庄以后，由石家庄市委安排住在正太铁路局2号门内的王奉瑞家里。

法国资本家在修建正太铁路时，在石家庄买了一块土地，三面用围墙围住，一面是正太铁路火车站，一般管这块地方叫正太厂子。在这个特殊的地界内，有铁路局的机车修理场、材料场、车务处以及法国人和华人高级职员的住宅。这是个石家庄的地方势力管不到的地方，相当于一个小租界。在法国人将铁路移交给中国以后，仍然保持了这种状态。当时王奉瑞是正太铁路局的车务处长，他自己住着一幢洋房，他家经常有客人出入，住在这里不易引人注意，也比较安全，而且距离车站近，上下火车也方便。

在群众大会上演讲

在抗日战争爆发以后,怎样组织抗日民族统一战线? 怎样组织人民群众开展抗日救亡运动? 对此,有不少的党员和党外积极分子感到不明确。为了听取党中央的指示,推动石家庄抗日救亡运动的开展,中共石家庄市委以抗日救国会的名义,组织了欢迎周恩来等的群众大会。

当时的石家庄只是获鹿县的一个镇子。镇上有国民党的警察局和商会,有国民党军队驻守。商会的势力超过了警察局的势力。在商会内部又分为新旧两派,旧派代表地主、豪绅的势力,新派代表开明士绅和商人的利益。旧派比较顽固,新派倾向抗日救国。另外,当时的石家庄既有蒋介石的势力,又有阎锡山、宋哲元的势力。所以,在某种意义上说,当时的石家庄是个"三不管"的地方。

欢迎周恩来等同志的群众大会,就是地下党以石家庄各界抗日救国会的名义公开召开的。开会以前和国民党警备司令部取得了联系,阎锡山派到石家庄的一个炮兵司令参加了大会,并坐在了主席台上。为了造声势,会场门前贴出了"今天请抗日将领周恩来、彭德怀将军演讲,欢迎各界人士踊跃参加"的海报。

会议地点在劝业场内的电影院(即解放初期的"解放影院",现在的新华区大桥街路南通达胡同以东的地方——编者注)。开会的时间是在1937年9月中旬的一天下午,从三四点钟开始,五六点钟结束,共开了两个多小时。参加会议的人员,除石家庄市委、直中特委领导人和一部分地下党员以外,主要是铁路工人、学生和部分市民,其中绝大部分是倾向革命的爱国青年,共有四五百人。

周恩来穿的是灰色制服,彭德怀身穿黄色军装,当他们走上讲台时,受到了与会者的热烈鼓掌欢迎。会议由石家庄各界抗日救国会负责人朱琏主持,她首先请周恩来讲演。周恩来以通俗的语言,深入浅出地宣传了洛川会议精神和中国共产党抗日救国的主张。他讲了一个多小时。他首先讲了当时的国内和国际形势。指出,在国际上,我们要联合英、美、法、苏,组成广泛的国际反法西斯战线;要揭露日本侵略者的罪行,争取友邦对日军采取制裁措施。在国内,我们要停止内战,枪口一致对外,团结一切抗日的力量,实行全民族的抗战;反对妥协求和,反对投降主义,坚持华北抗战,坚持和巩固抗日民族统一战线;要坚持我党的全面抗战路线,反对片面抗战路线,反对(国民党)包办抗日;要求开放民运,要宣传民运,组织民众和武装民众,要向民众作广泛深入的抗日宣传,依靠民众进行抗战。他还说,你们这里靠近前线,要教育民众树立打败日本侵略者的信心,要和友军搞好团结,做好支前工作。在讲到军队和人民群众的关系时,他说,军队如鱼,老百姓如水,鱼儿离不开水,军队离不开老百姓,只有发动全民族坚持抗战,才能赶走日本帝国主义,我们才能不当亡国奴。最后胜利必定是我们中国的。

周恩来的讲话,博得了一阵阵的掌声。这些深刻的道理在听众中产生了难以磨灭的影响。在周恩来讲演以后,接着由彭德怀讲演。他讲的内容与周恩来讲的内容大致相同。在周恩来和彭德怀讲演以后,石家庄抗日救国会的负责人马次青讲话,并指挥大家唱起了抗日救亡歌曲,会议在歌声中结束。

为了保证周恩来等同志的安全,使会议顺利进行,石家庄市委组织了工人、学生纠察队,在会场内外做保卫工作。

看望市委工作人员

周恩来一行在石家庄停留期间,除参加了群众大会以外,彭德怀、续范亭、南汉宸、边章伍等人还抽出时间来到了朱琏诊所(现在的新华区西横街路北口西爱华里一号——编者注),这里是当时的石家庄地下党市委机关。他们询问了市委机关党的工作情况,翻阅了已经出版的几期《北光》杂志,看望了工作人员,并代表周恩来向他们表示慰问。他们嘱咐市委工作人员,要认真贯彻洛川会议的精神,搞好和友军的团结,团结各方面力量,坚持抗日民族统一战线,做好群众工作。

看望市委工作人员之后,周恩来一行乘平汉铁路火车去保定。当时的保定已经是抗日战争的前线,日军的飞机经常去侦察、轰炸,形势紧张,国民党要员纷纷南逃。为了敦促国民党军队坚持抗战,周恩来一行不顾个人安危,在炮火声中赴保定同徐永昌(国民党军委办公室主任,七七事变以后到保定督战)谈判,这种大无畏的无产阶级革命精神,对于国民党军队中的爱国将领是个很大的鼓舞。在同徐永昌等人谈判以后,周恩来一行又从保定回到石家庄,经过几个小时的休息以后,从石家庄坐火车回到太原,然后经忻口回到八路军总部。

第四章　柏坡岭上注心血

　　1948年，解放战争的形势迅速发展。以毛泽东、周恩来为首的中央领导集体高瞻远瞩，从形势发展的大局出发，决定走出延安，东渡黄河，进发华北。在华北辽阔的大地上，有一个很不起眼的小山村，这就是中共中央选择的作为党中央在农村的最后一个指挥所——河北省平山县西柏坡。从此，这个小山村聚齐了中央五大书记，他们运筹帷幄，向全国各地传递着红色电波，发出一道道命令，指挥着全国解放战争。为此，西柏坡也成为与井冈山、瑞金、延安等齐名的红色圣地。

　　在这个依山傍水、柏树满坡的小山村里，周恩来居住了整整11个月，在这段艰苦而又短暂的时间里，他协助毛泽东做了大量工作，为新中国的建立呕心沥血、鞠躬尽瘁，做出了重要贡献。

西柏坡周恩来故居

一路艰辛到柏坡

从 1947 年 3 月 18 日撤离延安,到 1948 年 3 月 23 日东渡黄河,中共中央转战陕北共一年零五天。在这一年中,中国人民解放军在中共中央、中央军委的正确领导下,粉碎了蒋介石几百万兵力的全面进攻和重点进攻,转入了全面反攻,使战争形势发生了根本性的变化。这时,中共中央圆满完成留在陕北的任务后,一路跋山涉水,克服重重艰难险阻,向华北进发。并于 1948 年 4 月 13 日抵达晋察冀边区政府所在地——河北省阜平县城南庄,接着又在 5 月 26 日,中共中央五大书记齐聚西柏坡。

早在 1948 年 1 月 11 日西北高干扩大会议上,周恩来就作了一个关于全国战争形势的报告,他用肯定的语言说:"从战争的第二年起,我们逐渐地在全国各战场无例外地进入了反攻。战争的主动权已掌握在我们手里。""我们中央已经决定一直打下去,不要再走弯路,一直走到胜利。"

1948 年 3 月,周恩来又和任弼时指示廖志高、汪东兴、叶子龙、邓洁等人召开中共中央机关行政会议,研究中共中央机关由陕北转移到华北的准备工作。3 月 8 日,行政会议提出了准备转移的各项决定,周恩来审阅以后,批准了这些决定,并指示各有关方面做出了周密的安排。3 月 10 日,周恩来在杨家沟给中央直属机关全体人员作了形势报告。他宣布:一年来,敌我力量对比已经起了根本变化,中央坚持在陕北的任务已经胜利完成。为了准备迎接即将到来的全国范围的胜利,中央决定东渡黄河,移驻华北。3 月 21 日,毛泽东、周恩来、任弼时率领中央机关告别住了四个月的杨家沟,经过两天路程,于 23 日从吴堡县川口渡口东渡黄河,进入晋绥边区的临县地区,于 24 日到达中央后委驻地三交镇双塔村。

3 月 26 日,毛泽东、周恩来、任弼时和陆定一、胡乔木、师哲等率部分干部,带上电台,乘车离开双塔村到兴县蔡家崖中共中央晋绥分局和军区驻地。他们在这里住了九天,听取了贺龙、李井泉等关于晋绥边区的军事、土改、整党、工农业生产、工商政策和支前工作等汇报;召开了贫农团代表、土改工作团和地方干部的座谈会。4 月 4 日,毛泽东、周恩来等一行离开兴县,乘车继续东进。因太原、忻县有阎锡山部队,就绕道晋北解放区的苛岚、五寨、神池,经雁门关、代县到五台山。

车过代县,队伍就到晋察冀边区了!打前站的工作人员出发前,周恩来嘱咐他们:叫老乡让房子的时候,首先要保证老乡们有地方住,要把他们住的地方安排好,在这个前提下,能让几间就让几间。有困难,我们自己克服。用老乡的炊事用具,不能影响人家做饭。我们烧的柴,吃的东西,一定要算清楚,照价付款。总之,不能叫老百姓吃亏。这里是老根据地,一见老八路来了,老百姓什么好吃的都会给的。我们要住房子,他们可以全家坐着不睡觉,让我们去住。老乡们觉悟高,对我们好,我们更应该自觉。我们宁可自己挤着睡觉,也不能让老乡们挤着睡觉。

在周恩来的细心安排下,队伍顺利前行。4月7日晚,他们一行到了繁峙县的伯强村。由于天气原因,半夜里,天突然下起雪来。天刚亮,周恩来虽工作了一夜,但他连休息也没有顾上,就坐车先上山去看路况。午后,周恩来回来对毛泽东等说:"今天不能走了。部队刚把山上公路上的积雪打扫完,昨晚又下了一场大雪。现在部队正在集中力量清扫公路。如果明天的天气好,我们就可以通过五台山。"4月9日,队伍继续前进。周恩来仍旧是在上午提前登程,检查沿途的道路情况。当天车队通过2800米高的五台山公路最高点鸿门崖,借宿在塔院寺。第二天,他们还兴致颇高地参观了五台山上古老的寺庙群。

离开五台山后,汽车顺沟跑了一段,便进入河北境内。此时这里已是到处发青,满目春色。在阜平县下关村住了一夜,毛泽东、周恩来一行于13日到达晋察冀中央局和军区驻地河北阜平县城南庄,受到聂荣臻、肖克等人的热情欢迎。当地的群众猜想肯定来了大人物,纷纷涌上街头路边观看,但是,秩序井然。毛泽东对阜平人民的政治觉悟给予了很高的评价,他说:"到了晋察冀,就像当年在江西到兴国一样,群众见到我们都是笑逐颜开。"周恩来也高兴地说:"一到龙泉关我们就有这样的感觉了。一路上经过的村庄,群众都是这样的热情。"

为了进行调查研究,第二天,周恩来便参加了在城南庄召开的部分县、区委书记参加的座谈会,主要是座谈土地改革和整党工作试点的经验。周恩来在会上讲话。他分析了全国各个战场的大好形势,全国解放区土地改革和整党工作的情况,还讲了支前工作。他希望大家把会开好,认真总结经验教训,形成一个比较成熟的文件,发到全党参照执行。这样,可以少出偏差,少犯错误,少受损失。

当时,正在阜平参加土改和整党试点工作的邓颖超出席了座谈会,她和周恩来自去年3月从延安分别后,已经一年多没有见面了,周恩来的老战友聂荣臻当然知道她的心情,很快让她和周恩来见面,并安排住在一个窑洞里,让他们畅叙别情。这一对革命战友和伴侣,为了工作和战斗的需要,经常分开而各在一方。但这一年多岁月里,他们是在激烈的战争环境里度过的,虽然有过书信来往,却总想早日见面。两人见到彼此身体健康,特别高兴。连毛泽东看到他们那样高兴的情景,也不禁对邓颖超开起玩笑来,批评她这个"后勤部长"不到陕北来慰问周恩来。因工作紧张,他们在一起只住了一个晚上,第二天,又各自忙自己的工作去了。

周恩来在城南庄住了10天,他参加座谈会,搞调查研究,同聂荣臻等研究工作,还为中央军委起草电报,批准徐向前关于夺取临汾的战斗计划等等,经常忙到深夜才休息。4月23日,周恩来和任弼时先期率中央机关部分工作人员到平山县西柏坡村,同早在这里的以刘少奇为首的中央工作委员会会合,毛泽东继续留在城南庄,做好去苏联的准备工作。从此,周恩来等中共领导结束了从延安撤离一年多来行动多变的战时生活。5月1日,中央宣布在西柏坡开始办公。中央前委、中央工委和后委即告结束。

中央原来决定毛泽东到苏联去一次,在城南庄住下来休养身体并做准备工作。后来因为全国解放战争形势发展很快,毛泽东在这时候不便长期离开国内,决定暂时不去苏联。于是,也在5月27日来到西柏坡。自此,西柏坡便成为中共中央的所在地,五大书记齐聚于此。正如周恩来所说:"西柏坡是毛主席和党中央进入北平,解放全中国的最后一个农村指挥所,指挥三大战役在此,开党的七届二中全会在此。"

斗室油灯理万机

一到西柏坡,周恩来就开始有条不紊地工作。据他身边的工作人员回忆:"他从来没有歇过一天假。每天夜里都是工作到凌晨才去睡觉,到了九点又准时起床,一天顶多休息五个小时,其余时间便一直埋头在工作里。"在西柏坡期间,周恩来身居斗室,心系工作,鞠躬尽瘁,日理万机。斗室的一盏油灯,温暖了人心,照亮了新中国成立的道路。

周恩来在西柏坡期间,分管的工作涉及方方面面,真可谓是千头万绪,可他对每项工作都从不松懈,总是认真抓好,抓细,严密保证

周恩来在西柏坡

工作的顺利开展。在这个风景秀丽的山村里,周恩来起草了一系列电报,与毛泽东等人共同决策伟大的战略决战。

为了适应形势的发展和准备在华北和中原进行战略决战的需要,中共中央和中央军委于1948年5月9日作出了《关于改变华北、中原解放区的组织、管辖境地及人选的决定》。决定将晋察冀和晋冀鲁豫两个解放区合并为华北解放区,两个中央局合并为华北中央局,两个军区合并为华北军区,两个边区政府合并为华北联合行政委员会。根据中共中央和中央军委的指示,周恩来为中共中央起草了一系列关于各局人事安排方面的文件,为进行伟大的战略决战做好准备。5月15日,周恩来为中央起草致各中央局、分局、前委电,通报了中央和军委的部分机构和人事任命,其中较重要的是:中央成立财经部,董必武兼部长。这是为了加强中央对各解放区财经统一领导的需要。周恩来因要集中精力抓总参谋部工作,不再兼中央城工部部长,由李维汉担任。杨尚昆为中央副秘书长,仍兼军委秘书长;李涛为军委作战部部长;杨立三为军委后勤部部长;苏井观为军委卫生部部长;傅钟为军委政治工作研究室主任。这是为了准备大规模进行战略决战的需要。

东北形势的发展,需要与它相适应的机构。6月4日,周恩来就东北党政军机构的设置及分工问题,为中央起草致东北局、热河分局并各中央局、各前委电:(一)东北局以林彪、罗荣桓、高岗、陈云、李富春、洛甫、林枫为常委,林彪为

书记,罗、高、陈为副书记,高兼秘书长;军委会分会以林彪为主席,罗荣桓为副主席。(二)林枫、张学思(按:张学良的弟弟、中共党员)、高崇民(民主人士)仍为东北政委会正副主席;政委会下设财经委员会,以陈云为主任、陈兼政府党委会书记。(三)热河分局以黄克诚为书记。

6月26日,周恩来为党中央及中央军委起草致中原局电:为便于了解和决定各项重大问题,中原局以刘伯承、邓小平、陈毅、邓子恢、张际春、李雪峰为常委。邓子恢任中原军区第一副政委、张际春任第二副政委。中原野战军分为两个兵团,李先念为第四兵团司令员兼政委,陈锡联为第一副司令员,陈再道为第二副司令员,苏振华为副政委;陈赓为第三兵团司令员,谢富治为政委。同时,为中央起草致西北局电:西北局以贺龙、林伯渠、习仲勋、马明方、王维舟、贾拓夫、马文瑞、李井泉为常委,以习仲勋为书记,马明方为副书记。

为了培养干部,5月,中央决定创办华北军事政治大学,由叶剑英担任校长兼政治委员,并任华北中央局委员;副校长肖克,副政委朱良才。校址设在石家庄。7月,中央决定在华北创办高级党校,仍沿用延安马列学院的校名,刘少奇兼任院长。马列学院于11月8日在平山县李家沟口开学。同时,中央又决定创办华北大学,以吸收新解放城市和北平、天津的青年学生,经过学习后再分配工作。校址设在河北省正定县,校长吴玉章,副校长成仿吾,教育长钱俊瑞。当时吴玉章住在李家庄城工部,周恩来特地写了一封信给吴老,征求他的意见,并约请吴老到西柏坡面谈。吴老到西柏坡同周恩来谈话后,高兴地接受了这一任务,为党培养了大批青年干部。周恩来还十分关心警卫战士的成长,曾经把文化低的同志送到中央文化补习班去学习。临走前还专门找他们谈话,并题词"学习为人民服务的道理",以示鼓励。

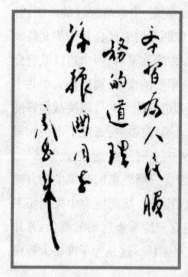

1948年秋,党中央决定把没有文化的警卫战士和部队机关工作人员送到文化补习班去学习,周恩来为警卫战士题词

协助毛泽东、朱德指挥全国解放战争,仍是周恩来的主要工作。先期到达西柏坡的李涛、叶剑英、杨尚昆商量,为适应指挥重大战役的需要,由行政部门建了一栋五间宽的军委作战室。

这是中央和军委机关的最大的办公室。由于前委、工委、后委的参谋人员十来个人都集中了,作战部就分为作战、情报、战史资料等科,都围着几张大木桌,夜以继日地紧张工作。四周墙上挂满了各个战场的军用地图,值班参谋将每天国共两军的位置用蓝色和红色的小旗子插在地图上,朱德、周恩来、杨尚昆经常到这里向参谋们了解敌情和战况,同他们研究作战方案。这里虽然还是世界上最小的总司令部,但比起转战陕北时,无论在人力物力、通信联络以及交通运输方面,都要强得多。在周恩来亲自领导下,军委作战部的同志们,以严肃、紧张、准确、有效的工作作风完成了任务。周恩来除了每天将战况用书面报告毛泽东外,还经常到毛泽东的平房里当面报告、商谈。毛泽东有时也走到周恩来的小办公室里商谈战局。从毛泽东到西柏坡以后,到9月辽沈战役前,为了把解放战争进一步推进到蒋管区,消灭敌人有生力量,中央军委指挥了几个较重大的战役。在这个时期,周恩来为中央军委起草了许多重要电报,策划各友军配合作战,指导战役的顺利进行。他还经常关心各野战军兵员的补充和弹药、给养的供应。

大决战中的参谋长

辽沈、淮海、平津三大战役是解放战争中规模空前的战略决战。周恩来作为中央军委副主席兼代总参谋长,是毛泽东在军事方面的主要助手。据毛泽东的警卫员李银桥回忆:几乎所有比较大的战役都是毛泽东在周恩来协助下组织指挥的。关系全局的大仗要开会讨论,五位书记都参加。平时主要是毛泽东与周恩来商量决定。意见一致后就发电报,有时是周恩来起草,毛泽东改定;有时毛

在西柏坡指挥三大战役时的周恩来

泽东口述,周恩来写好后,毛泽东再推敲审定。尤其是在辽沈战役期间,毛泽东与周恩来几乎一刻不曾分开,配合得非常好。直到战役结束,两人才互相嘱咐:"睡个好觉吧。"

劝降郑洞国 三大战役首先从东北战场打响。当时东北战场的形势对我们很有利,但在作战方针上,究竟是先打长春还是先打锦州更有利于战局的发展呢?中央军委的意图是先集中力量于北宁线并攻下锦州,以达到"关门打狗"的目的。但林彪主张先打长春,强调南下作战的困难。经过中央军委的批评督促后,林彪纠正了错误,并于9月3日,作出主力南下作战的计划。9月7日,中央军委发出《关于辽沈战役的方针》,明确指出:"必须在九、十两月或再多一点时间内歼灭锦州至唐山一线之敌,并攻克锦州、榆关、唐山诸点。"东北野战军于9月12日发起辽沈战役,以大军先向北宁线开展猛攻,包围了锦州。10月2日,蒋介石从华北调兵增援锦州后,林彪对集中兵力攻锦州的方针又发生动摇,并要华北的兵团支援东北。周恩来就为中央军委起草了致林彪、罗荣桓电,指出:"你们应靠自己的力量来对付津榆段可能增加或山海关北援之敌,而关键则是迅速攻克锦州,望努力争取10天内打下该城。"经过七昼夜的攻坚战斗,东北野战军于10月15日解放了锦州,包括外围战斗,共歼敌13万人,生俘东北"剿总"副司令范汉杰以下九万人。同时,在塔山的六昼夜的英勇阻击战中,歼灭国民党军六万多人,有力地保证了锦州战役的胜利。在东北野战军大军包围长春、锦州解放的大好形势下,固守长春的国民党军六十军,在军长曾泽生的领导下,率领一个军部和三个师共26000人,于10月17日起义,当即将阵地交给我围城部队,使东北野战军控制了长春城内的东部地区。

在此时机下,周恩来向毛泽东建议,困守长春的国民党东北"剿总"副司令郑洞国,系黄埔一期学生,可争取。毛泽东同意由周为中央起草致东北局电指出"郑现已动摇,可努力争取之。"18日,周恩来给郑洞国写了一封充满师生情谊的信,促其起义。信中说:"欣闻曾泽生军长已率部起义,兄亦在考虑中。目前,全国胜负之局已定……人民解放军必将取得全国胜利已无疑义。兄今孤处危城,人心士气久已背离。""届此祸福荣辱决于俄倾之际,兄宜回念当年黄埔之革命初衷,毅然重举反帝反封建大旗,率领长春全部守军,宣布反美反蒋、反对国民党反动统治,赞成土地改革,加入中国人民解放军行列。则我可保证中国人民及其解放军必将依照中国共产党的宽大政策,不咎既往。"

这封信纸短情长,实际上概括了20多年来的历史,当年黄埔军校,革命精神高昂,要为半殖民地半封建中国的翻身而奋斗,后来蒋介石叛变革命,中国共产党坚持黄埔初衷反帝反封建,黄埔学生分走殊途,所以周恩来要郑洞国回念当年黄埔,重举反帝反封建大旗。这信用电报传到前线,交给国民党新七军副军长转郑洞国,由于司令部附近已呈混乱状态,信没能送到。郑洞国是后来到了解放区才知道这件事的。他说:"对于周恩来的这番亲切关怀,我是始终未能忘怀的。"1950年,郑洞国到北京,周恩来在西花厅宴请他,黄埔军校教官聂荣臻也在座。周恩来紧握郑洞国的手,炯炯的两眼注视着郑,说:"欢迎你,我们很久没见面了,难得有这个机会呀!"郑洞国后来回忆道:"我被周总理的坦诚、热情所感动,觉得他还像当年的周主任,那样诚挚可亲。真是百感交集,两行热泪几乎夺眶而出,半天才愧疚地说出几句话'周恩来,几十年来,我忘了老师的教诲,长春解放前夕,您还亲自写信给我,我感谢您和共产党的宽大政策。'周恩来摆了摆手,打断了我的话,微笑说'过去的事不提了。你不是过来了吗?今后咱们都要为人民做点事嘛!'"

19日上午,郑洞国率领所部第一兵团直属机关第七军军部及四个师,共八万余人向东北野战军投诚。长春市又重新回到人民手中。

在蒋介石亲自督促下,由廖耀湘率领主力新一军、新六军等12个师,共10余万人,沿北宁路西进,企图夺回锦州,打开向西逃跑的通路。又以另一部沿中长路南下,占领鞍山、海城、营口,企图控制海港,保持从海上逃跑的通路。解放军东北野战军根据中央军委指示,先采取诱敌深入至黑山地区进行阻击,然后集中优势兵力予以围歼。10月28日,在辽西地区,将敌全部消灭。兵团司令廖耀湘和他的军长李涛、向凤武、郑庭笈等一起被活捉。11月2日,东北野战军解放沈阳,敌"剿总"司令部、第八兵团、两个军部、11个师以及技术兵种等13万守敌,全部被歼。11月9日,锦西、葫芦岛敌人乘船逃往天津、上海。东北全境解放。这是中国人民解放军转入战略决战阶段具有决定意义的第一个大战役。

指挥石家庄保卫战　正当辽沈战役接近尾声,东北解放军在辽西围歼廖耀湘兵团的紧急时刻,蒋介石气急败坏,于10月下旬匆匆飞到北平,乘华北野战军主力在察哈尔、绥远作战石家庄兵力空虚的时候,同傅作义策划了一个袭击石家庄及西柏坡党中央驻地的大阴谋。石家庄及西柏坡党中央处境艰险!情势十分危急!

三大战役期间,周恩来和毛泽东一起运筹决策

　　傅作义接受任务后,于 10 月 23 日命令他的嫡系鄂友三的骑兵十二旅和郑挺锋的九十四军等组成突击部队,配备 400 辆汽车和大量炸药,限四天集结保定,而后向石家庄和西柏坡袭击。可是,蒋介石万万也不会想到,当傅作义刚开始布置的时候,25 日晚上,周恩来就获得了蒋介石所策划的全部计划。这是华北局城工部所领导的北平地下工作者《益世报》采访主任刘时平,从他的同乡、同学鄂友三那里得到的确实情报,华北城工部部长刘仁以特急绝密的电报发给中央的。当时毛泽东、朱德、周恩来等中央领导同志都在院子里看电影。周恩来收到电报后没有惊动别人,只把作战部长李涛找到办公室,迅速作出粉碎敌人偷袭计划的周密布置,并报毛泽东批准。一、紧急电令华北军区司令员聂荣臻等,告以估计傅部第九十四军二十七八日可能集中保定,二十九日可能会合新二军大部向石家庄推进。并作出紧急部署:要求华北野战军第七纵队主力即至保定南抗阻,另一个旅开新乐、正定间,沿沙河、滹沱河布置抗阻阵地;第三纵队以五天行程赶到望都地区协同作战。杨得志、罗瑞卿、耿飚率主力相机行动。同

时对军事学校、地方武装的动员作了周密部署,并始终与聂荣臻等保持密切联系。二、急电在内蒙作战的华北野战军第三兵团杨成武等,目前傅作义"正图乘虚袭我石门,杨罗耿兵团须使用在平保线上,故攻打归绥计划应暂缓实行"。但为吸引傅之一部分兵力注意归绥,以利杨罗耿主力隐蔽南下,望令第一纵队及第八纵队第十一旅亦作攻打归绥的准备,另以第八纵队一部及地方部队仍在绥东方面积极行动,迷惑敌人。三、中央和军委所属机关立即做好转移准备工作。先将老弱病员转至安全地带。

10月27日凌晨4时半、6时、7时,周恩来连续三次用书面向毛泽东报告了第三纵队的行动情况。

主席:已与聂通了电话,要他转令三纵连26日在内以四天行程赶到满城。他说五天赶到,每天已近百里,我要仍以此命令转告郑维山(三纵队司令),他定今日接通电话后即告郑,并催其轻装,取捷径按四天行程赶到。……

项聂第二次电话,他已将提前一天到满城的命令,经北岳电话转告三纵队。三纵今(27)日,可能到达紫荆关以北。地方已在动员,物资在疏散。

周恩来　27日4时半

中央军委在督促第三纵队加快速度,火速南下的同时,命令保定南北党政军民也动员起来,断桥破路,构筑阻击阵地,埋地雷,设障碍,迟滞敌前进速度,争取时间,待第三纵队到来。

一个半小时之后,周恩来的第二次报告又送给了毛泽东:

主席:三纵队昨26日上午方得出发命令,得令下午即走,故昨天下午及夜间,均在走路。今日恐总须下午才能出发,俟叫通电话后,专告聂转达你的指示。

周恩来　27日6时

又过了一个小时,周恩来向毛泽东呈上了第三份报告:

主席:项与聂电话,三纵队昨天多部分是白天行军,在山沟里走不成问题。已告其再以电话通知给各县。与各县通电话,须经过地委。现新乐、望都、安国、高阳等县,均由孙毅及九地委在指挥。完唐、曲阳、行唐等,则由四地委指挥。石门附近各县,则由萧克指挥。聂通过他们三处与各县联络。并负责检查各条道要点及纵深破坏情况与民兵日夜的袭扰。

聂总认为,如三纵赶到出现,及我正面阻敌三天,可能破坏敌之袭击计划。

· 47 ·

今天下午,当再检查其执行程度。

周恩来 27日7时

10月28日,国民党第九十四军军长郑挺锋率两个师向方顺桥及其以南地区作试探性推进。聂荣臻用电话向周恩来报告:傅作义令第十六军附第四师及第三十五军主力迅速南下增援。周恩来放下电话,稍加思索,立刻起草了中共中央军委致聂荣臻等电:"按照傅作义昨日部署,真能向保定以南进攻的不过两个军多一点,这是我歼敌良机。我应集中第三、四、七纵队及第二纵队一个旅,各个歼灭该敌。"并对华北野战军各部的任务作了具体的部署。30日拂晓,第三纵队提前到达望都。第二天清晨,又进至第七纵队防守的沙河一线。第三纵队司令员郑维山用电话向聂荣臻报告部队位置。聂荣臻在电话中对他说:"周副主席让我转告你们,傅作义得知你们到达望都,惧怕九十四军被歼,已令其回逃。你们已经很疲劳了,要抓紧时间休息,恢复体力,做好战斗准备。如果敌人撤得慢,四纵又能赶到,争取在满城地区打一仗,吃掉它一部。"另外军委决定,在军事上积极准备的同时,通过新华社揭露蒋介石、傅作义的阴谋,并号召军民动员起来,沿途阻击敌军,准备诱敌深入,予以歼灭!

敌军一出保定,就遭到了解放区军民的迎头痛击,才知人民解放军已有准备,于是全部慌忙回窜,第二天先头部队已撤过保定。他们这次行动徒然损失官兵3700余名,战马240匹,汽车90余辆,以及其他大宗作战物资。一次偷袭石家庄的冒险计划,就以失败而告终,躲在北平圆恩寺行邸的蒋介石,只好下令将部队撤回保定。一场梦想,就告破灭!

周恩来为中共中央起草关于军区作战的电报

争取傅作义放下武器 辽沈战役结束后,傅作义对固守平津还是西撤或南撤一时举棋不定,但他估计东北野战军在经过这样的大仗以后需要适当休整,不会很快入关,于是确定了"暂守平津,保持海口,扩充实力,以观时变"的方针。11月9日,周恩来为中央军委起草致华

北领导人并告东北
领导人电，指出傅
作义"正徘徊于平张
津保之间，对坚守平
津或西退绥包似尚
未下最后决心。但
我如攻打归绥，有促
使傅匪集其嫡系三
个军及骑兵三、四
个旅提早西退可
能。"因此，为了抑

周恩来在西柏坡辛勤工作

留傅军于平、津、张、保地区，"以待我东北主力入关，协同华北力量，彻底歼灭该敌"，特部署华北第二兵团一部分兵力向太原移动，第三兵团停止执行攻打归绥的计划，并令程子华、黄克诚部担任监视北平傅军的任务。

中央军委从全国战局出发，认为无论傅作义集团南撤或西逃，都对解放全中国的战局不利。12日，周恩来起草了中央军委致程子华、黄克诚并告林彪、罗荣桓等电：对付傅作义部，重在抑留它在平津张保地区，不使西退，也不使其得由海上南撤。11月17日，为了提早进行平津战役，周恩来为中央军委起草致林彪、罗荣桓、刘亚楼并告东北局、华北局电："从全局看来，抑留蒋系24个师及傅系步骑16个师于华北来消灭，一则便利东北野战军入关作战；二则将加速蒋匪统治的崩溃，使其江南防线无法组成，华东、中原两野战军既可继续在徐、淮地区歼敌，也便于东北野战军将来沿津浦路南下，直捣长江下游。"为此，中央军委电示东北野战军以两个纵队组成先遣兵团向北平附近前进，威胁北平。指示华北野战军停止攻击归绥，将其三个纵队驻于绥东地区，阻止傅作义部队向绥远逃跑。又令华北野战军停止攻击太原，以免刺激傅作义下决心逃跑。军委于11月16日到18日，连续电示东北野战军火速隐蔽入关，出敌不意地与华北野战军一起对平津塘一带之敌实行战略包围。11月27日，军委命令东北先遣兵团及华北第二兵团的三个纵队，三兵团的三个纵队包围宣化、张家口等敌，切断北平、张家口联系，以抓住傅系，拖住蒋系并掩护东北野战军顺利切断平津、津塘诸敌的联系，为开展战局作准备。这一系列指示，对抑留傅军主力于平津地区,从而取得平津战役的胜利有着极为重要的指导意义。

在积极准备打的同时,还尽量争取傅作义放下武器或起义,通过各种关系对傅作义进行统战工作,对他晓以大义,争取和平解决。1948年春,北平地下党就对傅作义周围的上层人物开展工作。如傅的至交密友、华北"剿总"副司令邓宝珊(爱国将领,抗战时曾几次到延安,同毛泽东、朱德见过面——编者注)以及他的老师、拜把兄弟、同乡等人对傅进行了工作。迫于战争的发展形势,从11月中旬起,傅作义开始秘密同中国共产党接洽起义。周恩来一直协助毛泽东处理同傅作义的谈判问题。12月3日,周恩来为中央起草致香港潘汉年电,指示可请冀朝鼎应傅之邀北上任"华北经委会"副主任,以便做傅的工作,"动摇傅之抵抗决心",并影响华北产业界人士乃至外资代表"坚留华北","反对南迁","尽一切努力保全华北经济系统中的各种生产设备、科学器材及专门人才,以利我军入城后的接收"。12月中旬,傅作义派《平明日报》社长崔载之等到人民解放军驻地,和东北野战军参谋长刘亚楼见面,试探人民解放军态度,提出恢复抗战时期的合作关系。刘亚楼在周恩来的指示下,表明了中国共产党希望通过和平谈判解放北平的愿望,劝傅作义早下决心。并留下电台联络办法和密码,开始建立了秘密联系。在人民解放军迅速完成对平、津分割包围,特别是傅作义在新保安、张家口的部队被歼以后,傅焦急万分,坐卧不安,思想斗争激烈。恰在此关键时刻,在天津《大公报》工作的傅作义的大女儿傅冬菊(地下党员)来到北平,直接对傅作义进行争取工作。当傅冬菊出现在傅作义面前亲昵地叫声"爸爸"时,使傅发生惊疑。傅作义对爱女直截了当地问:"你是军统还是共产党?"傅冬菊毫不含糊地答:"共产党。""你是毛泽东派来的,还是聂荣臻派来的?""毛泽东派来的。""派你来干什么?""劝您停止抵抗,和平解决北平问题。"……这是一场很不寻常的父女之间的对话。开门见山,直截了当。短促的对话后,父女平静地坐下来,傅冬菊详细地分析形势,宣传党的政策,解除他的疑虑,明确告诉傅作义,全国胜利的局势已定,跟蒋介石走只是死路一条,如果举行起义,使北平古都和平解放,就是立了大功,中国共产党和全国人民是不会忘记你的。傅冬菊一席晓之以理、动之以情的谈话,起了别人不能起的作用。

1949年1月6日,傅作义请他的老友周北峰(抗战时期周曾代表傅到延安与中共商谈山西合作抗日问题——编者注)和燕京大学教授张东荪代他谈判。他们于8日到达蓟县人民解放军前线总部,林彪、罗荣桓、聂荣臻同他们进行了

1949年2月,周恩来在西柏坡接见傅作义、邓宝珊、邵力子、章士钊

几次谈判,讲明只要傅率部队起义,一律可改编为人民解放军,所有在张家口、新保定、怀来等地被俘的军官,不咎既往,一律释放,对傅先生和他的高级干部,一律给予适当的安排。他们共同整理了《会谈纪要》后,交周北峰、张东荪带回北平给傅作义看。

1月10日,淮海战役胜利结束,傅作义从陆上南逃的路被切断。14日,新华社发表了《中共中央主席毛泽东关于时局的声明》宣布了八项和平条件。15日,天津解放,守军全部被歼灭。这一切,打破了傅作义企图在谈判中讨价还价的幻想。为促使傅作义早下决心,16日,平津前线司令部以司令员林彪、政治委员罗荣桓的名义,向傅作义发出了最后通牒,提出了和平解放北平的两项办法:一是放下武器,并保证不破坏文化古迹,不杀戮革命人民,不破坏公共财产、武器弹药以及公文档案,人民解放军则保证他们生命财产安全;二是离开北平开入指定地点,按照人民解放军制度,改编为人民解放军。通牒最后规定,必须于1949年1月21日午夜12点前答复,如果坚决抵抗到底,将实行攻城。"攻城之日,贵将军及贵属诸反动首领,必将从严惩办,决不姑宽,勿谓言之不预。"这时,傅作义派全权代表邓宝珊来了,傅作义表示接受第二项办法,商定了协议,双方代表签了字。邓宝珊回去后，傅作义最后下了决心全部接受人民解放军的条件，同意人民解放军派代表进城，谈判和平接收北平的办法。人民解放军派出了东北野战军政治部副主任陶铸进城谈判具体实施办法，就双方交接过渡期间的问题达成协议，成立了以叶剑英为主任的联合办事处，负责处理过渡时期的一切军政事宜。谈判的整个过程，一直是在毛泽东、周恩来领导下进行的。

傅作义于1月21日宣布北平城内的守军接受和平改编，并将协议内容经通讯社公布全国。北平守军二个兵团部、八个军、25个师共20多万人，于1月22日开始履行协议开出城外指定地点，听候改编。1月31日，将北平防务全部移交完毕，当天下午，北平所有城门、军政机关和要地，都换上了威武雄壮的人民解放军守卫。规模巨大的平津战役胜利结束。2月3日，人民解放军举行了盛大而庄严的入城式，步兵、炮兵、骑兵、机械化部队，雄纠纠气昂昂地经前门进入北平城，受到北平各界人士和几十万群众的夹道欢迎。都为北平古都不放一枪就回到人民手中而欢欣鼓舞。

三大战役从1948年9月12日开始，历时四个月零19天，歼灭国民党正规军144个师(旅)，非正规军29个师，共154万人，给了国民党反动统治以毁灭性打击，蒋介石赖以发动反革命内战的主力部队基本被消灭了。为人民解放军南渡长江解放全国，为新中国的建立，奠定了巩固的基础。

制定财经工作方针

随着解放战争的不断发展，作为战争主要支柱的财政经济工作的重要性越来越突出。周恩来高度重视此项工作。他运用自己对财经问题富有远见的思考，协助毛泽东制定了一系列协调财经工作的方针决策，并且为建国后确立国家的财经方面的基本政策提供了借鉴。

早在1948年5月间，在刘少奇、周恩来的指导下，华北局召开了一次金融贸易会议，会上通过了一个报告，报告中说：今后的经济建设，不但要发展农业，而且要发展工业，不但要建设乡村，而且要建设城市。我们有可能和必要从分散的地方经济逐渐发展到统一的国民经济。货币发行，首先保证生产建设，其次保证战争供给，同时要掌握发行数量，避免物价急剧上涨。必须保护工商业者的财产所有权、经营自由权以及正当的营业利润，慎重处理工商业中的劳资关系。中央批准了这个报告。7月30日,周恩来为中央起草了致华北、华东、西北中央局、晋绥分局并转各政府党团和各财办电,转发了这个报告。

解放战争的迅猛发展,要有经济作为支柱,因此财经工作变得越来越重要。由于华北、华东、晋绥、西北几个解放区已经联成一片,各解放区原来各自发行的货币既互相流通,又常常互相压价,同时,兑换标准也不一样,这是个矛盾。为解决这一难题,周恩来决定取消华北财经办事处,成立中央财政经济部和中国人民银行,统一发行货币。为抓好财经工作,周恩来规定每晚22点至次日凌晨1点处理财经工作,指示中央财政经济部秘书长薛暮桥、解放军总后勤部部长杨立三每晚到他办公室去研究财经工作。在人民币不能马上发行的情况下,为保证各解放区的物价同步上升,指示中央财经部及时掌握各地物价变动情况,用控制货币流通的办法来保证各解放区的物价按同样大的幅度上升,以此来保证物价的稳定。并要中央财经部每五天向他报告一次各解放区的物价变动情况,据此来控制各地区货币发行数额。他又为中共中央起草致各中央局电:中央决定华北、华东两区货币固定比值通用。为便于今后发展及目前晋中作战,华北、晋绥、西北三区货币也应采取同样办法。在中央和周恩来的正确指导下,解放区物价稳定,而国民党统治区物价飞涨,民不聊生,两者形成鲜明对比。

经过几个月的充分准备,1948年12月1日人民币正式发行,同时各解放区停止发行自己的货币。中央要求各解放区作出1949年的财政收支预算,以计划人民币的发行数量。由于缺乏财政经济管理经验,各解放区所造出的财政收支预算悬殊很大。其中西北地区只要求支援7000万元。周恩来与其他同志认真审核各解放区所报预算后,确认西北地区所报数字有误,支援了7亿元。周恩来叮嘱薛暮桥说:管理经济必须掌握规律,没有这些数据是无法进行管理的。

为了解决西北的财经困难,他和刘少奇与负责西北财经工作的贾拓夫当面来讨论。并向毛泽东报告,提出把西北财经工作统一于华北财经体系的方案,得到了中央批准,使西北财经困难问题及时得到解决。

周恩来高瞻远望,放眼未来。他在西柏坡时,就考虑到全国胜利后国民经济的恢复和发展工作。从那时开始,他就十分重视调查研究和着手收集各种统计资料。6月11日,他和董必武联名致电在香港的许涤新,询问中国共产党在上海、香港的经济研究机关和工作情况。并指出:"我们需要全国资源、银行、交通、工厂、矿产、贸易、农林畜牧及财政收支、官僚资本活动等等有系统的调查统计材料,有些材料应利用在官方工作的朋友代为搜集,并指定若干有研究兴趣的同志长期做经济研究工作,暂时不做政治活动,保证材料不受损失。"这个电报既是为了摸清国家财政经济的家底,也为培养经济研究工作的干部做了准备。

6月21日,周恩来在撰写的《新民主主义的经济建设》提纲中指出:"新民主主义的经济建设是反对旧民主主义或旧资本主义的经济方针的,""也是反对农业社会主义或极端平均主义的经济方针的。"提纲对新民主主义的经济与旧民主主义经济的基本区别,工业与商业的区别,金融斗争,税收政策,公营、私营与合作社三种经济,国家权利如何运用以及工业的科学管理等问题,都提出了大略的设想。

领导第二战场的斗争

在西柏坡,周恩来协助毛泽东指挥人民解放军歼灭蒋介石军队这第一战场的同时,还领导着国民党统治区第二战场的斗争。

1949年2月,周恩来在西柏坡接见上海和平代表团成员

在解放战争突飞猛进、蒋介石统治走向崩溃的形势下,一些在国民党统治区第二战场工作的人头脑热了起来,提出了过高的口号,甚至出现了急于组织城市暴动的冒险倾向。周恩来敏锐地觉察到这一问题的严重性。他在 1948 年 8 月 22 日,为中共中央起草了《蒋管区斗争要有清醒头脑和灵活策略》的指示。他首先分析了"蒋愈加接近死亡的表现",在人民解放军愈加胜利面前,蒋"已决心撕破民主伪装的最后残余,实行疯狂的法西斯独裁的最后挣扎。"他说,在这种情况下,"单独进行工人、市民的武装起义,肯定地说,一般地是不可能的。"否定了"左"倾冒险主义的言行,并指出了其必会招致的危险,他说:"提出或接近于提出打倒蒋介石、推翻国民党反动政权的口号,采取或准备采取武装斗争的直接行动,都是不许可的,都有使少数先锋队脱离广大群众、遭受严重摧残与招致一时失败的危险。尤其是将城市中多年积聚的革命领导力量在解放军尚未逼近、敌人尚未最后崩溃之前过早地损失掉,这是最失策的事。"他提出了新形势下第二战场工作的指导思想:"我党在国民党统治区的目前工作,必须有清醒的头脑和灵活的策略,必须依靠广大群众而不要冒险主义的错误。"他制定了第二战场各项工作的方针和策略。在乡村方面,要"在条件成熟的地区尽量发展武装斗争,在条件不成熟或我工作薄弱的地区坚持群众工作和隐蔽党的组织以待解放军的到来。"在城市方面,"应坚决实行疏散隐蔽、积蓄力量、以待时机的方针。"为了让在第二战场工作的同志更好地把握和执行城市工作的方针,他明确提出:无论党内外,"凡是已经暴露或为敌特注意的分子,都应设法离开岗位,首先向解放区撤退";"凡未暴露而又未为敌特注意的分子,应继续深入隐蔽"。他强调,"隐蔽后的组织形式,应采取抗战后期经验,实行平行组织、单线领导、转移地区不转关系的方针。"党的地下领导机关,"亦须严格遵守单线联络、分散领导的原则,不得违犯。"

这些第二战场的斗争原则和方针策略,有效地防止了"左"倾冒险主义错误的发生,保护和积蓄了革命力量。第二战场中共组织在隐蔽力量、待机配合解放军进攻的同时,成功地将已经暴露的党内外人士撤退到解放区,其中上海撤出约 2000 人,北平撤出约 1000 人,南京、天津各撤出几百人。

1948 年 4 月 30 日,中共中央发布《纪念"五一"节口号》,号召"各民主党派、各人民团体、各社会贤达迅速召开政治协商会议,讨论并实现召集人民代表大会,成立民主联合政府。"这一号召立即得到各方民主人士的热烈响应。这样,安全护送民主党派的代表人物从国统区去往解放区,就成了第二战场一项特殊的政治任务。

由于当时国民党反动当局宣布民盟为非法组织,对其进行加紧迫害,许多民主人士已先后脱离国民党统治区逃亡香港。对于如何把在香港的民主人士安全地接到解放区,筹备召开新政协,周恩来曾经设想开辟经欧洲到苏联再转赴哈尔滨的路线,但未能打通。因此,周恩来决定不走这条路线,而利用大连到香港的这条航道,来完成这项重要而机密的任务。

周恩来对此进行了精心的谋划。他亲自物色了执行这项任务的人员。1948年8月2日,他致电在大连的钱之光,让他以解放区救济总署特派员的名义前往香港,会同当地中共党组织的负责人接送在港民主人士进入解放区。9日周恩来为中共中央起草了致中共在香港的负责人方方并香港分局的电报,指出:"为邀请与欢迎港、沪及南洋民主人士及文化界朋友来解放区,并为他们筹划安全的道路,望指定汉年、夏衍、连贯负责计划,并协商一个名单电告。"

另外考虑到香港的情况复杂,同时海上航行由于国民党海军的活动,特别是要经过台湾海峡,也很有风险,所以他一再指示对民主人士的接送要绝对保密,保证安全。根据周恩来指示的精神,钱之光与方方、潘汉年等经过仔细研究,为了不引人注目,决定分批秘密接送,由同民主人士保持联系的党组织如香港分局、香港工委还有其他方面的人员分别联络,每一批安排哪些人走,什么时候开船,要根据民主人士准备的情况、货物装运、香港的政治气候以及联系工作情况等因素来决定。

根据当时条件和联络情况,8月下旬,首批安排护送沈钧儒、谭平山、蔡廷锴、章伯钧等民主人士和其他同志十几人北上,由章汉夫陪同,祝华、徐德明护送。第二批北上的民主人士有郭沫若、马叙伦、许广平母子、陈其尤、沙千里、翦伯赞、宦乡、曹孟君、韩炼成、冯裕芳等知名人士,由连贯陪同,胡绳同行,王华生随船护送。第三批北上的民主人士最多,加上中共党内的人士有30多人。这一批有李济深、茅盾夫妇、朱蕴山、章乃器、彭泽民、邓初民、洪深、施复亮、梅龚彬、孙起孟、吴茂荪、李民欣等著名人士。第四批民主人士有黄炎培夫妇、盛丕华和他的儿子盛康年,还有姚维钧、俞澄寰等,这时北平、天津已经解放。

对于接送民主人士的工作,周恩来始终严密关注,并就许多具体事宜多次发电报嘱咐。民主人士到达后,许多事情周恩来也是亲自打电报进行安排。当时由于第二批北上的船只未能在大连登陆,周恩来特地事先打电报给在大连的冯铉和刘昂,指示说:第三批民主人士北上,要与苏联驻大连的有关部门交涉,租用他们的轮船,一定要在大连港靠岸;要安排最好的旅馆,民主党派负责人要住单间,确保安全;要举行欢迎宴会(并具体指定了座位座次);还指示说北方天气寒冷,要为他们准备好皮大衣、皮帽子、皮鞋等御寒衣物。并请大连市委协助做好接待工作。他们一到,负责接待的人员就送去獭皮帽、皮鞋、貉绒大衣。他们收到这些物品,十分感动,有的人要付款。刘昂等人解释说:解放区实行供给制,衣帽鞋都是送的,这是周恩来指示我们办的。他们连声说:恩来先生想得真周到,吃穿住行都给我们安排这样好,真是太感谢了。

在周恩来的领导和安排下,第二战场终于在国民党特务严密监视的环境下,圆满完成了任务。几百位民主人士安全抵达了解放区,与共产党合作议政、共商国事。

新政协的筹备会议原定在哈尔滨召开,由于形势发展之快,超出人们的预料,就改在北平召开筹备会。在全国胜利前夕,把大批的民主人士接回解放区筹备新政协,这一行动,为中国人民政治协商会议的胜利召开,打下了重要的基础。1949年2月14日,周恩来为中共中央起草致电华北局、东北局,告知民主人士都到北平集中,协商大计,并准备新政协筹备会成立。2月27日,周恩来在西柏坡审阅修改《关于新的政治协商会议诸问题的协议》、《新政治协商会议筹备会组织条例(草案)》、《参加新政协筹备会各单位民主人士候选人名单》、《中华人民共和国政府组织大纲(草案)》、《中华人民民主革命纲领(草案)》。并批示将它们以《新的政治协商会议有关文件》为名付印成册。在周恩来的关怀和指导下,各民主人士云集北平,新的政治协商会议胜利召开。

学会管理城市

随着解放战争的不断深入发展,中国人民解放军由战略防御转入战略反攻,收复和解放了大片地区,并攻占了一些重要城市。但如何接收、管理和改造城市,是中共中央的工作重点由农村转入城市急需解决的重要问题。周恩来为中共中央起草了一系列关于城市工作的文件和电报。1948年4月28日,周恩来在西柏坡与同去哈尔滨参加工会会议的代表谈话时兴奋地说:在城市和工厂,过去我们实行的是破坏政策,因为那是对付敌人;解放后,管理城市和工厂是人民自己的事了,必须按毛主席提出的"发展生产,繁荣经济,公私兼顾,劳资两利"的方针去作。要克服过去"左"的现象。我们中心是反对官僚资本。对于私人资本,虽然一方面他们压迫剥削工人,但他们自己也受官僚资本压迫,工人应联合他们为推翻蒋政权而斗争。在公营企业中,要建立生产管理委员会监督生产。剥削阶级的知识分子只要愿意为人民服务,我们是欢迎的。

对城市的接管,周恩来还进行了认真具体的指导。1948 年 6 月 10 日,周恩来就攻占开封后的几个政策问题电复粟裕、陈士第等指出:对国民党官方银行的存款除留极小部分作职员薪金外,其余应全部提用。开封是河南文化中心,"望对该地知识分子尽量招收,对河南大学、各种小学、图书馆、博物馆等应加意保护。"对城市的接管,中国共产党采取的是军事管理制度,而如何进行管理呢?1948 年 11 月 16 日,周恩来为中央起草致电中原局指出:我们在军管初期,因群众尚未发动,群众工作尚无基础,不能召开真正名符其实的人民代表会议,只能召开协议性质的,主要对群众起联系作用的各界代表会。关于各界代表会的组织形式及性质,周恩来 11 月 30 日指出:我们在这些城市工作中的中心弱点是与广大人民群众联系不够。在城市解放后实行军事管制的初期,应以各界代表会为党和政权机关联系群众的最好组织形式。党领导的人民代表会议是我们的组织武器,而各界人民代表会议则可看作是人民代表会议的雏形。我党的一切决议和主张,均可经过他们的协助,取得广大人民的拥护。

在解放战争时的 3 年中,解放军共解放了 1061 座城市,占全国城市总数的53%。随着收复和接管城市数量的不断增加,中共中央也逐步摸索和积累了接管城市的许多经验。1948 年 12 月 14 日,周恩来看到陈云就接管沈阳向中央写的《关于接收沈阳经验简报》的报告后,将此报告转发各中央局、各前委,并指出:陈云关于各地"均需准备有专门办理接收大城市的班子"的"提议甚好",指示各地"即此准备,以便将来将依次接收各大城市"。与此同时,周恩来为了提早作好接收南下城市的领导班子,为中央起草致陈云并告东北局电:望东北局准备接收沈阳、长春两个城市的人员组成两个班子,为着明年南下接收大城市之用。目前如可能,从沈阳的接收人员中抽调二三十个得力干部给黄克诚带往天津参加接收工作。

1949 年 3 月 5 日,中共中央在西柏坡召开了具有历史意义的七届二中全会。周恩来同志在 13 日的发言中,进一步谈到了城市的接管问题。3 月 23 日,周恩来等中央领导离开西柏坡前往北平途中,听取了叶剑英关于北平解放后的情况汇报后,周恩来说:我们没有管理过大城市,但是我们看蒋介石管理大城市那一套办法不行,我们如果管理大城市,我想一定比他们管理得好。

没有总理衔的总理

新中国成立前 8 个月,即 1949 年 1 月至 2 月,苏共中央政治局委员、部长会议副主席米高扬首次秘密来中国,在西柏坡,米高扬在为期一周的访问结束后,对周恩来有一个评价。他说:"周恩来将是新中国总理最合适的

1949 年,周恩来与苏联客人米高扬等在西柏坡合影

人选!"在一个月后的中共七届二中全会上,毛泽东宣布:新中国中央人民政府的主要人员配备,现在尚不能确定,还需要同民主人士商量,但"周恩来是一定要参加的,其性质是内阁总理"。

1949 年 1 月 8 日,中共中央在西柏坡召开的政治局会议上,曾把一项重要的决定写入毛泽东起草的党内指示《目前形势和党在 1949 年的任务》中"北平解放后,必须召集第七届第二次全体会议。"1949 年 1 月底,北平和平解放。淮海战役也以人民解放获得全胜而告终。准备解放全中国的时刻就要来临。中共中央决定尽速召开七届二中全会。2 月底参加会议的人员陆续来到西柏坡。

周恩来为筹备这次会议做了大量工作,除了准备有关的材料外,连警卫工作都是他在管。当时华北的战争还没有完全结束,西柏坡百里之外便有国民党的残余部队。为了保证会议绝对安全,周恩来找负责大会警卫工作的方志纯要

他汇报准备情况，并详细询问警卫力量的分布，警卫点的设置，出现情况的处理方案等等。他问："如果出现最坏情况，你们能阻击多久？"方志纯回答："中央需要我们阻击多久，我们便坚持多久！"周恩来看着他们，略带批评的口气说："光有决心不够，要有切实的措施和精确的计算。"方志纯报告说，聂荣臻安排了足够的兵力在外围把守大门，敌人从地面是进不来的，就怕国民党空袭。周恩来接着说："要有这个准备，如果敌人空降部队怎么办？"因为中共中央在西柏坡，对敌人已经不是秘密了。接着，方志纯向周恩来汇报准备工作说：在西柏坡周围五县，除部队外民兵，也进行了组织动员，加强了装备。同时还号召群众准备了一些土武器就是为了打敌人的空降兵和骑兵等。最后，周恩来对方志纯等负责警卫工作的人员说："这次警卫工作很重要"，因此，"第一，要绝对安全；第二，要依靠群众；第三，要保密，但不要神秘。"并且帮助他们进行了周密的布署。周恩来还从前方调来了几门高射炮，布置在西柏坡四面山坡上。

七届二中全会于 3 月 5 日下午 3 时半开幕。会场设在西柏坡中央机关会堂里。会场正面，挂有毛泽东、朱德画像，两边是以镰刀斧头为标志，写有"中国共

1949 年 3 月，中共中央在河北省平山县西柏坡召开七届二中全会，图为周恩来在七届二中全会上讲话

产党"字样的红旗。毛泽东主持会议,宣布开幕。接着周恩来报告会议日程,到会人数等事项。共计到会的中委34人。开幕当天,毛泽东作了《在中国共产党第七届中央委员会第二次全体会议上的报告》。这个报告具有划时代的重要意义,提出了保证革命迅速取得全国胜利和组织这个胜利的各项方针;说明了在全国胜利的局面下,党的工作重心必须由乡村移到城市;规定了党在全国胜利以后,在政治、经济、外交方面应采取的基本政策,以及使中国由农业国转变为工业国、由新民主主义社会转变为社会主义社会的总的任务和主要途径。会议还及时地向全党提出了要警惕资产阶级的"糖衣炮弹",加强党的思想建设等问题。毛泽东指出,夺取全国胜利,这只是万里长征走完了第一步。革命以后的路程更长,工作更伟大,更艰苦。勉励全党戒骄戒躁继续前进。

在会议的最后一天,即3月13日,周恩来在会上发言。他说:三年多来,党中央在毛主席的领导下,大家非常团结,取得了很大成绩。我们党的发展,不是突然而来的,而是斗争中发展的。我们党内过去有错误,但我们有自我批评的精神。他强调在工作中,原则性和灵活性要结合,离开原则会出乱子;原则性太强,则会变得生硬、急躁。周恩来的这一主张,他自己确实身体力行的,在各项工作中都表现出原则性与灵活性的有机结合。

当时革命的胜利可以说是稳操胜券。已往的革命战争年代,既有中央的统一领导,也存在着各个地区因地制宜分散独立领导的情况,此时存在着分散与统一的问题。针对这种情况,周恩来说:现在我们正处于从根本上打倒国民党走向完全打倒国民党的过渡时期,正在由分散到统一。这不是几个月而是要几年才能走完的。过渡时期是特点,我们要抓住这一特点,不然会犯错误。由于地区的不平衡,因而又产生了区域性的问题,分权的问题。中国不是联邦,但是带区域性的。这么大的中国,如果过分强调集中,会办不好事。所以组织形式上不能一下子都集权,一定要授权地方,才能发挥积极性,但中央必须成为掌握政策的司令部。根据过渡时期的特点,统一的方针是:在分区经营的基础之上,有步骤有重点地走向统一。

在谈到战争和生产的关系时,周恩来说:现在是前方打仗,后方生产。后方生产,第一是要恢复,支援前方,争取全国胜利。今天还不是转入建设。现在110万野战军南下,加上民夫超过300万,后方一定要指定地区支援前线:以华北的大部支援西北野战军,以东北与中原支持东北野战军,以华东与华北加上一点东北支援华东野战军。中央的做法是:抓住华北,依靠东北,支援前方。这样中央也坐稳了。他还对金融、交通、工业、城市接收、兵工生产等各方面都提出了系统的意见。他的重要发言,为统一与分散问题,战争与生产及支前问题,进城以后经济等方面的某些方针政策问题,作了深刻的阐述。

会议最后由毛泽东作总结。他谈到新中国中央人民政府的主要人员配备时说:现在尚不能确定,还需要同民主人士商量,但"恩来是一定要参加的,其性质是内阁总理。"许多曾在周恩来直接领导下工作的与会人员,听到这个消息后,都一致认为,周恩来确实是担任总理的最合适的人选。博大精深的学识,在政治、军事、经济、文化、外交、统战等多方面的丰富经验,在国内外的崇高威望,这一重要职务确实非他莫属了。而在此前的一个多月,斯大林派联共中央政治局委员米高扬来到西柏坡,了解中国的情况和听取毛泽东及中共中央意见,曾和毛泽东、朱德、刘少奇、周恩来、任弼时进行了三次会谈,又和周恩来单独谈过一次。这次谈话内容十分广泛:讨论了战后的经济建设、交通运输等恢复工作;成立新政府的总体规划与设想;对外关系问题,特别是对外贸易的开展与管理;发展或建立各种社会组织、群众团体和对它们力量的运用与发挥;在中

周恩来在召开的七届二中全会休息期间与各位代表交谈

国有多党存在,它们的作用和意义等。这些正是周恩来为之朝思夕虑精心探索的问题,他勾画出了新中国的一幅蓝图,给米高扬留下了很深的印象。在西柏坡为期一周的访问结束后,米高扬对周恩来有一个评价,他说:"周恩来将是新中国总理最合适的人选!"

擘划新中国蓝图

1948年4月30日,中共中央在《纪念"五一"节口号》中正式提出了"打倒蒋介石,建立新中国"的口号。周恩来便同毛泽东等领导人一起,开始筹划建立新中国,他在经济、文化、外交、政协会议等方面,对新中国的蓝图进行了构思和描绘。

他较早思考的是经济问题。他在1948年6月21日写出的《新民主主义的经济建设》提纲中,对新中国经济建设的一系列原则问题作了设想与思考。他在提纲中的基本设想是:"新民主主义的经济建设是反对旧民主主义或旧资本主义的经济方针的",同时"也是反对农业社会主义或极端平均主义的经济方针的。"提出了区别新民主主义经济与旧民主主义经济的五项原则:"1、无产阶级领导的经济还是资产阶级领导的经济;2、为多数人还是为少数人;3、以劳动大众为主附加自由资产阶级,还是以资产阶级为主附加劳动大众;4、基本上计划经济,还是完全自由主义经济;5、如果个人或少数人利益与大多数人不冲突时,则大多数加少数;如果少数人或个人利益与大多数发生根本冲突时,则抛弃少数而顾大多数。"关于同农业社会主义或极端平均主义的区别,他提出了工业的科学管理还是行政性强制?工资制度还是供给制度?生产观点还是救济观点?技术进步还是安于落后等问题。他还谈到了工业与商业的区别,金融斗争,税收政策,公营、私营与合作社三种经济,国家权力如何运用,新民主主义的合理组织与旧资本主义合理化,工厂委员会与厂长负责制,工会和党委的作用等。在9月召开的政治局会议上,周恩来谈到资产阶级问题时强调要区别三个问题:一是官僚资本与自由资本的区别,前者是打倒,后者是合作;二是资产阶级和独立小生产者的区别,不要混在一起反;三是工业与商业的区别,要分别垄断性、投机性和人民生计所需要的。他指出,这些虽是资本主义性质的,但它是受到人民政权多种方式节制的资本主义。他所思考的这些问题是成系统的,不仅对当时有重大的理论意义,而且许多思想对今天有中国特色社会主义的建设仍有重要的现实意义,充分表现出其远见卓识的战略思想。

在文化艺术方面,周恩来为新中国文艺建设广揽人才。在他亲自安排下,一大批文化艺术界人士来到解放区,为繁荣新中国的文化和艺术事业准备了重要条件。

随着大城市的相继解放,涉外事务日益增多。周恩来为党中央起草了许多外交工作的文电,对有关问题规定了暂行的方针和政策,预示着即将成立的新中国将彻底结束百年屈辱的外交历史。

周恩来还以很大的精力筹备新政协会议的召开。除亲自拟定商讨召开新政治协商会议的爱国民主人士名单外,还拟定了《关于召开新的政治协商会议诸问题(草案)》,主持起草了共同纲领草案,审改了新政协会议的其它文件,为新政协会议的召开和新中国的建立做出了极大的贡献。

雨夜救人显温情

周恩来在西柏坡期间,担负紧张繁忙工作的同时,仍然同周围的老乡保持着密切的联系。在他所住的院子里,有一棵梨树。秋天梨树挂满枝头,但他从未尝过一口。他总是事事对自己严格要求,对群众关怀备至。在西柏坡办公期间,还发生了一次窑洞坍塌的险情,在救助被压人员的时刻,更是充分体现出他关心爱护群众的感人情怀。

进入1948年雨季后,西柏坡接连好几天都是阴雨天气。7月30日夜里,人们都熟睡了,只有毛泽东、周恩来等的屋里还亮着灯。这时,忽然下起了倾盆大雨。就在这个大雨如注的深夜里,在西柏坡发生了一件不幸的事情。有两孔窑洞倒塌了。

这窑洞,就在五位书记住的院后边的一个山坡上。窑洞一塌,就有人在外边大声喊着:"快来救人呀!快来救人呀!窑洞塌了!"

人们听到喊声,就朝窑洞跑去,不大一会儿,那里就聚集了许多人。大家都没有带工具,就用手扒,但用手扒不动,大家就赶快回去拿工具。一会儿,修缮队的人把工具都扛来了。有了工具,大家就投入了救人的紧张战斗。当时,谁也不知道窑洞里究竟压了几个人,有的说四个,有的说五个。大雨下个不停,抢救人的战斗在紧张地进行着,大家心里非常着急。因为工具少,有些人有力气也使不上劲,在那里干着急。有的说:"还是轮流着挖好,歇人不歇工具。"有的说:"压了这么厚的一层土,什么时候才能把人救出来,人还能活着吗?"

这时,周恩来急步走了过来。他当时正在灯下批阅文件,听到警卫员的报告,立刻提起马灯,手拿铁锹,冒着风雨赶到现场。他老远就问:"怎么样,人救出来了没有?"有人对周恩来说:"挖了这么长的时间了,还没有见到人。因为土层太厚,现在大家正在挖。"一听这样,周恩来把身上穿的雨衣脱下来往后一扔,用铁锹就挖起土来。他一边挖一边高声地说:"同志们快挖吧,一定要把我们的同志救出来。"他指挥一部分人突击挖土,一部分人迅速准备担架,并派人去叫医护人员,以便争取时间,把人救活。

这时,部队的战士们排着队跑步来到了,每个人都扛着一把铁锹。周恩来对战士们说:"部队的同志到前边来,你们是主力军呀,赶快把压在土下边的同志抢救出来。"战士们一到,抢救工作的进度就加快了。挖着挖着,就把窑洞挖通了。这时,听到塌土深处有人在喊:"我在这里!我在这里!"周恩来听到呼救,便高声地说:"同志们,快挖呀!已经听到里边有喊声了。"周恩来问里头的人:"里边有几个人呀?"里面的人说:"两个人。"洞口终于挖开了。上边的土也铲除了,大家从窑洞里的土块中把一个人拉了出来。周恩来握着那个人的手问:"怎么样,不要紧吧?"那个人一看是周恩来,就激动地说:"你救了我一条命。"说完,就跪下给周恩来磕头。周恩来拉住他的手说:"这是大家救了你,快叫医生看看去。"等那个人走后,周恩来问大家:"他是谁呀?"有人说,他是延安来的老乡,是专门修地炕炉子的民工。周恩来说:"哎呀,要是他们出了事,我们就太对不起陕北的乡亲们了。"

又挖了一会儿,周恩来就又往里边喊话:"我们在外边说话,你在里边听到了吗?"里边的人回答说:"唉呀,听到了,闷死了。"一听回答的口音,就有人说:"这是个四川人,是管理科的干部。"周恩来说:"赶快把担架准备好。要小心挖土,铁锹不要碰着人了。"挖了一会儿,又把里边的一个同志抢救了出来。周恩来问他:"里边还有没有人了?"他说:"没有了。"

这时,行政科的一个同志说:"如果这个窑洞里是两个人,那么那个窑洞里就是三个人。"一听另一个窑洞里的人还多,连一个还没救出来,周恩来就号召大家:"同志加把劲,一定要把我们的同志都救出来!"这时,目标就集中到另外一个窑洞。根据刚才的经验,只要挖出一个洞口,里边能通空气,人是可以救活的。不大一会儿,洞口挖开了,就听见里边有人喊叫。有个人爬进洞口,把洞里边的那个人救了出来。周恩来问他:"怎么样,身上疼不疼?"他一见是周恩来,好像要说话,可就是说不出来。周恩来问他:"你离里边的同志远不远?"他用了很大的力气说:"不远了。刚才我们还说过话呢。"大家挖到窑洞后半截的时候,把能捅开的洞都捅开了,通了气。尽管这样,里边还是没有动静。已经见到了衣服和被褥了,再往里挖,发现了两只脚,脚丫子还在动。周恩来说:"用工具的要小心,能用手挖就用手挖。"大伙儿紧张了一阵子,又把一个人抢救了出来。周恩来指挥大家,用担架把他抬到汽车上,赶快送中央医院去抢救。

在这个窑洞里,救出了两个,还有一个人等待抢救。挖了一阵子,把这个窑洞的地基都清理了,可是还没有找到那个人。最后在清理这两个窑洞前面的泥土时,发现那个人被埋在了窑洞口的墟土里,虽然医生轮流给他做人工呼吸,但也没有把他救活。他就是理发员曹庆维。

抢救结束以后,周恩来对大家说:"同志们辛苦了。大家都淋湿了衣服,出了汗,拼命干了一场,救活了四个好同志,我们想把这五位同志都救活,但曹庆维同志没有救活,我们都很悲痛,很惋惜,这是天灾呀。请同志们回去换换衣服,休息吧。"然后,周恩来穿着湿衣服,把现场看了看,又去检查别的窑洞去了。他告诉有关人员,所有窑洞都不要住人了。

当周恩来走进西头的那个窑洞里的时候,郭管理员的家属正抱着孩子在里头坐着呢。他们家住的窑洞窑顶几处正在往外渗水,情况十分危险。周恩来问:"怎么你们还没有搬走呀?"郭管理员的爱人说:"没有房子,往哪里搬呀?"周恩来说:"先搬到食堂里去,不要在这里住了。快搬走,现在还在下雨嘛。这窑洞同样也很危险,快搬出去。"并立即采取行动,组织疏散郭管理员一家离开窑洞。刚把他们一家在附近的一处小房子安顿下来,原来的窑洞就"轰"地一声倒塌了。就这样,他们一家避过了这场灾难。周恩来又问在场的一位处长:"别处还有没有窑洞?"那位处长说:"没有了。"周恩来说:"这次我们打窑洞也犯经验主义。在这里打窑洞,明知土质不好,里面还用木架子撑着,那也顶不住半个山坡的重量啊。"

察看完窑洞和住房以后,周恩来就向毛泽东的住处走去。他对毛泽东警卫员说:"向主席报告,五个人救活了四人,曹庆维同志被土压死了。"根据周恩来的指示,警卫员把情况向毛泽东作了汇报,并说周,周恩来穿着湿衣服,一直把人救完了才回去。

第二天下午,在西柏坡的大食堂里,召开了曹庆维的追悼大会。因为毛泽东临时有要事不能参加追悼会,便写了一幅挽联,让身边的警卫员送到了追悼会上。周恩来也送了花圈,并致悼词。会场里,还放着各个单位送来的花圈。这次参加追悼会的人很多,大家都为失去了一位好战友而感到非常沉痛。

春回大地赴京"赶考"

1949年3月中旬,春回大地,西柏坡后山上的柏树已变得翠绿。3月23日,七届二中全会的新闻公报由新华社向全国发表,就在这一天,毛泽东、朱德、刘少奇、周恩来、任弼时率领中央机关及人民解放军总部人员乘汽车离开西柏坡。开车前,毛

周恩来与邓颖超在西柏坡

泽东对机关干部和警卫部队讲话,他说:我们就要进北京了,可不是李自成进北京。他们进北京就腐化了。我们共产党进北京,是要继续干革命,建设社会主义,一直到实现共产主义。这天,毛泽东和周恩来心情都非常舒畅,谈起笑话来。周恩来对毛泽东说:"多休息一会儿好,乘长途汽车也是很累的。"毛泽东说:"今天是进京的日子,不睡觉也高兴啊。今天是进京'赶考'嘛。进京'赶考'去,精神不好怎么行呀!"周恩来笑着说:"我们应当都能考试及格,不要退回来。"毛泽东说:"退回来就失败了。我们决不当李自成,我们都希望考个好成绩。"

汽车离开西柏坡,沿着山间公路向东北方向驶去。这个车队共有11辆小汽车和10辆10轮大卡车,卡车里坐的是警卫战士和少数机关工作人员。队伍

告别了西柏坡，踏上了赴京"赶考"之路。第一辆是由叶子龙率领的前导车，毛泽东乘坐的吉普紧随其后，朱德、刘少奇、周恩来、任弼时和其他领导人的车辆及中央警卫团的手枪连和一个步兵排的警卫车随之而行。因为都是土路，尘土很大，每辆车之间都保持了约30米的距离。尽管如此，还是有尘土往车里飞落。为了挡尘土，卫士让毛泽东戴上眼镜、口罩，披上雨衣，并曾一度让毛泽东的车跑在最前面。当走了相当的路程后，突然传来后面汽车不停的喇叭声，原来是陆定一坐的那辆车陷在坑里了。就此，周恩来嘱咐司机们要千万注意安全，并对毛泽东说："咱们就休息一下吧，吃点东西？"毛泽东笑道："我早想休息了，你们要走，我一个人休息也不好啊。"于是大家都下了车，不是先喝水，吃东西，而是先打水洗脸。因为尘土太多，每个人脸上都落了一层土。然后大家开始吃东西，在地上铺了几块雨布，有的蹲着吃东西，有的坐在上面吃东西，也有的聊天。周恩来则顾不上休息，忙着看文件。

当天天黑前到达唐县附近的淑闾村。第二天，吃过早饭后，中央领导准备出发了，此时淑闾村街道两旁、房顶上，都站满了围观的人们，几乎全村人都出来了。毛泽东频频向乡亲们招手示意，大家都认出了毛泽东，不约而同鼓起掌来。约在上午11点，毛泽东一行到达保定城外，稍作休息后，在中午时分进入保定城。吃过午饭后，毛泽东等中央领导听取了冀中区党委书记林铁、军区司令员孙毅的汇报后，对党的工作、恢复生产、恢复平汉线交通等问题作了指示。下午3点半以后，毛泽东一行离开保定向涿县进发。从涿县火车站乘上专列向北平进发，25日上午，到达北平清华园车站，受到林彪、

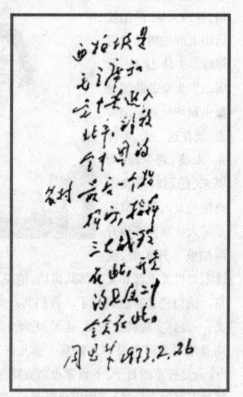

1973年2月26日，周恩来对西柏坡的评价：西柏坡是毛主席和党中央进入北平，解放全中国的最后一个农村指挥所，指挥三大战役在此，开党的七届二中全会在此。

罗荣桓、聂荣臻、叶剑英等党政领导和从香港、上海来的民主党派、无党派人士李济深、沈钧儒、黄炎培、郭沫若、柳亚子等人的热烈欢迎。当天下午,在西苑机场举行了隆重的阅兵仪式,毛泽东、朱德、刘少奇、周恩来、任弼时等中央领导人检阅了威武雄壮的人民解放军。同时,毛泽东、朱德、刘少奇、周恩来还接见了北平市的工人、农民、青年、妇女各界代表和160多位民主党派领导人、无党派民主人士,他们热烈地同张澜、沈钧儒、郭沫若、李济深、黄炎培、马叙伦、陈叔通等人一一握手,互致问候,叙谈了半个多小时。时间已晚,周恩来看了看手表说:"朋友们,先生们,谢谢大家来到这里欢迎毛主席、党中央和人民解放军进驻北平。天快黑了,诸位先生早些回去休息吧,以后有机会再谈,以后见面的机会多得很。"

检阅仪式结束后,毛泽东、朱德、刘少奇、周恩来、任弼时等驱车前往香山。香山中共中央和中央军委转移到北平时的最早居住和办公的地方。周恩来在这里住了好几个月,直到新中国宣告成立,才把家全部搬进中南海西花厅。从此,中国共产党带领广大人民群众胜利完成了"农村包围城市,最后夺取城市"的革命任务,实现了由新民主主义革命到进行社会主义革命和建设的伟大历史转折。

第五章 视察安国和徐水

坚持实事求是，一切从实际出发，自觉按客观规律办事，是周恩来的一贯思想作风。可是在那盲目追求"高指标"，到处放"卫星"的"大跃进"年代，作为一国总理的周恩来，只能从大局出发，尽可能把经济建设中出现的"冒进"带来的损失降到最低。

出行安国前的忧虑

1958 年全国掀起了"大跃进"、人民公社化的高潮，举国上下洋溢着一片激情。

"大跃进"是从农业开始的，1957 年 10 月 25 日，修改后的《全国农业发展纲要》公开发表。《纲要》要求五年间粮食产量按全国人口平均每年达到 2000 斤。10 月 27 日，《人民日报》发表关于《农业发展纲要》的社论，提出"有关农业和农村的各方面的工作在 12 年内都按照必要和可能，实现一个巨大的跃进"。

这是中共中央通过报纸正式发出"大跃进"的号召。全国各地广大干部和群众积极响应中共中央的号召，首先兴修水利，一亿人投入农田水利建设，深翻土地，从一尺五寸达到几尺。最突出的表现是放"高产卫星"。最早放出的是河南遂平县放出的亩产小麦 2105 斤的"卫星"，接着江西贵溪县放出水稻亩产 2340 斤的"卫星"。于是"卫星"几乎天天放，而且越来越大，最大的小麦"卫星"是青海建什克农场亩产 8585 斤；最大的水稻"卫星"是广西环江红旗农业社的亩产 130434 斤。这简直如《天方夜谭》中的神话，使许多人瞠目结舌，迷惑不解。实际上，这些离奇的丰产典型，大都是采用"并田"方法假造出来的，把许多块即将成熟的庄稼全并到一块田里，计算出的产量。甚至那个数字压根儿就是假造的。当时《人民日报》曾发表一张照片，一个小孩坐在卫星田的稻穗上。这些夸大的宣传，当时就有许多人不相信，但是因为怕戴"右倾保守"帽子不敢公开说罢了。当时各级干部的浮夸风、弄虚作假风达到惊人的地步。脱离实际，唯意志论的提法层出不穷,什么"人有多大胆,地有多大产"、"只怕想不到,不怕做不到"。有人甚至说,我国粮食产量再提高,把地球上的人统统集中到中国来也够用。1958 年 8 月,北戴河会议上,决定 1959 年粮食产量指标为 8000—10000 亿斤,棉花产量指标是 9000—10000 万担。而 1958 年粮食产量只有 4000 亿斤,棉花只有 3938 万担。要分别增产一倍至 1.5 倍,根本达不到。

1956 年 4 月 25 日,周恩来在杭州传达毛泽东《论十大关系》的报告

刚刚被批评为"右倾保守"的周恩来,面对农业的"大跃进"局面,虽然表现沉默,但他仍以冷静的头脑观察这个问题。因为他知道,高速度必须建立在客观可能性的基础上,经济发展要遵守有计划按比例的法则。因此,他既对"大跃进"造成的大浪费深感忧虑,又对今后人民如何生活充满各种担心。

早在 1956 年初,周恩来就对片面追求发展速度和各部门制定的高指标深感不安。他认为,高指标完不成,国务院难辞其咎。在同年 1 月中共中央召开的知识分子问题会议上,他就呼吁说:不要搞那些不切实际的事情,要使我们的计划成为切实可行的、实事求是的计划,而不是盲目冒进的计划。在 1 月 30 日全国政协第二次会议上作《政治报告》中,他又提出:"我们应该努力去做那些客观上经过努力可以做到的事情,不这样做,就要犯右倾保守的错误;我们也应该注意避免超越现实条件许可的范围,不勉强去做那些客观上做不到的事情,否则就要犯盲目冒进的错误。"之后,周恩来又多次谈到做经济工作要实事求是的问题。他在国务院全体会议上说:"现在有点急躁的苗头,这需要注意。社会主义积极性不可损害,但超过现实可能和没有根据的事,不要乱提,不要乱加快,否则就很危险。""领导者的头脑发热了的,用冷水洗洗,可能会清醒些。……请大家注意实事求是。"

可是,周恩来的反冒进思想,受到了毛泽东严厉批评。认为,反冒进给群众中高涨起来的生产热情泼了冷水,放慢了建设速度。害了右倾保守的毛病,像蜗牛一样爬行,把跃进看成"冒进"。因此,从中共八届三中全会开始,到1958年5月中共"八大"二次会议,连续不断地批反冒进。1958年1月初毛泽东在杭州召开的会议上,甚至指名道姓地批评了周恩来等政府领导人。周恩来从全党大局出发,一而再再而三地进行自我批评,写检查。

1957年11月13日,由毛泽东亲自审阅批发的《人民日报》社论,提出:"在生产战线上来一个大的跃进。"1958年1月1日,《人民日报》发表元旦社论《乘风破浪》,提出"鼓足干劲,力争上游",在15年左右的时间内,在钢铁和其他主要工业产品产量方面赶上和超过英国。这些都为"大跃进"的全面发动作了充分的思想舆论准备。在这样的情形下,面对迅速掀起的"大跃进"运动,党内已经很难发表不同意见了。这时的周恩来处于两难的矛盾状态中。他必须在一般原则上和其他领导人一起表示支持毛泽东提出的争取15年赶上和超过英国这一经济发展的战略构想,并检讨反冒进的错误。经过这年上半年的反对反冒进,他处在了一种特殊的地位,他有很强的组织性,尊重毛泽东和中共中央的决定,维护党的领导的团结一致。另一方面,作为一个具有清醒头脑和丰富实践经验的共产党人,在对经济建设的指导上又要尽可能地坚持稳重与谨慎,使之健康发展。对一些过头的做法他有自己的想法看法,不能不管,又不便于公开地在方向和方针上提出不同的意见。在当时的地位和形势下,他唯一能够做到的,就是根据实际情况,把毛泽东和中央的决定加以变通,尽量减少实际损失,在力所能及的范围内,使事情的发展更符合实际的可能。

就在他做检讨的1958年1月下旬,他在审改《关于1957年国家预算执行情况和1958年预算草稿的报告(草稿)》时,在文中"为了在15年内在钢铁和其他重要工业产品的产量方面赶上和超过英国"一语的"15年内"之后,增加了"或者更多一点的时间"九个字;并在"为了在今后10年或者更短的时间内实现全国农业发展纲要"一句中,删去"或者更短的时间内"八个字,改为"并且争取提前"。这些,在当时"大跃进"的气候下,不会有什么效果,但毕竟可以看出他同"大跃进"的倡导者和积极拥护者之间,思想上是有距离的。

周恩来编制的第二个五年计划的建议被"大跃进"搞乱了,"建议"提出的指标在实际工作中已经起不了约束的作用。1958 年 5 月中共"八大"二次会议通过建设社会主义总路线,提出破除迷信,敢想、敢说、敢干。8 月,中共中央召开北戴河会议,通过了建立人民公社和 1958 年钢产量比 1957 年翻一番的决议。这次会议对农业形势非常乐观,估计 1958 年粮食产量达到 6000 亿斤至 7000亿斤,比 1957 年增产 60%至 90%,据此提出"农业战线的伟大胜利要求工业战线迅速地赶上去,而且也使得省一级党委有可能把注意的中心转移到工业方面来"。有人发愁粮食吃不完,要缩小耕地面积,实行园田化生产。这年有了许多"大办",包括大办农业。有的地方粮食开始放更大的"卫星"。实际情况真是这样吗?周恩来决定亲自去走一走,看一看。

正当周恩来决定亲自出去走一走,看一看的时候,河北省的徐水县又放了个大"卫星"。1958 年 9 月 1 日《人民日报》上发表了一篇《徐水人民公社颂》,文章称徐水试验小麦亩产 12 万斤。文章写道:在让伏天的太阳照晒翻开的土,然后深掘七尺,把地下的红土层翻上来同好土和匀;施底肥三十万斤;种子先进行人工培育,刚出芽的工夫播下,防止粪大烧芽;土地叠成堆形,利用沼气养育,人工降雨浇灌,用最多最好的化肥分批追补;播籽一千斤,每平方公分一粒;每棵长八十粒小麦,就是亩产十二万斤。

听说小麦子亩产 12 万斤。周恩来很吃惊,难道真是"客观可能超过了主观认识"? 于是,1958 年 12 月 24 日,周恩来到河北安国县和徐水县视察。

掌握了第一手材料

1958 年 12 月,周恩来要到河北省安国视察。接到中央的通知后,时任省公安厅副厅长的王文同,奉命立即赶到北京,随乘专列,担任警卫工作。专列停到保定后,省委书记处书记解学恭代表省委、省政府迎接,并陪同在河北视察。周恩来的随行人员有:总理办公室主任童小鹏、工作人员及新华社的记者等。此次到安国,一是看农田产量,二是看农民生活,三是看学校学生的生活学习。

周恩来一行从保定乘汽车到安国。进入安国后,半路上他下车看农田。当时农田长得是冬小麦。周恩来问陪同的安国县委书记刘振宗:"每亩能打多少斤粮食?"

中共安国县委在"共产主义试点"中关于发动群众不断革命实现农业全面大丰收的"经验"

▶ 安国和徐水成为全省人民公社的试点

刘振宗说:"今年高粱、玉米可以打四千斤。"

周恩来接着问:"打的了这么多吗? 打这么多粮食,怎样处理? "

在场的人都听出来周恩来不相信这个数字。

安国县位于河北省中部、潴龙河流域,历史悠久。汉朝时设置安国县,隋朝改为义丰县,宋朝改为蒲阴县,明朝并入祁州,1914 年夏设安国县。以农产小麦、玉米、甘薯等为主,盛产药材。县城还有一座药王庙,许多外地采购药材的人都要到药王庙来烧香,认为只有拜过药王,药材才能有效治病。

安国县安排周恩来是到该县的伍仁桥村看农民的生活情况。伍仁桥村是元代著名剧作家关汉卿的故里,在当时,伍仁桥村是河北省的一个"试验点",曾建立了号称"天下第一田"的高产田。

周恩来进村后,不去看事先安排的农户,走着走着,他随手推门进了一户农民家。走进屋里,看到有一个老人正生病躺在炕上,周恩来轻轻走近炕边,凑近看了看病人,又小声问了病情和治疗情况。随后,把手伸进病人的被子下面摸摸炕热不热,掀开炕席,周恩来发现炕上没铺柴草,关切地对陪同的当地领导说:"天要下雪了,要照顾好病人,要把群众的病、老、冷暖放在心上。"

临出门时,周恩来一再嘱咐,群众的社会主义积极性越高,干劲越大,越要注意安排好群众生活。

到安国县城后,周恩来前往安国中学视察,当时,学生们正在吃午饭。看到周恩来总理来了,大家放下饭碗,围拢过来。周恩来亲切地询问学生们的生活和学习情况,学生们七嘴八舌地回答着。周恩来看着学生们吃的红薯面窝头,拿起来掰了一块,放到嘴里尝了尝。此时,随行的新华社记者为了抢拍周恩来总理和安国中学学生们在一起的新闻照片,就上到桌子上去拍照,周恩来看到后说:"你看看怎么上到桌子上去了,这太不文明了。"说的那位记者脸都红了。

周恩来一行离开安国后又临时决定要到定县看看。听完定县县委的工作汇报后,周恩来又参观了定县农业展览。

周恩来外出时,总是要求轻车简从,不愿过多地去惊动当地领导和麻烦群众。在从保定出发到安国时,由于当时乘坐的车辆大都是美式汽车,年代已久,为防止半路发生抛锚,备用了两部车跟在后面。但被周恩来发现了,批评公安部门在"捣鬼"。他说:"轻车简从,便于首长联系群众,这是我一再讲的警卫工作原则,备两部车这不是浪费吗?抛锚有什么关系,不过是等一等换换车就行了。"

在返回北京的专列上,周恩来接见了工作人员和警卫人员。他问王文同:"我们出来视察,各地都有公安机关,你们省公安厅的厅长不来不行吗?"

王文同说:"铁路沿线涉及几个地区和许多县,视察的地方有时又不是一个地区,省厅不来人不便于统一指挥。"

周恩来点点头表示同意。

周恩来这次在安国、定县、徐水视察,看了制药厂、机械厂、农业红专大学和一些新居民点。同在田间打机井和送粪的男女社员们进行交谈,看了公社的食堂、幼儿园、缝纫厂、医院、商店、书店,并且访问了几个社员家庭,了解情况。在回来的途中,他向陪同的中共河北省委领导人解学恭说:一定要实事求是,不要"把共产主义庸俗化"了;要承认共产主义的热情,但"领导干部头脑要清醒"。

这次实地视察,使周恩来掌握了第一手材料,他以实事求是的态度,既对工农业生产、劳动力调配作了重要指示,又对关心群众生活、解决群众困难提出了具体要求,还诚恳地向当地干部敲了警钟。

时刻心系群众冷暖

1958 年 12 月 24 日,周恩来到安国等县视察时,除了简单听取中共河北省委、保定地委和安国县委的工作汇报外,最重要的就是由省、地领导人陪同,到基层了解群众生活。

这一天,寒风凛冽,天空飘着稀疏的雪花。

周恩来在省、地、县委负责人陪同下,乘车前往安国农村视察。当汽车行至东长仕村北时,见农民正在打机井,周恩来便让司机停车,随即健步向打井工地走去。正在打井的农民赵顺德一见面就认出了周恩来总理。他和其他农民便高兴地鼓起掌来。周恩来微笑着,关心地问大家累不累,冷不冷,并伸出手亲切地同打井农民握手。当周恩来把手伸向赵顺德时,赵顺德因为手上沾满泥水,不好意思把泥手伸出。周恩来看出了他的心思,上前一把握住赵顺德的泥手,亲切地问他今年多大岁数,打过多少年井,家里有几口人,吃穿烧有没有困难?这句句问寒问暖的话语,像一股暖流涌进赵顺德心间,感动得他好半天说不出话来。接着周恩来观看了打井现场,询问打井农民多少天打一眼井,一眼井能浇

周恩来与安国农民在一起

多少亩地等。打井农民都一一作了回答。周恩来还饶有兴趣用手扶着打井器具试打了几下，鼓励大家说："水利是农业的命脉，要多打井，打好井，实现农业水利化。"临别时，周恩来再三叮嘱大家说："天气很冷，要穿暖，不要着凉，要劳逸结合。"

1958 年 12 月 24 日，周恩来在保定市安国县伍仁桥幼儿园与孩子们一起高唱《东方红》

周恩来离开打井现场，来到伍仁桥(原东风人民公社)视察。他首先来到公社医院，深入到三个简易病房看望住院病人，并依次走到每个病床前询问病情，随后，还详细了解了医院职工的学习、工作和生活情况，热情地鼓励他们要把工作做得更好。最后，周恩来又来到中药房，看看药品是否齐全。当看到药斗上有薏米这味药时，便走上前对司药说"听说薏米很有名气，我买两角钱的，带回去作个样品。"司药立即给周恩来称了二两薏米。周恩来让秘书把钱交给司药，司药说"送给周总理的，不要钱。"周恩来严肃地说"：药是国家的，必须要给钱的。"司药见周总理这样认真，只好收下秘书递给的两角钱。视察完公社医院，周恩来对县、社领导说："各公社都应当搞好医院建设，让群众看病方便。"

走出医院，周恩来又冒雪视察了伍仁桥千亩"天下第一田"。在回村的路上，周恩来走在最前面，进村后，不用别人领路，他走进了村头的张纪云家。张纪云和公爹见家中来人了，赶忙迎上去，周恩来亲切地与他们握手，向他们问好。进屋后，忽然听到西头房间有婴儿的哭声，周恩来便走了进去，伸手抱起正在啼哭的婴儿，又颠又哄，那亲热劲就像抱着自己的亲生儿女。待张纪云把孩子接过去，周恩来又向东房屋走去。东房屋里有张纪云的婆婆和小姑，婆婆因患病躺在炕上。张纪云生怕周恩来被传染上疾病，赶紧上前阻拦说："屋里有病人，别进去了，以免传染。"周恩来摆摆手笑着说："不怕、不怕"。进屋以后，周恩来轻轻地走到炕边，弯下腰看了看病人，接着轻声地问了病情和医疗情况，又把手伸进病人的褥子下面，摸摸炕热不热。当周恩来发现炕席下面没有铺柴草时，眉头紧皱，认真地对县、社干部说："北方人爱睡热炕，天下雪了，要分些柴草给群众铺炕取暖，要把病人照顾好。"周恩来还到外屋掀开锅盖，看给病人做的什么吃的。当了解到群众的生活情况后，周恩来一再嘱咐："群众的社会主义积极性越高，干劲越大，越要注意安排好群众的生活。"周恩来每到一户人家，都是问寒问暖，摸摸这家的炕热不热，问问那家有没有锅。周恩来关心群众的心情深深感动了在场的县、社领导。晚上，伍仁桥公社和村干部按照周总理的指示，对群众生活作了认真的安排，解决了群众铺炕柴草和做饭用锅等问题。

中午，周恩来被安排在县委机关食堂吃午饭。炊事管理人员听说周总理要在食堂吃饭高兴极了，决定要把安国最好吃的东西献给周总理，把最精的手艺献出来，千方百计让周总理吃好。

周恩来担心食堂做很多饭菜，就预先来到伙房，一把拉住身穿白色工作服，头带工作帽，忙忙碌碌准备饭菜的一位炊事员的手，嘱咐说："你们辛苦了，午饭要简单，不要费事。"炊事员激动地说："周总理辛苦了，欢迎周总理用餐。"当周恩来看到笼屉里有红薯时，说："好，今天就吃红薯。"可到开饭时，周恩来看到饭桌上摆满了鸡、鱼、肉、蛋，便告诉工作人员把这些菜都退回去，并让人去向炊事员要红薯。炊事员觉得周总理很少有时间来安国，午餐连一顿好饭都不吃，而只吃几块红薯，实在过意不去。经工作人员再三向周恩来解释，才勉强让上了一盘炒鸡蛋和一盘炒豆腐，一碗小米饭和一盘红薯，结果，这顿饭周恩来只吃了几块红薯，桌上的菜连动都未动。周恩来说："你们安国是先进县，丰收了要讲节约，吃饭可准备四个菜，不要搞得太多了。今后，中央负责同志到安国就准备四菜，这是下乡工作嘛！你们安国不是要出席中央召开的农业先进单位积极分子代表会议吗？伍仁桥、祁州公社也要去，到我家吃饭也是准备四个菜。"饭后，机关干部和周恩来合影留念，并给周恩来和其他领导摆好了座位，等周恩来入座。周恩来高兴地走到座位旁，但并不入座，而和大家站在一起，还特意把炊事人员叫来一起合影。

为安国制药厂题词

下午 1 点 30 分,周恩来在县委机关食堂吃完午饭,稍事休息后,又去安国县制药厂视察。周恩来连续看了粉剂、蜜丸等四个车间,亲切地询问一些老工人多大岁数,工作累不累,又问一些青年工人,什么时间进厂,工作上有啥困难。视察过程中,周恩来非常关心厂里的技术革

1958 年 12 月,周恩来视察安国时,为该县药厂题词

新,在粉剂车间,周恩来看到包装工序贴瓶签的快速办法,高兴地招呼随行人员说:"快来看,这个办法好!这个办法好!"在蜡丸车间,周恩来听取了青年女工汇报革新成果,并观看了操作技术表演。在制剂车间,周恩来观看了醇剂生产作业一条龙的生产运转线,看到药液从很远的生产车间顺着玻璃管道流入装瓶车间时,周恩来连连点头说:"这很好,既省时间,又省人力,又提高了工作效率,这是工人的智慧啊!"在蜜丸车间,周恩来看到颗颗蜜丸从工人们自己制造的蜜丸机里滚滚流出,高兴地说:"这才是工人的力量。从笨重的体力劳动中解放出来,我们的医药工业的发展就大有希望。"

1958 年 12 月 24 日,周恩来视察安国时为安国制药厂题词

在周恩来视察完毕即将离开药厂时,

一名青年女工双手捧着一个粉红色的大型纪念册,跑到周恩来车前说:"请周总理指示。"周恩来明白她是受全厂职工推荐而来,笑着说:"怎么?你们要考考我呀?"说着,走到已经准备好的笔墨桌前,稍加思索,在纪念册上挥笔写了"敢想、敢说、敢干、苦干、实干、巧干"12个大字。这12个大字充满了关怀和鼓励,成为药厂干部工人最好的纪念。

原安国县制药厂办公室主任安庆昌回忆:

那是我一生中最难忘的时刻,因为这一天,全国人民敬爱的周恩来总理来到安国制药厂,来到我们广大干部工人之间,和我们一起度过了最幸福的1小时30分钟。那是个隆冬的天气,呼啸的北风,但我们盼望周总理到来的心情是火热的。记得一阵紧促的电话铃声,传来了门卫的报告:"周总理视察我县伍仁桥后要来药厂!"顿时,全厂沸腾起来,人们的心像一朵含苞待放的春花,一下子迸发开来,真是幸福极了。

周总理穿着他那件出国和接待外宾已经穿旧的皮大衣,精神充沛,目光炯炯。在厂办公室门前下车后,第一句话是:"同志们好!"那慈祥的面孔,温和的话语,使我们完全沉浸在无比幸福温暖之中。

这时,周总理在县委书记、地委领导和省里专来为他做保卫工作的同志的陪同下,大踏步地直奔生产车间去看望工人。刚跨进车间大门,他就伸出右手,向工人们问好。工人们马上站起来问:"周总理好!",随后,工人们向周总理汇报了奋发图强,自力更生,大搞技术革新,技术革命的成果,并请周总理视察了"醇剂生产作业一条龙"的生产运转。药液从很远的生产车间,顺着架空的玻璃管道缓缓流进装瓶车间时,周总理连连称赞说:"又省时间,又省人力,又提高功效,这是工人的智慧啊!"周总理又到蜜丸车间。当颗颗蜜丸从工人们自己制造的蜜丸机里滚滚流出时,周总理高兴地说:"这才是工人的力量,能从笨重的体力劳动中解放出来,我们医药工业的发展大有希望"。随后,周总理深有感触地说:"好!好!工人阶级必须有这种雄心壮志啊!"同时还对我们如何改善劳动条件,提高劳动生产率作了亲切的指示。有的工人淌着热泪向周总理说:"周总理日理万机,处理国际和国家大事,抽出时间又来到我们厂看望,视察办厂情况,对我们点滴成绩又是这样的支持和肯定,对于您的教导,我们一定要牢记在心。"

当周总理转到正在进行包装的粉剂车间时,看到一位老女工,他走上前去便和她拉起了家常。

"多大年纪了？家里几口人？全家一月收入多少？孩子们多大了？生活怎么样？"

周恩来总理关怀备至的提问，使这位旧社会出身，曾受尽贫困煎熬的女工王荣姑很受感动，她含着热泪，一一回答了周总理的问话。

周恩来总理要走了，他要到安国中学去视察那里的办校情况。我想，周总理管理着国家大事，挤时间来我们安国视察，这是多么不容易呀！如果周总理能留下几句希望的话语，那该是多么宝贵。于是，我让几名工人在车间出口处南侧的一间小屋子里，擦干净桌椅，端来热茶和水果，想让周总理稍坐片刻。可是周总理的秘书便忙上前拦阻说："周总理不休息了，今天还要赶回去。"我不肯放过这宝贵的机会，仍然组织工人们把休息室整理好，等周总理视察完劳动车间，在这里稍事休息。不一会儿，周总理走出车间，朝这里走来。我高兴极了，说什么也得让周总理休息一会儿，谁知，当周总理走到我面前时，他的秘书又耐心地对我说："不麻烦您们了，周总理回去还有大事要处理呢！"我听了这话，心中很不是滋味。既怕错过这个千载难逢的好机会，又恐耽误周总理的时间。正当我进退两难之际，周总理已走到小轿车旁，秘书已将车门打开，周总理弯腰就要进车，一只脚已踏上车子，他回转身向我们招手致意。正当这时，我看出周总理若有所思，便马上让工人王淑英捧一个粉红色大型纪念册来到周总理跟前说："周总理，请您教导我们。"周总理看到恋恋不舍的工人们，又看了看这个凝聚着工人们期望的纪念册，便把已经搭在车门上的手放下来，把踏进车厢里的脚抽了回来，用和蔼可亲，而又不失诙谐的口气说："怎么，小丫头要考考我呀？"我随即插话道："不！不！请周总理指示。"这时，周总理从车旁走过来，接过纪念册向左右环视一下，我赶忙让工人们立即将早已准备好的桌椅、笔、墨一股脑儿放在周总理身边。周总理欣然命笔，挥毫写出了"敢想、敢说、敢干、苦干、实干、巧干"12个充满着周总理对我们工人勉励关怀的金光大字。我记得当他写完"苦干、实干"四个字时，停笔沉思，他想到了我们工人如何从重体力劳动中解放出来，如何通过提高生产力来改善工人的生产条件，如何以科学技术为中心，加速我国社会主义现代化进程，于是"巧干"二字应运而生。

写完题词，周总理向人们一一握手告别。当汽车徐徐开动时人们围拢了上来，周总理从车里伸出手来，示意人们回去，不要再送了。但是，此时此刻，那种悠悠离情用言语文字怎能表述得清楚呢？人们满含热泪，依依惜别，目视着周总理的车子远去,远去……

我回到办公室,立即找到一名工人,把周总理这张珍贵的题字,用白绫子裱好装入镜框内,悬挂在厂办公室的正面墙上,让它永远激励着我们前进。

在安国中学皱起眉头

下午 3 点 40 分,周恩来来到安国中学,走进校门,看到大门两旁写着"一面读书、一面做工;也是工人,也是学生。"两行竖写的大字,周恩来停下脚步,皱起眉头,好像若有所思地问:"怎么也是工人,也是学生呢?"接待人员一时不知怎么回答。周恩来循循善诱地说:"学生就是学生,不能同时也是工人,还是以学为主嘛!"

周恩来在安国中学,看到前面悬挂着"农大"的牌子,觉得有些奇怪,怎么一个县中学里办起了"农大"?于是就走进教室,坐在第一排凳子上,把两个小学生拉到自己身边,亲切地询问他们学习的课程、劳动情况和劳动时间等,他们都如实作了回答。当周恩来知道他们是没有考上初中的小学毕业生,除了学习初中一年级的课程外,每周加两节农业知识课。于是周恩来就对陪同人员说:"大学有大学的内容和标准,哪能把娃娃们弄成大学生呢,开玩笑!"周恩来走后,所谓的"农大"就停办了。

周恩来在安国中学还视察了校办工厂,并告诫说,勤工俭学很好,要有重点的办好,不宜过多,影响学习。下午 5 时,周恩来告别了安国中学,临上车前再次语重心长地嘱咐安国中学的领导:要好好培养祖国的后一代!

据原安国中学教导处主任林巾秀回忆:

1958 年 12 月 24 日,是我永生不能忘却的日子,因为这天,我亲自接待了来安中视察的敬爱的周恩来总理,并亲耳聆听了他那亲切、感人的谆谆教诲。这个幸福的日子,虽已过去近 50 年了,但仍记忆犹新,历历如昨。

1958 年 12 月 24 日,周总理来安中视察的喜讯传来,党支部决定由我和刘夕波接待,我真欣喜若狂,早饭后一直站在校门口等候着,不知看了多少次表,从未觉得时间过得这样缓慢,总怕周总理日理万机,太忙来不了,心里翻上倒下,激动不已。

幸福的时刻终于来到了。下午三点四十分,周恩来总理在校门口下了车,他红光满面,神采奕奕,身穿深蓝色的大衣,黑布鞋,朴素端庄,充分显示出他的伟大与朴实,那和蔼可亲,满面微笑的面容,一下子缩短了我们之间的距离,赶走了我拘束、羞怯心理,我迎上去,和他亲切地握手,真像多年的故友重逢,心情异常激动。我请周总理到办公室休息一下,总理说:"我不累,休息什么。"说完就健步向前,我紧跟在总理身边。周总理对我说:我随便看看。你忙不忙?有事就忙去。谦和的声音、慈祥的面容,使我热血沸腾,禁不住热泪盈眶。

总理向前走了几步,看到大门两旁的两行竖标,上面写道:一面读书,一面做工,也是工人,也是学生。他停下了脚步,问我:怎么也是工人,也是学生呢?我一时不知怎么回答好,心跳得厉害,好紧张,总理察觉到我窘迫的心理,替我解围:"学生就是学生,不能同时也是工人,还是以学为主嘛!"我才如释重负,心里也豁然开朗了。自"大跃进"以来,究竟普通中学,尤其是重点中学的任务是什么,学习和劳动是什么关系,在时间上应怎样安排,教学常规是否就是"旧型正规化"等问题,在学校中是久悬而未决的。有人说:学生不能劳动过多,影响学习,也有人主张多劳动,劳动也是学习,不多劳动可怎么当劳动者呢?还会变成修正主义的苗子。众说纷纭,莫衷一是,在全国"左"倾思潮的影响下,后一种意见占了上风,所以学校就将这幅标语用大型字体写在最显眼的地方,以示办学的新方向。周总理的指示像利刃一样剖开了这个疑团,明辨了是非,指出了方向。学校必须以学为主,从此安国中学的教育工作,基本上走上了健康发展的道路。

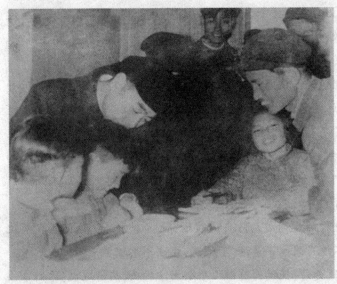

周恩来与安国中学的小同学在一起

我按着要求,陪周总理参观了建筑整齐、设备较好的高中教室、宿舍和实验室。周总理说:"刚才不是说了随便看看,不要管我。"说着向饭厅走去,因为里面有十来个刚刚劳动换班回来的同学正围着饭桌吃饭。周总理很快到了那里,看了看学生们满面汗迹的脸庞,片片泥痕的衣服,笑容满面地问道:"累吗?"学生们一看见是周总理,异口同声地回答:"不累""欢迎周总理!多累,见了周总理非常愉快激动,也就忘掉了。"周总理又问:"悖悖好吃吗?""很香。"饼子是苞米面,一个足有三四两。周总理伸手拿了一个掰了半块说:"我也尝尝。"边吃边说:"好吃。"又拿起饭桶里的勺子搅了搅菜汤,说:"菜汤稀点。"当他得知菜是学生自己种的,便满意地说:"自食其力,好啊。"这是多么深刻的教导,多么关怀爱护祖国的后一代啊。我们深深地感受到周总理与群众水乳交融的思想感情。总理刚走出饭厅几个同学争着抢周恩来总理剩下的那块饼子,吃完了又都怅然若失地也说:糟了,只顾咱们几个人吃了,为什么不留着搅在锅里,让大家来分享这份幸福呢!可见同学们对总理的崇敬及深厚的情感。

周恩来总理又来到"农大"二班教室。名为农大,实际上是招收没有考上初中的小学毕业生(农大一班招收的是初中毕业生),一般十三、四岁,学的是初中一年级的课程,只是每周加上了两节农业常识课,劳动多一点,这显然是名不副实的农业大学。周总理到教室内就坐在凳子上,把两个小同学拉到身边,像慈父般亲切地问长问短,足足有20多分钟。他说:"大学有大学的内容和标准。哪能把娃娃们硬弄成大学生呢,开玩笑。"这就一针见血地给了当时教育领域的浮夸风、左的路线、形式主义的有力抨击。周恩来总理走后,大学就停办了。如果没有他的英明指示,谁敢对此非议,冒"右倾保守"、"污蔑新生事物"之大忌讳呢。周恩来总理高瞻远瞩,实事求是的精神,永远是我们学习的好榜样。

最后,周恩来总理视察了校办缝纫厂,指出这个服务性的勤工俭学很好。并亲切勉励在厂同学学好技术,争取能给校外做活,为社会服务。他又问学校还有什么生产,我们汇报了还有农场、化肥、木业、烘炉、翻沙、水泥、制酒等十多个生产项目。周恩来总理指出学校勤工俭学很好,要重点办好,不宜过多,以免影响学习,这就纠正了我们在"大跃进"形势下办厂越多越好(把学校办成工厂以厂办校)而偏离党的教育方针的思想与做法。

周总理要走了,全校师生列成两队夹道欢送,他挥着手说:"你们送我不耽误学习吗?"同学们不约而同地齐声说:不耽误,欢迎周总理再来。

周恩来总理慢步地走着,抚摸着前排几个小同学的头,热情地说:你们幸福吗?他满心喜悦地笑了。1000多名师生都随着笑了,大家无限幸福地沉浸在笑的涡流里,时至隆冬,安中校园洋溢着温暖的春的气息。

出了校门,车队已等候多时,周恩来总理又停下问学校民兵营的情况,也作了重要指示:从实战出发,保卫祖国。到车前我们满怀依依惜别的心情请他上车,他说:到街上再上吧。(门口离大街五六十米)我们从心里不愿周总理很快上车,能和周总理多呆一分钟,也是无法言喻的幸福啊。

群众知道周恩来总理来了,也兴高采烈地从四面八方集拢过来,热烈地鼓掌欢呼,总理又止步和近前的社员握手,问了生产、生活情况,人们含着泪花回答了他的问话。

太阳西下了,金色的余辉洒在周总理身上,更显得庄严、慈祥与伟大。我们用商量的口吻说:"我们盼望周总理还来。"他爽快地答应:"来,一定来。"

周总理临上车,又和我们一一握手,语重心长地嘱咐:"要好好培育祖国的后一代。"

车队徐徐开动,他探出头来,向欢送的群众频频挥手,多少人饱含着热泪望着,欢呼着。这泪水,欢呼,是由爱戴、敬仰、感动、惜别、难过,多种因素凝成而从心底迸发出来的啊!车队远了,更远了,直到隐没在灿烂的晚霞中,人群还在提踵张望着,张望着……

周恩来总理的光辉形象,朴素的作风,谆谆的教诲,永远铭刻在我们心中,激励我们前进、再前进!

总理眼里闪出泪花

1958年8月4日,毛泽东视察了徐水。徐水人民沉浸在巨大的幸福与无比的激动之中。8月5日,毛泽东走后,一个建设人民公社的群众运动的浪潮,迅速在全县城乡中兴起。就从那时起,全县248个农业社宣布转为人民公社。在社员自愿的基础上,各户私有的部分农具、牲畜、房屋、树木等都已转为公社所有;生产资料入社折价款的部分也决定取消。各个公社正在实行或者准备实行工资制。为了把现在规模很小的公社合并成工农商学兵相结合的大型的人民公社,徐水县于8月15日将全县20个乡镇并为9个大的乡镇。

薄一波《人民公社的由来》回忆

毛主席走后,8月6日,中央农村工作部副部长陈正人同志到达徐水,传达了中央关于在徐水搞共产主义试点的指示。几天之内,全县248个农业生产合作社宣布转变为人民公社。8月22日,徐水县制定了《关于加速社会主义建设向共产主义迈进的规划(草案)》,《规划》规定1959年基本完成社会主义建设并开始向共产主义过渡,1963年进入共产主义社会。8月23日,《人民日报》发表长篇报道,宣称:"徐水的人民公社将会在不远的时期,把社员们带向人类历史上最高的仙境,这就是'各尽所能,按需分配'的时代。"

8月6日,中央农村工作部副部长陈正人到达徐水,传达了中央关于在徐水搞共产主义试点的指示。中共河北省委对此非常重视,决定成立规划小组,中央、省派人参加,各部门都要有人,在县委领导下进行工作。规划总的要求,是使徐水发展速度比其他地方走在前头两三年,以便取得经验向全国推广。

8月22日,徐水县制定了《关于加速社会主义建设向共产主义迈进的规划(草案)》,并于8月26日在《徐水报》上全文刊登。《规划》规定1959年基本完成社会主义建设并开始向共产主义过渡,1963年进入共产主义社会。其发展前景是:1958年实现灌溉机械化和加工机械化。1963年实现高度机械化和电器化,一切主要体力劳动都为机械所代替。那时,人们的劳动已不再仅仅是为了谋求生计的手段,而本身成为生活的第一需要了。1959年每人平均可以分到粮食2000斤,食油20斤,肉类50斤。1963年每人平均可以分到粮食2000斤,食油50斤,肉类300斤,棉布100尺,糖240斤,水果170斤。主要生活资料实现各取所需。1959年30岁以下的文盲都消灭,到1963年达到高小以上的文化程度。再过5年,或者更短的一点时间内,即从明年算起,在7至10年内,30岁以下的人都达到高等专科以上的文化程度,成为专家。那时,旧的劳动分工形式要改变,体力劳动和脑力劳动的本质差别逐渐消失。

北戴河扩大会议后,徐水县贯彻会议精神,再接再厉,于9月15日宣布成立徐水县人民总公社,实行政社合一,全县统一核算;9月20日,发布《中共徐水县委员会关于人民公社实行供给制的试行草案》,规定:一切在徐水工作的人员及大、中、小学学生均享受供给制待遇。

根据供给制的试行方案，徐水在全县实行了全民供给制。从9月份起，脱产干部、工人取消工资，社员取消按劳取酬，对全县人民实行十五包，即吃饭、穿衣、住房、鞋、布、毛巾、肥皂、灯油、火柴、烤火费、洗澡、理发、看电影、医疗、丧葬这几项开支，全部由县人民总公社统包起来。当年11月间，徐水县筹款550万元，给全县公社社员和干部发了一次工资和部分生活用品；12月，又筹款90万元，挪用商业流动资金700万元。以后，由于财力枯竭，再也无法继续下去了。

从8月23日《人民日报》发表徐水县向共产主义迈进的消息后，徐水就陆续成为人们参观的热点。据统计，几个月的时间里，先后有40多个国家930多名外国人前来参观。当时来的人对徐水有各种看法，苏联《真理报》驻北京记者，对徐水的作法是伸大拇指的。当赫鲁晓夫听说徐水搞共产主义时，就让塔斯社记者马上到中国去看看，看徐水搞的是什么共产主义。得到报告后，赫鲁晓夫说，中国共产主义是喝大锅清水汤，苏联是土豆烧牛肉。

1958年12月25日，周恩来在保定徐水县视察

当时,徐水还有句著名的口号传遍了全国,那就是"白天赶太阳,夜晚追月亮,黑夜当白日,一天当两天"。还有许多"拳头产品",比如"葡萄串"式与"满天星"式的水库,还有惊人的粮食亩产目标。由于中央报刊上的宣传,徐水模式自然就被人们认为是中央有意识推广的典型模式。

毛泽东8月来此视察时,并乐观地和农民探讨:粮食多了怎么办?也就是在这里,他笑谈过"一天吃五顿也行嘛";四个月过去了,这里究竟如何?1958年12月,当周恩来和陈云来到徐水,看到把不够中学程度的学生集中到一起学习,挂起大学的牌子,他心里一阵酸楚,一路上直摇头。他对陪同他参观的中共河北省委领导人说:一定要实事求是,不要随便减少耕地,今年吃饭不要钱的口号,"把共产主义庸俗化"了。他指了指路边闲置的耕地,说得很实在:"我对放开肚皮吃饭这个口号有怀疑,吃太多对人的胃没有好处,人身体每天需要的营养是有一定数量的,到明年青黄不接的时候,粮食可能出现紧张局面,要注意听老农的话,允许吃饱,但不能浪费粮食。"

特别是当他看到徐水搞强迫命令,把老百姓房子都拆了,改建成清一色土坯二层楼,是为了那句"楼上楼下,电灯电话"的共产主义美景时,周恩来眉头紧锁。这时,当地领导还眉飞色舞吹嘘他们提前跨进"共产主义"一条腿的经验和政绩呢。周恩来忧心重重地说,光凭蛮干是不行的,干劲要有,但也得有科学根据。当周恩来走进那没有电灯电话的阴沉沉土坯楼时,周恩来不客气地打断当地领导介绍,气愤地说:"够了。"眼里闪出了泪花,声音压抑而又颤抖:"你们这是侵犯人权么!北方老百姓睡炕,这是几千年的传统习惯,你们强行拆除,不叫睡炕,老百姓不生病吗?……"

你家有没有老人

1958年12月,徐水县商庄人民公社大寺各庄正在修建新居民点。建设工程进行到了最紧张的阶段。12月25日,周恩来在河北省委负责人陪同下,到徐水视察,来到了清华大学的学生在农村接受锻炼所在的建设工地。那天天气很冷,同学们看到周恩来总理穿着布鞋,没带帽子,与有关领导同志微笑着走过来,大家立即迎上前去。当时,党中央刚刚开过"郑州会议",会上讨论了人民公社化运动中出现的一些问题,在一定程度上纠正了混淆社会主义与共产主义、集体所有制与全民所有制以及废除商品、货币等"左"的错误观点，提出了一些正确的方针。因此，周恩来一见面就问师生们："中央郑州会议精神知道了没有？"师生们回答：报上刚发表，我们都看了。于是，周恩来又宣讲了会议的主要精神，要大家好好学习领会。

随后，师生们陪同周恩来视察了正在建设中的楼房住宅。周恩来问设计的房子有没有火炕，说："北方农村群众还是习惯睡火炕，应该考虑。"当周恩来看到用芦苇弯成拱做的屋顶时，很关心问这样做有没有把握，指示要进一步研究。正在这时，一幢楼上有一个运材料的吊桶掉下来，在场的人都非常紧张，周恩来走了过去，再三问伤了人没有。

周恩来对广大师生深入工厂农村，向工农群众学习表示赞成，鼓励大家要认真贯彻毛泽东制定的"教育必须同生产劳动相结合"的方针。他亲切问同学们："你们是几年级的？学的怎么样？能不能用到实际上？"当同学们回答很有收获时，周恩来笑着点点头。同时受到接见的还有当时也在徐水的北京农业大学师生，周恩来特别问了一些老教授的情况，关心知识分子。在短短两个小时左右

1958 年 12 月 25 日，周恩来在徐水县观看清华大学师生用芦草做的房顶模型

的视察中,周恩来处处从实际出发,贯彻中央的精神,关心群众生活,踏踏实实,平易近人的作风,给师生们留下了深刻的印象。一些师生事后感慨地说,周恩来总理的话使我们懂得了光有为人民服务的朴素感情还不够,还必须学习党的路线方针,向群众学习,作调查研究,一切从实际出发,才能把工作做好。

后来,周恩来又来到幼儿园和敬老院,问陪同的县委书记:"你家有没有老人?"书记答:"有一位老母亲。"周恩来又问:"她愿意不愿意搬进敬老院住?是真愿意还是假愿意?"并说,敬老院主要是解决一些五保户老人的困难,敬老院、幼儿园可建成平房,方便老人和儿童出入。周恩来还问了公共食堂等情况。看完工地,周恩来又来到村里,看到很多住户都没有大门,感到很奇怪,一问才知道门板都被用作建楼的脚板了。周恩来就问:"这是群众自愿,还是你们动员的?"接着周恩来走进一户人家,首先关心地问,群众做饭有没有锅?刚好那家两口锅都在,周恩来笑了说:"还好,锅都在。"接着又问县社干部,有多少群众家里没有锅,指示他们要迅速解决群众用锅问题,并走进屋里亲切地和老乡谈心,关心他们的生活,还掀起炕席,摸摸炕是热的还是凉的。从这家出来,他又看了两三家才离开。

第六章　邯郸调研知真情

1958 年 5 月,中共八届二中全会正式通过了"鼓足干劲、力争上游、多快好省地建设社会主义"的总路线,这是一次全面发动"大跃进"的党的会议。这次全会以后,全国迅速掀起了"大跃进"高潮和人民公社化运动,使得以高指标、瞎指挥、浮夸风和"共产"风为主要标志的"左"倾错误严重地泛滥开来,农村工作中的问题和困难暴露得越来越多。从 1958 年底到 1959 年 7 月中央政治局庐山会议前,毛泽东和党中央曾经努力领导全党纠正已察觉到的错误。在郑州召开的政治局扩大会议上,着重研究人民公社问题。会议根据毛泽东的讲话精神,形成了整顿和建设人民公社的基本方针:"统一领导,队为基础;分级管理,权力下放;三级核算,各计盈亏;分配计划,由社决定;适当积累,合理调剂;物资劳动,等价交换;按劳分配,承认差别。"这几句话在当时的历史条件下,对于纠正极"左"政策,调整人民公社内部体制,进一步煞"共产"风,不能不说是一套积极的高明的政策。

农业降温了,工业怎么样? 对于这个问题也令周恩来十分担心。他对 1959 年的计划,特别是对钢铁生产的指标能不能落实,心里一直感到没有把握,放心不下。在 1959 年 4 月 30 日召开的书记处会议上,他吐露了这种心情。他说:从去年北戴河会议以后,大跃进形势很好,但产量指标搞高了,打被动仗。总想知道一点,摸不到底,心情有些苦闷不安。去年钢的指标是不可能完成的。上海会议和人大会议,又把指标提出,还是问题。要注意党在国内外的威信,向党提出的东西,自己没有把握。我们不能泄气,要想办法。情况让大家了解后,大家想办法,共同努力。在这样的会议上,作为一个大国的总理周恩来表露"心情有些苦闷不安",这是很不平常的。中共中央决定在 6 月召开一次省市委书记会议,进一步落实计划。为了开好这次会议,必须对目前各地钢铁,主要是地方生铁的生产情况和问题有一个全面的了解。周恩来向中央书记处建议,国务院总理和八个副总理在 5 月 20 日前后分别到九个产铁重点地区进行调研和视察。他提出:视察的内容,主要是生铁的质量和数量问题。到产铁产煤基地,对矿石、煤炭、洗煤、炼焦、耐火材料、炼铁、炼钢、设备、运输、劳动力分配和成本核算等一系列问题做具体了解，以求实现中央经济小组的要求，先保质量，后争数量。除此以外，对市场供应、农业生产等问题也要进行一些了解。周恩来分工视察的地区是河北省。早在这之前，周恩来为了进一步了解基层的真实情况，经常派秘书到河北进行调研，要求他们回来后如实地向他汇报情况。这次，周恩来决定亲自下去走一走，看一看，人民公社中究竟还存在哪些问题。他选定河北邯郸作为调研的地方，虽然时间不长，但他那实事求是、平易近人的工作作风，给邯郸人民留下了难以忘怀的记忆。

1959 年 5 月 23 日至 6 月 1 日，周恩来来到当时的河北省省会——天津市，在这里召集河北省委、天津市委负责人开会。23 日、24 日连续两天听取各负责人关于农村整社等工作情况的汇报，并就农业、整社、钢铁生产、煤炭生产和分配、水利工程、市场和劳动、运输等许多问题进行共同讨论。在谈到农业有可能争取更大跃进时，他指出：不要用这个口号了（指"争取更大更全面的跃进"——编者注），时间不同，认识也发展了，这个口号就不恰当了，可以提在 1958 年的基础上争取 1959 年的大跃进。在谈到调动广大群众的积极性时，他提出，应该给农民一些小自由，让他发挥个人的积极性，不会妨碍大集体的。这是大公小私，两条腿走路嘛。有个人嘛，没有个人哪有集体呢？三人才为众嘛！"共产风"来了，就把这些忘了。大集体小自由早讲了，就是没有好好执行。在谈到今年的生产计划时，他提出，首先要给群众留足口粮，留够种子，做到收好、留好、用好、征购好、种好。在谈到干部作风问题时，他指出，要进行分析，要将强迫命令、浮夸和违法乱纪加以区别。同时要说服生产小队、生产队和公社的干部说实话，不要说谎。省委要继续研究供给制、食堂和分配问题。在天津期间，周恩来还广泛听取了河北省的工农业等情况的工作汇报。他指出，去年下半年搞大跃进，由于缺乏经验，带来一些困难，我们要想办法克服，办法是增产节约，这是社会主义国家的长期方针。在这个前所未有的时代，没有经验，我们要熟悉这个时代，认识它，才能掌握它，处理它。这需要一个过程，需要时间，这不是一下子就能处理恰当的。所以从去年到今年，我们大跃进后就出现了一些不够的现象。

周恩来的视察对河北省的工作有很大的推动。5 月 30 日，《河北日报》全文发表了河北省委关于"收好、留好、征购好、用好、种好"的指示，对其他方面的工作也做出相应的计划和安排。

从此,周恩来在遇到什么难题或比较棘手的问题时,都将邯郸作为调查研究、解决问题的实验地。邯郸也凝聚着周恩来艰辛开拓的历程和辛勤工作的汗水。

你是县里来的 好吹

1959年6月1日,周恩来从天津直接来到邯郸。从1日到5日,在邯郸先后多次分别召集邯郸地委、市委等负责人开会,并到临漳、成安、峰峰煤矿、邯郸国棉一厂、邯郸钢铁厂、邢台滚珠厂等地调研。

6月2日,这一天,燕赵大地碧空如洗,麦浪翻滚。邯郸人民的心情更是异常的激动,正翘首期盼一个伟人的到来。上午8点多钟,周恩来乘坐的绿色吉普车缓缓地停在临漳北关的大道上,他身着月白色短袖衫,浅蓝色裤子,圆口布鞋,头戴一顶草帽,上面写着"为人民服务"五个鲜红的大字。下车后,他对前来欢迎的临漳县委干部说:"现在正是大忙季节,你们参加劳动去吧。"

随同周恩来视察的有河北省、邯郸地委领导人等。邯郸地委书记庞均向周

1959年6月2日,周恩来视察临漳第一管理区小麦丰产田

1959年,周恩来视察临漳时与女社员合影

恩来分别介绍了临漳县红光公社书记尹景新、北关大队长王好人。周恩来与他们亲切握手并合影留念。当他们一行走近临漳的"跃进门"时,周恩来惊奇地问:"这是什么?"尹景新很爽快地回答说:"这是搞的形式主义。"当他们行至红专学校时,看到门两边堆起两个大土堆,上面种着小麦。周恩来批评说:"这是干什么?把平原也变成山区。"尹景新又赶紧回答说:"劳民伤财。"尹景新实在的回答使紧张的气氛一下子缓和了不少。周恩来笑着说:"你的名词还不少呢。"

作为一个公社的书记,尹景新为什么敢在周恩来面前直言不讳地做检讨呢?原来在周恩来到临漳之前就有人对他讲:周恩来总理非常务实,如果你对他讲假话,非挨批评不可,周总理可不好糊弄,对问题总是打破砂锅问到底。他不看汇报材料,而是当面问你。因此,尹景新这次下决心讲实话,主动承认错误,免得挨周总理批评。

周恩来一行来到村外,路过一片谷地,绿油油的谷苗散发着泥土的芳香,女社员们正蹲在田间间苗,经过修整的谷苗一棵棵挺拔向上,呈现出无限的生机。周恩来健步走进谷地,亲切地向女社员们打招呼:"你们辛苦了!"社员们齐声回答:"首长辛苦了!"周恩来说着蹲下来,和社员们一起间起了谷苗。他边间边问:"你们一天能间多少?"社员们回答:"一天能间四五分地。"社员们看到自己的总理和他们一起劳动,一个个汗流浃背,越干越欢,那种激动的心情真是难于言表。

临漳的北关、西北角、北街三个村的近万亩的小麦联成一片,一眼望不到边,风吹过来像个调皮的娃娃在麦梢上打着滚儿,大地像盖了盖,左一片黄,右一片金。周恩来走近万亩丰产方看着起伏的麦浪,对王好人说:"你们的麦子穗大粒饱,超过了安国县。"

安国县的麦子当时在全国比较有名,后来周恩来听说临漳的麦子也很好,先派人到临漳来过几次,这次周恩来在百忙之中抽出时间来到这漳河北岸——当年西门豹曾治理过的古邺大地,亲眼目睹了这丰收的景象。

周恩来走近麦田,亲自丈量了一段,然后从中拔了一把,拿着问王好人:"这是什么品种?"王好人回答:"这是石家庄六二。"在丰产方里周恩来分别取了3个品种的麦子,数着穗,算着粒,内心对产量有了初步估计,然后问王好人:"你们亩产多少斤?"这时王好人心里很紧张,不知道说多少好,说多了怕周恩来不信。于是他保守地回答:"约500斤。"周恩来问:"明年能达到多少斤?"王好人回答:"700斤。"周恩来满意地说:"你们计划得好,今年你这产量能达到600斤,明年增产到700斤,几乎实际。"周恩来又问:"明年种多少亩小麦?"王好人回答:"今年700亩,明年达到1000亩。"周恩来说:"明年还要看你们的计划落实的怎么样,如果落实了我请你们上北京开会。"第二年,他们的计划落实了,周恩来也没有失言,真的让北关村干部去北京参加了群英大会。

在丰产方里一位白胡子老农正在认真选种,周恩来走过去和蔼地问:"老伯,您选的是什么品种?它有什么优点?"周恩来听着老农的介绍,拿起一把麦粒仔细辨认。这时,有人向周恩来介绍说:这老农是劳动模范王振华。周恩来高兴地说:"你这么大岁数还在田里干活,不愧是劳动模范。"并专业地问王振华:"是穗选还是粒选?"王振华回答:"是穗选。"

就在这块田里,发生了一件使陪同人员难以接受,而周恩来却毫不计较的动人故事。一位刚从农大毕业的学生正在麦垄里刨土挖坑,提着一把水壶用水冲洗麦根,聚精会神地研究小麦根系发育情况。周恩来上前问道:"你在搞什么?"小伙子怎么也没想到是周恩来,头也没抬用不耐烦的口气扔出一句话:"你甭管。"他的话使陪同人员很吃惊,正欲上前批评,却见周恩来微笑着摆手示意,不要惊动他,随即继续向前走去。后来有人向小伙子说明刚才向他问话的是周总理时,小伙子追悔莫及,跑着赶上来向周恩来赔礼道歉。周恩来亲切地握着他的手笑着说:"不怪你,搞科研就要专心致志。"边说边上下打量着小伙子,赞

1959年,周恩来在邯郸临漳县农村视察

许地说:"像个科学家,像个科学家。"

周恩来看到记者总把镜头对着他时,不满地说:"不要照我,要照大面积丰收田嘛!"这时地里有一群小学生正拾麦穗,看到周恩来来了,摇动手里的麦穗表示欢迎。周恩来看到天真活泼、十分可爱的孩子们时,非常高兴,本来就喜欢孩子的周恩来,抱抱这个,亲亲那个,并招呼记者:"来、来、来,给娃子们照相。"咔嚓,胶片上留下了老少两代人的微笑。

周恩来徒步在丰产方调查了解了三个多小时,已是中午时分,他们一行又来到红光公社。

首先召开座谈会。大家坐下以后,周恩来要求大家畅所欲言,不要拘束,要实事求是。他首先了解这里的基本情况,向尹景新问道:"红光公社有多少亩耕地?尹景新回答:"五万多亩。"又问:"棉花亩产多少斤?"尹景新如实地答道:"土质不一样有多有少,平均150斤籽棉。"这时,一位县里的干部在红光公社包社,他嫌尹景新回答的产量少,就说:"我是县财贸部长,你公社的产量至少200斤。"周恩来随即嗯了一声。会议室的气氛有些紧张。随后,周恩来不太满意地说："你是县里来的,好吹。"示意尹景新:"继续谈,继续谈。"又问:"这里大炼钢铁怎么样?"尹景新说:"有成效,也有失败。"周恩来问:"怎么个成败?"尹景新回答:"小钢炉都出铁了,就是东北角有两个炉,把群众的铁器用具和矿石一起装进去,也没有出了铁。"周恩来问:"把群众的东西收了,你们赔偿了没有?"尹景新回答:"赔了,价格不等,以村为单位算帐,群众的积极性倒是很高。"周恩来笑了笑说:"哈,有成,有败。"又问:"你们收到主席的指示了没有?"尹景新说:"收到了。"

这里所说的是毛泽东1959年4月的六条意见。其中谈到每亩地收成每年增产一成、二成是可靠的,成倍的增加则是吹牛。周恩来这次下来也是看看毛主席的指示落实得怎么样。

周恩来又问:"读了主席的指示,群众情绪怎么样?"一位公社副书记抢着说:"情绪很高。李家村有个装瞎子还非去拉车不可。"周恩来听后,腾地一下子从座位上站起来,生气地说:"你们让双目失明的人拉车,出了人命怎么办?"这位公社副书记忙解释说:"那是他自己的要求,后来让他去管水车,听着牲口的铃响。"周恩来这才坐下,他那每时每刻牵挂着人民群众疾苦的心才平静下来。接着有位同志汇报说:听了主席的指示,群众劲头很大,有几个女青年表决心:粮食产量达不到1500斤就不结婚。当时正是放卫星的年代,产量能吹到几千斤,甚至几万斤。周恩来觉得她们的目标近期很难达到,就笑着说:"一年两年达不到不结婚行,时间长了呢?总不能一直不结婚吧。"在座的都笑了。

已是中午了,尹景新问地委的同志:"该吃饭了吧?"随行人员问周总理:"在这儿吃饭,还是回地区吃?"周恩来说:"在这儿吃吧,带着饼子没有?""带着。"又问:"带着咸菜没有?""带着。"周恩来吩咐:"让红光公社弄点绿豆米汤。"听到这一席对话,公社干部傻眼了,本来为周总理准备的有鸡、鱼等丰盛的饭菜,这一下也不敢往上端了,只好按周总理的意思去办。在桌上放了几盘馍,几盘藕,配上玉米面饼和咸菜。周恩来自己拿了一块黄饼子吃,当看到藕吃得很快,吃完了又端上来时,便问尹景新:"这些藕是从哪里弄来的?"尹景新说:"三县合并磁县产藕。"周恩来又问:"群众能吃到吗?"尹景新回答:"每人2斤,有的吃了,有的卖了换钱。"周恩来吃着黄饼子掉到桌上一些碎末,他用食指在上面按了一下把碎末粘上,然后放进嘴里。看着周恩来总理那么爱惜粮食,吃得那么津津有味,在场的干部群众十分感动,眼睛不由得湿润了。饭后大家让周恩来总理休息一下,周恩来说:"不用休息了,走吧。"说着和红光公社的干部群众一一握手告别,前往成安继续进行调研。

农业搞不好是不行的

周恩来从临漳直接到了成安道东堡的田间。他不顾途中的劳累,看到几个社员正在推水车浇地,便也登上井台和社员一起推起水车,有人劝他别推了,周恩来说:"我非推出水来不可。"并问:"一天能浇几亩地?"社员回答:"能浇三亩。"当水哗哗流出来时,周恩来兴奋地说:"现在我们推水车,将来要实现机械化、水利化,还要用上机井喷灌……"

从井台下来,周恩来向棉花方走去,边走边谈,问长问短。当随行人员把道东堡红专学校的农业技术员林长润介绍给周总理时,周恩来亲切地和他握手,问道:"棉花的高岭是多少?"林回答:"坡度八寸。""株距多少?行距多少?""株

1959 年 6 月 2 日,周恩来在成安县作社会调查时与农民群众亲切交谈

距六寸,行距1尺4寸。"周恩来说:"你们搞得好啊,希望你们要大搞科学试验,我向你们学习!"

步入棉花丰产方,周恩来发现地头插着一个牌子,上面写着方长庞均,管理人高瑞芹,便问庞均:"你当方长,一个月来几次?下地干活吗?"接着又说:"不行,你当方长不合适。"这里是一眼望不到边的棉花方,像走进了绿色的海洋,肥壮的棉花叶子随风飘动,似乎是在拍手欢迎远道而来的客人。庞均向周恩来介绍了棉花姑娘高瑞芹,周恩来和她握手问好。接着高瑞芹详细地向周恩来汇报了棉花的种植情况。周恩来看着这花的海洋,心胸顿感开阔,说:"可以把这一经验推广一下,这棉花长得就是好,平的像海水一样。"这时一伙女社员围了上来,高瑞芹介绍说:"这都是棉花姑娘。"周恩来指着一位岁数大点的朱贵清风趣地说:"你不是棉花姑娘,是棉花大嫂吧!"大家开心地笑了。周恩来与大家谈笑风生,社员们紧张的心情放松了。周恩来满怀喜悦地视察完了棉花丰产方,并问:"这棉花一亩能收多少斤?"高瑞芹回答:"能收籽棉300斤。"周恩来关切地问她:"这个计划能达到吗?"高瑞芹认真地回答:"鼓鼓劲儿能达到。"周恩来严肃地对陪同人员说道:"吃穿用多是从农村来的,农业搞不好是不行的。"

从棉花方回到红专学校,头顶着太阳像个大火球蒸烤着,人们汗流浃背,口干舌燥,多想喝口水,而周恩来却把事先凉好的白开水亲自递到群众的手里,然后自己才端起一碗水喝起来。

视察就要结束了,临走时,高瑞芹依依不舍地握着周恩来的手说:"希望周总理能再来,希望毛主席也能来。"周恩来说:"回去后向毛主席汇报,争取让毛主席来。"这年9月24日,毛泽东果然来到成安,视察了棉花方。

不要怕见群众嘛

1959年6月3日,周恩来视察了邯郸宿风炼焦厂、峰峰二矿、马头炼铁厂。6月4日,又来到邯郸钢铁厂、国棉一厂等单位调研。他最关心的是钢铁生产情况。他召集邯郸地区十三个炼铁厂的党政负责人座谈,要他们详细汇报钢铁生产的质量、分配情况和存在的困难。他不时地插话,仔细询问:生铁是否炉炉化验,是否分类编号、分类外运?焦是自己炼的吗?他在提问时,就像一个内行的冶金专家一样。他要求省市负责人在矿石、焦碳的分配上要搞好各厂之间的平

1959年6月4日,周恩来在邯郸钢铁厂视察

衡,注意抓重点、保重点。他指出,邯郸在河北省说来很好,交通发达,发展前途大,是河北省的钢铁小中心,一定要搞起来,要提高质量,不要图快,要拿出好生铁来,贪多不好,要多快好省。他还就工人工资和铁的价格问题做出指示,工厂向公社替工人交款不应该,这样加大了国家的开支;关于工人,今后凡是技术工人可改为固定工,不这样技术不好过关,固定工实行工资制。关于铁的价格和铁的补贴问题,周恩来明确指出,已经挣钱获利的单位就不应当补贴了,继续补贴不合理,要分别情况,赔钱多的单位,可以把它停下来,成本差不多的,可限期补贴,基本上不赔钱,就不必再补了。

周恩来不仅听汇报,还进行实地调研。当他走进邯郸国棉一厂时,发现工人们站在蒙蒙细雨中夹道欢迎,急忙对大家说:"赶快进屋去,赶快进屋去!"当周恩来一行来到车间时,老工人刘银堂很想上前与周恩来握手,可自己满手油污,想找块布擦一下,这时周恩来已握住了他那长满老茧的手。这位普通工人感动得眼含热泪,不知该说什么才好。在厂办公室里,当介绍厂党委书记林桂景时,周恩来问:"哪个桂?哪个景?"等询问清楚后又说:"桂林之景啊!"一位工程师名叫于六洲,周恩来笑着说:"你比五大洲还多一大洲呢。"然后又具体了解了厂里的生产情况,工人的生活情况。大家和他在一起,没有陌生的感觉,像置身于同事、朋友、长辈之中。难怪有一位老太太把他当作自家亲戚。那天从厂里出来,周恩来到职工张宝珍家访问,周恩来问老太太:"粮食够吃吗、房子够住吗? 有什么困难?"当周恩来上车后,老太太问儿媳:"咱们家哪来这样的亲戚,还坐着小汽车?"张宝珍说:"那是咱们的周总理。"老太太扭头就去追汽车,想再目睹一下周总理的风采,可车已走远了,她自言自语地说:"周总理,一个中央的大官儿,到我家看我一个老百姓,这不是在做梦吧!"

这一天周恩来去烈士陵园给烈士们敬献花圈,出门的时候门口拥着很多人想见周总理。为了安全起见,保卫人员想让周总理从后边的门出去,可周恩来说:"不要怕见群众嘛。"坚持从正门出去,和 2000 多名群众见了面。

6 月 5 日,周恩来又召集邯郸地、市委等负责人研究解决六河沟煤矿和岳城水库问题。他指出,去年大跃进,不少地方否定了老农的经验,这就不好。工业是主导,要起带头作用,工业也不只是钢铁,有帅就需有兵。四大指标我们要尽最大努力,争取完成。实在完不成,政治上要受一点影响,但还可以理解,少

1959 年 6 月 4 日,周恩来在邯郸棉纺一厂视察时,受到干部职工的热烈欢迎

搞点工业,还不要紧,农业搞坏了就不安定,对农业必须重视。工业交通方面,指标不当的要压一下子,生产和基建,要先压基建。邯郸是个好地方,有工业发展前途,但不要走得太快,快了农业跟不上。关于岳城镇水库,将来势必要修的,开煤要服从水库,没有粮食人心不稳,要重视水利。早在4月5日,周恩来视察岳城水库时,在听取了水库负责人的汇报后说,水库要防洪、灌溉并重。在干旱年份灌溉比防洪重要,在丰水年份防洪比灌溉重要,这是辩证唯物的观点。过去搞水库只管防洪,不提灌溉是不对的。修水库,要全面规划、综合经营、综合利用,灌溉、防洪、水土保持全面搞,又工又农,又要造林。水利部门要负责到底,不能头痛医头,脚痛医脚。综合经营是方向。要好好研究一下,灌溉要考虑生产,农业用水时应放大些,集中放,不能平均算帐。当周恩来得知水库主坝内有一段是用水中倒土的方法筑成时,说这不保险,要特别注意这一段。为了对子孙后代负责,要把水中倒土的情况详细地记录下来,突出地写在工程档案的明显地方。不要向后代隐瞒我们的缺点。在谈到地震问题时指出要设法探索其规律。河北地震付出了代价,要抓住不放,地震预报世界上还没有解决,为什么我们不能先解决呢? 也可能我们这一代解决不了,下一代可以解决.我们一定要解决它。

今年搞个实事求是年

50年代末60年代初,是中国人民永远都不会忘记的艰苦岁月。那时,由于"大跃进"和人民公社化运动中"左"倾错误的一再发展,再加上当时的自然灾害,本希望尽快改变我国一穷二白面貌而热火朝天地奋战在各条战线上的人们,怎么也没有想到一种与主观愿望相反的灾难却悄然来临。国民经济比例严重失调,生活日用品极为短缺,市场供应紧张,人民生活甚为困苦。更为严重的是农业生产遭到极大破坏,农副产品产量急剧下降,饥荒横行,农村人口死亡增加。党和人民面临着最严重的困难。严重的困难教训了人们,全党逐步清醒过来,决心认真调查研究,纠正错误,调整政策。

1960年11月,中央发出《关于农村人民公社当前政策问题的紧急指示信》。紧接着,12月24日至1961年1月13日,中共中央在北京召开工作会议,会议讨论1961年国民经济计划,总结近两个月来各地区整风整社试点的经验,作出《关于农村整风整社和若干政策问题的讨论纪要》。会议确定 1961 年所有社队都必须以贯彻执行紧急指示为纲，进行整风整社，彻底检查和纠正"共产"风、浮夸风、瞎指挥风、干部特殊风、强迫命令风，彻底清算平调帐，坚决退赔。在这次会上，毛泽东主席提出大兴调查研究之风，1961 年要成为实事求是年。1961 年 1 月 14 日，中共八届九中全会在北京召开，全会正式通过对国民经济实行"调整、巩固、充实、提高"的八字方针，集中力量加强农业战线，贯彻实行国民经济以农业为基础，全党全民大办农业、大办粮食的方针，努力搞好综合平衡。全会的指导思想就是：毛泽东主席提出的"大兴调查研究之风"和"今年搞个实事求是的一年"。毛泽东主席在 18 日全会的最后一天再次强调："希望今年这一年，一九六一年成为一个调查年，大兴调查研究之风。"他说："大家回去实事求是地干，不要老是搞计划、算帐。要搞实际工作，调查研究，去督促，去实践。"

全会以后，从中央到地方各级领导人纷纷深入基层，调查研究，调查的重点集中在农业问题上。在调查研究的基础上，3 月，在毛泽东主持下，制定了《农村人民公社工作条例(草案)》(简称农业六十条)。"农业六十条"对于纠正农村中的"左"倾错误，改进工作，是有一定的积极意义，但它仍然保留了广大农民普遍反对的部分供给制和公共食堂。这表明当时党中央对于农村中存在的一些问题了解得还不透，仍然面临着深入农村，调查研究，切实纠正农村中存在的问题。正如 3 月 19 日，周恩来在广州召开的中央工作会议在中南和华北小组会上发言时所说，这些年对许多问题"所以如此不摸底，不落实，没有留余地、藏一手，除了我们对于复杂的社会主义建设工作没有根据总路线和两条腿走路的方针，拿毛泽东思想不断地总结经验，提高自己以外，最根本的一个毛病就是没有依照毛主席的要求，深入厂矿农村，进行系统调查、典型试验、反复研究、认真核实，便轻率从事，这就不可能做到'情况明、决心大、办法对'了。"

他说："要改正这些缺点错误，必须从深入下层、深入群众、认真进行调查工作入手。"怎样开展调查研究呢? 周恩来是这样回答的："我们下去调查，必须对事物进行分析、综合和比较。事物总存在内在的矛盾，要分别主次;总有几个侧面，要进行解剖。各人所处的环境总有局限性，要从多方面观察问题，一个人的认识总是有限的，要多听不同的意见，这样才利于综合。事物总是发展的，有进步和落后，有一般和特殊，有真和假，要进行比较，才能看透。下去调查，要敢于正视困难，解决困难。一个困难问题解决了，新的困难问题又来了。共产党人就是为不断克服困难，继续前进而存在的。畏难苟安，不是共产党人的品质。我们下去调查要坚守毛泽东同志的三条原则：从群众中来，到群众中去，集中起来，

1961 年 5 月 1 日，周恩来和邓颖超在邯郸与广大群众一起同庆五一劳动节

坚持下去，坚持真理，修正错误。这就是民主集中制，它不但是组织原则，也是工作原则。智慧是从群众中来的，但对群众的意见领导方面还要加工，然后回到群众中去考验，在这基础上再加工。脱离我们的基本阶级群众，就会丧失党的基础。尾巴主义，随着群众跑，就会放弃党的领导。目前的毛病，还是我们发号施令太多，走群众路线太少。"

4 月 25 日，中央又通知各中央局、各省、市区党委召开 5 月工作会议，并要求在会议召开之前，用 10 天到 15 天的时间，对农村中的食堂、粮食、供给制等问题，进行重点调查，倾听群众呼声，向群众寻求真理。

长期肩负国务院总理重任的周恩来，时刻牵挂着人民的温饱疾苦，他深知最近一个时期农村中的混乱状况，为广大农民的困苦生活而忧心忡忡。4 月 28 日至 5 月 8 日，他率工作组亲临邯郸农村，走街串户，了解民情，掌握来自农村的第一手材料，为切实解决农村中存在的问题而奔波忙碌着……

4 月 28 日，周恩来在处理完繁忙的工作后，不顾疲劳，于午夜赶赴邯郸进行调研工作。周恩来来到邯郸后，首先听取了先期到达邯郸进行调查的中央调查组组长谢富治、国务院总理办公室副主任许明及河北省省长刘子厚、邯郸地委书记庞均等的情况汇报。5 月 1 日，与邯郸人民共庆五一劳动节并接见了邯郸市劳动模范。然后就亲自深入到武安县伯延公社进行调查研究。

不要叫我总理　叫我周恩来

1961年5月3日，周恩来初到武安，首先听取了一些领导干部的汇报，掌握了一些基本情况。但他深知几年来浮夸风在农村盛行，许多干部群众怕被扣上"给社会主义抹黑"的帽子，不敢讲真话，有些干部把群众吃不饱饭这样的大事都说成是"前进中的困难"。为此，周恩来决心深入实际，细心调查研究，撷取第一手材料。他先后视察了武安县伯延公社的食堂、拖拉机站、供销社、饲养场，走访几十户社员家庭，同30多位社、村干部和群众进行了交谈。他在路上也好，挨家挨户去访问也好，都是问农民为什么吃不饱，为什么大锅饭不好，调动不起来农民的积极性。他看到肩上挑担子的，要试试看。他到社员家中看到的情况令他十分震惊。他后来在中央工作会议上说：除了树叶、咸菜、野菜以外，就没有东西了，硬是没有存粮。武安在抗日战争时期曾是八路军晋冀鲁豫军区所在地，

1961年5月，周恩来在武安伯延公社视察时与社员进行交谈

当地群众为支援八路军打击日本侵略者做出过重大贡献。看到这里的乡亲们仍旧这样贫困,周恩来感到十分痛心和内疚。

在伯延公社,他广泛听取群众的意见,多次与公社、大队、小队的干部和社员群众谈话,张二廷就是其中的一个。

张二廷是伯延公社先锋街的贫农社员,1960 年爱人病故,留下四个孩子,大的 13 岁,小的只有三岁,老少五口人挤在公社拖拉机站旁的一间屋子里。他的住处恰好邻近周恩来停车场。周恩来利用会前会后、饭前饭后的时间,常去他家看看、坐坐、拉拉家常。张二廷也不失农民忠厚耿直的本色,向周恩来反映了不少真实情况。

可是,有这么一天,张二廷躺在炕上,回想前一天开会时大多数人说的假话,自己却说了许多真话,区社干部似乎不大满意,散会后左邻右舍忠告他说:二廷,你不想活啦?一直要说哩,你招呼着点,总理不咋着你,区里的人还不知咋着你哩。想着想着,忽然,听到门外有人喊:“二廷在家吗?”二廷一听是周恩来的声音,就故意把身子一侧,面向墙壁,佯作睡着。这时隔壁木匠铺的人告诉周恩来:“二廷在家哩。”周恩来推开了屋门,走到炕边,发现张二廷在睡觉,就拍了一下张二廷的腿说:“二廷疲劳了?”张二廷坐起来说:“不疲劳。”“那你下午去开会吧,会上见。”周恩来说完转身走了。可到了下午开会的时候,张二廷却躲到地里干活去了。周恩来发现张二廷没来开会,就派人去地里叫他。二廷对来人说:“我不去了。”“你不去,你当是公社开会?你要不去,我也不好交代呀!”二廷见来人为难,才慢腾腾地扛起撅头,向会场走去。

周恩来见二廷被请来了,站起身来拉他坐下,还诚恳地告诉他:“你以后不要叫我总理了,叫我周恩来。”张二廷见周恩来态度如此恳切,不好意思地说:“今天我要少说,伤风感冒了。”“你也不伤风,也不感冒,你有了糊涂思想。”周恩来十分中肯地这样反驳着。张二廷顺水推舟地说:“干脆我就糊涂糊涂吧,你老叫我说,我净说真话,公社、区里干部都在哩,你把他们的职撤了,对我有啥好?你管着全国的事,你走了,我还有命吗?我说了那么多话,那有不说错的吗?说错了,人家把我逮起来,你在北京咋知道?”二廷一个劲地向周恩来诉说着自己的苦衷。“你大胆说吧,没事,说错了也不逮捕你,以后有机会我一定来,如果自己来不了,也一定会每年都要派人来看看你。”周恩来的肺腑之言,打消了张二廷的顾虑,他暗暗地说,周总理这个人好到底啦,我为说实话死上十万八千次

1961年5月3日至6日,周恩来在武安伯延公社视察时,与拖拉机站工人亲切交谈

也值得。周恩来没有失信,从1961年一直到"文革"前夕,他年年都派人到伯延调查,并且代他看望这位敢说真话的农民朋友。

在周恩来和张二廷之间,还有这样一件事。有一回,周恩来去探望张二廷,发现他孩子多,生活困难,又没有家庭主妇料理家务,就对二廷说:"你抚养不了这么多孩子,让我领走两个吧? 大了再让他们回来。""周总理,你管国家大事,不给你添麻烦了,让我自己领着吧。"这件事过了20多年后,张二廷已70多岁,孩子都成家立业了,但是每当人们说起此事时,孩子们还埋怨这位慈母般的父亲当初为什么不让周总理领走自己哩。

在伯延调查期间,周恩来交上的朋友何止张二廷一人。有一位叫郭仙娥的妇女,她老伴生了病,周恩来知道后就去探望。当周恩来迈进她家房门时,她老伴还在炕上躺着。两个孩子见周恩来来了,就跑进屋喊道:"爹! 你快起来吧,周总理来了。"听说周总理来了,郭仙娥老伴急忙支撑着身子要起来,周恩来见他起身困难,就去搀扶他,还把他的布鞋从柜底下拿出来,放在炕头的炉台上,然后帮他穿好,周恩来这才关切地问:"身体欠佳吗,生活怎么样,在家吃饭好,还是在食堂好?"老汉由于激动不已,一时答不上话来,郭仙娥赶忙回答说:"我们不敢说食堂赖。"周恩来又接着问:"为啥在家吃饭不浮肿,在食堂吃饭就浮肿?"在场的人都没敢吱声。周恩来见他家刚刚从食堂打来了代食品窝窝头,就走过去看了看,心事重重地回身走了。

周恩来在伯延考察期间,无论工作多忙,身体多么疲乏,都要挤出时间到田间地头去看看,用他自己的话说,这既是实地考察,又是呼吸新鲜空气,驱散疲劳。

有一天,周恩来和县、社干部在伯延的公路上边走边谈,无意中发现路两边的树只有躯干和枝条,不见树叶,就问树叶哪里去了?干部们随口应道:"让羊吃了。"这时,恰好路边有个放羊的女孩听到了干部们的回答,以为干部们怪她没有管好羊,吃了树叶,就歪着头用反驳的口气说:"羊还能上树吗?"在场的人听了小姑娘的反问都发出了不同含意的笑声。实际上人们都晓得树叶都叫人吃光了,只是干部们怕挨批评不敢说实话。周恩来虽然没有直接批评干部们,脸上却有一种像自己吃了树叶一样的苦涩表情。

当周恩来走到拖拉机刚刚翻过的土地时,发现有的棉花茬还没有被耕掉。为此事,回村后他专门在拖拉机站召开了会议。上午8点,周恩来按照约定的时间来到拖拉机站。大家看到周恩来来了忙放下手中的活,围拢过来向周恩来问好,周恩来同在场的人一一握手。有位女拖拉机手见周恩来站着和大家说话,就搬来一把椅子让周恩来坐下,周恩来却把她按在椅子上,自己坐到了门坎上。然后周恩来问:"你们谁是站长?""我是。"站长站起来回答。"你们为什么耕地不耕掉花茬?""因为耕得快。"周恩来见站长被问得太窘迫,就掉转话头说:"每天耕地给你几个窝头?""五个"。"你是不是把窝头带回去给小娃娃吃了?""是"。周恩来还逐个问过姓名、年龄以及生活情况。最后,他对拖拉机站的同志们讲:"群众盼拖拉机盼了好几年啦!耕地时不要留花茬,要保质保量,要不群众就不相信机械化啦!"

5月6日,周恩来在伯延供销合作社开完了干部群众座谈会后,准备起程返京。四邻八乡的群众都赶到供销社门前有叫"八宝坑"的地方,想目睹国家总理周恩来的风采,也是给周恩来送行。保卫人员见此情景,征求周恩来意见说,是不是把群众撵远点?周恩来不满地说:"群众来看我周恩来,大家能不给我让条路?把群众撵走不行。"说话间,他迈出了供销社的门坎,绕场半圈,向群众招手致谢。突然间,有一个叫马三运的社员从人群中挤到前面,跪在周恩来面前喊道:"周大人你来了!"说着就把浮肿的腿伸给周恩来看,走在后面的邓颖超同志一步跨到前面,把马三运扶了起来,还用手按了按他的腿,并嘱咐他要增加营养。事后,周恩来派人给他送去五斤面、三斤油和二斤营养粉。

红薯很好吃　可进国宴

周恩来在武安调查期间细心观察生活,为得到第一手材料,他还十分注意亲身体验生活。他在武安吃了四顿午餐,却换了三个食堂。

第一天的午餐,是地方干部安排的,地点是在公社食堂。当时是困难时期,全国人民都在扎紧裤腰带还苏联的债务。国家领导人不吃肉、蛋、禽,区社干部是知道这条规定的,不敢破格,只给周恩来蒸了馒头、红薯,还煮了面条,炒了四个素菜,为周恩来接风洗尘。吃饭时,周恩来一边吃着红薯,一边风趣地说:"红薯很好吃,可以进入国宴招待外宾。"饭后,周恩来感觉到公社食堂的水平不能反映整个食堂的水平。于是就告诉干部:"明天去大队食堂吃。"

周恩来视察邯郸农村时,坐在农民家门口与农民聊天

到了第二天中午,遵照周恩来的嘱咐,周恩来被安排在万家过道的大队食堂吃。为了总理的安全,也为了让总理的安静地用餐,大队安排社员们提前打走了饭,然后才让周恩来去用餐。这顿饭吃得与第一顿饭没有多大差别,周恩来吃完就走了,也没有说什么。但他感到这种提前打了招呼,作了准备的派饭还是不能反映大多数食堂的水平。

到了第三天中午,周恩来提出要换个食堂吃。干部们没有准备,就带着周总理到前进街食堂用餐。干部们一进食堂就问:"还有饭吗?""有。"说话间,周恩来也进了食堂,伸手掀开锅盖看了看,见是半锅面糊糊,就坐到了一条板凳上,等着吃饭。干部们无奈,只好给周总理少盛点,递过块咸菜,让周总理尽快吃完这顿饭了事。饭后,周恩来满意地说:"这才是群众的食堂呢。"

周恩来平易近人,脚踏实地,与人民群众同甘共苦,倾听群众的呼声。为了掌握农村食堂的真实情况,他不仅亲自到食堂吃饭,还多次召开座谈会,鼓励干部和群众说真话。他首次召开座谈会时,提出要找一个没有入食堂的代表参加,听听他的意见。干部们按周恩来总理的要求,找来了没有入食堂的王春和。在座谈会上,周恩来问过王春和的年龄、属相后说:你比我大一岁,是否留过辫子。王春和见周恩来态度和蔼,就放大胆子说:"我没入食堂,还挨过批斗,说我是'社会主义的绊脚石'。"周恩来接着问:"你为啥不入食堂?""食堂饭不对口,我吃不对劲。"周恩来也说:"我入了食堂又退出来了。""你为啥退出来?""我开会回来晚了,食堂没有饭吃。""你是大官,他们不敢批斗你。"周恩来听了王春和的这番话只是淡淡的一笑,但群众对食堂不满的初步反映却印在了周恩来的心里。

对食堂不满的何止王春和一人,张二廷也是其中之一。早在周恩来未到伯延前,中央调查组就多次召集群众座谈,讨论食堂问题。当大家把1952年、1953年的生活情况和现实生活比较时,大部分人说差不多,有的还违心地说比那时好。当中央调查组的许明问到忿忿不平的张二廷时,他说:"今天来的人都不说真话,都是瞎说。"许明一听就有些急了。张二廷又淡淡地说:"我不说,你非要我说,我才说了两句,你就急了。"许明有些不耐烦地说:"你就说吧。"

张二廷指着一个刚才说生活好的社员说:"他刚从外地回来,儿子是司务长,别

1961年5月,周恩来在邯郸武安县蹲点调查

说他儿子是司务长,就是俺儿是司务长,也不能叫爹饿着,也得叫爹吃饱。"他又转过头来,对着一个刚才说生活差不多的副连长说:"你晚上开完会,不回家,叫开食堂的门咋哩?你不就是这点故事嘛。"副连长赶忙辩解道:"我去食堂没有吃,是正连长吃了。"张二廷又转向许明说:"你问群众,是不是我说的对?"不等发问,群众都说:"俺们不敢说赖,光说好,二廷说的对。"从这以后,张二廷成了说真话的代表人物。所以,周恩来这次来伯延调查食堂情况,许明又把二廷请来参加座谈会。座谈会开始后,互相作了介绍,周恩来首先问张

周恩来视察邯郸国棉一厂职工食堂与工人同吃窝窝头

二廷:"食堂好不好?""不好。""为啥不好?"张二廷有板有眼地说:"国家给我们六两粮食,我们只能吃四两,干部都去食堂吃,国家又不多供应,不吃我们二两吃谁二两?孩子们在家,我回来后不能给孩子们做饭。如六两全给我,我和孩子们就吃得好些。"

在又一次座谈会上,张二廷对周恩来直率地说:"这两年生活一年不如一年。""你幸亏来得早,要是迟来两年,你也得饿着肚子。"周恩来听张二廷这么说话,脸上浮现不悦的表情,下意识地靠在了旧式木椅上,半袋烟的工夫没有吭声。社队干部都不敢吱声,直往墙旮旯躲。周恩来首先打破了僵局,缓地说:"二廷,你说话要负责任,我还能饿肚子?你要讲出道理来没有什么,要讲不出道理来,我要怪罪你的。"张二廷也觉得自己严重了,但是已经说出口了,就要敢说敢当。他偷偷看了一下周恩来的脸色说:"周总理,你要抬抬手我就过去了,不抬就过不去,你不是带着护兵吗,护兵都有枪,再不,就叫护兵把我拉出去崩了。我既然说了这话,就要讲出个道道来,讲出来是不是个理,你看着办。在北京坐

着,国库里能长粮食？啥也不长,地里也收不上米,就是地里收个斗儿八升的,也轮不到你,我们就在地里生着吃了,你又不在地里守着,你们征购不到粮食。国库里的粮食二年吃不完,三年扫扫尾,到那时你还有啥吃呢？"周恩来后来说:"这句话对我教育很大,我很受感动。当时在场的地委的干部听了以后,说这个人是个落后分子。我跟他们解释:这样看不对,这个社员说的是真理,一个农民把我们看作他自己的人才会说这样的话,这是一针见血的话。"

周恩来听着张二廷这些话,慢慢地从靠背椅上坐了起来,紧锁的眉头也舒展开了,高兴地说:"二廷,我想也想不到这个理,我走过这么多机关,没有人能说住我,今天叫你说得我闭口无言。"又说:"二廷,你说怎样才能多收粮食呢？""把地分到户就好了。""不行,不到时候,你说得太早。"周恩来怕把握不准只好这样告诉他。

当座谈会讨论到社队体制问题时,公社书记韩玉岭讲了大社的许多优越性。周恩来说:"你这么大岁数(49岁),17个村跑过来跑不过来？你在什么基础上搞这么大的社？""在反对小脚女人的基础上。"周恩来接着说:"你比我本事大,我能当总理,但当不好公社书记。但你办的社太大了,过不了多长时间,头发就要都白了。"韩玉岭脱下帽子说:"现在已经白了。"

经过深入细致的实地考察,周恩来发现不少群众对食堂不满,于是他对调查组的同志提出,是不是找一个食堂试一试,宣布自愿入食堂,不愿入的可以把粮食领回去。根据这个意见,调查组分析了当时的形势,估计有20%的人会留在食堂。但是在胜利街第一小队宣布了决定后,除了炊事员外,全部退出了食堂。

周恩来在武安期间,多次召集公社、大队、小队干部座谈会,亲自走访社员,与公社、大队、小队干部和社员谈话,亲自到公共食堂吃饭。在伯延公社调查过程中,他发现,社员最不放心的是多征购粮食,害怕挤掉他们的自留地。社员们要周恩来当场保证:"分下去的自留地再不要收回了,再不要拿自留地顶口粮指标了。"周恩来认为:"既然摸点,总要摸出个情况来,总要给他一点合理的保证。"所以,他当着地委、县委、社委的同志说:"我可以保证。"社员们又要求周恩来以后能够每半年来一次他们才能放心。周恩来回答说:"我个人能否半年来一次,还不能担保,有时可能忙于什么事情来不成,但是工作组总是要来的。"通过对伯延公社的调查,他掌握了大量第一手材料。发现《紧急指示信》和

《农村人民公社工作条例(草案)》中关于开办食堂和保持部分供给制的规定,并不符合农村的实际情况,是广大农村干部和社员群众意见比较集中、反映比较强烈的两个问题。于是,5月7日凌晨三点半,周恩来就几天来自己了解的情况请秘书孙岳用保密电话如实向在上海的毛泽东主席作了汇报,提出了广大农村干部和社员群众对人民公社一些重要问题的意见:

一是食堂问题,社员绝大多数甚至于全体社员,包括妇女和单身汉在内,不愿办食堂,都愿回家做饭。我正在一个食堂搞试点,解决如何把食堂解散好和如何安排好社员回家吃饭的问题;二是社员不赞成供给制,只赞成把五保户包下来和照顾困难户的办法。现在社员正在展开讨论;三是社员群众迫切要求恢复到高级社时评工记分的办法,但是已有发展。办法为包产到生产队,以产定分,包活到组。这样才能真正实现多劳多得的原则。因此,这个办法势在必行。只有这样,才能提高群众的生产积极性。四是邯郸专区旱灾严重,看来麦子产量很低,甚至有的颗粒不收,棉花和秋季作物还有希望。目前最主要的问题是恢复社员的体力和恢复畜力问题。

毛泽东对周恩来的意见极为重视,连夜将这份汇报批转,发给各中央局、省、市、区党委参考。当天中午,周恩来赶赴涉县继续做调查研究。

不办食堂就不是社会主义吗

周恩来5月7日12点由武安伯延出发来涉县,15点在涉县县城听取了县委的工作汇报,然后驱车前往沿头村。

周恩来十分重视农村工作和农民问题,对农村食堂和群众生活等问题,进行了详细的调查了解。

下午5点,三辆轿车、一辆吉普车停到了涉县沿头大队队部门口。从吉普车内下来一位,身材挺拔,精神矍铄,身穿银灰色半旧中山装的领导人。马上有人小声惊奇地喊:"总理!总理!"周恩来微笑着走来,与等在这里的大队干部和群众代表一一握手,随后步入大队会议室。陪同前来的邯郸地委书记庞均、涉县县委书记段鹏翔、县长张学书、副县长李志明,以及在该村搞调查的最高人民法院副院长王维刚等各位负责人。

座谈刚开始,沿头村干部和群众代表因为连做梦都没想到自己能同周恩来总理以及国家、地县领导坐在一起，心里都很激动，同时又有些拘束紧张。周恩来用亲切的目光注视着大家，和蔼地同大家谈话。他问道："大家认为大食堂怎样？"村干部回答说："群众感到食堂好。"周恩来又问："食堂一天几次开饭？"有人回答："开三次。""你们在哪里吃饭？下雨怎么办？""我们在饭厅吃饭，下雨时地方不多，在房檐和门楼下吃。"周恩来关心地说："一次开饭两个钟头，一天三次六个钟头，下雨天在食堂吃饭能避雨的地方不多，群众乱哄哄的。"村干部说："虽说这样，可我们食堂还不错哩，登过报，有十大经验，十大优越。"在此之前，人们一直在大力歌颂集体食堂的十大优越性，有人曾因批评食堂挨过整。所以在场的人，吃不准上级对办食堂是啥精神，对周恩来多是只谈食堂的好处，不敢谈坏处。周恩来笑了笑说："十大经验，十大优越？你们过去在家里吃饭优越不优越？在食堂，麦子打下来吃不吃面条？吃饺子又怎么办？"有人回答："不常吃饺子，吃一次得半天，太累。"周恩来说："一个小队有百余口人，过年又能吃几顿饺子？如在家里吃饺子，我看不用这么长时间，这并不比在家里优越呀！"

周恩来问："食堂烧煤费不费？"群众代表回答："比在家里做饭费。食堂人多，饭打回来就凉了，还得再热热。"周恩来说："那么，冬天就更得热饭？""是

1961年5月7日，周恩来在涉县作农村调查时与农村干部交谈

的。""冬天热饭,两头冒烟(指在食堂做饭和家里热饭都得烧火),你们煤也费了,人还得多误工。"

周恩来问:"食堂有多少菜地?一天吃多少菜,不够吃怎么办?"村干部回答说:"有菜地 32 亩,人均每天吃二三斤菜,也不够有树叶子。"周恩来接着说:"吃树叶子,要泡四五天才能吃,有盐吗?"

周恩来问:"食堂开始吃粮指标多少?"有人说:"开始时不论数,以后是一斤。"周恩来问:"粮食收下来在哪里保管?有没有损失?办食堂,干部和管理员是不是顺手牵羊?炊事员打饭是不是有稠有稀?"有人回答:"没有,不这样办。"周恩来问:"大食堂养猪不养,有泔水吗?"村干部说:"养猪,但猪很瘦。起初食堂有猪 180 头,后来有太瘦卖了的,有饿死的,最后剩了 12 头。"周恩来说:"猪不吃一点粮食也不行呀!"周恩来接着问道:"你们的大房子是怎样来的?"村干部回答:"是大伙盖的。"周恩来又问:"家具是从哪里来的,不是平调的吧?"村干部回答:"家具是买的,我们用的大锅也是从外地专门买回来的。"周恩来说:"唉,办食堂既劳民,还要花不少钱呀!"在详细了解食堂的基本情况后,周恩来开始征询大家的意见,他问治保主任张仁水:"你看是回家吃饭好,还是在食堂好?"张仁水壮着胆子说:"在食堂吃饭好。"周恩来又望着团支书王义堂问:"义堂,你说呢?"王义堂一本正经地说:"食堂是社会主义的一面红旗,当然是在食堂吃饭好啦!"周恩来问:"怎么个好法?"义堂说:"我老婆不会过日子,分到的粮食吃了秋季没了夏季,经常吃不到头,接不上嘴,再加上柴米油盐没钱买,叫人作难,如果在食堂吃饭,我就不必操这份心了。"周恩来看着王义堂由衷的样子,摇摇头说:"你的看法对吗?不办食堂就不是社会主义吗?食堂和社会主义没有关系,只是一个伙食形式。"

周恩来接着问村妇联主任:"郝巧,你说呢?"郝巧说:"我是妇女,会做饭,依我看还是回家吃饭好,个人想吃什么就吃什么,现在粮食指标低,拿回家自己安排,还是可以过去的,比在食堂强。"周恩来边听边点头说:"这才是心里话呢!"周恩来又问妇女代表武竹英,竹英说:"回家吃饭好。"周恩来转过头来对王义堂说:"团支书么,可不能轻视妇女,现在是社会主义啦,妇女不会过日子的只是少数,看来得让女同志给你当家,帮着你过时光。"周恩来又问范春:"你对食堂看法怎样?"范春回答说:"现在和过去不同了,都有了自留地,回家吃饭比在食堂强得多。"周恩来爽朗地一笑说:"现在是三个男同志(张仁水、王义堂、刘保安)和三个女同志(郝巧、武竹英、范春)唱对台戏。"人们跟着也笑了,大家感到轻松起来。

周恩来看着满脸络腮胡子的陈春生,问:"你是汉族,是回族?"陈春生回答:"汉族。""你很像回族的样子,你对食堂怎样?"周恩来问。陈春生回答:"我愿意回家吃饭。"周恩来又问主管食堂的副大队长武林贵:"你说这个食堂办好,还是不办好?"武林贵面有愧色地说:"食堂我办得不好,这几年也伤透了脑筋,现在我年岁大了,不准备再干了。"大队长刘乃元接着说:"我看这食堂也好也不好。好处是有劳力的户统一上工、统一吃饭,挺方便;不好处是老人、病人、产妇、还有那些脚腿行走不便的,遇阴天下雨就麻烦了。那回雨大路滑,老人打上饭刚走到门口,罐子打了,饭也扣了,全家没啥吃,都哭了。"周恩来问刘乃元:"那么你愿意在食堂,还是不愿意?"回答:"不愿意在食堂。"周恩来又问:"你们的食堂当初是怎样搞起来的,有哪些人在食堂吃饭?"刘乃元说:"成立互助组时,一块干活,觉着办个食堂挺方便,我们就办起来了。当时是谁干活谁吃饭。"周恩来笑着说:"你那是劳力食堂,不是现在这种全民食堂,情况不一样嘛!"周恩来又问刘乃元:"你知道主席退了食堂不知道?""不知道?""主席早就退了食堂啦!"在场的人都感到惊奇。

周恩来接着说:"有人说食堂是一面红旗,这话不对,中央没有这样定过。……这只是群众的生活方式问题。办不办食堂,由群众自己选择,象现在这样办食堂怎么得了,阴天下雨怎么办?老人、小孩、病人净吃凉饭怎么行?我和颖超都曾到北京东郊一个农民食堂吃过饭。我们去了,人家社员没有收工,不到开饭时间;人家开饭了,我正在接待外宾。吃了几天,我就不去农民食堂吃饭了。难道说,你们都是社会主义分子,我们成了非社会主义分子吗?"周恩来的一番话,把大家都逗笑了。

听了大家都不愿意在食堂吃饭的真心话后,周恩来深表同情地对大队干部说:"要尊重群众意见,多数愿意退出食堂的可以退出。现在情况不同,对五保户及人多劳力少的长期困难户应当照顾,可以从公益金出呀;那短期困难的是病的了,病好能劳动,就不困难了,可适当帮助。供给制多了,工分就不值钱了。"周恩来又对王维刚同志说:"你是中央派来的,要对此项工作认真作一次调查研究。"

周恩来对生产等问题也作了重要指示,他说:"为了便利生产,可以包产到小队、包工到小组,有些农活也可包到户,这样会启发群众的生产积极性。包产后,超产小队要多劳多得。只有搞好生产,生活才能搞好。""这几年平调风使生产受到损失,你们的退赔搞了吧。总的说一定要退赔,这一条非执行不可。"最后,周恩来语重心长地说:"涉县是革命老区,依靠群众打败日本鬼子,打垮了蒋介石。这几年,你们的日子过得不太好,现在要尽快恢复副业、发展生产。可是,不能再刮共产风、不要搞瞎指挥。要实事求是、好好落实党在农村的各项政策,充分调动群众的积极性,真正把生产搞好,把生活搞好。"

座谈结束后,周恩来在大家的陪同下,亲自到食堂进行察看,又到村里几户社员家进行走访,广泛听取群众意见。傍晚,周恩来眷恋不舍地与干部群众一一握手告别,然后才上了汽车,离开沿头村到涉县县城。当天晚上,周恩来接到来电,迅速赶回北京。很快人们就从报纸上看到 5 月 8 日上午,周恩来在人民大会堂接见外宾的消息。

多少年了,许多如烟往事人们早已忘却,但是,沿头村人一提起周总理来视察的情景,总是那么熟悉、那么亲切,特别是周总理那种深入实际搞调查,处处为群众着想的无产阶级革命家作风,给太行人民留下了无限的思念。

不要把食堂和社会主义制度联系起来

周恩来公务繁忙,在邯郸调查期间,曾两次返京参加中央书记处会议和处理国际事务、接见外宾。而每次往返多是在夜间,一下车,就立即开始工作。5 月 2 日,返回北京,立即研究中国代表团出席日内瓦会议的方案问题,出席中共中央书记处会议,晚上接见参加中缅边界联合委员会第六次会议的缅甸代表团。次日凌晨一时赶赴邯郸。5 月 10 日午夜,又一次利用夜间离京去邯郸。

5 月 11 日至 13 日,周恩来继续在邯郸进行调查研究。为进一步了解情况,研究讨论解决办法,周恩来在邯郸市交际处(现邯郸宾馆——编者注)听取了农村工作情况汇报,参加汇报的主要有中央在邯郸地区的调查组组长谢富治、国务院总理办公室副主任许明,最高人民法院副院长王维纲,河北省省长刘子厚等。河北省部分地、市、县、区的领导也参加了汇报和讨论。

关于食堂问题的讨论。谢富治首先汇报说,成安县小堤西村党支部副支书两口子都互不敢说出不愿办食堂的真实思想。周恩来说:"看闹得多紧张呀! 我

1961年5月，周恩来视察邯郸国棉一厂时与职工家属亲切交谈

原来也在食堂吃饭的，后因吃饭时间老赶不对，我就知难而退了。我们政治局的一些同志也没有在食堂吃饭，这能说是非社会主义分子和反社会主义分子？所以，不要把食堂和社会主义制度联系起来。"

当王维纲汇报说，涉县沿头群众要求退出食堂时，周恩来说："我看了一个大食堂，一天需要20担水、800多斤煤、四口大锅、一套大笼、800多人吃饭，真乱！他们还盖了一个新房子，还想盖楼，真浪费！"王维纲接着汇报说，社员对散食堂很高兴，说他们现在不吃冷饭了，不两头冒烟了，亲戚也可以来往了。这时谢富治插话说，越搞得死，革命就越彻底。周恩来不赞同地说："这是原始社会的方法，我们是要进入高级的共产主义社会，而不是退到原始共产主义社会。"

当刘子厚汇报说，干部对散食堂有顾虑时，周恩来若有所思地说："1958年时有物资，放开肚皮大吃，吃多了，食堂没有底了，把理想当成现实了。1959年，河北提出少办一些食堂，主席说可以自愿参加，办的不好可以散。庐山会议的时候，河南提出，食堂非办不可，还提出大搞食堂的优越展览。我当时就怀疑，怀疑的不是粮食，而是烧煤问题，他们说可以用柴烧，我说还是不要展览好。他们说物资丰富，条件都有了，可以这样搞。后来主席说，河南是假的，是骗人的。看气人不？庐山会议到北戴河会议，一致强调食堂要办好，甚至自留地也不叫群众要，收回来。伯延公社社员问'自留地还收不收'？中国有句古话'民无信不立'。我们搞了40年的革命，就是讲的'信'，如变动大就失信了。就食堂这一点讲，是失掉信用了。因此，做事情要注意信用。做事情不能夸大，不能作假，做错了就要承认错误,就要改正错误。错和假性质不一样,作假是品质问题,是党性问题。涉县沿头团支部书记对我说,要坚持办食堂,实际上他早已退出来了。揣摸领导喜欢什么就说什么,这是最不好的,这种作风是要不得的。河北提出少办食堂是对的,庐山会议时,对河北有压力,这个问题中央有责任。今年中央发的《十二条》和《六十条》,都没有解决食堂问题。《十二条》上说'积极办好,自愿参加',还有什么政治进食堂,书记下伙房,粮食到食堂,指标到户,这就把干部群众给压住了。河北在办食堂上受过批评,现在给河北的同志解除思想负担。"

当刘子厚汇报说,现在散食堂关键在省地县干部要解放思想,群众早就想解散食堂。周恩来说:"现在是多数食堂散了,有人说,可能留下30%到40%,我看留下百分之几到十还是对的,再多就有问题了。本来办食堂是好事,现在成了怨声载道。在伯延搞了个私办公助,我认为可以,但现在看还不行,这样搞,多数人会不同意,他们要说你们不公平,否则,就会都进来。现在只用四个字,'给予便利',这比较好。还有一个主观与客观问题。有人说,单身汉一定愿办食堂。反过来,也不是凡是单身汉都愿办食堂,或都不愿办食堂,什么事都不能绝对化。伯延有个单身老汉,比我大一岁,生产很好,就是一直不在食堂;有人说妇女愿办食堂,我们说办食堂解放了妇女,但我在伯延问了三个妇女,都不愿办食堂(邓颖超插话:胡乔木在东北调查证明,愿意参加食堂的是青年妇女、不愿做饭的,带有孩子的妇女都不愿参加食堂);有人说,劳力少,儿女多,无人做饭者愿办食堂,可是伯延张二廷就是不愿在食堂,干部说这人思想落后,我看不是;还有人说,孤寡户愿意在食堂。我们过去对以上四种人愿意办食堂的说法认为有道理,看来并不如此。所以说,什么事情不能绝对化,不能主观片面。如何克服?就是调查研究。"

当许明汇报食堂问题时,周恩来说:"对食堂问题设想一下,如果在高级社时对已经在自愿互助基础上办起来的农忙食堂给予便利,使其自愿地逐步搞起来,而不是全国一轰而起,那样问题可能少一些。现在愿意办食堂的是极少数,但对愿办食堂的人必须采取:一是根据需要;二是自愿结合;三是给予便利,便利不是叫他们占便宜,是帮助他们解决困难,如借给他们房子、炊具等;四是照顾困难。这样就不特殊了(邓颖超插话:还要加上一条,有利生产)。"

周恩来还针对群众迫切要求解散食堂的现状说:"我这次来是搞试点的,在伯延揭开了盖子,大家都要求在麦前散完食堂,这个趋势已定。问题是要不要一哄而散？特别是县委的同志，要帮助社队不愿散的同志卸下包袱，要防止简单化。过去搞食堂是为了生产前进，现在散食堂也是为了生产前进，因食堂已影响了生产的前进，散食堂依然是前进，而不是后退。现在思想已经解放了，省、地已下了决心，要求县委的同志要慎重散好。但食堂不做好准备不散，准备工作要做好：(1)房屋问题；(2)炉具问题；(3)粮食加工问题；(4)菜地问题；(5)油盐问题；(6)拉煤问题；(7)老弱孤寡挑水问题；(8)农村工作人员吃饭问题；(9)算帐问题。总的要求是，散要散好，保留的要留好。既要满足多数人的要求，又要看到少数，注意对困难户的照顾。要有利生产，有利生活。"

汇报会期间，周恩来又派专人赴武安了解散食堂的情况，并在会上作了通报。如多少户人家无人担水，多少户人家无煤烧，缺多少口锅、刀、勺、炉灶都一一作了介绍，强调要帮助解决好。还对散食堂后社员节约用粮、生产积极性的调动等情况一一举例说明，证明散食堂是符合现实和群众愿望的，希望邯郸的同志作个样子出来给大家看。

搞供给制 那是将来的事情

关于供给制问题的讨论。当谢富治谈到食堂供给制问题时，周恩来说："最近在湖南省发现，由于副食供应问题，他们的机关食堂分了四等：负责干部一等，一般干部一等，老年一等，娃娃一等。有的干部一家人在四处吃饭，过春节时想吃个团圆饭，管理员嫌麻烦就不干，后来省委书记处开了会才解决了。这并不是中央规定的嘛，有些事情是自上而下的把概念搞错了。食堂是生活方式，生活方式决定于生产的发展。开始搞食堂，认为是对旧社会的改造有好处，后来看不适合于生产的发展。所以，什么事也不能看成是一成不变的。"

周恩来接着说："城市的街道食堂有的办得好，可是问题也不少。搞公共食堂总比家庭费劲。目前，我们的经济基础还不够，条件还不足。抗战时，军队实行了全部供给制。现在搞的是全民食堂，面很大，农民就有五亿多，就是超越现实可能的。"

周恩来又说："现在家庭还是起作用的，即便到了共产主义社会，也不能一下子消灭家庭。实际上，在社会主义时期，家庭是一个基层单元，人是一个分子，这是不能缺少的。现在还是各尽所能，按劳分配的时代，家庭生活并不妨碍社会主义,不能把家庭的作用看得太简单了。有的地方在农村盖了新房子,如徐水、安国就盖了一些,集体住一个楼,弄得连个养鸡、养猪的地方也没有了,上下左右又没有隔音设备,四邻不安,这个问题很值得研究。特别是粮食没有过关,生产还是手工式劳动的时代,家庭对于社会经济的作用是很大的。农民最离不开家庭,如自留地就是家庭单元的一部分。叔叔和侄子把自留地伙在一起种就是这个原因。在城市也是如此,现在作统计时,户还是一个单位的嘛,公安部门也还有专人搞户口工作的嘛。"

当谢富治汇报说,由于供给部分大了,群众积极性调动不起来时,周恩来说:"供给制是从军队上学来的,徐水在公社化以后也搞过,并发过毛巾、肥皂等,不过物质基础还没有到那个程度,搞供给制太早,那是将来的事情。"

在刘子厚谈供给制问题时,谢富治说,现在补助也有平均主义。周恩来说:"要从生产出发,现在不从生产出发的作风是根深蒂固。原始共产社会物资少,而又平均分配,没有私有观念,一人一口,和蚂蚁一样,蚂蚁只是王子多吃一点。我们是物资丰富起来的平等,不能干寡平,如那样做,就是倒退,是反映了原始共产社会的影响。因此,政治挂帅必须和物质刺激结合起来。"

周恩来在听取许明的汇报时说:"对五保户照顾是劳动保险性的社会福利,从公益金中解决,实际上是共产主义因素。福利事业,社会主义应当搞,工资福利要结合。福利也是供给制,我们今天说的是除了公益金以外的供给制是否还要,可讨论。谢富治同志的报告中倾向于不要的。供给制问题也可能变,但还要讨论。"

关于所有制、粮食、评工记分和"三包一奖"问题的讨论。谢富治汇报说,群众光怕政策变,我到成安30天,包产已变六次了。周恩来说:"从资本主义到共产主义是一个过渡的时期,这个阶段相当长。但不是停下来,而是我们变的太多了。有些事是可以定下来的,但也不是千年不变的,这是社会主义性质决定的。如所有制,在相当长的时间内是不变的。《十二条》规定三级所有队为基础,至少七年不变。你们在武安搞试点,中央是点了头的。伯延南北25公里,东西10公里,方圆是250平方公里,相当北京内城那么大。我说公社书记,你能管这么大?叫我管也得管垮。农村比工厂大的多,交通又不方便,不好管理。现在硬要搞社有制(以公社为核算单位)有点早,是超阶段的。我们主张不断革命,反对革命停顿,同时又反对超阶段。"

在谈到粮食包产和分配时,周恩来一再强调:"各县委书记要仔细算算帐,农业多少户,多少耕地,自留地除外还有多少良田,各种作物各种多少,亩产多少,照七两吃需要多少? 是短还是余? 除了大队调剂,农业人口用粮,棉区调剂和非农业人员用粮以外,可以上调多少? 这是个大问题。'三包一奖',粮食问题解决不了不行。生活方式解决了,生产不解决不行。不仅是邯郸市,全国都是这个问题。食堂晚办几年不妨碍社会主义,最重要的是粮食问题,伯延公社张玉芹说,远水不解近渴,现在没有力气,是否给我们调点粮食来恢复体力。我说这个问题不好答复。邯郸过去是调入,现在是自给,最高调入过六亿斤。"

当讨论评工记分问题时,周恩来说:"一天 10 分,什么都记分,结果工分值降低,干不干都是 10 分,这就是平均主义。包工包到组还是好的。有组还是有责任的,有的人有了病还是有人管的,有利于生产。评工记分大家都赞成,《六十条》说的不很清楚,是因为起草的人对这个问题不熟悉,这次调查清楚了。有的按活包工,包到队的,包到组的,包到户的,哪一个好,还要大家讨论。但可以看到个趋势,'签到制'不行了,死分死记不行了,但'秀才'式的也不行了。"

此时,周恩来还提醒大家谈谈粮食问题。与会同志对谢富治在成安搞的"人四工六"(即:人分四成,工分分六成)的粮棉包产、超产和奖励粮分配谈了看法。周恩来说:"这个办法有意义,人四工六可以。棉花包产以内奖励粮人四工六,超产部分的奖励粮完全按劳分配。超产有两部分,一个是超产值,一个是超实物。要肯定下来,超产棉的奖励粮要全部给小队,大队不能留一点,全国都如此。棉花奖励粮全部给社员。经济作物的超产金额怎么分好? 由下边讨论,我看还是一一八好(大队、生产队各一、社员八)。粮食超产奖励如何办? 总的看,包产是中常年景偏低,有产可超,粮食超产部分要有个分成,全部给小队给社员不行,这样不能以丰补欠。余粮区可三一六(大队三、生产队一、社员六),大队多拿一些,短粮区二一七(大队二、生产队一、社员七),实际上等于余粮区三七开,短粮区二八开。你们可再讨论一下,到省的会议上最后确定。你们邯郸总的短粮 3.1 亿斤,还得节约……,问题就是麦收以后粮食不够吃,只产 4 亿 7,620 万斤,人够吃三个月吗? 麦收以后要吃六两半,比现在吃的还少,这正是忙时,要抢种,要锄草,还要防汛。"

当刘子厚汇报了全省粮食包产的情况后,周恩来说:"要很快把包产定下来,这样就好办了。一个是核实的产量可以出来,一个是可以把麦子收好,不然就要出现王二嫂拾麦子,一边拾一边偷的情况。还是把口粮定下来,超产奖励,自留地不计征购,要很好宣布,这对生产、出勤、麦收分配都有好处,顶牛不行,给群众说明,麦季产量少,吃六两半,秋后可以补。群众要求包死,产量高可以包死。实际上你把口粮定下来了,群众就有个希望了,这样实际上是包死了。产量包死了,口粮定了,就是超产那一部分不死,国家可以拿一些。第一年让群众百分之百地相信我们不可能,有个百分之五十到七十就可以了,我看有百分之五十就不错,慢慢地把信用建立一起来。口粮不保证,不落实,群众不澄底。"

周恩来接着说:"信用还是由你们县委书记去建立,我们不常来,承认错误的还是你们。信用失了二三年,说了不算,要恢复也得二三年。口粮不保证,他首先不相信。包产问题很重要,你们回去要好好地搞,包产宁可偏低些,也不要顶牛。这样,才能得到群众的信用。群众相信我们,生产就会搞好,生产积极性调动起来,秋后就会多收,这实际上是多吃少购。征购不能增加,要恢复生产力,人力、畜力、地力都是生产力。"

在三天的汇报讨论会上,除对以上问题作了重点讨论外,周恩来还对山区林木分级管理、自留树、自留山、耕牛处理、三类队的整风、退赔和恢复手工业等问题作了重要指示。

5月14日,周恩来及其调查组结束了历时半个多月的调查研究,就要离开邯郸了,邯郸人民永远忘不了周总理在田野、村庄,在农家场院、草房那一幕幕感人肺腑的情景。在农民家里,周总理坐在门坎上问寒问暖;在公共食堂里,周总理和人们一起吃糠咽菜……此时此刻,周总理就要离开他所牵挂着的人民,人们怎能不感动呢!这天,天下起了大雨,但邯郸车站却挤满了从四面八方赶来给周总理送行的群众,人群中不停地呼唤着:"周总理,您再来啊……"列车徐徐开动了,周恩来还站在车窗前向送行的群众频频招手……车开远了,邯郸站早已不见了,但周恩来还站在车窗前,深情地望着邯郸大地。

令人欣慰的是,中央五月工作会议于5月21日至6月12日在北京如期召开,会议在充分吸收中央及各地调查组意见的基础上,对《农村人民公社工作条例(草案)》进行了修改,制定了《农村人民公社工作条例(修正草案)》,取消了农民普遍反对的部分供给制和公共食堂。这其中不也渗透着周恩来的汗水和心血吗?

中央的重点在北方　北方的重点是河北

邯郸地区是一个美丽富饶的地方,每到清明谷雨季节,天蓝日丽,勃勃生机。田野上一望无际的麦苗像绿色的海洋,随风波动,呈现出一派丰收的景象。但是从 1965 年春开始,我国北方地区遭受到建国以来最严重的旱灾,地处冀南的邯郸地区旱情尤为严重。这里一连 300 多天没下一场透雨,池塘干枯,河渠断流,地下水位下降,有的地方挖地三尺不见湿土。全区受灾面积多达 520 多万亩。山区 200 多个村庄和部分平原村庄饮水发生了困难。旱情一直持续到 1966 年春季。祸不单行,3 月 8 日,邢台地区又发生强烈地震,波及邯郸。无情的自然灾害严重地威胁着邯郸人民。

1966 年新年刚过,周恩来就开始抓北方的抗旱。他指示国务院召集北方八省(市、自治区)抗旱会议。他自己到河北去,因为在北方八省中,河北的旱情更加严重。周恩来指出:"中央支援的重点是在北方","北方的重点又是河北",对河北的情况心中有了数,才能对北方八省的整个工作做出恰当的部署。

1 月 23 日,周恩来到达天津。24 日,他在听取河北省委汇报农业生产情况后,指出:"抓生产先要考虑抗旱。"他要求省委负责人要一个一个地方去谈,指导工作。周恩来指出:"对作物要进行研究。可以进行调查,能高产的作物,要种到有水或有墒情的地方,集中人力,集中肥料,不要分散开。到处都旱,到处都搞,结果效果不大。能种的地方要力争种上,雨一来,马上抢种,做两手准备,和他们去商量。每个省委书记包一两个地委,跟他们亲自去谈。先下去布置,早点布置,早做准备。"

"中央对你们的要求是低的,去年你们搞了一百八十亿,今年能搞二百亿就了不起。可是,你们要到下边去,把生产队发动起来,好的地方要丰收,差一些的地方要自保。每个公社、每个生产大队都有丰收的,都有自保的,这样就好了。""要有两手准备,天旱有五千万亩丰收,五千万亩平收,涝了你们山区还有二千多万亩嘛,还有些地淹不了嘛。这样,全省动员起来,你们再下去抓,冬闲抓一次,到了春耕锄草再去抓一次,夏收时抓一次,然后再抓秋收秋种,一年抓四次。今年抓一年,一九六七年抓一年,一九六八年再抓一年,河北就有起色了。"要搞好河北的农业,地区之间的协作非常重要。周恩来指出,除了把邯郸、邢台、石家庄、保定、天津、唐山搞起来以外，要专门帮助一下衡水和沧州。石家庄帮助衡水，保定帮助沧州，这样就好办了。

那时，农村的"四清"运动正以很大的声势在发展，各地负责人都以相当多的精力投入这个运动。针对这种状况，周恩来强调不要光搞"四清"而误了生产。他说，阶级调查搞上十天半月就行了。他批评一个负责干部蹲在一个地方搞阶级调查，半年没有搞完，结果把别的工作都耽误了。

他还强调工业一定要支援农业，说："东北还向中南要粮食，那是端着金饭碗讨饭吃，那么大的工业不支援农业。天津也是这样，石家庄也有东西，保定也有东西，还有唐山，一定有很多金银财宝，不好好搞就会卖掉甚至很浪费。"他后来多次谈到这个问题，说："农业还没有过关，工业也不算本事嘛。""农业负担不解决，就是对农业本身、对备战、对现在的工业建设也不利。""你支援农业，发展农业，也就支援了工业，供应它粮食，供应它经济作物，供应它各种三类物资、山货等等，很多好处。这样才能使工农业结合得更好，互通有无。这就是我们掌握计划、掌握生产的要抓这一个关，支援农业的关。"周恩来还提出在农村中"非搞副业不行，要搞多种经营。养猪多的，除了出口、外调，还要自己销一些。"周恩来这样细致、具体地指导农业工作，使省委的负责干部很受感动，也很受教益。时任河北省省长的刘子厚在自己的会议笔记上写道："周恩来这次来谈，方法很活泼。他给我们鼓劲，叫我们给下边鼓劲：天再旱，人总要活嘛，千方百计发动群众，把地种上。"

为了动员灾区人民积极投入抗旱斗争，减少灾害所造成的损失，1966 年 1 月 26 日，周恩来回到北京后，马上参加正在召开的北方八省、市抗旱会议。从 27 日至 31 日，他七次听取各地关于农业情况的汇报。在这次会议上，周恩来提出：中央、国务院和中央局一年至少要抓三次，八个省、市、自治区分为七个组，组长以外再配一两个副组长。3 月 7 日，中共中央、国务院发出关于成立北方八省农业小组的通知，通知宣布：农业小组组长由周恩来担任，并兼任河北、北京组组长。会议结束后，他立即组织抗旱工作队奔赴河北各地帮助工作。工作队临行前，周恩来规定了三条纪律：一看，二帮，三指挥。具体讲就是：下去后，不能增加地方负担，不要去指手画脚。首先向当地干部、群众学习，帮助地方工作，听从领导指挥。他强调：工作组干部应该到生产队和群众共同劳动，通过劳动进行调查研究，取得生产知识，鼓舞群众的干劲，不能因工作组的工作妨碍群众劳动生产。随后,他亲自深入河北灾区,领导组织抗旱。

我犯官僚主义 你在杨桥也犯官僚主义啊

1966 年 4 月 1 日晚上,周恩来乘座的专列缓缓驶入古城邯郸。

4 月 2 日,周恩来在下榻的邯郸市招待处主持召开会议,听取华北局、河北省委、邯郸地委关于抗旱救灾情况汇报,会议从上午一直持续到深夜。周恩来对全地区布置 4 月底打 7000 眼井的指标表示怀疑。指出:当前首先是保麦收,保春播,打井应在麦收或秋收以后再进行。建设要一步一步走,欲速则不达。

从 4 月 3 日开始,周恩来便在省、地领导的陪同下,深入县、社、村庄进行实地考察。4 月 3 日上午, 周恩来首先视察魏县漳河村,与该村干部、群众进行座谈。在谈到"党员"与"群众"的提法时说:我反对把党员和群众分开来写,要写成党员和非党员,党员和非党员都是群众。把非党员写成群众,就认为党员不是群众,是站在群众之上,比群众高,这要改过来。党员脱离了群众,就变成了官僚。在询问到打井情况时说:打井要注意配套,劳动力要合理安排。当天下午,周恩来没顾上休息就到大名县前桑圈村进行调研。

大名县地处冀、鲁、豫三省交界处,是邯郸地区的一个贫困县,遭遇旱灾后,这里的群众生活更加困难。八省、市抗旱会议结束后,国务院就派了以国务院水利设计院院长王德政同志为组长的工作组, 进驻了该县的杨桥公社前桑圈村,帮助抗旱救灾。

前桑圈村距大名县城约 50 华里,汽车在坎坷不平的土路上颠簸行驶,而周恩来却在车中睡着了,他太劳累了。到邯郸以前,他已连续视察了石家庄、邢台等地。他忧民心切,每到一地都要亲自听取汇报,找群众座谈,到实地察看,晚上还要处理从北京转来的大量文件,有时工作通宵达旦。这对一个年近 70 高龄的人来说是何等的辛劳。汽车司机师傅故意放慢速度,缓缓向前行进,好让周恩来多休息一下。但车身仍然摇晃得厉害,坐在周恩来身边的工作人员怕把周恩来颠醒,便用双手将他慢慢地拥起,以减轻震动,好让周恩来多休息片刻。这是一幅多么感人的情景。

在前桑圈的大队部,周恩来亲切地与大家交谈。在座的有河北省省长刘子厚、国务院办公厅秘书长周荣鑫、驻该村的国务院工作组组长王德政及邯郸地委、大名县委的领导和该村的干部群众。周恩来总理问大家："这个村为什么叫桑圈？"老农民靖洪绪说："俺听老辈人说,这个村过去周围种的桑树多,所以就叫桑圈。"周恩来听后说："对呀,这话说得有道理。"接着又说："种桑树好啊,葚子可以吃,桑叶能养蚕,好处很多,桑圈就可以种桑树嘛！"周恩来转过头问靖洪绪："你今年多大岁数啊？""六十八。"周恩来听了高兴地说："咱俩同庚啊！"

周恩来拿起一个名单看了看问："谁是监喜凤？"

"我是。"该村女支部书记监喜凤站起身答道。周恩来摆摆手示意她坐下,又问她："上过几年学？"监喜凤不好意思地回答："没有上过学。"周恩来关心地对她说："要好好学文化,下决心学,一天学一个字,一年就学360多个字。"

尔后,周恩来又问道："你们村去年的小麦亩产多少斤？"当他得知由于旱灾严重,小麦亩产只有100多斤时,他轻轻地自语道："产量少得可怜啊！"

"你们村每个劳动日的工值多少钱？"周恩来问。监喜凤答道：

"一个劳动日一毛钱。"

周恩来表情沉重地说："工分值这么少,群众的生活水平低得很啊。"他指示旁边的周荣鑫说："这些情况你一定要记住,写清楚。"

"村里有几眼井？"周恩来又问。"只有一眼井,是三年前打的,现在还没有配上套。"工作组组长王德政答道。

"前桑圈打机井三年没有配上套,你知道吗？"周恩来面对杨桥公社书记张文广问道。

"不知道。"刚上任不久的杨桥公社书记张文广如实地回答。

周恩来不满意地对张文广说："你是公社书记,怎么能不了解村中的情况呢？我在北京不了解前桑圈的情况犯了官僚主义,你在杨桥也犯了官僚主义啊！"周恩来又面对大家说："水利是农业的命脉,一定要抓好水利建设。前桑圈的群众生活这么苦,连这眼井也配不上套,群众怎么生活？"他指示在座的大名县代理书记赵文惠和代理县长阎洪法说："县里要想法帮助他们一下,尽快给这眼井配套。"接着又对正在埋头做记录的王德政同志说："老王同志,你一定要带好这个工作组,在这里连续搞三年,前桑圈搞不好,不要回去。"这位国务院水利设计院院长王德政当即表示,坚决按周恩来的指示办,不把前桑圈的水利建设搞上去,人民群众的生活不改善,工作组决不撤离。但遗憾的是"文化大革命"开始了,工作组被强令全部撤走。

前桑圈的旱情、民情牵动着周恩来的心。周恩来总理看着省地县公社的领导,语重心长地说:"我早就说过,我们要恢复生产,首先得恢复农业生产,农业是发展工业、巩固财政、搞好流通、外贸的基础。"稍停了一下,又将目光转向县领导讲:"你们要从全县实际出发,像这样的村,全县有多少个,在现有的条件下,找出一个补救措施,特别是水利建设,力求在最短的时间内搞上去,摆脱贫困的现状。"

周恩来指示又前来的水利部副部长钱正英要水利学院派人加强对打井技术的指导;要求蹲点的国务院工作组帮助当地把机井搞好,配上套,搞不好不回去。当周恩来了解到漳河大队三年没有分配现金、人均口粮每日只有五点七两、吃盐零花钱靠卖鸡蛋和自留地生产时,非常悲痛地说:我听了很难过。周恩来对供销社和信用社克扣生产队的买棉籽款和化肥款表示十分的气愤,讲:供销社就能扣钱,真是骇人听闻。座谈中,周恩来专心地与大家谈话,忘了喝凉着的水。阎洪法县长见水凉了,端起碗想把水泼掉另换一碗热水,周恩来见状急忙阻止说:"不要泼嘛,现在旱情这么严重,一碗水也能救活一颗苗,多增加几粒粮食啊!"接过阎洪法手中的碗,把水喝了。

这时,天色已晚,工作人员在周恩来的耳边轻声提醒:"总理,该起身返城了。"

"不慌啊,我来一回不容易,我还要去看看那眼井呢。"随即,周恩来招呼大家向屋外走去。

周恩来一出门,发现在办公处就近搭着一个防震棚,他用于指着那里问:"这是谁的防震棚?"

"我们的。"工作组组长王德政回答。"谁给搭的?""县里通知,让给工作组的同志搭防震棚。"监喜凤说。

周恩来严肃地对王德政说:"群众都住上防震棚了吗?要等群众都住上了防震棚你们再住。你们是国务院工作组,一定要给群众带个好头。"

4月的天气仍然让人觉得有些凉意,在屋里还好,出来就更显凉了。周恩来看王德政没有来得及穿外罩就出来了,他便转身到屋里拿来外罩给王德政披在身上说:"老王,穿上、穿上,不然会着凉要感冒的。"

司机要去发动车,周恩来拦住说:"不坐车,步行方便,可以多看看。"

人们沿着坎坷不平的田间小道向机井走去。干裂的土地上麦苗长得低矮而枯黄。周恩来一边走一边不时地弯下身子,爱抚地扶摸着路两边的小麦,心情沉重地说:"没水,这麦子怎么增产啊?"在人工打井架前,周恩来看到人们在飞快地蹬着轮子,他快步走上前去对他们说:希望在你们身上啊!要注意安全。他又问身边的王德政:"你们会不会?""不会。"王德政回答。周恩来嘱咐王德政:"你们也要上去学蹬轮子。"

视察机井回到村里时,街道上已聚满了群众,他们都怀着激动的心情,要亲眼见一见敬爱的周恩来。周恩来主动向围上来的群众一一握手,当握住村饲养员监锡之的手时说:"你辛苦了,你一定要想法把牲口喂好,牲口是农民的宝啊!"这个面朝黄土背朝天,干了大半辈子的老农,听了周恩来的话,激动地流着眼泪说:"周恩来你放心,我豁出这条老命也要把牲口喂好。"

周恩来要离开前桑圈了。前桑圈的干部群众多么不舍得周恩来走啊!他们随着徐徐开动的汽车一起前行,周恩来从车窗伸出手向送行的群众频频挥动。车子开远了,人们仍然站在村头向车子开走的方向眺望着。

周恩来回到大名县委的时候,正值吃晚饭的时间,他没有吃为他专门准备的饭菜,而是走进厨房与大家共用便餐。

晚上9点左右,周恩来又在县委会议室召开会议,听取大名县负责人关于全县抗旱和生产等情况汇报。

会议室设备很简陋,几个旧沙发,几把硬木椅子,几张小长条桌,周恩来随便地坐在一把硬木椅子上,工作人员递上一张大名县地图。

周恩来边听取汇报,边看地图。当县计委主任马洪臣汇报打井配套情况时,周恩来问:"你们全县有电动机多少台?"

"38台"。

周恩来说:"你们有143眼井,要保证全部配上套,4月底能完成多少,计委要算清楚,配套工作不能落后啊!"

马洪臣向中央领导汇报,本来就有点紧张,加上周恩来不断提问,就更不知所措,弄得手忙脚乱,汇报也没有条理了。周恩来风趣地说:"不要算得太简单了,你这个计委主任我也能当啊!"接着又说道:"你们计划4月份打300眼井,有188盘井架,加上现有的几副大锅锥,我看完不成300眼。应好好计划计划啊!"

当周恩来听了用大锅锥打井的新技术后讲:"大锅锥打井速度快,省棕片,为什么不提倡？"

听完了马洪臣的汇报，周恩来说："毛主席说，'办事要为人民着想'。你们一个大队一眼井,646个大队,就能打646眼,计划不错,问题是看看农民是不是有这个能力,应该好好计算一下,队里自己能筹多少,仍差多少,要清楚。水利是农业的命脉,粮食上不去不行。把副业搞一下,多增加一点收入"。

已是夜里11点了,周恩来依然精神饱满,认真听取汇报,并随时指出不足,还不时指点解决问题的方法。在场的人无不为周恩来的工作态度、严细求实的工作作风所感动。

赵文惠说："今年的粮食,我们想完成二亿斤,达到自给有余。"

周恩来微笑着点点头："好呵!卫东(大名境内卫运河以东地带)可以多种些红薯、花生、多养猪收入大。"说到这里,周恩来看看在座的同志说："毛苏村产量高,要推广他们的种田经验。"

时间又过去两个小时,周恩来又听取了县社棉花收购、化肥供应等情况,最后他提高了一点语气说："大名府看来比我想象的还要苦啊。三类队不能光当三类队啊。大名府要翻身!"

他对大名县被抽调9000多人、3000多辆排子车上海河工程表示不满,说:为什么调那么多排子车去?如果我是县委书记,我就顶。我一直担心海河上人多了,什么事太集中了不行。当他得知全县至4月底准备打300多眼井后指出:打井占用很多劳动力,4月生产很忙,劳力占得多应考虑。会议一直持续到凌晨1点钟。

由于当时邢台地区地震还时有余震发生,继而波及邯郸地区。为了周恩来的安全,县委事先专为周恩来在县委大院内搭起了一个防震棚。会议结束后,县里的同志让周恩来住防震棚,可是周恩来既没有住防震棚也没有住已安排好的招待所,却住进了县委一位办事员的简陋的宿舍里。

夜深了,县城里万分的宁静。人们都早已进入了甜甜的梦中。此时,周恩来的房间里仍然亮着灯光,他又在批阅从北京转来的文件。谁也不知道他屋里的灯光是什么时候才熄灭的。

第二天早晨,周恩来用过早饭后便离别了大名,前往临漳县视察。临行前,他对大名县的干部群众说："大名要翻身。我还要来看望你们的。"

周恩来走后,根据他的指示,省委从保定地区调给大名县打井机具200套,技术工人 600 名,邯郸地区分给大名大小锅锥机具 90 套。1966 年年底全县打井 1272 眼,粮食总产量首次突破二亿斤,平均亩产比 1965 年增加了 21 斤。

一年后,周恩来总理又委托国务院事务组组长王观澜特地来大名看望了当地人民。

你们真是英雄

4 月 4 日上午,周恩来从大名县驱车来到了临漳县南东坊公社南岗村,同该村干部和群众座谈。周恩来就南岗村的基本情况开始与南岗村大队支书牛金明一问一答的谈话:"你们村有多少亩耕地?""96 亩。""有水渠吗?""有民有渠从村北通过,可以灌溉,村南是旱地,不能渠灌。""地哪边多?""村东南多。""你们村有多少砖井?""18 眼。""都能用吗?""能用的 13 眼,有五眼井没水。""今年砖井能浇多少亩地?""能浇 200 多亩。""你们打了多少眼机井?"机井长牛玉花回答说:"现在打了两眼,一眼打好了,一眼还正在打。""机井是自己搞的,还是外边帮助干的,用什么打的?""自己搞的,用火箭钻打井,15 天打成

1966 年 4 月 4 日,周恩来在临漳县农村视察时受到当地小学生的热情欢迎

第一眼,深 48 米。""有好水吗?""好水,进四出四。""用什么动力抽水?""电动机。""电动机多少马力?""四点五马力。"

周恩来问得是那样的认真细致。接着他又问牛玉花:"你过去打过井吗?"

牛玉花说:"过去没有打过井,我是边干边学。"周恩来听后高兴地称赞道:"好,你说得好啊!"这时周恩来又关切地问:"打一眼井要用多少款?"

"需要 1080 元。"牛金明答道。

"你们的钱是怎样筹的?"

大队会计说:"去年一个小队扣留 400 元,六个队伙在一起 2400 元。"

周恩来又转头问第六小队会计:"你们小队的 400 元是怎样出的?去年社员扣留多少?能分配多少?"小队会计都如实地作了回答。

开完座谈会后,周恩来又到地里观看了打井。

此时大地开始复苏,寒意未尽,风刮在脸上还是冷飕飕的。周恩来全然不顾,在一处正在施工的机井旁,他首先向社员们问候:"同志们辛苦了。"社员们围上来说:"周总理辛苦了。"周恩来热情地一一握过这些沾满泥土的手。这些土生土长的庄户人,从未见过大世面,而今,却受到周恩来的接见,一个个激动不已。

周恩来在田野里不停地看看这看看那,当路过一块浇得很湿很暄的地块时,走起来很费力,一步一个泥坑,县里的一个同志怕周总理走不好,上前去扶,周恩来摆摆手说:"不用,我行。"

前面是一块麦地,返青后的麦苗,像地毯似的随风摆动。周恩来看到这可喜的庄稼,转身对后边的同志们大声说道:"大家要爱护麦苗,这些来之不易啊!"他总怕踩着麦苗,小心翼翼地走了这段路程。

耕过备播的春白地,暄腾腾、平展展,周恩来向前走了一段,弯腰抓起一把土看了看说:"这块地墒情不错。"看到地里的茅草,周恩来说:"这种草是害草,要下决心灭掉。"

当时农村砖井还比较多,周恩来走近正在用砖井浇地的社员,和蔼地问:"一天能浇多少地?"社员回答:"浇四至六亩。"周恩来告诫他们:"要好好保护砖井,要利用,不要有了机井就废弃砖井。"视察看了机井的布局后,周恩来指出:"你们的机井过密。"社、队干部诚恳地接受了周恩来的批评。

周恩来离开了南岗村,来到邻村后赵坦塞村。这村是县里好典型村。在这里,当得知该村打每眼机井配套后才花款600元时,周恩来很有兴致问村里的干部,为什么花这么少的钱?他们汇报有三条:一是没有起伙吃饭;二是铁木匠都是自己人;三是买旧机器自己修造。有一个村干部说:买新水泵得花好几百元,去年俺村买了台旧水泵,自己修造只花了40元。

周恩来肯定了他们的做法,高兴地说:"你们会勤俭过日子,越富越有办法。"他又对身边的省、地负责同志说:"在抗旱救灾中,要学习他们的做法,大力提倡勤俭节约的精神。"

周恩来一行来到村西韩学林的家准备开座谈会,当他得知村里为了保密,让韩的母亲出去时,周恩来面有愠色,饱含深情地说:"我回到革命根据地了,还怕见群众吗?快,快把老人接回来。"被接回来的韩母望着和蔼可亲的周总理,连声说:"没想到,没想到,我这农村老太婆也能见到中央的大干部。"周恩来握住她的手,问寒问暖,像久别重逢的亲人一样。

座谈会开始后,周恩来说:"看来你们是这里比较好的队。地都浇过了吗?"

1966年4月4日,周恩来在成安西南庄"三八"打井队工地参观

村支书张志泉说:"俺村地十天就能浇一遍。"周恩来问:"你们浇得快,困难的队支援不支援?"答:"支援,让他们用机井浇地,光一个村丰收也不行。"周恩来点点头说:"你这话对。"并高兴地称赞他们有共产主义风格。当时大部分人倾向井打得越多越好,结果有好多井配不上套。针对这种情况,周恩来说:"你们不要打井了,要积肥,深翻土地。"打这以后临漳县打井热开始降温,注重了机井的配套和利用。

周恩来在听取了大家的汇报和发言后,指出:农业落后几十年,一年是翻不过来的,全县的打井计划也不是一年可以完成的。一年水利化我有保留。

下午5点多钟,周恩来又来到成安县道东堡公社西南庄大队视察"三八"妇女打井队的工地。

当时的成安县是邯郸地区的农业先进县,他们大搞农田基本建设,并破除旧的传统观念,率先组织了妇女打井队,揭开了当地妇女打井的新篇章。

虽然已是傍晚时分了,但从"三八"妇女打井队的工地上仍然不时地传来姑娘们清脆有力的劳动号子声。周恩来让人们排成一队,小心地沿着田间小路,循着号子声快步走向打井工地。姑娘们见周恩来来了,都热烈鼓掌欢迎。周恩来向姑娘们挥着手亲切地问:"累不累呀?"

"周总理这么远来了还不怕累,我们才不累呢!"姑娘们激动地回答。

面对国家总理,这些平日里敢说敢干的姑娘们,此时却显得很拘束,她们不知所措,也不知说什么好。这时,周恩来很风趣地问大家:"你们这里有大嫂吗?"这一问把姑娘们都给说笑了。他又兴致勃勃地打着拍子指挥大家唱歌,顿时工地上沸腾起来了。

周恩来一边观看姑娘们打井,一边和省劳动模范、西南庄大队党支部书记王素梅亲切交谈,认真了解农业生产和抗旱救灾情况。

王素梅向周恩来介绍说:"我们大队有3300亩耕地,目前水利条件很差,只有三眼机井,其中一眼井用锅拖机带动抽水,两眼井用电力带动,水浇面积比例很小,每眼井一天浇十几亩地,三眼井可浇三四十亩地。要把全大队的耕地变成水浇地,任务很大。我们有决心搞好农田水利基本建设,实现水利化。"周恩来边听边点头,他问王素梅:"你们计划打多少眼井,粮食亩产计划收多少?"

王素梅说:"计划再打八眼机井,粮食亩产计划600斤,争取800斤。"

周恩来十分满意地说:"600斤就可以了。"他又问:"棉花计划亩产多少?"

1966 年 4 月 4 日,周恩来视察成安时,听取王素梅的汇报

　　王素梅很有信心地说:"100 斤,争取 120 斤!"周恩来听了很高兴,他想了一下说:"80 斤就可以了。"

　　这时,"猴爬竿"打井机的铲泥斗随着人力推动车的动力,冒出井口;王素梅见了走过去,敏捷地抓住井架上的绳子,然后挂在锅锥上,一磕铲泥斗打开,泥浆卸了一地。周恩来看后不由得夸赞她:"你们真是英雄。"周恩来看着推车问:"这叫啥?"

　　王素梅说:"是推车。"周恩来看到姑娘们推车很费力,索性走过去和姑娘们一起推了起来,井台上非常泥泞,走起来很滑,周恩来手握推机,两脚在浓泥中一步一步地交替迈动。不一会儿,他的脚上和裤角就沾满了泥水,宽阔的额头上也沁出细汗。

　　周恩来从推车上下来后,陪同周恩来视察的邯郸地委第一书记庞均,考虑到周恩来工作十分繁忙,又奔波劳累了一天,就凑近周恩来小声说:"总理,咱们走吧。"周恩来连连说:"不忙、不忙,再看会儿。"后来,周恩来还和姑娘们一起引吭高歌,那嘹亮的歌声,冲破了沉暮,响彻了广阔的田野……直到星穹低垂,月色朦胧时,周恩来才离开打井工地,驱车前往成安县委。

周恩来亲临工地视察,给西南庄"三八"女子打井队的姑娘们以巨大的鼓舞,到年底,她们超计划完成了打井任务,共打井 12 眼,有效地缓解了旱情。周恩来视察过的那眼井,原计划半月打成,结果姑娘们经过日夜奋战,仅用了 12 天就完成了,而且深度大,水量足。为纪念周恩来总理到工地视察,这井取名"四·四"井。

晚 8 点,周恩来从西南庄打井工地来到成安县委会议室,准备听取县委汇报。会议室里为周恩来准备了盥洗用具,周恩来擦了一把脸,慈祥和蔼地同服务员赵孟华拉起了家常。

"你叫什么名字?"

"赵孟华。"

"家是哪里的?"

"隆尧的。"

"隆尧? 那里地震得厉害,我还到你们那儿去过呢,那里的人民抗震救灾工作搞得很不错。"

"我在报上看到了。"

"你回家了吗?"

"没有。"

"嗯,为什么? 家里出了这么大的事,应该回家看看嘛!"

"我给家里去信了。"

"有受伤的吗?"

"没有,房子倒了几间。"

"你应该请个假回去看看嘛。家里出了事,做子女的不回家看看老人,这就应该批评了。"

"我抽个时间回去看看。"

"好,好。"

周恩来与赵孟华交谈,就象一个长辈对自己的子女一样,关心倍至、细致入微。周恩来洗漱完后即到食堂吃饭。

听说周总理要来的消息后,食堂的师傅们个个喜上眉梢,要拿出看家的本领露一手,做上一顿可口的饭菜,让周总理吃好。他们一边准备一边用电话给临漳县联系,打听一下周总理在临漳县用午饭的情况。可是得到的消息却是临漳县受批评了,原因就是因为饭菜准备的好了些。周恩来批评临漳说:"为我一个人吃饭花那么多钱,太铺张了,要珍惜人民的血汗。你们要这么搞,我就不吃了。"他还对随行人员说,咱们可以自备饭嘛。无奈,临漳县只好把饭谱改了。得到这个消息后,人们犯愁了,怎么办呢?最后,县里领导反复考虑,改做炸酱面招待周恩来总理。

周恩来来到了食堂,他就像主人似的先关照别人就坐,然后自己才坐下。炸酱面好了,师傅一次端来了四碗,大家抢着把碗送到周总理面前,可周恩来无论如何也不先吃,而把面条一碗一碗地送到别人面前,就这样推来推去,最后还是落在了同志们的面前,同志们怎好先动筷子呢,所以只好等上齐后,大家和周恩来才一起吃饭。周恩来边吃边夸奖:"今天的面条做得好,味道可口,应该好好谢谢师傅们。"

县委会议室里,灯火通明。周恩来饭后没有休息,连夜听取汇报。参加汇报的有陪同周恩来前来视察的省、地领导同志,县委书记李朝山,县水利局局长申清贵和"四清"工作团的负责同志等。

周恩来的桌前,摆着成安县的地图,放着几张信笺。汇报开始后,只见周恩来戴着花镜,手拿铅笔,边听边认真地记录,还不时翻看地图做着标记。虽然是奔走忙碌了一天,但他仍然是那样的精力充沛,神情专注。

县委书记李朝山首先向周恩来汇报了全县的农业生产和抗旱打井的情况。成安县有耕地57万亩,230个生产队,水利化程度还很低,全县有800眼机井,但由于缺少资金,购置电机、水泵等抽水工作很困难,所以现有的机井也没有完全配套,水浇地面积不过十三四万亩,只占耕地面积的24.5%。周恩来专心地听着,当得知县里计划将井架上到470副时,他插话问道:"一副井架占多少人?"有人回答:"一般一副架子需18个。"周恩来抱着手抬头认真地计算了一下,又问:"在整个农业和水利建设上,你们考虑劳力的相互影响了吗?"对于这个问题,县里的同志感到不好回答。踌躇了片刻后,周恩来嘱咐道:"搞水利建设,使成安县57万亩耕地实现水利化很好,但需要有计划,不要盲目。"当有人汇报说:"为动员全县人民大力支援打井抗旱,把老太太的卖鸡蛋钱,小孩的压岁钱,姑娘们攒的私房钱都动员了出来,周恩来听了不太满意,他说:"打井是好事,但需统筹兼顾,量力而行,不能影响人民群众的生活。"他启发大家要在现有基础上挖潜力,不能等,不要靠,要多想一些既俭省又有效的办法。

周恩来仔细地询问地下水有多少个流量,水质怎么样。当听说,县界内西半部是甜水,东半部是苦水时,他关切地问:"苦水的面积大不大?"县水利局局长申清贵说:"不大,有四个公社是苦水。"周恩来说:"你们要很好地搞一下你们的规划,要是完成了规划,我给你们祝贺。"

汇报会结束时,已将近晚上10点了。

县委领导提出同志们想和周恩来合影留念,周恩来爽快地答应了。

听说要与周恩来一起合影,县委大院立刻沸腾了,人们喜出望外,情不自禁地来到指定地点,等候着周总理。

不多时,周恩来与省、地县的领导们走来了,大家看到周总理,热情地鼓起掌来。周恩来走到大家面前高声问候:"同志们好!"随后和大家一一握手。周恩来亲自动手给大家安排座位,将高个儿往后调,把小个儿往前拽,最后他把县里的领导安排在前排的中间位置上,自己却坐在了偏左的位子。怎么能让周总理坐这样的位置呢?县委书记李朝山等要周总理坐到中间,可是周恩来无论如何也不坐,硬是把李朝山按在了中间的位置上,说:"你是这里的书记,你是主人嘛,你应该坐到这个位子上。等你到我家做客时,我再坐这个位子好了。"最后还是没有拗过周恩来,终于留下了一张县委书记居中、周恩来居偏的让人感动的照片。

由于工作繁忙,周恩来要连夜赶回邯郸市,人们依依不舍地把周总理送上

1966年4月4日,周恩来视察成安时与县委机关全体干部合影

了车,车徐徐启动,突然又停下,周恩来探出车外,关切地问:"刚才合影时,大师傅在没有?应该给他们照个像。"人们激动地说:"在、在。"一位大师傅赶紧挤到跟前,周恩来伸出手紧紧地握住大师傅说:"这次来得时间紧,没有到伙房看望大家,请同志们原谅。下次有机会再来时,一定到伙房看望大家。"

汽车重新启动,在人们依恋而深情的目光中缓缓地驶出县委大院,渐渐地消失在茫茫的夜色中。

周恩来走后,成安县按照周恩来的指示精神,对前期的抗旱工作进行了检查总结,纠正了盲目思想,重新调整了工作计划,采取了以土为主、土洋结合的办法,使打井抗旱工作进行的切实有效,有力地促进了农业生产。

磁县语重共谋抗旱

4月5日是周恩来在邯郸的最后一天。这天风很大,加上久旱不雨,飞扬的尘土弥漫了整个天空。中午时分,周恩来不顾风沙扑面,坚持顶风视察了位于邯郸地区磁县境内的岳城水库。当他发现水库南头大坝上有条裂缝时,当即指示水库负责人要尽快地修补,并让两个随行的工程技术人员与水库的技术人员一起进行认真勘察。临走前又接见了水库的施工人员。

下午4点多,周恩来来到磁县县委。这里是周恩来此次视察邯郸地区的最后一站了,他要在这里举行一个告别会。

几天来,周恩来不辞劳累,走了很多地方,了解到不少的情况,严重的干旱和生产上的困难时刻在牵动着他的心。在即将离别的时候他要把自己的想法和意见告诉这里的干部们,希望在他走后,这里能尽快地摆脱旱灾的困扰,迅速发展生产。这次会议开得很长很长,除吃饭时间外,一直持续到深夜。

参加座谈的有随周恩来一起来的国务院副秘书长赵鹏飞、水利部副部长钱正英、中央农村工作部部长陈正人、河北省省长刘子厚、邯郸地委书记庞均、专员周吉福、邯郸市委书记刘英,还有磁县县委书记郝建华、副县长赵文爱及"四清"工作团的侯顺德、赵怀吉等同志。

郝建华首先向周恩来汇报了磁县的基本情况。周恩来听出他是山西口音,就亲切地问他:"你是山西人吧?"郝建华回答说:"是山西左权县。"周恩来听汇报时专心致志,一丝不苟,边听边记录,有时还插问。水凉了他都顾不上喝,工作人员王佩芹要给周恩来换热水,周恩来用手捂住杯口,摇摇头示意不要再倒了。郝建华汇报完后,副县长赵文爱又汇报了农田水利建设和抗旱的情况。周恩来听说占全县三分之一的山区人畜饮水都发生了困难,当即指示:要先解决群众的吃水问题。当得知前些时候,岳城水库放掉了一个亿水时,他很惋惜地说:水库利用要把防洪和灌溉很好地结合起来,在丰水年份,防洪比灌溉更重要,在干旱年份灌溉比防洪更重要。当汇报到磁县为了顾全大局,让岳城水库的水经过讲武城(磁县境内)东流,以便下游的临漳、魏县使用时,周恩来表示很满意,他说:"这样好,应该团结用水。"并饶有兴趣问道:"这里的讲武城,是三国时曹操练兵的地方吧?那里有条御路,现在有没有了?"当得知那条御路现在已修成了水渠时,他高兴地连声说道:"好,好!"

在谈到打井的问题时,周恩来说:"要下力量动员广大的群众积极行动起来,要坚持自力更生的自愿的原则。"还说:我们要发扬自力更生精神,国家对灾区当然会给予大力支援的,但不能完全靠国家,关键还是靠自己。要教育广大的干部,团结广大的群众,要有这样的一种精神状态,群众就会自觉地干,遇到困难就能解决。他又提醒人们:在打井抗旱中要避免盲目过急的不正确做法。周恩来告诫在座的各级干部,要根据群众的实际承受能力安排打井,能配多少套就完成多少井,不能配套的就先不要搞。

天色已经很晚了,周恩来和人们才一起走进饭厅。前些时候,磁县县委得知周恩来要来的消息后,做好了各方面的准备,精心安排了食宿。整理了县委书记郝建华的办公室,作为周恩来的休息之所,买了十多个新脸盆和一些毛巾、香皂等供陪同人员使用。食堂还准备了一些稍好一点的饭菜。

上午,国务院办公厅的一位赵同志先来到磁县进行安排。当了解到这些情况后,提出:"你们的接待工作安排得很好,可准备这样的饭菜不行啊!周总理见了不但吃不下去,咱们还得受周总理的批评。周总理的习惯都是到那儿吃那的地方饭,菜也从简,不能多,最多四个,也是当地的普通菜。"县里的同志觉得这样太对不起周总理了,一再向赵同志请求,均被婉言拒绝了。无奈给周总理重新安排了普通的饭菜,其它的生活用品也做了适当的调整。

饭厅的餐桌上,简单地摆放四菜一汤。菜都是家常菜,最好的一个是炒鸡蛋,汤是豆腐白菜汤,主食是玉米锅贴、红薯和当地大米做的蒸饭。周恩来先吃了两块红薯,接着又拿起一块玉米锅贴,边吃边说:"这东西很好吃嘛。"在周恩来旁边的工作人员王佩芹看周恩来专拣粗食吃,有些不忍心了,她指着一盆大米饭对周恩来说:"周总理,这是我们磁县产的大米,您尝尝。"周恩来说:"好!好!"说着拿小盘拨了一小块大米饭。吃菜时,周恩来几乎没怎么动那盘炒鸡蛋。周恩来吃饭速度很快,吃完后,他对大家说:"你们慢慢吃。"地委书记庞均停下手中的筷子大声说:"周总理,我们都比您吃得多。"大家都畅笑起来。

饭后,继续开会。

水利部副部长钱正英和两名工程技术人员汇报了近期在岳城水库勘察的情况,当说到水库大堤南头出现了裂缝时,周恩来关切地问:"裂缝是怎样造成的,可能会出现多大危险,准备采取什么措施?"等工程技术人员作了详细介绍并拿出修补方案后,周恩来才放了心。接着,周恩来又听取了邯郸地区关于"四清"工作的汇报。最后,周恩来作了重要讲话。

在讲话中,谈到打井的问题时,周恩来说:这次来邯郸是抓抗旱斗争,打井高潮中头脑有点热。对打井态度要积极,步子要稳,要坚持自力更生自愿的原则,要下力量动员广大的群众积极行动起来。还说:我们要发扬自力更生的精神,国家对灾区当然会给予大力支援的,但不能完全靠国家,关键还是靠自己。

1966 年 4 月 5 日,周恩来视察磁县时与当地干部职工合影

要教育广大的干部,团结广大的群众,要有这样的一种精神状态,群众就会自觉地干,遇到困难就能解决。他讲:我们办事不能加重人民的负担。农业机械化要积极,但要一步一步实现,必须根据实际可能。抗旱救灾要与生产自救相结合,必须强调生产自救,国家救济不能让群众产生依赖思想。贷款要促进群众自救,不要使群众躺在国家身上。他又提醒人们:在打井抗旱中要避免盲目过急的不正确做法。还是在成安县听县里的同志介绍,把老太太卖鸡蛋的钱、小孩过年的压岁钱、大闺女的私房钱都动员了出来支持打井时,周恩来就提出了"这样势必要影响人民群众的生活"的批评意见。在这里周恩来告诫在座的各级干部,要根据群众的实际承受能力安排打井,能配多少套就完成多少井,不能配套的就先不要搞。周恩来又强调了生产自救,风趣地说:"救灾离不开生产,你革命才能把反动阶级推翻。"在会上他与当地干部们共同研究了抗旱计划,提出了邯郸地区水利建设的大体设想。周恩来指示要在充分调查研究的基础上制定出具体的抗旱规划,并待正式的规划出台后及时呈报他,他要亲自审阅。周恩来又指示随他一同而来的赵鹏飞、曲健、陈正人等三人要继续留在邯郸地区,帮助这里的抗旱救灾。

子夜时分,周恩来离开磁县回邯郸,之后就连夜返回北京。在磁县他连续工作了八个小时没有休息。就在会议进行时,他还接到从北京等地打来的三个长途电话,为他准备的休息房间他忙得连进都没进去。

周总理走了。人民周总理的光辉形象却永远地刻在了邯郸人民的心上。

4月6日,魏县漳河村收到县农业局受周恩来的委托给他们送来的40斤"粉子大红穗"优质耐旱的高粮种,来人特意说明,这是周总理用自己的钱专为漳河村买的。当村干部接到这饱含深情沉甸甸的高粮种时,激动得说不出话来。他们把这珍贵的种子洒在村东的一块土地上,建成了"六六、四、三"高粮丰产方。

这一年,邯郸地区根据周恩来的指示精神,在抗旱打井中制定了"以小型为主,全面配套,狠抓管理,更好地为农业增产服务"的方针,大搞群众性的水利建设运动。到年底,全区共打成机井7640眼,水车井22500眼,改造旧井9250眼,并对灌排水渠道也普遍进行疏通,使园田面积从90万亩猛增到300多万亩。农田水利建设取得了突破性的巨大成就,从根本上改变了邯郸地区的水利条件。

第七章　亲临灾区到邢台

1966年,在中国的历史上是永远值得铭刻的年份, 这一年既是中国发生政治灾难的头一年, 又是建国后发生自然灾害最重的一年。就在这一年的3月8日凌晨, 河北省邢台地区发生了建国后最大的一次自然灾害——地震。在天灾人祸面前, 中国人民受到了前所未有的煎熬, 人民的生命和财产受到了极大的损失。在这严峻的时刻, 周恩来忍辱负重, 时刻将人民

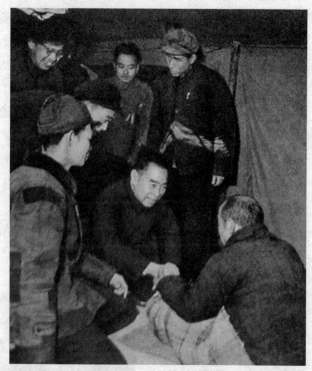

1966年3月10日,周恩来看望受灾群众

群众的安危放在第一位。尤其是在邢台发生地震后,他不顾个人的安危,冒着余震的危险,多次到地震的重灾区进行慰问,部署抗震救灾和灾后重建工作。

邢台发生大地震

1966年初春,万物大地正在复苏,邢台地区勤劳的人们开始勾勒新的一年的发展蓝图,人们带着对美好未来的憧憬投入到忙碌的春耕生产之中。然而,大自然的魔爪正悄悄地伸向这里。3月1日,邢台地区宁晋县出现有感地震,但没有引起人们的注意。2日,宁晋县部分群众反映有震感。6日,地震频率增加,

强度加大。一天之内连续发生 10 余次有感地震,从早晨 5 点 30 分到下午 4 点 30 分,邢台地区有 10 个县感到地震。宁晋、巨鹿发生 15 次,新河、隆尧 8 次,平乡、广宗、南宫、临城、沙河等县也有震感。8 点 12 分 19 秒,在隆尧、宁晋、巨鹿县的交界一带发生一次 5.2 级地震,造成一些房屋倒塌,人员伤亡。据统计,此次地震全区共倒房屋约 550 间,砸伤 18 人,死亡 3 人。其中宁晋县倒房 456 间,伤 12 人,另有近 2000 间房屋震后出现大裂缝,已不能住人;巨鹿县倒房 36 间,辛庄村一座砖窑地震时倒塌,当场砸死在此居住的修海河民工 3 人,砸伤 4 人;隆尧县倒房 40 间,部分房屋出现裂缝,伤 1 人。此次地震后,宁晋县委分别向邢台地委、河北省委、省人委和国务院作了电话汇报。

国务院对此极为重视,迅速将邢台地震的信息通报给中国科学院,并要求其严密监视这一带的地壳活动。与此同时,中国科学院地球物理研究所也接到北京白家疃地震台关于邢台震情报告。地球物理研究所及时研究了邢台地震的情况,随即决定派 12 名科技人员组成地震科考队,由李凤杰带队赶赴邢台地震现场。

3 月 7 日 14 点,科考队到达石家庄,与先期到达的河北省地质局的两名科技干部汇合,除派杨玉林、林帮慧两人直接到邢台市向邢台地委汇报联系外,其余人直奔宁晋,于 7 日晚上 23 时赶到耿庄桥设立了观测点。3 月 8 日凌晨,经过一阵紧张忙碌,刚将观测仪器安装调试完毕,投入监测,不一会儿,强烈地震就发生了。监测仪获得了具有很高价值的强震图纸资料,开辟了我国地震现场观测的先河,揭开了中国地震科学研究及预测预报工作的序幕。

1966 年 3 月 10 日,周恩来在邢台地震中心隆尧县白家寨看望灾区人民

　　3月7日,邢台隆尧县一带下了一场雪,使乍暖还寒的3月更增添了几分阴冷。劳作一天的人们吃罢晚饭后,在业余文化娱乐活动尚不丰富的那个年代,稍作拾辍即进入了梦乡。冀南平原的夜晚是那样的寂静,除了偶尔能听到的几声鸡鸣犬吠外,再无其它的噪音。天空灰蒙蒙的,但夜幕中点点繁星依稀可见,闪烁的星河仿佛正在演绎着一个又一个美丽的传说。正在酣梦中的人们也许正沉浸和倘游在梦境的欢悦之中。此时此刻,谁也不曾料到,一场灭顶之灾即将降临邢台广袤大地,扼住人们生命的咽喉。

　　3月8日5点,已习惯早醒的人们听到天空发出的如刮大风一样"呼呼"的响声,一部分人发现东南方向有火球一样的光亮,5点29分14秒,一场罕见的6.8级大地震发生了。地震发生的一刹那间,大地先是上下颤动,然后左右晃动,人们像坐筛子一样,站立不住,伴随着"轰隆、轰隆"的响声,墙壁开裂,屋顶移位,檩梁门窗错动,发出嘎吱嘎吱的巨响,顷刻间,房倒屋塌。面对这突如其来的灾难,一部分人靠着人类求生的本能,紧急逃生,有的撞开门窗逃到屋外,有的躲到容易保命的墙角或桌下,而更多的人则处在睡梦中尚未来得及作出反应,就被倒塌的房屋砸埋在屋内。

1966年3月10日,周恩来在隆尧县白家寨视察灾情

由于天气寒冷,加上防震意识差,人们正处在熟睡之时发生强烈地震,因而造成特别惨重的伤亡。这次地震,以隆尧县马栏、白家寨为中心,邢台地区17个县(市)受灾,造成7528人死亡,9219人重伤,26681人轻伤,大牲畜死亡837头,受伤654头,倒塌房屋762995间。

祸不单行。3月22日,距第一次地震只有14天,人们尚未从地震的痛苦中挣脱出来,地球再次向这一方人民发难施威。

3月22日16点11分32秒、19分46秒连续发生6.7级、7.2级两次强烈地震。由于地震发生在白天,人们亲眼目睹和感受了这次灾难的过程。这次地震发生前夕,大地先发出如沉雷之声,接着犹如炸山放炮一样,几声巨响,大地开始剧烈抖动,树木左右起伏,行驶中的汽车在剧烈的震动中不能前行,被迫停在路旁。正在田间耕作的骡马亦纷纷倒卧在地,正在高处施工的人们一个个被甩到地上,房屋上下跳动,紧接着左右摇晃,顷刻之间,极震区的房子全部倒塌,一个个村庄瞬间变为一个巨大的尘团,成为一片废墟。伴随着轰隆轰隆的响声,地面下沉二三十公分,裂缝错位,裂缝一张一合黑洞洞深不见底,最宽时达二米左右,并喷沙冒黑水,达几丈高。东汪村一棵大树,因处在裂缝带中心,地震发生的一刹那被裂缝吞噬,震后只见一排树梢夹在地缝中。极震区地下水位上升一至三米,水井普遍向外喷水,有的持续达四至六个小时。河堤开裂,滏阳河几十座桥梁都拱起来了,使交通一度中断。西部山区还有几十处山石崩落,引起火灾。地震发生后,灾区上空尘烟弥漫,呛得人们喘不过气来,人们的哭喊声,鸡鸣犬吠声,使灾区更加凄凉不堪。这次地震之强烈,之恐怖,使许多亲历者事隔几十年后再回忆都感到不寒而栗。

尽管这次地震强度更大,涉及的范围更广,但由于地震发生在白天,加之人们已有了防震意识,又采取了一些必要的防震措施,因而,共造成533人死亡,2503人受伤,大牲畜死亡64头,受伤141头,与前一次相比,人员伤亡减少了不小。

大震过后,余震频繁。3月8日至20日发生五级以上的余震九次,22日16点19分至4月26日23点发生五级以上的余震20次。

这场强烈的地震使河北省邢台、石家庄、衡水、邯郸、保定、沧州六个地区、80个县(市)、1639个乡(镇)、17633个村庄受灾,造成8064人死亡,38451人受伤;砸死大牲畜901头,砸伤795头,倒塌房屋508万余间,其中全部倒塌和

1966年3月10日,周恩来在损失最严重的隆尧县白家寨慰问

严重破坏需拆除重建的262万间,震裂和损坏后经维修能住的246万间,极震区约130平方公里内的房屋几乎全部倒塌。人口伤亡最多的是隆尧、宁晋、巨鹿三县,即死亡7700人,占死亡总数的96%,受伤人数占总数的87%。隆尧是重灾县,全县278个村庄就有106个村庄的房屋全部倒塌,倒塌80%以上的有64个村。白家寨乡是破坏最重的,全乡11个村庄的房屋全部倒塌,砸死1679人,砸伤4340人,有102户人家无一人生存。宁晋县全县倒塌房屋45万间,有17个乡房屋全部倒塌。

邢台地震造成的破坏之大,涉及面之广,为中国地震史上所罕见。这次地震除河北省受重灾外,与该地区毗邻的山东、山西、河南三省的45个县(市)亦遭受不同程度的灾害。山东省23个县受灾,死亡13人,伤141人,倒塌、破坏房屋290596间;山西省16个县受灾,死亡14人,伤68人,倒塌、破坏房屋39302间;河南省六个县受灾,伤15人,倒塌、破坏房屋16732间。北京、天津、内蒙、陕西、江苏、湖北的219个县也有震感。

邢台地震使该地区的工农业生产和基础设施遭到严重破坏。110多家工厂和 15 座矿山被迫停产,近千家商业店铺被震倒;52 个县(市)邮电局被震毁,通讯线路被震坏,造成通讯一度中断;电力设施遭破坏,邯郸、峰峰、天津、北京、济南黄台、临清、聊城等七个电厂和淄博东营变电所遭到破坏,电网被迫一度中断;交通运输破坏严重,京广和石太等五条铁路沿线的桥墩和路堑 16 处遭破坏,震毁和损坏公路桥梁 77 座、地方铁路桥二座、农业生产用桥 22 座,其中 40 座公路桥需拆除重建,地震震毁邢台地区各级医院、防疫站、卫生所近 200 家,使灾区的医疗卫生设备受损严重,极震区内近千所中小学校舍被震毁;17 个县(市)粮食局、251 个基层粮站、几百座粮库被震倒,430 万公斤商品粮埋在废墟中。农业和水利设施也遭到严重破坏,河道遭到毁灭性破坏的长度达 46 公里,河闸倒塌或严重破坏的 15 座,受影响的大型水库 10 座、中型水库五座、小型水库二座。地震后极震区的地形地貌变化显著,出现大量的裂缝、滑坡、崩塌、错位、涌泉、水位变化、地面沉陷等现象,喷沙冒水现象普遍,最大的喷沙口孔直径达二米。低洼的田地和干枯的池塘充满了地下冒出的水,淹没了农田和水利设施。大部分生产工具和集体农具、机械设施被砸埋和毁坏。震区内滏阳河两岸河堤严重坍塌,部分水库的堤坝也因地震出现裂缝和塌方。另外,这次地震还破坏烟囱 145 座,其中倒煽 25 座,破坏礼堂、剧场、教堂 13 座,破坏寺庙、古塔、古楼、古石桥 15 座,石牌坊 11 座。人民群众的生活用品,如家具、炊具、粮食、衣物及猪、鸭、鸡、狗等家禽的损失不计其数。

根据专家统计推断,邢台地震造成的人员伤亡,财产及基础设施的直接损失约为 5.2 亿元。电厂、水源、交通运输、邮电通讯、水利设施的破坏,影响了该地区工业、农业、商业、科研和文教卫生事业的正常运转,由此造成的间接损失是无法统计的。

国务院紧急部署

1966 年 3 月 7 日,周恩来为解决北方农业问题忙了整整一天,工作到 8 日凌晨 3 点多才上床休息。5 点 29 分,突然大地颤动,电灯摇晃,持续达数分钟。周恩来从睡梦中惊醒,他知道发生了地震,深感问题的严重,马上给值班秘书赵茂峰打电话,询问是哪里发生了地震。同时,要军事秘书周家鼎通知总参谋部和国务院值班室,立即查明地震方位、震级、震中区所在、人员伤亡、铁路水库安全等最急需了解的情况,迅速上报。

8日上午,在初步查明震情后,周恩来当即指示卫生部派出医疗队前往救护,并告总参及北京军区要驻石家庄和邢台地区的六十三军及河北省军区的部队,立即加派人员和卫生队,携带急用药品、担架、帐篷和抢险工具,赶赴震中地区,救死扶伤,抢险救灾。通知空军准备两架直升飞机待命,第二天周恩来要亲自到震灾现场去查看。同时,告诉中国科学院和国家科委注意观察和研究,指出:由科学院布置,与各部门联系,解决地震的延续时间与发展方向的测定。要行动起来,到现场去,到实践中去。凡需增加人力、物力的,可以调动。并通知国务院各有关部委和总参连夜召开紧急会议,听取灾情汇报,研究续震发展趋势,全面安排抢险救灾工作和部署京津两市、重要厂矿、电力枢纽、铁路干线、大中水库等的抗震、防震措施。根据会议的部署,各部委立即行动起来,很快组成若干支医疗队,积极做好医药、粮食、被服和其它救灾物资的调拨和救援工作;空军、民航和铁道交通部门派出飞机、专列租车辆,随时用于空投食品、转运伤员、运送救援人员和物资。

周恩来安排完这一切后,立即赶往人民大会堂,连续会见了三批事先约好的外宾。下午4点,周恩来接到了河北地震初步情况的报告。报告称:这次地震面积大,烈度大,遍及邢台地区各县。其中隆尧、柏乡、巨鹿、宁晋等四县最重。一般倒房百分之七十至八十,严重的村子房子倒光了。人员死伤情况尚未查清,初步统计,宁晋县19个村子死伤300多人,隆尧县七个村子死伤108人,牲畜死伤也很多。中科院有现场调查组在宁晋一带工作,因带仪器不全,地震原因还肯定不下来,但已看出地震未结束,还会继续发生。

周恩来看后,立即在报告传阅文件上的批示:

"即送刘少奇、邓小平、彭真、李富春、陈云、康生、李先念、谢富治、谭震林、薄一波、余秋里传阅。"

"现国务院正在开紧急会议,商量采取紧急措施,并告总参、卫生部、科学院,参加这次救护、治疗、善后和观察工作。据上海、内蒙电话告,两地对地震也有反映,可能从上海到内蒙这一地段都有影响,已告科学院和科委加紧注意和研究。一切具体布置,另告。"

"已告卫生部并已派出医疗队前往救护治疗。"

"已请xx军加派人员和卫生队前往救护。"

当晚6点,周恩来主持召开国务院紧急会议,商量抗震救灾的紧急措施。会后,他亲自给中央写报告,汇报会议决定:

一、由国家科委和科学院(武衡、裴丽生)为主,集合科学院、地质部、水电部、石油部、煤炭部、冶金部、有关地质勘察和物探技术力量一部分,前往地震现场进行探测、观察和研究,以便进一步判明地震范围、性质和方向,并将有关资料送回北京进行科学探讨(由李四光同志主持)。(按地震研究所资料,河北以宁晋、隆尧、巨鹿为中心地震地区,自公元777年始,已有记载,直至1963年尚有小度地震,但地质科学家因何故发生地震,范围多大,方向如何,尚无定论,世界科学界对地震预测预报,也未解决。我们拟以这次损失推动地质人员进行各方探讨,求得一些结果。)

二、由曾山(时任内务部部长——编者注)同志为首代表中央、国务院率领有关人员前往视察慰问,并进行救护安排。

三、由有关部门(卫生、公安、内务、供销社、兽医、铁道、农业等)组织医疗供应,工程人员随队前往,协助当地进行救护工作。

四、我拟于明(九日)下午飞石家庄,视察这次地震灾情。(据报,这次死亡7000多人,伤二万多人,这是一次最大地震。)后日回京送宫本之行。

3月9日,周恩来和国务院秘书长周荣鑫又给中共中央、毛泽东主席对河北地震抢救工作部署进行了全面报告:

这次地震波及邯郸、石家庄、衡水地区。邢台地区损失最重的是隆尧、宁晋、巨鹿三县的三十多个公社、三十二万人的地区。初步统计,死亡七千人以上,重伤二万人以上,房屋倒塌百分之八十左右。

为了迅速抢救伤员、安定群众情绪、安排好生活、尽快恢复生产,在接到河北省报告后,立即召集国务院有关各办、各部和总参,作了紧急部署:

一、组织以曾山同志为团长的中央慰问团,团员由国务院各办各部参加,共11人。慰问团的任务是代表中央、国务院进行慰问,帮助各级领导进行抢救、救灾工作,解决需要中央解决的问题。

二、指定总参谋部通知北京军区和当地驻军参加紧急抢救工作,六十三军由军政治委员和副军长组织了前线指挥部和2000人以上的医疗队,分别到隆尧、巨鹿、宁晋进行抢救。并在邯郸、正定、石家庄三个医院同和平医院布置抢救和接收工作。六十六军、六十九军和河北军区已组织医疗队待令出发。

三、卫生部已组织北京各方面医务人员500人以上,携带药品器械从8日开始陆续出发,预计今明两天,全部到达灾区。

四、农业部已派出兽医54人,于今天上午出发。

五、财贸办公室已通知商业部、粮食部、财政部和供销总社派员随中央慰问团出发,解决支援救灾的物资和粮款。

六、科学院由地球物理研究所顾功叙(副所长)等21人组成考察队,地质部地质力学研究所组成11人考察队,已于8日晚出发到地震区进行考察、物测、研究抗震措施。

为了做好抗灾工作,已要求中央慰问团要高举毛泽东思想伟大旗帜,照毛主席指示办事,协同各级领导,突出政治,加强领导,深入现场,做好抗灾的宣传教育工作,切实解决群众的急迫问题,坚定这一地区干部群众依靠党的领导、依靠集体力量克服灾害的信心。既要防止再次发生地震而受损失,也要防止地富反坏趁机进行破坏活动,尽快安排好群众生活和恢复生产。

周恩来在进行了精心安排和周全部署后,立即亲自赶赴重灾区进行视察和慰问,具体指导抗震救灾和恢复生产工作。

连夜直奔隆尧城

1966年3月9日下午,空军石家庄四航校机场。中共河北省委副书记阎达开、驻军首长张英辉、石家庄地委书记康修民、邢台地委副书记张双英等负责同志在那里等候。时间不长,一架米8飞机降落在机场。周恩来在机舱门口,高举左手向人们招手致意,走下舷梯和前来迎接的人们一一握手。

在石家庄地委招待处的一座小白楼里,周恩来听完了汇报后已经是晚上8点钟了,他提出要连夜赶到隆尧,大家都劝周恩来在石家庄休息一夜,明天再去,周恩来坚持要去,并说:“我坐飞机来的,坐车去就行了,用不着地下跑,也累不着。”阎达开担心地说:“余震不断,不安全。”周恩来毫不留情面地说:“那么多群众都不怕不安全,我们还能怕不安全吗?地震没有什么了不起的,今夜一定要去。”张双英再次劝说:“就是担心总理太累了。”周恩来十分严肃地反问道:“我还不觉得累,你怎么知道我累了呢?咱们就这样定了。”

周恩来在小白楼招待所匆忙地吃了晚饭——炸酱面,还有菠菜、绿豆芽。

晚上 8 点半,从石家庄登上专列火车,沿京广线向南开去。经过一个多小时的行驶,专列到了冯村车站。六十三军政委蔡长元、副军长徐信等领导从隆尧开出六辆吉普车,在冯村迎接周恩来。

周恩来在冯村改乘汽车,直奔隆尧县城。冯村距隆尧县城约五六十华里,乡村土路本来就坎坷不平,加上震后路面又出现一些大大小小的裂缝,又是夜间行车,很难快速前进。司机师傅紧握方向盘,尽力把车子开得平稳些,好让周恩来在路上多休息一会儿。然而,虽然司机使出了浑身的解数,车子还是不停地颠簸,周恩来的身子也随之不断的摇晃。车子在颠簸中行进。周恩来不时看一下腕上的夜光表,恳切而又不无体谅地催促:"司机同志,车子能不能再开得快一点儿?"

司机师傅何尝不理解周总理此时焦急的心情,只得酌量加大了油门。这天,天气阴暗,狂风呼啸。大地震过后,震区仍在发生余震,大地还在频繁地颤动,时有残垣断壁倒塌。周恩来到达县城时,已是晚上 11 点多,街上一片漆黑,县里迎接的同志提着马灯引路。

在救灾指挥部负责同志的陪同下,周恩来健步走进隆尧县县委办公楼。在县委书记张彪的办公室里,周恩来听取了救灾指挥部和隆尧县委的灾情汇报和救灾情况汇报。参加会议的有北京军区副司令郑维山、河北省委副书记阎达开、地震救灾总指挥部政委蔡长元、副军长徐信、河北省军区副司令袁捷、邢台地委书记刘琦、副书记张双英、邢台专署专员冯世英、隆尧县委书记张彪等负责同志。

周恩来刚坐下就迫不及待地询问这里的灾情,受灾面积多少?多少人口受灾?具体的伤亡人数是多少?倒塌多少房屋?现正采取什么措施?抢救工作怎么样安排的?蔡长元、徐信、刘琦、冯世英、张彪等人一一作了回答。

此时,外边又沙沙下起了细小雪粒,风从震坏的玻璃窗吹来,室内异常清冷。周恩来正在聚精会神地听取大家的汇报时,突然发生了强余震,只见房屋摇晃,门窗作响,墙上的尘土和白灰掉落下来。大家立刻站起来,担心周总理的安全,劝周总理出去避一避。周恩来环视了房屋的结构后,镇静地坐在那里。不慌不忙地说:"不要紧,大家要沉住气。这房子是新盖的,梁头都有立柱,塌不了,它要是倒了,群众的小屋不都得平了。还是继续谈吧。"看到周总理那样安详的神情,大家紧张情绪很快就消失了,会议继续进行。周恩来对工作提出了五点要求:把领导核心组织起来,每个大队要有三至四名干部组成新的领导核心;要求干部以焦裕禄、王杰为榜样,由部队组织统一领导救灾工作;县委组成流动组织,以便每天到各公社进行指挥;要有两手准备,一手是提高斗争觉悟,另一手向自然灾害作斗争;要关心群众的生活,锅达到三户一口,要在两天内落实。

随后,周恩来和大家一起分析了灾情。周恩来说:"我是代表党中央、毛主席来慰问地震灾区群众的。我觉得地震灾害既成事实,我们下一步的工作,主要是怎样领导群众克服灾害的问题,我们今后的工作方针是不是这样提出:自力更生,奋发图强,重建家园,发展生产。"在场的党政军领导同志都表示赞成,并决定把这几句话作为今后的行动纲领。周恩来在充分听取了大家的意见后,对抗震救灾工作做了全面安排和部署:

"在一星期内(到14日)把秩序恢复起来,要帮助群众把死者掩埋好,安置好伤员,使病员得到治疗,再帮助群众搭好棚子,把简单的生活恢复起来,然后转入正常的生产救灾工作。"

"加强对受灾社队的领导。每个大队要有三至四名干部组成新的领导核心,受灾严重的社队基层干部死伤过多的,由周围轻灾区和非灾区抽调些干部去充实,代理职务,帮助工作,轮流受教育,把当地群众组织起来。要发挥地方干部的积极性,提倡学习焦裕禄、王杰,以毛泽东思想为武器,要宣传毛泽东思想,把工作做好。"

"由军队和地方组织统一的救灾指挥部,由六十三军统一领导,凡是参加救灾的党政军、医疗卫生,由救灾部队统一指挥。此外,还要下设若干分指挥部。组织后方支援机构,设在石家庄驻军机关,由军长挂帅,邢台、石家庄专区各有一名副专员、石家庄市有一名副市长参加,前方指挥部设在隆尧。"

"今晚到明天下午把受灾情况人员伤亡、房屋损坏、群众需要什么统计好,明天下午我还来,要给我汇报。"

"对医疗队没来的要动员参加,伤员要很快转送。"

"提高警惕,防止再来地震,造成更大的损失。"

最后,周恩来还语重心长地说:"我下来之前,查了县志,在这里1200年以前已有过大地震,我们的祖先只给我们留下了记录,没有留下经验。这次地震付出了很大的代价,这些代价不能白费!我们还可以只留下记录吗?不能!必须从中取得经验。希望转告科学工作队伍,研究出地震发生的规律来⋯⋯知道这在外国也从未解决的问题,难道我们不可以提前解决吗?""我国历史上有不少地震记载,但没有对地震现象的观察和研究的经验,这次地震我们付出的代价很重,损失很大,必须从中吸取经验,不能依然停止在只有记录而没有经验的地步。虽然地震现象的规律问题是国际间都没有解决的问题,我们应当发扬独创精神,来努力突破科学难题,向地球开战。这次地震给予我们很多观察地震的条件,要很好地利用这样的条件……"

"总结出经验,要为人民造福。我回北京后,要把搞地震救灾的部门都动员到现场来,到现场来的人和灾区群众要很好地配合,解决吃饭问题、防火问题,要解决好发展生产的问题。牲畜、县与县要调节好,把压在地下的东西要很好地挖出来。广泛宣传,要稳定人心。要搭棚,不要在房子里住,防止房屋再倒。宣传工作要按毛主席语录 146 页、147 页去做。要根据毛主席的指示,中央的关怀,去克服天灾。"

大家从周恩来的言谈举止中充分体会到,周恩来考虑问题非常全面周到,认真细致,别人想不到的事他都想到了,该解决的问题几乎都得到妥善处理。座谈一直进行到 10 日凌晨 1 点多钟才结束。原来安排周恩来当天住在隆尧县城,第二天要到受灾最严重的社队去视察慰问。考虑到这里余震不止,在工作人员的再三劝说下,周恩来才连夜乘火车回到石家庄。

心系白家寨群众

3 月 10 日上午,周恩来没有休息与中共石家庄地委和市委负责人进行座谈,详细询问了粮食生产、水利、肥料、种子、改土等情况,并指出:为什么有些思想问题解决不力?这是个吃透两头的问题。吃透两头,基础是群众这一头,中央的东西也是从群众中来的。群众中的好经验总结了,树立了样板,就有说服力了。这次地震后,要贯彻自力更生精神,多难兴邦。

当天下午,周恩来从石家庄乘直升飞机去白家寨视察。为了保证周总理的安全,地震救灾指挥部蔡长元、袁捷等领导、隆尧县委书记张彪和县长薛宝柱等预先在白家寨等候。

为了迎接周总理的到来,在白家寨预先架起了一顶帐篷,以备周总理来接见群众和休息使用。到了预定的下午两点半时间,一架飞机却在马栏村降落。

1966年3月10日,周恩来在隆尧县白家寨群众大会上发表讲话

大家估计可能是降错了地点。县长薛宝柱急忙驱车赶到马栏,一看,原来是抢救伤员的飞机。薛宝柱同志又迅速赶回白家寨。这时白家寨上空出现了一架护航机,在空中盘旋。很快又来了两架飞机,一架是记者等人乘坐的,一架是周恩来及其随行人员。直升飞机飞临震区上空,机组同志想让周恩来看一看灾区全貌,在空中盘旋着。周恩来不知这种情况,十分焦急地说:"唉,你们不了解我的心情。我是来看灾区人民的,你们老是在天上转什么呀?"三架直升飞机似三朵祥云降落在地震受灾最严重的白家寨村村北。周恩来走下飞机,向大家招手致意。陪同周恩来前来的有河北省委副书记阎达开、邢台专署专员冯世英。这时大地还在频繁的颤动,周恩来不顾个人安危,不辞辛苦,来到极震区的中心,视察灾情,慰问群众。

3月,本已是暖春季节,可是那年倒春寒,加上震前刚下过一场雪,原野上积雪未消,寒气袭人。周恩来走下飞机,冒着呼呼的北风,先与等候在那里的地、县、社、大队干部和部队首长一一握手、问候。随即疾步走向群众中间,那步态、那神情,犹如在外游子回来看望自己的父老兄弟一般。

白家寨的群众听说周总理来了,他们心情十分激动,暂时放下失去亲人和家园的悲痛,拥上街头,奔走相告。周恩来一边与迎上来的群众紧紧握手,一边心情沉重地连声说道:"乡亲们,你们遭了灾,你们受苦了,我来迟了!"几句朴实无华的语言,使处在危难之中的乡亲们倍感亲切。一位老大娘感激地跪下说:

总理,你来了我们就有救了!周恩来急忙搀扶起老大娘说:有党和政府帮助你们,困难一定能战胜的。铿锵有力的声音激励着乡亲们。

从四面八方似潮水般地涌来的2000多名群众,望着周总理那慈祥的面容,一个个激动得热泪盈眶,尽情高呼:"共产党万岁!""毛主席万岁!"周恩来详细询问受灾情况,鼓励干部们带领群众战胜灾害。周恩来还接见了到白家寨参加抢救工作的部队的负责同志和县乡干部,并同前来帮助工作的城关镇几名村干部一一握手。周恩来用手势请站在前面的群众蹲下身子,并一再嘱咐大家不要挤着娃娃。为了能让自己看到每一个人,周恩来便问身边的人能不能找个什么东西站在上面。一个解放军战士立即搬来两个运送救灾物资的空箱子,让周恩来站在上面。周恩来总是出现在人民最需要的地方,他的宗旨是救灾首先要着眼于人,他的心里永远装着人民。他在对受灾群众讲话时,发现老百姓迎风站着,坚决让当地干部把群众调过头去,背风站着,而自己迎着风讲话。周恩来站在一个方木箱子上表情沉重地向大家讲了话。

"同志们,乡亲们,你们受了灾,损失很大,党中央和政府非常关心你们,毛

1966年3月10日,周恩来在隆尧县白家寨视察地震灾情

主席让我来看望大家,慰问大家。"这声音,如春雷震憾着无垠的原野,似春潮滚在人们的心头,给人们以极大的宽慰和力量。大家以热烈的掌声感谢党中央、国务院和毛主席的亲切关怀。

"昨天夜里我到了隆尧县城,听了地委、县委的汇报,今天又来到这里。这次地震来得很突然。你们这个地方从邢家湾到耿庄桥是地震的中心。20年前,在抗日战争中,你们也受了损失,那是和民族敌人作斗争。这次是和地底下的'敌人'作斗争。每个村庄、每个家庭都有很大损失。付出了代价,也取得了经验。"

他要求:"现在要战胜地震灾害,重建家园。"并鼓舞大家:"你们不是学过《愚公移山》吗?愚公能够移山,我们对现在的困难也一定能够战胜。死了人当然难过,但是不要低头。大家一定要团结起来,团结就是力量!老年人家里没有人,我们要照顾他们,娃娃没有人带,我们要帮着带,这些都要靠青年壮年去做。

这个困难一定能战胜。死了人当然难过,但是,不要低头。你们是毛泽东时代的农民,大家一定要团结起来,团结就是力量。"

周恩来每时每刻考虑问题总是深远而全面,对不能前去受灾的村庄他也考虑到了。指出:"我不能到每个庄子去了,请你们庄子做代表,你们要把党中央、毛主席的关怀和我讲的这些话传给别的庄子。中国人民是有志气的。你们要学习毛主席著作,把劲头鼓起来,用七八天的时间把生活组织起来,过几天还要搞生产。隆尧要和巨鹿、宁晋比嘛!恢复了生产,恢复了力量,就对得起死去的人。现在大家一起呼口号:

奋发图强!自力更生!发展生产!重建家园!"

周恩来高呼口号,大家跟着高呼。

"奋发图强!自力更生!重建家园!发展生产!"这庄严的口号后来一直成为鼓舞邢台人民战胜困难的行动纲领。

最后周恩来说:"这次地震,受损失很大,要总结经验,记录下来传给后代,以后再发生地震就会减少损失。这样就对得起死者,也对得起后代。""重建家园后,再来看你们。"

周恩来亲切的话语,像春天的雨,夏日的风,滋润着每个人的心;周恩来那火一样的激情,似出征的战鼓,催人奋发。乡亲们一个个低垂的头抬了起来,一颗颗似将熄灭的心火又重新燃烧起来。

1966 年 3 月 10 日,周恩来慰问隆尧县白家寨受灾群众

周恩来讲话以后，要进村视察。哪里还有村子呢？举目处处皆是碎砖烂瓦，残墙断壁，哪有上村里去的道路呢？倒塌的房屋堵塞着街巷。周恩来踩着碎砖烂瓦，深一脚浅一脚地走进那些临时搭起的简易窝棚，走进矮小的防震棚，访问了七户受灾群众。

首先访问的是白家寨村贫协主席王根成。周恩来问过他家受灾情况以后说："你是个老党员，要带着干，还要教育好娃娃，鼓起干劲，重建家园。"王根成表示："在抗战时期，我都没有怕，坚持和敌人斗争，现在遇到地震灾害，也不能怕一定拿出抗战打鬼子的劲头来，和自然灾害斗争。"

随后周恩来又去访问军属余小俊。她家里受灾较重。周恩来关切地问她："你家里伤人没有？"余小俊悲伤地回答："孩子他爹被砸伤了，正在窝棚里躺着。"周恩来又问："治疗了吗？""医疗队的同志才给看过了。"余小俊说着用袖子擦了擦眼睛，禁不住难过地说："看样子恐怕不行了。"

"别难过，不要发愁。"周恩来连忙安慰说："你丈夫的伤，一定要抓紧治疗，这里治不好到邢台去，邢台治不好再去石家庄。"周恩来说着，朝窝棚口走去。

余小俊见周恩来要进窝棚，急忙擦了把眼泪说："您老人家能来这看看，俺就知足了，里面忒窄巴，孩子他爹也还迷糊着……"周恩来坚持走进窝棚，看望了余小俊的丈夫，还亲手为其盖好被子。临出窝棚，又嘱咐社、队干部一定要设法给他把伤治好，要好好帮助她。感动得于小俊热泪盈眶，连忙说："有毛主席的关怀，有国家的支援，我们一定好好干。"在村子中间，有个小女孩口衔手指站在一截断墙下面，好奇地望着这些陌生人。周恩来看到这堵墙随时都有倒塌的危险，便俯身把小女孩抱了起来，离开断墙，并深情地问："你爸爸呢？你妈妈呢？"当孩子回答爸爸、妈妈都在时，周恩来才放心地将她放下。

突然，余震乍起，脚下颤抖，残墙摇晃，只听轰隆一声，那堵残墙倒在地上，砖头土块滚落在周恩来的脚下。

在白家寨村口，他看见一口水井，就问这井是甜水还是苦水？当他听说是苦水时，指示要想法打一些甜水井，改造盐碱地。

临出村时，周恩来又访问了民兵连长国永录。国永录汇报了白家寨民兵抗震救灾的情况以后，周恩来满意地说："好好奋斗，再接再厉，还要向解放军学习总结经验，再斗争就有经验了。"国永录表示：一定要带领民兵，在自然灾害面前，敢于斗争，坚决战胜它。

就这样，周恩来走村串户，看望了一家又一家，慰问了一个又一个伤病员，连随行的人员都感到有点累了，而周恩来却毫无倦容，工作人员一再劝他稍微休息一下时，周恩来才说："好吧，那我们就跟社队干部座谈座谈。"

座谈会是在一个窝棚里召开的。里面只有一张桌子、一条旧板凳，桌上放着一个竹皮暖壶，几只粗瓷大碗。大家都请总理坐下，而总理一直未坐。

公社书记杨世英向周总理汇报说："白家寨公社共有 11 个大队，12000 多口人，在这次地震中共死亡 1753 人，重伤 1000 余人。其中最严重的是马栏大

周恩来在白家寨看望受灾群众

队，死亡 547 人。"

周恩来指示："对死者都要掩埋好；对受了伤的，要设法好好治疗，活着的人要站起来战天斗地……"

这时，杨世英听到周总理说话的声音有点沙哑，就用粗瓷大碗

1966 年 3 月 10 日，周恩来为邢台地震救灾所作的"自力更生、奋发图强、发展生产、重建家园"十六字指示

倒了一碗白开水，捧给周总理。周恩来双手接过，放在桌上。窝棚外正刮着风，尘土不时吹进棚里，落进碗里。待周恩来伸手端碗要喝时，身边的工作人员上前欲要阻止，周恩来却没理会，端起大碗，轻轻吹了吹水面上的尘土，喝了下去。

"群众生活安排的怎么样？"周恩来放下水碗又问。

"都安排好了，基本上达到一家一口锅，一人一只碗、一双筷子。"杨世英回答。周恩来满意地点了点头，说："还要抓紧恢复生产，国家要支援，你们自己也要奋发图强。"

随后又问白家寨大队党支部书记靳景印："房子都震倒了，你们打算怎么办？"靳景印说："准备集体盖房。""依靠什么？"周恩来问。"靠大伙齐心协力。""几年完成？""三年。"周恩来听了高兴地伸出三个手指："三年！好，三年一定要完成！要先有个规划，房子是不是盖的分散一点，矮一点好，如何防震要研究。"接着又问："生产怎么办？"

公社书记杨世英回答："资金不足大伙凑，牲畜缺少壮劳力上，肥料不足就用倒房土。"

周恩来听了连声称赞："好，好。"又上前握着杨世英的手说："就是要有这种精神，希望你们党员要带好头，干部要带好头，三年后，我再来看望你们！"

下午 5 点，太阳快落山了，周恩来才乘直升飞机离开白家寨，回到邢台。在邢台，周恩来对刘子厚说：我原计划还到任县慰问，因有急事不能去了，你乘坐我的直升飞机，代表我到任县慰问吧，我坐汽车回去。刘子厚遂即乘坐周恩来的飞机前往任县进行了慰问。随后，周恩来回到石家庄，已是晚上。石家庄地区招待处一座小白楼里，这是周恩来休息的地方。在这里，周恩来接见了参加邢

台抗震救灾的党政军各方面的负责同志,听取了他们的汇报,并对抗震救灾工作作了部署。周恩来对救灾工作安排得很周到、具体。周恩来提出紧急救灾工作要首先空投熟食,然后空投粮食,再空投炊具。他还打电话给国务院安排向灾区调运粮食。周恩来对石家庄地市负责同志说:"你们要全力以赴,组织烙饼。"周恩来当面指示四航校执行空投任务,并提出粮食用运输机空投,装得多,不怕损坏,炊具怕损失,用直升飞机空投。周恩来还对地震科学研究作了重要指示。他说:"这次地震,代价极大,必须找出规律,总结出经验。"当晚,周恩来不顾一天的劳累返回北京,等待他的还有更为重要的工作需要他做。周恩来回京后不久,又先后派国务院内务部长曾山和国务院副总理李先念,率领中央慰问团两次到邢台地震灾区进行慰问,并带来大批食品、药品、衣服等救灾物资,为灾区人民送来了温暖、力量和战胜地震灾害的信心。之后,人民群众的情绪进一步稳定,生产逐步恢复。

尽管周恩来离开了邢台,但他时刻牵挂着灾区的情况。3月15日,他在天津参加中共中央华北局会议时,在繁忙的工作当中再约有关负责人座谈邢台地震救灾的问题。他指出:关于地震救灾款问题,我批了。现在我还有点不安心,就怕一宣布,给群众造成一种依赖思想,把自力更生的精神去掉了。

第二次来到灾区

周恩来亲切关怀灾区人民,给灾区人民以极大的鼓舞和力量,在当地政府的领导下,广大干部群众很快振作起来,掩埋了死者,安置了伤者,擦干了眼泪,积极投入到重建家园的奋斗当中。谁知破屋又逢连阴雨,漏船偏遇顶头风。1966年3月22日,灾区再次发生6.7级和7.2级强烈地震,灾情继续扩大。宁晋、冀县、巨鹿、束鹿等县一些村庄遭到极其严重的损失。这巨大的灾难接二连三地降临,对于灾区人民来说,不啻于雪上加霜。地震发生的最初几天,周恩来因为要同越南劳动党代表团会谈,没有能立即赶到灾区去。但他仍周到而及时地对救灾工作做出细致周密的部署。周恩来除派出救援部队外,并在3月23日就邢台再次发生地震以及北京流传谣言之事对有关部门做出指示:

对地震的发生,要做到提高警惕和保持镇静相结合。对自然界作斗争,首先要保持镇静,要有冷静的头脑,才能掌握情况,掌握动向,研究对策,采取措

1966年4月,周恩来第二次到邢台地震灾区视察

施;加强震中现场观测。立即派飞机把地震仪送至尧山和耿庄桥,迅速沟通尧山、耿庄桥经石家庄至北京的有线和无线专向通讯,保障地震情况及时上报;地震区要提高警惕,预做准备,减少损失;对谣言要追究。要区分两种情况,对以讹传讹,传错了的,要批评教育,及时解释,以镇静的精神使谣言自释。对别有用心的、乘机造谣的坏分子,追查清楚后,要彻底严办。

周恩来尽管作了极为详尽的安排,但仍不放心。3月26日,又将邢台地区救灾指挥部转发的中共中央华北局关于巨鹿五个队受灾损失和救灾物资下放分配调查报告批告李先念、周荣鑫,要他们在即将召开的重灾区地委书记会议上提出应引起注意的问题,不要因国家支援换来依赖思想。

为了安定群众情绪,鼓励灾区群众恢复生产,重建家园,周恩来再次来到邢台地震现场。3月31日,周恩来在处理完繁忙的工作后,第二次飞往地震灾区,当晚住在石家庄小白楼。

4月1日早晨,当人们还没有睡醒的时候,周恩来在小白楼接见了张英辉、蔡长元、徐信、郝田役、康修民(石家庄地委书记)、张屏东(石家庄专员)等负责同志,听取了他们的汇报。当汇报到部队准备撤离时,周恩来说:"要把各方面的工作做好,撤离前要请示北京军区,要向省军区独立师交代好。"周恩来对康修民说："石家庄地区灾情不太严重,要很好地支援邢台。请你们查一查,历史地震的记载。"周恩来听完汇报后,便察看地图,指着地图问在场的康修民,那些村庄离石家庄多远、有多少人口、有多少机井、有多少骡马。康修民回答一时回答不出来,郝田役副省长在笔记本上有些记载,替他回答,但仍然不能作出令周恩来满意的答复,急得康修民满头大汗。会后他便连夜开会,收集数据和资料。很快就把材料送去,交给了周恩来的秘书。

根据周总理的指示,救灾部队和石家庄地市的负责同志分别查了县志,实地考察了古建筑,发现在获鹿县石井村一眼古水井旁,保存有一座地震纪念碑《重修大井碑记》:"大明万历二十二年季春之日,地震而塌毁者矣,盖因屡岁荒旱,诸井旱乾,士马往来而无人修整,食水于他乡来往数里。"

上述情况立即向周恩来作了汇报。周恩来说:"先把它拍照下来,要把这口井和石碑作为历史文物保护起来。"周总理的工作就是这样认真、细致、具体,使在场的人深受感动。

4月1日,周恩来再次来到邢台地震重灾区进行视察。一天之内先后到宁

1966年4月1日,周恩来慰问在邢台地震重灾区宁晋县东汪村群众

晋县东汪镇、束鹿县王口公社、冀县码头李公社、宁晋县耿庄桥和巨鹿县何家寨等五个受灾严重的村庄,进行视察和慰问。当年担任抗震救灾指挥部总指挥的徐信回忆:在灾区视察的日日夜夜,周恩来一工作就是十几个小时,不休息,直升飞机几次起落。余震一天发生好多次,周恩来全然不顾。他跨越一条条一尺多宽的地面裂缝,穿过一道道随时都有可能倒塌的断壁残垣。哪里有受灾的群众,哪里就有周总理那伟大的身影,哪里就有他亲切的话语。

4月1日上午9点,周恩来依然穿着那套洗得发了白的灰布中山装,不顾长途疲劳,首先来到宁晋县东汪镇视察。

周恩来在河北省副省长郝田役的陪同下,乘3047号直升飞机来到东汪镇。飞机降落在会场北边。周恩来走下飞机后,宁晋县县委书记赵安芳在这里迎接,周恩来首先慰问解放军,然后举目巡视东汪镇。东汪镇是这次7.2级地震的中心,全镇房屋倒平,成为一片废墟。从镇东一眼可以看到镇西。

这天早晨县委接到周总理要来视察的通知后,迅速集合了5000多人,在东汪等候。但是消息传开,周围村庄的许多群众自动赶来,很快汇集了一万多人。周恩来在群众大会上的进行了讲话。

他指出:"3月8日你们这里损失小,22日损失大了。第一次我到了隆尧没有到你们这个庄上来,22日地震以后党中央毛主席派代表团来慰问你们,当时因为我忙,有国务院副总理李先念同志来宁晋,没到你们这个地方,今天我来补看你们。你们受了灾,你们的情绪还很好,这是你们高举了毛泽东思想伟大红旗,敢于向困难斗争。'"

"东汪公社是个大公社,你们这个庄子有六个大队,7000多人,在这里开会的仅是一部分,这次救灾救的公道不公道,你们可以讨论。救灾主要靠自己,国家要帮助。3月8日我到白家寨,他们提出首先靠自己,自力更生,大家帮助。国家是大家的,要依靠大家的力量搞好。我们是新中国的人民,是社会主义的农民,是有志气的,现在恢复生产要靠大家。过去我说的四句话,需要颠倒,现在看来要先搞生产,再搞建设,大家说的'家里丢了从地里拿回来'这符合毛主席的思想。

麦子返青了,地该种了,干部要带头,党团员要带头,贫下中农要带头,把生产搞好,特别是党的支部,要带头把生产搞好。我说的四句话应改为'自力更生,奋发图强,发展生产,重建家园。'把生产搞好了,家园就会建设得更好。你们说对不对？"这时群众高呼："对！"

周恩来继续指出："今天是4月1日,5日就到清明节,该播种了,你们都懂的嘛,你们都知道种什么。经过灾荒,更要依靠集体力量,男同志、女同志、老的、少的,大家一同来干。你们公社有10个大队14000多人,是宁晋最大的一个公社,这是一个很大的力量。特别是小伙子、姑娘们,要带头搞好生产。灾情越大,干劲越大,你们东汪公社要做宁晋县的模范公社。今天,我代表党中央,毛主席来慰问你们。我就讲到这里了。"

周恩来讲话以后,宁晋县委书记赵安芳表示了决心："房倒志不倒,地动心不移。"周恩来说："讲得好。"

会后,周恩来在赵安芳的陪同下,访问了受灾群众,看望了野战医院的伤病员。详细询问了受灾情况。在伤员帐篷里,周恩来蹲在地铺前,握住一位伤病员的手,仔细询问了伤情。他走遍了每一个帐篷,然后和140多个伤员都一一握手,并嘱咐大家好好养伤,早日恢复健康。他蹲在老贫农贺全胜身边,撩起他的褥子,看铺得厚实不厚实;又轻轻掀起他的被子,查看他的伤情。贺全胜激动地说："周总理呀,解放军把我救出来,您整天为我们操劳国家大事,还亲自来看我们。这可叫我们怎么报答您的恩情！"周恩来听后亲切地说："为人民服务应该！解放军是为人民服务的,我也是为人民服务的。"周恩来还安慰贺全胜好好养伤,"这里治不好去宁晋,宁晋治不好去石家庄。"60多岁的姜素奎,腿被砸伤。周恩来走进窝棚探望。他蹲在姜素奎老人的铺前,亲切地问老人受伤和治疗的情况。姜素奎感动得流下热泪。有一位老人因家破人亡而悲痛不已,周恩来亲切地对他说："老人家,您就把我当作自己的儿子吧！"老人家大受感动,从内心感到"情逾骨肉总理亲！"

赵安芳说："周总理啊,宁晋损失很大,您要多支援我们啊。"周恩来说："你要相信群众嘛。"

周恩来在东汪喝了一碗水。东汪群众把这只碗一直保留着,在周总理逝世一周年时,把这只碗还拿出来在群众中传看。

周恩来关心同志体贴群众的事迹充分体现在他的工作的各个方面。邢台地区发生地震后,周恩来在工作十分紧张的时刻,还关心身边的每位同志。在工作的间隙,关心地问当时担任周恩来机要秘书的赵茂峰(1956年至1976年在周恩来办公室工作,历任机要干事、机要秘书,其家乡为宁晋县东汪公社——编者

注)："小赵,你家受灾怎么样?"赵茂峰激动地回答说:"我还没有接到家信,情况还不知道。"东汪是赵茂峰的家乡,这一点周恩来是知道的。赵茂峰当时很担心家里,周恩来在百忙之中还关心一位普通工作人员家乡的灾情,令赵茂峰十分感动。过了几天,赵茂峰家里来信了,他根据家里来信中所说情况,立即于3月13日摘要给周恩来写了个汇报,原文如下:

总理:

首先谢谢总理对我家里的关怀。

今晚接家信称,这次地震,我家里的房屋全部倒塌,由于救得快,人没有发生大的事故。特此报告。并再次谢谢总理的关怀。

在3月22日下午,邢台地区再次发生了7.2级强烈地震,震中在宁晋。4月1日,周恩来第二次到邢台地震灾区看望慰问受灾群众时,在去灾区前,又一次问赵茂峰:"小赵,你要不要跟我去家里看看?"赵茂峰感激地说:"总理,我不回去,家里都很好。"周恩来说:"那好吧。"

周恩来这次去灾区慰问,要赵茂峰跟着出来,是想让他跟着去东汪家里看望一下。赵茂峰在北京出发前就想好了,不能跟总理去探家。一是家里老人都平安无事。二是周总理到地震灾区去慰问,是给灾区人民鼓舞斗志,增强信心,战胜自然灾害,重建家园的。周总理让他跟着出来是工作,如果他跟着周总理回家去,家里老人见了,恐怕老人在劫后重生,一定会激动地哭哭啼啼,这样与周总理看望群众的气氛不相适应,怕影响群众情绪。因此,周恩来乘直升飞机走后,赵茂峰就随着火车离开石家庄,到邢台车站等候周总理。周恩来傍晚才回来,已很劳累,但周总理一上火车就对他说:"我见到你父母和伯父、伯母,他们都很好,我问他们有什么困难,他们说没有困难。我问他们有什么要求,他开始没有,后来提出,希望你抽空回家一趟。我问你伯父多大年纪了,结果你伯父和我同庚,都是戊戌年生的。回去安排一下,你回家看看。"

周恩来上火车后火车就开了。可是,赵茂峰这感激的心情像行进中的火车不能平静。周总理时刻想着人民,哪里群众遭灾,他立刻到哪里,从不考虑他个人的安危,真是人民的好总理。周恩来关心他人比关心自己为重,就连赵茂峰这么一个普普通通的身边工作人员,家里遭了灾,他都很关心,去看望,赵茂峰感到在周总理身边工作是多么的幸福,多么的温暖。周恩来对他的关怀,令他永世不忘。赵茂峰的母亲在世时,每年周总理忌辰时,她都十分怀念周总理。

结束在东汪的慰问后，周恩来乘直升飞机向石家庄地区束鹿县王口村飞去。

与王口群众心连心

1966年4月1日上午10点，石家庄地区束鹿县王口公社和郭西公社的群众，听说周恩来要来视察，从四面八方拥到王口公社广场。广场上3500多人坐得整整齐齐。人们举着"欢迎中央慰问团"、"奋发图强，自力更生，重建家园，发展生产"、"中国共产党万岁"、"毛主席万岁"等标语牌，等候亲人的到来。

11点20分，3047号直升飞机在广场附近徐徐降落。周恩来从机舱内走出，顿时，人群中欢呼声、鼓掌声响成一片。周恩来和前来迎接的代表一一握手问候，然后来到广场，向群众讲了话。

他首先指出："我代表党中央、毛主席、国务院来慰问你们。你们这地方是束鹿的最南边，3月8日地震，对你们影响小，22日这次就影响大了。上次我到隆尧县慰问，这次到宁晋东汪镇看了看。东汪镇离你们不远，但换了专区，换了县。你们这次损失大，房屋倒得多，但你们有准备，有了精神上的准备，也有了组织上的准备，民兵都组织起来了，警惕性高了；虽然倒的房子多，但人畜伤亡少，这说明不论做什么事情，凡是有准备就好，预先能想到就好一些。"

他再次强调：要"自力更生，奋发图强，发展生产，重建家园。国家是要支援，但主要是靠大家自力更生。搞好生产，恢复生产要靠自己。你们不是喊口

周恩来慰问束鹿县王口公社抗震救灾的解放军

号,说要自力更生吗?我们要战胜困难,就是要天不怕,地不怕,毛泽东时代的人民,就有这个志向。"

最后他指出:"我代表毛主席来慰问你们,更重要的是鼓舞你们。经过社会主义教育,天不怕,地不怕,什么困难都能克服,这才是好社员,这才是毛泽东时代的人民。你们回去还要对没有来的人讲,困难越大,干劲越大。石家庄专区是河北省尖子专区,东边是衡水,南边是邢台,你们在束鹿县的南边,要带头嘛,要在周围的公社起模范作用,搞得更好。"

周恩来讲话后,到王口村向没有参加集会的老年人逐户进行了慰问,并视察了每户的住处。这个庄子的房屋大都倒塌,周恩来面对断壁残垣,剑眉紧蹙,心情沉重。在一个临时挖的窨子(灾区群众建造的半截地下、半截地上的简易防震屋)前面,周恩来紧握老饲养员刘永远的手,对他表示慰问。并关心地问他:"家里的粮食和东西都挖出来了没有?"刘永远说:"有解放军和工作队的帮助,都挖出来了。"周恩来又问:"你们今年的小麦长得好吗?"老刘说:"长得好,我们家里丢了,要从地里找回来,靠我们的双手,坚决搞好生产,重建家园。"周恩来说:"好哇,这是农民的话。"随后,周恩来提出要到他的地窨子里去看看。他连忙阻拦说:"周总理啊,你能到咱这庄子上来看看,俺就不知说啥好了。这窨子又矮又小,也不大干净,你就别进去了。"周恩来坚持要进去,并仔细看了看地窨,用手摸摸老刘的被子和褥子,关切地问:"睡觉冷不冷? 潮不潮?"老刘激动万分地回答:"不冷,也不潮,请周恩来放心。" 周恩来又伸手摸了摸铺底下的麦秸,表情严肃地摇了摇头说:"这样不行,底下太潮了,这样会生病的。"周恩来回头对公社书记说:"地窨子外面不是有土坯吗, 可以弄进来给刘大爷垒个土炕嘛。"周恩来又嘱咐刘永远在窨子口外边挖个排水沟,防止下雨时向里灌水。临走时,周恩来又看到老刘窨子里放着一盏煤油灯,遂提醒老刘:余震还会有,要注意防火哟! 周恩来对当地干部说:"地窨也要通风透光,尽量避免潮湿。"老刘望着周总理远去的背影,心中十分感激,眼睛湿润了。

在回来的路上,周恩来和当地干部群众进行了交谈,询问了生产情况,抗旱情况,牲口和农具够用不够用,有没有机械修配厂,有多少眼机井,机井有多深,能浇多少地,有没有五年规划。当王口村二大队支部书记汇报到去年粮食平均亩产 240 斤,今年要搞到 323 斤时,周恩来问:这个指标是群众讨论的吗?贫协干部回答:都经群众讨论了。在谈到五年规划时,束鹿县四清工作分团政委赵建忠说：我们在"四清"后期都要搞规划。周恩来说："四清"后期都要搞规划，有了规划就有了奔头。周恩来转换话题问道：解放军服务的怎么样？工作队服务的又怎么样？社员们都满意地说：服务得很好，请周总理放心。周恩来又说：他们服务得好，就欢迎，服务得不好，就批评。

周恩来还问起参加"四清"的工作队员的情况，住在什么地方？赵建忠回答说：都和社员们住在一起。周恩来为求得证实，转头问贫协干部：是这样吗？贫协干部如实回答说：是这样。周恩来这才满意地点了点头。

周恩来看到村中堆放着大批救灾物资时说："这些东西要使用合理，根据需要，不要人人有一份。"周恩来还问到群众有没有其他疾病，一再嘱咐在这里救灾的人民解放军和医疗队，要好好为人民服务，把所有的疾病都除治掉。

12点30分，周恩来告别群众，登上飞机，向衡水地区冀县码头李村飞去。

自力更生　重建家园

1966年4月1日中午，周恩来来到衡水地区冀县码头李村以后，首先和这里几位基层干部进行了座谈，详细询问了这次地震的灾情和各村的生产情况，然后在群众大会上讲了话。

周恩来首先表示："我现在代表党中央、毛主席、国务院来看望你们，慰问你们！"

这些话语似暖流温暖在场的每位受灾群众，使他们倍感亲切。周恩来鼓舞大家："你们是衡水专区冀县的人民，相信你们，天上、地下灾都能战胜。天上的灾，我们不怕，地下的灾，我们不怕。这样才是天不怕，地不怕的伟大的中国人民。"他最后提出："现在快到清明了，播种季节到了，麦苗返青了，生产忙了，要抓紧抗旱、保墒、浇麦、春播。先搞生产，把盖房子放慢一步。先搞窝棚，要搞牢固一些，长期准备。""自力更生，主要靠自己；奋发图强，要志气不衰。大家不是正在学习焦裕禄、学习王杰、学习麦贤得吗？就是要有他们的志气，奋发图强，把国家建设好。首先发展生产，赶季节，不误农时。先发展生产，后重建家园，把口号变一下。有的公社的同志说：'家里丢了的，从地里拿回来。'就是应该这样。

我今天讲的，大家都明白这个道理，就是要干，我只是代表党中央、毛主席、国务院来看看大家,慰问大家,支持你们,鼓舞你们!"

结束在码头李的视察和慰问以后,已是下午1点多。地委负责同志便与周总理的秘书商量,让周总理就在这里吃午饭,饭后也好稍事休息。秘书向周总理请示,周恩来指示说:"可以,但要跟群众吃一样的饭,灾区人民的生活已经够苦的了,千万不能再给他们增加负担。"于是,周恩来和大家在一个军用帐篷里共进午餐。吃的是米饭、面汤和几盘农家小菜。当周恩来看到盘中盛有菠菜时,面色喜悦地问:"这么新鲜的菠菜,是从哪儿弄来的呀?"陪同周恩来用餐的邢台地委负责同志回答:"从石家庄买来的。"周恩来听了,神色立即变得严肃起来,语重心长地说:"同志啊,这样就不太好了,有什么就吃什么嘛!"

饭后,周恩来没有休息,立即召集干部群众代表召开座谈会。对于地震的情况和抗震救灾及震后重建工作,他认真听取了干部群众的意见和想法。一边仔细查看冀县的地图,一边详细询问情况,"哪个村是重灾区?有没有死伤人?房屋倒塌了多少?灾后群众的吃、住怎么安排?春耕生产有啥打算?"坐在周恩来身边的是模范饲养员李义恒,周恩来关切地问他:这次地震牲口有没有损失?现在又怎么喂着?参加座谈会的干部群众代表在周恩来平易近人、和蔼可亲的感召下,刚才紧张的心情一下子消失已尽,纷纷发表自己的意见和看法,将自己的心里话全部说出来,并实事求是地回答了周恩来的提问。此时已是下午3点,周恩来一刻也没有休息,又乘飞机,向宁晋县耿庄桥飞去。

家里丢了地里拿回来

1966年4月1日下午3点, 周恩来乘直升飞机从冀县码头李来到宁晋县耿庄桥进行视察和慰问。

当周恩来走下飞机后,3点19分,突然一声轰响,大地颤动起来,又有断墙残壁倒塌下来,原来又是一次4级余震发生了。这时刮起了大风,天气特别寒冷。周恩来不顾危险和严寒,在耿庄桥村南的一辆卡车上向群众讲了话。

他指出:"我现在代表党中央、毛主席和国务院,来看望你们,来慰问你们。你们这个地区是地震首先发生的地带,从3月初就开始了,3月6日发生了一次较小的地震,党中央就派中国科学院地球物理研究所来到你们这里,8日来了个大的地震,你们这个地区是个中心。由于你们有准备,虽然8日的地震较大，但比白家寨、马栏损失小一些。22日的损失就更小，当然房子都坏了，但人畜伤亡得少，所以说一件事情有了经验，有了准备就好办了。你们付出了一些代价，但引起了邯郸、石家庄、保定、衡水等地区的注意，如果他们也遇上了地震，就不会有大的损失了。"

随后，周恩来强调指出："春播季节到了，现在不是快到清明了吗，你们不要误了农时，只有生产发展了才能重建家园。现在是公社时代了，是毛泽东时代了，生产要靠集体力量，盖房子也要靠集体力量，国家支持你们。因为地震面积很大，所以要一步一步地搞。解放军不能常住这里，但他们要留一部分帮助你们把生产搞好。要照毛主席的话把生产搞好，所以天大的困难也是能够克服的。老乡们，你们要家里丢了地里拿回来，这次来看你们就是鼓舞你们好好生产，重建家园。"

会后，周恩来在耿庄桥视察了中国科学院地震考察队。当时考察队几乎每人都有照相机，都对着周恩来拍照，周恩来说："我又不是外国人，还用这么多照相机拍照?还是留着胶卷考察地震用吧。"在这里，周恩来看望了地震科技人员，参观了中国科学院地球物理研究所架设在耿庄桥的地震仪器，询问了工作情况，并对他们说："必须加强预测研究，做到准确及时。""……地面考察已经进行了一个时期，注意不要增加地方上的负担。仪器观测人员需要留下，有的地方还要加强，增加人，增加仪器……特别是青年人要大胆设想，但不要过早地下结论……(关于重建家园的问题)你们的意见，你们的想法，要征求群众的意见，征求群众的同意，经过支部、大队同意以后再办。"

周恩来对科技大学地震专业的同学说："希望在你们这一代能解决地震预报问题。"周恩来听说考察队员段宝娣手指受伤，特意看望了她，嘱咐她天气冷要注意，又问她哪个学校毕业，多大年龄。

周恩来离开地震考察队以后，又登上直升飞机，向巨鹿县何家寨飞去。在飞机上周恩来还指着自己的手指，示意段宝娣注意自己受伤的手指。

老百姓的贴心人

1966年4月1日上午，周总理要来巨鹿县何家寨视察的消息，传遍了整个巨鹿县。县委预先通知全县支部书记以上干部和地县工作队及参加救灾的解放军,共5000多人参加大会,在何家寨村南设会场,这里地方高、宽阔,降落飞机方便。预先搭了个棚,准备在这里接见公社以上干部。消息传开,广大群众精神振奋,附近各村群众都自动走来,很快汇集了一万多人。原计划周恩来的专机12点到,结果来晚了。此时,突然天空乌云密布,狂风大作,田野上黄尘滚滚,使人睁不开眼睛。但是风再大,参加大会的人们谁也不动,大家都安静地在那里等候周总理。

这天的西北风越刮越大,风已加大到六七级了。凡是生活在北方平原上的人们大都知道,春风如果达到六七级,那简直是飞沙走石,声如虎啸。可是,周恩来不顾疲劳,不畏风沙,冒着危险(风力达到六级以上,飞机是禁止飞行的)又乘直升飞机到巨鹿县受灾最严重的何家寨大队慰问。

周恩来走下飞机,在县委书记张玉美等人陪同下,径直朝村边上的群众会场走去,大老远就向人们招手致意。

风呼呼,沙漫漫,眼难睁,步难行。人们望着周总理从风尘中走来,个个翘首凝目,会神敬仰,好似觉得风沙顿时减弱了许多。周恩来沿会场外围,由北而南绕向主席台。人们席地而坐,秩序井然。周恩来忽然察觉到群众的坐向都正

1966年4月1日,周恩来在巨鹿县何家寨视察地震灾情

冲着风口,便问张玉美:"怎么让群众冲着风沙坐呢?"

张玉美忙向周总理解释:"安排会场时,还没有什么风,后来风才逐渐大了。"紧接着他又不无直率地补充了一句:"这样您讲话省力。"听了这些话,周恩来剑眉蹙起:"同志啊,这样虽然我一个人讲话省力,可是这么多群众都要吃苦哟!"

周恩来坚持一定要改变一下会场的布置,把群众的坐向倒过去背着风。可是,临时再搭讲台哪里还来得及,怎么办?还是周恩来建议把停在场边上的一辆刚卸完救灾物资的卡车开到会场南面,权作讲台。周恩来登上卡车,一面打着手势,一面对着麦克风亲自指挥:

"全体起立!"

"原地向后转!"

"请大家坐下。"起初,人们都弄不清究竟是怎么回事,待转过身立即感到眼睛好睁、心里发暖时,这才恍然大悟。当一双双眼睛望着呼呼的风沙扑打在周总理的面颊和身上时,不由地流出激动的热泪。突然会场上响起激昂的歌声:"社会主义好,社会主义好,社会主义国家人民地位高……"周恩来站在卡车上,情不自禁地用双手打起拍子,与大家同声歌唱。

一曲结束,群众用热烈的掌声欢迎周恩来讲话。

周恩来指出:"上一次我到了白家寨,因为时间短,没有到你们这里来,这次补来。你们是巨鹿县的何家寨,3月8日那次地震,你们这里受损失很大,我们来晚了,现在我代表党中央、毛主席和国务院来看望你们,慰问你们。"

他指出:"上一次地震你们巨鹿县六个公社受到很大损失,付了代价,取得了经验。因此,你们在第二次地震时,面积虽扩大了十几个公社,可是损失小了;房子虽然倒了塌了,可是人救了,牲口救了。跟头一次比面积大了,人死伤少了,为什么?因为第一次取得了经验嘛,付了代价嘛。所以第一次巨鹿县六个公社,为全巨鹿县,也是为邢台专区,也是为河北省取得了经验。我们首先要纪念那些受害的烈士,慰问受害的家属们。因为你们和他们付出了代价,这个代价不仅使我们今天的人民得到了教训,得到了经验;同时也为我们后代,留下了经验。这应该感谢那些受伤的、死难的同志。这种经验不是一下子就取得的,总要付代价的。"

周恩来最后强调:"不管是党的领导、各级党委、政府的工作、部队的工作都要为人民。譬如这次来救灾，看工作做得对不对，做得对，你们支持，做得不对，你们批评，做得不够，你们提意见，应当把工作做好。""不是有些地方的老乡们说，我们'家里丢掉的，从地里收回来'，这句话很对，这是豪言，豪壮的话。我们应该树立这种精神，不管大风、大雨、风沙，我们总要干嘛。地下的东西我们总要把它收回来嘛。只要有这个精神，今年的生产会搞的更好。""所以我们提的口号'自力更生，奋发图强，发展生产，重建家园'。我们家里丢的，地里收回来，才会把我们家园重新建好。这一点是要靠你们大家的集体力量的，这次救灾是靠集体力量嘛，一家一家的怎么救啊？整个庄子，互济互救，集体来互救；部队来，工作人员来，帮助大家来救。这样才有力量。所以，你们是 8 日受的灾大，我上一次没到你们巨鹿县来，这次补来。希望你们干得更好，干得更成功，等到你们庄稼收的时候，夏收的时候，有工夫再来看你们。我的话完了！"

周恩来为了能使群众听得更清楚、明白，讲话始终声音洪亮，以致到最后声音嘶哑了，便极力打着各种手势，以帮助群众理解。人们屏住呼吸，聆听周总理教诲。周恩来的讲话结束时，县委书记张玉美带领群众振臂高呼：

"地动心不动，房倒志不倒！"

"你震你的，我干我的，家里丢了地里找！"周恩来也跟着一句一句地随声高呼。

当张玉美高呼："感谢周总理的亲切关怀"时，周恩来不再跟着呼了，而是立即冲着张玉美说："要感谢党中央、毛主席的亲切关怀。"我们敬爱的周总理就是这样时时事事都保持谦虚谨慎、虚怀若谷，从不突出自己，永远保持着与人民群众的血肉情谊。

会后，周恩来在棚子里接见了作曲家李劫夫和词作家洪源。邢台地震后，李劫夫等人从东北来到地震现场，体验生活，编写了 20 多首抗震救灾歌曲，在现场亲自教给群众唱。周恩来对他们的工作给予肯定和鼓励。周恩来还接见了前来参加会议的支部书记和英模人物，然后和大家告别，乘飞机来到邢台，进行灾区抗震救灾工作的最后部署。

组织万人宣传队

1966 年 4 月 1 日，周恩来连续视察了五个村庄之后，天已到傍晚。周恩来又马不停蹄在蔡长元和李际泰同志陪同下,乘直升飞机来到邢台市救灾部队某师驻地视察。飞机刚刚降落,周恩来便匆匆走下飞机,热情地同前来迎接他的部队领导握手致意。这里是部队的招待所,师长阎同茂为了周总理的安全,让战士把大门关好。可战士们听说周总理来了都去看周总理,结果把大门都挤破了。

周恩来到来后,顾不上洗脸吃饭,马上听取党政军各方面的抗震救灾工作情况汇报。他关切地问:"地震部队有没有伤亡?房屋倒塌的多不多?"当得知部队没有伤亡,受损的营房也不多时,满意地点了点头,接着又询问了部队的抗震救灾情况。随后又听取了邢台地委和专署领导的汇报。之后又要来一张邢台地区的地图认真查看起来。并对阎同茂说:"当前抗震救灾的宣传鼓动工作很重要。要组织宣传队。解放军都要宣传毛泽东思想。你们这个部队,要用一个月的时间,对邢台地区普遍宣传一次,村村走到,不留死角,把党和政府的关怀与温暖送到灾区人民的心坎上。当好毛泽东思想的宣传队、播种机,用毛泽东思想武装人民群众的头脑,扎下毛泽东思想的根子。军队为人民,人民就为军队,军队帮助人民打自然敌人,将来人民就会帮助部队打社会敌人。这是很好的教育机会,对人民做宣传,对自己也是个教育。灾区要赶快恢复生产,在宣传中要注意帮助群众春耕春播。"汇报进行三个小时以后,周恩来桌上原先倒的那碗水早已凉了,公务员又倒了一碗水。周恩来说:"有一碗水为什么还要再倒一碗水?浪费!"阎同茂请示周总理在这里吃晚饭,周恩来说:"好,但不要另做,战士吃什么我吃什么。两个馒头、大锅菜就可以了,越简单越好。"阎同茂安排炊事员杀了一只鸡给周总理吃,周恩来得知后当场批评了他。周恩来的军事秘书周家鼎对阎同茂说:"周总理从来生活俭朴,饮食简单,吃面条、烙饼、大葱就行了,如果做点菠菜、豆腐,周总理就高兴了。"这天直到晚上10点多周恩来才吃晚饭,吃的是菠菜、豆腐和面条。部队的工作人员要给周总理盛面条,周恩来忙接过碗说:"来,我自己盛。"饭后周恩来硬要交粮票和菜金。

这天晚上,周恩来在邢台还听取了河北省省长刘子厚的工作汇报。直到晚上12点多,周恩来才离开邢台。在刘子厚省长的陪同下,周恩来的专列又向邯郸驶去。

4月5日晚,周恩来从邯郸返京途中,专列到邢台火车站停了下来,通知邢台驻军师长阎同茂立刻到火车上汇报。因为事先没有通知,这天晚上师长和政委都不在邢台,副政委吴寿安到火车上向周恩来做了汇报。当周恩来得知这个师已组成万人宣传队,在邢台各县已全面开展宣传活动时,很高兴。说:"你们行动很快,执行命令坚决,真是个好部队。"

4月5日晚上12点,周恩来总理的专列在石家庄火车站停了下来,在火车上周恩来接见了救灾部队军政委蔡长元和河北省军区副司令袁捷等负责同志。蔡长元向周总理汇报了万人宣传队的组织情况和活动内容。周恩来说:"你们以一个师为主组织万人宣传队,这很不错。地震可能快过去了,要发个解除警报。一定要把生产搞好,要搞成龙配套,解决水的问题,组织抗旱。"周恩来问袁捷:"你是省军区副司令吗?"袁捷回答:"是"。"到过大名吗?"答:"没有"。"应该去,那里的人民还很苦。"周恩来在谈了邯郸打井抗旱的事以后说:"救灾工作要继续抓好。"周恩来的专列在石家庄车站停了一个多小时,向北京驶去。

从邢台地震现场回京后,周恩来还时刻想着灾区人民,曾两次派国务院秘书长周荣鑫到邢台地震现场,调查研究,听取地方政府和救灾部队的汇报。周荣鑫对宁晋县县委书记赵安芳说:"周总理不放心,让我来了解情况,看你们这里还有什么问题,我好回去向周总理汇报。"4月11日,周恩来针对邢台地震灾区一些群众有"春耕这么忙,哪有工夫学毛主席著作"的反映,批告赶赴邢台专区进行救灾宣传工作的北京军区一八七师:一个月救灾宣传工作,要同时帮群众搞生产,在春耕春播、追肥浇水间隙中进行宣传教育,决不要停止生产来参加学习,以致延误农时。

大震发生后,从隆尧地震救灾指挥部到国务院建立了直通专线电话,国务院比往日更加繁忙,北京中南海的灯光彻夜通明。通往邢台地震灾区的电话,一个接一个地传到救灾指挥部,秘书们始终守在电话机旁,详细记录着来自邢台地震灾区的各种情报和信息,又频繁地将周总理的指示传达下去。在这里周恩来多次召集国务院各部委的负责同志,研究邢台地震的各项应急对策。夜深了,周恩来还在办公室里批阅文件,不分白天黑夜,随时听取邢台灾区的震情汇报和救灾工作汇报。逐县逐村地部署救灾工作和地震科学考察,听取各部委的汇报,询问情况,逐项落实抗震救灾措施。周恩来为邢台灾区人民忘我工作的精神,教育鼓舞着邢台人民。周恩来为邢台人民日夜操劳的感人事迹,坚定了灾区人民战胜困难的信心和勇气。周恩来那谦虚谨慎、平易近人、忘我工作的伟大形象,永远印在邢台人民心里。周恩来提出的"自力更生、奋发图强、发展生产、重建家园"的抗震救灾方针,永远成为激励邢台人民前进的巨大力量。

第八章 六到唐山情满怀

在唐山,每当谈起敬爱的周总理,人们总有滔滔不绝的话题和发自肺腑的真情。是啊,周恩来总理曾经六次来唐山,工厂、农村、学校无不留下了他那光辉的足迹,车间、田野、炕头上处处都有他那亲切的音容。多少年来,在周恩来的直接关怀下,唐山人民意气风发,勇立潮头,克服重重困难,创造了世人瞩目的业绩。物换星移,今天,周总理的教诲言犹在耳,周总理的音容似在眼前。听,"周总理是'穷棒子'的贴心人!""周总理永远和我们在一起!"的声音依然在九岭上空回荡;看,周总理的铜像、周总理的照片高高地竖在了唐山大地上。"何方可化身千亿,一树梅前一放翁",是他那伟大的人格赢得了人民,他的形象已深深地刻在了720万唐山儿女的心中。繁华散尽见真淳,可以肯定,唐山人民对他老人家的思念势将化作思考、化作力量,永远激励和促动着我们在新的征途上走向新的胜利,创造更加美好的明天。

莅临启新厂

唐山启新水泥厂坐落在市区,以前这里杂草丛生,坟茔遍布。1889年,民族资本家唐廷枢在这里投资兴建了中国的第一座生产水泥的工厂。岁月悠悠,上个世纪初叶,启新水泥一度独霸中国市场,马牌水泥在美、英、法、意等国际赛会上多次获奖,饮誉海外。但是,随着外国列强的欺压和日本侵略者的掠夺,解放前夕,该厂已是危机四伏,难以为继了。

新中国成立后,启新水泥厂迎来了新的曙光。1954年4月22日,毛泽东亲自来这里视察,鼓励启新进行公私合营,为社会主义建设立功。当年9月,该厂在全国建材业较早的进行了公私合营,启新水泥厂出现了空前的新气象。

就在这座著名老厂步入新的历史阶段的关键时刻,启新人又迎来了一个不同寻常的日子。1955年9月21日下午,启新水泥厂党委书记赵光接到紧急通知:"周总理快到唐山了,一会儿去启新水泥厂了解情况。"赵光感到十分高兴又非常突然，立即投入接待周总理的工作。顷刻间，市委刘汉生书记又郑重的告知："周总理办公室已打来电话，一切都不要准备，更不能搞特殊接待，连烟、茶也不要预备。"赵光只能遵从上级的旨意了。

这天下午，唐山火车站营业如旧，所不同的是月台上增加了一些翘首待望的人员。

3点30分，在热烈的掌声中，周恩来和邓颖超大姐健步走下火车。他们和蔼可亲的与前来迎接的同志们一一握手，互致问候。周恩来诙谐地说："颖超同志去唐山妇联，我去启新工厂，咱们兵分两路，各自行动吧。"邓颖超同志笑着和大家挥手告别，与有关人员先走了。

然后，周恩来拉起赵光同乘一辆车朝启新工厂驶去。

"你是什么时候到厂的，担任什么职务？"周恩来问道。

"我是进城干部，1949年正式调厂，任军代表兼工委书记，成立党委后任党委书记。"

"全厂有多少职工，老工人多少，工资差别多大，工人生活如何？"周恩来又问，赵光一一作了回答。当听说公私合营给工厂带来了很大变化，工人情绪高，干劲大，生产大大超过了以前的水平，工人们敲锣打鼓庆贺时，周恩来不断点头，脸上挂满了欣慰的表情。

汽车驶进了启新水泥厂，周恩来没有去办公室，而是径直走向车间。

在赵光等同志的陪同下，周恩来冒着高温、迎着粉尘，兴致勃勃地查看了6号磨、9号磨、8号窑、制成车间等。每到一处，周恩来都主动与工人们打招呼，热情地向师父们询问生产、生活、福利情况，详细了解马牌水泥的工艺流程和产品质量等。工人们被总理的言行和精神所打动，厂区内不时响起阵阵笑声、掌声。

走出车间，周恩来手搭凉棚，几次回首眺望车间的场景，好像在说，启新啊，你在崎岖的路上颠簸60多年，如今换了人间，到了为人民造福的时候了。

周恩来查看完生产情况，笑着对赵光说："老赵啊，你也不给我找个休息的地方。"

听到这句话，赵光神色有些恐慌，心里想：市里说什么也不用准备啊，这下可好，总理亲自张口了。随志忐不安地说："总理，也没有准备呀。"

周恩来爽朗的笑着说道："乱弹琴，准备什么，平时你们还没有个休息的地方。"

赵光内疚的回答："有是有,可那是个小会议室。""那就去小会议室吧。"说完,周恩来让赵光带路进了一间普通而狭小的会议室。

在座谈时,当周恩来听说原来启新的工人没有浴池、医院、住宅时,他郑重地说道："现在是新社会了,一定要解决实际问题,把工人同志视为兄弟,关心他们的生活,"赵光连忙说："周总理,我们现正在建职工住房,每家三间,带小院的,大家都反映不错。""好啊,盖了多少,有多少工人住上了工房?"

周恩来的问话,让赵光一时语塞了,他确实没有掌握具体情况。

"全市的福利启新水泥厂最好,工房也数他们解决的好。"在场的市领导急忙插话。

"老赵,他们在给你吹牛呢。"周恩来发出爽朗的笑声,"你工作忙,有多少人没住进工房可能忘了,没有关系,希望你们多为工人们着想,提高工人们的福利,在现有基础上把职工住房建设好,为他们的工作提供好保障。"

不一会儿,按照周恩来的旨意,陈达友等三位资方经理来到会议室,周恩来站起身来和他们一一握手,询问有关方面的情况。

"老陈,你有多少股票?"陈达友支支吾吾没有回答出来。

"没关系,答出来我也不没收。"周恩来的话为三位资方人员送上一颗定心丸,他们滔滔不绝地谈起了工作、生活和思想情况。

周恩来说："你们都有股票,同其他劳动者不同,一定要努力学习,不断改造思想,做好本职工作,和职工一起劳动,多为国家出力,你们是大有前途的。"一席话,使资方经理很受鼓舞,他们带着崇敬的心情离开会议室。

"老赵,你也不给我找点水喝。"周恩来边笑边说。

赵光的脸腾地红了,赶紧到自己的办公室弄水。赵光本想找一套新点儿的茶具给周总理用,但周总理身边的人员告诉他："不必了,就用你的暖壶、茶缸吧,这是周总理的老习惯了。"

赵光拿着自己用过的茶缸不好意思的给周总理斟满了白开水,周恩来一下子喝了好几口,会意的笑了。赵光放心了,在场的人深受感动,大家你一言,我一语争着与周总理攀谈,领袖和群众像一家人一样,无拘无束,气氛十分和谐。

两个半小时过去了,周恩来看看手表语重心长的对大家说："我这次看了你们的生产情况,很想再去看一下你们的福利设施,看一下职工住房,可这次没有时间了,下次我要到工人家里坐坐,社会主义建设高潮正在兴起,你们可要关心好工人的生活啊。"赵光坚定地表示一定照周总理的指示抓好落实,并欢迎周总理再来。

在大家依依不舍的送别下,周恩来的车开走了。历史记住了这不寻常的时刻,一年多的时间里,启新人先后迎来了毛主席、周总理两位伟人,全厂职工一次次奔走相告,掀起了一轮又一轮的生产高潮。

对于接待周总理,赵光又高兴又内疚。后来,他见到周总理身边的人,头一句话就说:"你们不让我准备,周总理不但没有休息好,连茶水也没能喝上,我真不安啊!""周总理生怕别人搞不必要的接待,更怕浪费钱物,他总是嘱咐我们要这样。"他们如是回答。多少年过去了,每每想起周总理,赵光都会发自肺腑的说:"他真是我们的好总理啊!"

微访百姓家

1956年6月8日上午,唐山机场上空阳光灿烂,马达轰鸣,顷刻间,一架银鹰徐徐降落在跑道上,机舱的门打开了,周恩来那熟悉的身影出现在大家面前。

唐山市的有关领导急忙迎上前去欢迎周恩来的到来,"这是冀华市长、这是唐山钢厂的戴明予厂长……"市委书记刘汉生向周恩来介绍。周恩来用力握着大家的手说:"我今天抽空来看看生产第一线的同志们,这次主要到唐山钢厂看一看,掌握一些情况,大家很忙、很辛苦,要尽量少打扰你们的工作啊。"在机场简短交谈后,大家便驱车前往唐山市委的接待处。

6月的唐山,花团锦簇,绿树成荫,特别是在大力进行社会主义改造的新形势下,各项工作热火朝天,大街小巷一片繁忙。

周恩来透过车窗,望着这座工业重镇的新气象,心里非常踏实。然而,这样一个底子薄弱的大国如何发展又使他陷入了深思。

"周总理,接待处到了。"刘汉生为周恩来打开车门。"哦,唐山的变化很快啊。"周恩来仿佛还沉浸在深深的思索中。

接待处是一所老房子,周恩来下榻的房间很普通,没有任何奢侈用品。趁饭前的时间,周恩来把市里的领导叫到身边详细询问了唐山的社会形势和人民群众的生活情况。

"近中午了,请周总理用饭吧。"刘汉生提醒道。"好,你们平时吃什么我就吃什么,可不能搞特殊啊。"

来到隔壁的餐厅,刘汉生解释道:"周总理,您辛苦大半天了,我们加了几个素菜,请用饭吧。"

周恩来看了一会儿饭桌说:"现在虽然发展的很快,可国家还很穷,潜在的危机也不小,你们这样做是一种浪费,我以后不敢来了。"

其实这顿饭并没有多少特殊,更没有山珍海味,只有七八个家常菜,而且大都是素菜。刘汉生等被周恩来的批评所打动,愉快的表示下次一定改正。大家见周恩来要求的如此严格,只好取消了准备好的酒水,忍着内心的不安请周总理吃了一顿真正的便饭。

午饭后不久,周恩来即乘车前往唐山钢厂视察。

出了接待处大门,警车迅速开过来带路,周恩来看到后,示意司机立即停车,接着非常严肃地对刘汉生说:"告诉他们,不要开道车,怎么这样不相信群众。让警车立即回去,不然我不去了。"在刘汉生亲自指挥下,警车急忙撤出。随后,周恩来的汽车躲过熙熙攘攘的人群,悄然到达目的地。

在唐山钢铁厂,周恩来察看了炼钢、铸钢、轧钢、机修车间的生产情况,同时指出:"钢铁厂不仅要注意发展速度,尤其要注意扩大产品的品种,满足社会主义建设和人民群众的需要。"

下午3点多,周恩来一行由刘汉生、戴明予带路来到了钢铁厂东工房家属区,他们随便敲开了一家大门,开门的是一位60多岁的老太太。

周恩来快步握住老人的手说:"您好啊,老人家。"

老人连忙回答道:"一听就是远道上的客人,快到屋里坐。"

周恩来和老太太一并坐在屋里的火炕上,拉起了家常。谈话间,周恩来问起了她对政府的意见,老太太爽朗的说:"人民政府对老百姓可好了,没有工作的人给找工作,没有住处的户给找住处,没有文化的人给补习文化。前几天,就连我这个老太太还参加了妇女节,心里可高兴了。"

紧接着,周恩来又问起工厂里的情况,老人讲:"老头子是钢铁厂的老工人,解放前累出病来了,前年过去了。现在儿子也在钢铁厂上班,连宿打夜加班创高产。"

"老人家,现在的生活怎么样啊?"周恩来问道。"生活比过去好多了,就是有些东西不好买,粮食定量供应的少,上班的活计挺累,35斤不够吃,不过也没什么大事,精打细算,全家调剂着吃也差不多。"老人实实在在的回答了周恩来的问话。

过了一会儿,周恩来摸了摸炕上的被脚,又走到外屋看了看家什中盛的粮。"老人家,国家还不富裕,老百姓的日子也不富裕,这种情况会改变的,我们热火朝天的开展社会主义建设,就是让老百姓尽快过上好日子。您勤俭持家的精神使我很受教育,大家都要向您学习啊。"听到客人在表扬自己,老太太不好意思地笑了。

随后,周恩来问戴明予:"市场上猪肉、青菜的价钱是多少啊?"戴明予和陪同的人员都答不上来。"你们这些人只知道抓生产,不知道市场的供应情况,副食的价格高低直接影响着广大职工的生活,对此不了解、不关心是不对的。"周恩来很严肃的说。"是的,我们忽视了这项工作,要从思想上重视起来,立即补上这一课,请周总理放心。"戴明予诚恳的回答着。

时间不早了,周恩来向老太太道别,汽车开动后,他又摇下玻璃不停地向老太太和工房区的人们挥手。

离开唐山钢铁厂,周恩来直接奔向机场。登机前,他语重心长地讲到,唐山是重工业城市,优先发展重工业,这个原则是对的,但在发展中不能忽视了人民的当前利益,如果不关心人民的当前利益,要求人民过分的勒紧裤带,他们的生活不能改善甚至还降低,他们要购买的物品不能供应,那么,人民群众的积极性就不能很好的发挥,资金也不能积累,即使重工业发展起来也得停下来。刘汉生等同志表示:"一定记住周总理的教诲,在抓好生产的同时,下力量抓好人民群众的生活保障,最大限度地发挥社会主义制度的优越性。"

周恩来走了以后,老太太才知道刚才来家中的是周总理。日后,她激动地逢人便说:"周总理待人那么亲切、随和,就像我们的亲兄弟一样,我做梦也忘不了他啊。"

置身高炉前

在唐山市东半部,有一片高炉耸立、机器轰鸣的十里厂区,它就是远近闻名的唐山钢铁公司。唐钢建成于1943年,饱经了战争时期的忧患。解放以后,这座大型企业才走向了正常发展的道路。

1958 年 8 月,党中央在北戴河召开政治局会议,号召全党、全民为在年内完成 1070 万吨钢而奋斗。当时,中央给唐钢下达了 60 万吨的任务。为此,全厂你追我赶,昼夜奋战,掀起了生产高潮。

为能直接掌握实际情况,北戴河会议结束后,周恩来和刘少奇委员长于 1958 年 9 月 1 日来到唐山。这天上午 10 时许,他们不顾旅途疲劳和天气闷热,立即召开了由市领导和唐钢书记、厂长、总工程师、工会主席参加的汇报会。

会前,周恩来拉着厂党委书记的手对大家说:"你们认识吗,这是革命先驱李大钊的小儿子李光华。"刘少奇等同志亲切地和光华握手交谈。

"这里怎么样,到北京工作去吧,你们弟兄几个靠近点。"周恩来问。"这里很好,在哪里工作都一样,谢谢周总理的关心。"李光华爽快地回答。

周恩来又把总工程师叫到身边坐下,"你叫什么名字?""我叫肖来潮。""哦,这个名字很好,来潮吗!"大家都笑了。

周恩来又指着工会主席刘永宝问:"你还干工会工作吗?""是的,我还当工会主席。"刘永宝边回答边想,周总理的记忆真好,1956 年我陪同他视察过唐钢,事隔快三年了,他老人家还记得我啊。刘永宝脸上露出了幸福的笑容。

周恩来一阵谈笑风生,缓解了大家紧张的心情。

接着,戴明予厂长向中央领导们详细的汇报了计划情况、生产情况和落实情况。当讲到全厂职工意气风发,日夜奋战,守炉餐、伴炉眠,千方百计夺高产时,中央领导一再指示要关心好职工的生活。在汇报到为完成年产 60 万吨钢,正在抓紧建设第二炼钢车间,争取"十一"出钢时,周恩来插话:"要注意工程质量,基础打好了,钢材的质量才能有保障。"

唐钢第二炼钢车间是中央批准的重点工程。建成后,该厂将由原来的年产 23 万吨一跃上升为 60 万吨。周恩来非常关心这个工程。

他问大家:"建设二炼钢还有什么困难?"

戴明予回答:"天车比较紧张。"

周恩来即刻说:"我给你们当采购员,保障设备及时安装。"

汇报会非常自然、愉快,大家都特别高兴。散会后,所有参加会议的同志一起吃了一顿很简单的午饭。

第二天上午,在绵绵细雨中,周恩来、刘少奇委员长来到了唐钢。消息迅速

1958年9月1日,周恩来在唐山钢铁厂视察时听取炼钢工人介绍生产情况

传遍了整个厂区,人们的掌声、欢呼声压倒了转炉的吹炼声。他们先到了第一炼钢车间,和工人们亲切交谈。

"炼一炉钢要多长时间?"

"20多分钟。"

"你们有氧气没有?"

"正在建设。"

"工人们在哪里吃饭?"

"有职工食堂。"

"食堂要尽量靠近车间,方便些才好。"

周恩来特别指出:"这个厂劳动条件有限,烟气很大,温度太高。""你们一定要注意改善工人的劳动条件,保证工人的身体健康。"陪同的人员一一记下了周恩来的指示。

在三号炉前,周恩来看到一位穿白色工作服的女同志,微笑着问道:"你多大了?"

"我叫施意诚,今年19岁,刚从学校毕业的,在这儿当技术员。"

周恩来又问:"听口音你不是本地人吧?"

"我是江苏松江县人。"

周恩来又说:"你能不能操作,这样的工作吃得消么?"

小施爽朗的回答:"能,我操作给首长们看。"说罢,她拿起 20 多斤重的扒渣杆,冒着高温扒起渣来。一会儿,满头大汗的完成了扒渣的每一道工序。周恩来、刘少奇鼓起掌来。

这时,正在车间劳动的团支部书记王春发走向前来,将一副观察镜递给周总理,"很好,这才是专业眼镜呢。"周恩来十分高兴,戴上眼镜不停地观察炼钢炉内的情况。

周恩来戴过的这副眼镜王春发一直悉心地保存着,就是在唐山 1976 年的大地震中也没有损坏。周恩来逝世后,这副眼镜存放到了中国历史博物馆里,寄托着唐钢职工对敬爱的周总理的深切怀念。

视察完炼钢车间后,他们又来到轧钢车间。周恩来和蔼的询问了轧钢的具体情况。当听说这里的各项技术指标均居全国之首时,周恩来笑容满面地和工人们一一握手。

他对钢厂的领导们讲:"中央决定今年拿下 1070 万吨钢,这要你们的企业多作贡献。要充分挖掘现有设备的能力,自力更生的解决增产问题。要边建设边生产,争取早出钢,有什么困难我们一起解决。"

将近中午了,中央领导一行又来到正在施工的氧气站。周恩来问身旁的肖来潮:"氧气是从哪里进口的?"

"是从民主德国,还有专家帮助我们安装呢。"

周恩来说:"你们要好好向他们学习,我国的技术比较落后,要利用这个机会,把技术学到手。"大家纷纷表示一定要通过这次改建、扩建使生产能力和技术水平来一个大幅度提高。

雨下得渐渐大了起来,周恩来、刘少奇手执雨伞走到了炼铁厂。工人们见状,急忙排列在高炉前热烈鼓掌。周恩来双手高举不断地向大家致意。

炼铁老工人刘文斗刚刚放完渣,脸被高温烤的通红,他看到周恩来向他走来,急忙摘下手套用衣服擦手,周恩来一把握住了他那沾满灰的手说:"老师傅,你辛苦了。这里的年轻人多不多,进步快不块? 他们都是你的徒弟,要好好培养他们啊!"刘文斗激动的回答:"我记住周总理的话了,一定搞好传帮带,使青年人尽快成长起来。"

周恩来、刘少奇在现场详细察看了炼铁的情况,并且在炉台前对唐钢的生产、生活、发展作出了一系列重要指示。中午12点,他们走下炉台,在一片掌声和道别声中离开了唐钢。随着汽车远行,工人们爬上炉台、攀上楼顶极力远眺,都在渴望着多看一眼共和国领袖们的身影。

驱步矿井下

1958年9月2日下午1点多钟,在开滦唐家庄矿煤井旁,几辆小汽车嘎然而止,车门开处,周恩来总理和刘少奇委员长健步走了下来。他们与迎接的同志们寒暄几句后马上向车间走去。

他们是前来视察我国第一个水利化采煤矿井的。

流洗槽的车间里机声隆隆,工人王增春正在聚精会神地巡视运转着的机器。当他抬起头时,只见一群人正朝这里走来,"是周总理?不会吧?"他使劲揉了揉眼睛,凝神细看,啊——他差点喊出声来,走在最前面的真是我们敬爱的周总理。他下意识地搓着两只手,一时竟不知如何是好。这时,周恩来已微笑着径直走到他的面前,向他伸出了手。此时的王增春已来不及找块棉丝擦擦手,索性往工作服上使劲一蹭,激动地伸出了双手,周恩来紧紧地握住了这双满带油污的普通工人的手。王增春憨笑着直楞楞地望着周总理那慈祥的面容,一股暖流传遍全身,他嘴唇颤动着,想向周总理问好,想表示矿工的决心,可是一句话也没说出来,而激动的泪水却夺眶而出。

沉淀煤水的车间里,排水沟里传出哗哗淌流的水声,挖煤机正在运转,沉淀煤泥一斗斗地从水中被挖出。中央领导同志弯着腰,注视着喧泄的流水,问道:"这水能不能利用?"

"可以浇地。"开滦党委书记刘辉回答说。

"已经利用起来了吗?"刘少奇问。

"过去没有,现在已经利用起来了。"

周恩来、刘少奇等人露出了笑容,满意地点点头。

从煤泥沉淀池到皮带运输机旁,一列已经装好的煤车正待启运,从车皮缝隙中渗出来的水滴滴嗒嗒地溅落在地上,细心的周恩来一脸关注的神色:"煤车

和沉淀池冬天
要冻吧？"

"是的，我
们正在研究，
这是个现实问
题。"唐家庄矿
矿长李书乐回
答。

"对，是个
问题，要赶快
研究解决。"周
恩来略微停了
一下，话语既

1958年9月2日，周恩来在开滦煤矿井下了解作业情况

像征询又像决定："给它盖个房子怎么样？"

李书乐回答的非常干脆："可以。"

"可以简单些嘛！"

"是。"

简单的一问一答，这位矿长被深深地感动了。周总理啊，这就是日理万机的国家当家人呀！连煤矿生产中这样细微的事情都想到了！

参观井口归来，两位领袖在矿办公室稍事休息后，便忙着更衣到井下视察。他们穿上矿工服，戴上安全帽，蹬上长筒胶靴，你看看我，我看看你，俨然成了两位老矿工。

离预定下井时间还有几分钟，周恩来像是想起了什么，信步来到井口附近一间办公室。那是矿计划科，科里的同志们正在整理8月份的全矿月报表。纱门一响，大家刹时楞住了，"周总理！"大家不约而同地站起来迎着周恩来走过去。周恩来一脸笑容，逐个和同志们握手。先是询问科里有几名同志，又问全矿8月份的产量是多少，还问每人每月下几次井，参不参加井下劳动。大家你一言我一语地回答周恩来的问话。当听说同志们每月都定期到井下参加劳动时，周恩来十分高兴地鼓励大家说："参加劳动好啊！"

下午3点半，两位领袖乘罐笼来到井下，尔后换乘载人矿车。在车厢里，他们与开滦的领导挤在一起热情攀谈,详细询问矿工的生产情况,并不时用灯向车外探照着。

到了石门口,少奇和周恩来走下矿车,脱掉身上的棉袄,径直向工作面走去。巷道凹凸不平,坡度很陡,空气湿度也大,走起路来十分费力。遇到巷道较矮处,需要猫腰穿过,两位领袖精力十分充沛,步幅跨得很大,一边走一边不住地询问着情况,没有一丝倦意。

水力采煤工作面上,水枪喧啸,煤流倾泻,水枪司机杨广顺正在聚精会神地采煤。突然几束灯光照进了工作面,杨广顺扭头一看:啊,这不是相片上的周总理吗?他的思路还未收回,两位领袖已经伸出手来。杨广顺双手沾满了水和煤泥,黢黑黢黑的,他想用水洗一洗,可是已经来不及了。正在他犹豫时,周恩来、少奇委员长已经摘下手套,紧紧握住了这双粗壮有力的手,杨广顺眼含泪花,激动得不知说啥好。

水枪喷出的高压水柱直冲煤壁,煤壁被一层层切割下来,发出哗哗巨响,周恩来、少奇看得出神,大声说:"水的力量真大呀!"

1958年9月1日,周恩来视察开滦唐家庄矿,在井下观看水采煤的情况

水枪停下来了，周恩来走过去，又屈身向前扳动那水枪，像水枪司机那样转了几下，朝着杨广顺问："掌面上煤层有多厚？每天产量多少？开采时用不用爆破？矿水枪压力有多大？"

杨广顺一一作了回答，并兴奋地报告说："水力采煤的好处多了，产量高、成本低、又安全，真是多快好省，是国际上先进的采煤技术。"两位领袖听到这里，互相点头微笑，示意杨广顺再表演一次水枪采煤，杨广顺像得到命令似地虎步上前，重新握住水枪，见周恩来正站在他的身旁，生怕不安全，周恩来好象看透了他的心思，连连摆手："不怕，不怕。"水枪吼叫起来，煤像流水一样飞泻而下。

两位领袖对水力采煤兴趣非常浓，陪同参观的负责同志一再劝他们早点上井，可他们却执意要看完水采的全过程。从水采工作面到流煤道，从管道运输到脱水筛，看了个仔仔细细。

从水采工作面出来以后，周恩来向陪同参观的唐家庄矿工程师范书斌问道："管路压力怎么样？一台高压泵能带几台水枪？"当周恩来听说一台高压水泵只能带两台水枪时马上插话："是不是用流量再大的泵就可以多带水枪？水采的效率可不可以再提高？"范工程师不住地点头称是。

在煤水泵房，快要下班的煤水泵司机戚德礼全神贯注地倾听着机器的运转声音，做着交接班的准备工作。就在这时，周恩来和刘少奇健步走进了泵房的栅门。此时的戚德礼感到无比兴奋，他使劲地与领袖们握手。

"煤水泵一小时能泵多少煤？消耗多少电？"

周恩来的亲切问话，才使他如梦初醒，他立即作出了回答。由于泵房里机器声音很大，问话不得不凑得很近。

"做几年工了？"周恩来拢着手问道。

"五年了。"戚德礼大声回答。

"做工以前干什么？"

"当解放军来着。"

周恩来注视他片刻，笑着说："打完仗再搞建设，好，好！"

不尽的情怀与崇敬，入微的关怀与温暖，怎能诉说得完。这一幕，给戚师傅留下了终生难忘的永恒怀想……

两位领袖走一路问一路，遇一处停一处，在开滦负责同志一再提议下，终于稍事休息了。

在顺槽里,大家和领袖聚拢坐在一起,就像在田间的地头,就像在家里的热炕上。

"吃点西瓜吧。"陪同的开滦领导提议。

周恩来拿起一块西瓜,却不往嘴边放,他环顾四周,见同志们都拿起了西瓜,就是远处摆弄照相机的一位摄影记者还没有西瓜,关心地说:"那位照相的同志很累,这块西瓜先给他吧。"

他是《开滦矿工报》的记者方艺。方艺一手拿相机,一手接过那块西瓜,一时不知说什么好。看着周恩来慈祥的面容,听着那沁人肺腑的话语,他的心里比吃了西瓜更解渴、更甜蜜。

傍晚6时许,两位领袖又来到电车房,准备乘矿车返回。电车司机李树贵只知道今天接送的是首长,可究竟是谁却不知道。在首长们下车去参观水采作业面时,他一直守候在机车里。两个小时过去了,一束束灯光向电车射来,他做好开车的准备。

突然,他见有人向他走来,一把握住他的手问道:"车是你开进来的吧?"

这时李树贵才看清楚:啊!是周总理,再一看自己油污的手被周总理握着,一时不知说什么才好。"谢谢你。"周恩来使劲摇着电车司机的手。

到了井口车场,周恩来下了车,又来到李树贵身边,边和他握手边问道:"做工几年了,一直是开车吗,家在哪里住?离矿多远?"

李树贵一点儿也没有拘束感,回答道:"家在范各庄住,离矿二里地,全家九口人,小孩最大的14岁,小的才一岁。"

周恩来笑着说:"你结婚太晚了呀!"

周恩来慈祥地望着他又问:"每月收入多少?生活够不够用?"

李树贵高兴地回答:"生活很好,得节省着花。"

周恩来点了点头说:"挺好。"

谁能想到,一位极普通极普通的工人,在几百米井下竟和周总理这么随随便便地拉起了家常。看着周总理离去的背影,李树贵心里翻腾着,一句句默念着周总理的话。当天晚上,他把这见面告诉家里人。这个普通的矿工家庭沉浸在一片自豪和幸福之中。

两位敬爱的领袖从井下上来,已是晚7点多钟,太阳已向西边渐渐沉下去。然而,听到周恩来和刘少奇来矿视察的消息后,下班的矿们都没有走,1000多人排在路边，等候着领袖的到来。

两位领袖健步走出井口，向欢迎的人群招手致意，大家不约而同地热烈鼓掌。"中国共产党万岁！"毛主席万岁！"发自肺腑的呼声响成一片，震荡着百里煤海，直冲碧空。

1958 年 9 月 1 日，周恩来同刘少奇在开滦唐家庄矿井视察

两位领袖视察开滦的消息像春风一样吹遍了百里矿区，人们奔走相告，消息传到那里，那里便是一阵不尽的喜悦与激情。"用实际行动报答党中央对开滦矿工的关怀！"已成全局职工的自觉行动。9 月 2 日，矿矿创高产，组组打高效，全局产煤 39412 吨，创出历史最高纪录。

50 年过去了，古老的开滦煤矿已焕然一新。周恩来、刘少奇当年视察的那座矿山虽然已不再利用水力采煤，然而，唐山却建起了另一座全国最大的水利采煤矿井。50 年过去了，矿工们仍然没有忘记，我们的领袖曾在这里下矿井，钻煤层，共和国的领袖永远和矿工在一起。50 年过去了，这历史的光辉一瞬，将永远记忆在唐山人民和开滦矿工的心中。

情注"穷棒子"

"咱社好比不老松，一年四季绿葱葱，人人都把社来爱，树大根深不怕风"。这支脍炙人口的诗歌，描写的就是唐山市遵化县（今遵化市）西铺村"穷棒子社"的精神风貌。

西铺村是个山多地少、石厚土薄的穷山村。解放前，因村里拄着打狗棍讨饭的人多，该村被称为"穷棒子村"，全村每年都有 30 多人被饿死。20 世纪 50 年代初，共产党员王国藩领导 23 户贫农办合作社，其中有 11 户历来靠讨饭为生,所以有人称他们为"穷棒子社"。但他们人穷志不穷,靠勤劳的双手艰苦创业,开山造地,引水种田,终于摆脱了贫困。1955年,毛泽东在主持编辑《中国农村的社会主义高潮》一书时,特意写按语高度赞扬王国藩领导的"穷棒子社"艰苦创业、勤俭办社的精神。

1965年冬,王国藩又带领大家掀起治山治水的新高潮,苦战48天,修建了一条长1300米的盘山渠道,把水引上岭子山的倒虹吸工程,扩大了水浇地260亩。同时修坝阶350道,平整土地240亩,还修筑了一条护林堤坝。

"穷棒子社"最初成立于1952年,后来快速发展,成绩斐然,被毛主席誉为"我看这就是我们国家的形象"。

时光转到1966年4月29日,这天中午时分,周恩来陪同外宾来到西铺村参观这个老典型。

周恩来一行首先来到了记述"穷棒子"今夕的西铺村

1966年4月29日,周恩来、陈毅在唐山遵化县西铺大队视察

村史馆。在这里,全国人大代表、村党支部书记王国藩面对实物和照片资料介绍了"三条驴腿办社"的详细情况。

周恩来认真听着、看着,当介绍到老贫农王生的事迹时,他紧紧拉着王生的胳膊对外宾说:"王生在旧社会讨了24年饭啊!"有位外宾讲:"如果不是新社会还得要饭。"

王生的声音颤抖了:"没有毛主席,我活不到现在。"

周恩来听着宾主交谈不住地点头。

王国藩接着话茬补充:"没有毛主席领导我们办社,也就没有西铺村的今天。那时候,有的人讥笑我们是'穷棒子',将来一定会穷散架。可我们有志气,摽着膀子搞合作事业,各个方面都得到了大发展。"

是的,"穷棒子社"经过14年的艰苦奋斗早已今非昔比。到1966年,粮食亩产由过去的150斤增加到500多斤,林木比过去增加了两倍,大牲畜增加了40%,全社每年向国家交售余粮100多万斤,人民群众的生活越来越"风光"。

走出村史馆,周恩来和外宾来到欢迎的人群中间。在一片笑声、掌声中,他站到了一个高台上, 对群众们讲:"我们大家一起用歌声欢迎国际上的朋友吧!"周恩来说着打起拍子指挥唱起了《游击队之鹰》,歌声在山村回荡,男女老少笑逐颜开,"穷棒子社"一派欢腾景象。

按着市、县领导的想法,这天的午饭尽量安排好一些,可谁也说服不了周恩来,必须和当地群众一起就餐。一点多钟了,周恩来和外宾来到大队部,与"穷棒子社"的代表们共进午餐。

"快把王生、王荣等老同志们请来。"周恩来招呼着。

待老农们就座,周恩来才拿起玉米面饼子,就着豆腐脑儿津津有味的吃起来。吃完第一块又拿起一块,并把一些面食夹给王生,劝大家多吃些。席间,宾主谈笑不断,周恩来对午饭的安排很满意。

"到要饭出身的王生家里看看去吧。"刚放下碗筷,周恩来又考虑工作了。

周恩来的话让坐在旁边的王生听到,他撒腿就往家里跑。"快收拾,周总理要来咱们家了!"王生上气不接下气的边告诉老伴边扫院子,老伴樊翠玲找了一块旧布铺在了炕上。

没等王生夫妇收拾好,周恩来他们已经进门了。

老两口急忙把周总理让进北屋炕上,樊翠玲双手递上了一碗白开水。周恩来边喝水边和王生夫妇唠起了家常。

"老王啊,你家有几口人啊?"

"八口。"

"都是什么人呢?"

"老母亲、两儿子、两媳妇、一个四岁的小孙子叫国福,再加上我和老伴。"

周恩来听说有个小孙子,眼睛在寻找。樊翠玲赶紧把孙子小国福领到他跟前,周恩来弯腰抱起孩子,顺手从口袋里掏出几块糖果,塞在国福的嘴里、口袋里,并幸福地亲昵着,像爷头一次见到孙子那样亲热。

接着,周恩来问樊翠玲:"你是八口之家,这房子够住吗?"樊翠玲说:"够住。这正房给儿子、媳妇住,我俩住厢房。"

听到"厢房"二字,周恩来抬头向窗外望去,随之又将目光收回。他邹起眉头问道:"老王,你是拿我当家人看还是当客人看啊?"

"这还用说,我们把您当一家人呗!"樊翠玲抢先回答。

"既然拿我当家人,为什么不带我到厢房呢,走,到那里坐坐去。"

原来,王生两口子住的厢房是解放前给大户看场的窝铺,坯打垛,草苫顶,又矮又窄,进门都得弯腰。

周恩来不顾这些,进门就盘腿坐在了炕上。他打量了一番屋子,又把目光集中在王生的脸上。问道:"老王啊,你的眼睛怎么不豁亮?"

素称铁汉子的王生面对周恩来的关怀,再也难以抑制内心的酸楚,两行热泪夺眶而下,哽哽咽咽地向周恩来说起了自己的家史:解放前,一家10口人有7口病饿而死,他出生不久爹就死了,母亲因穷困所迫改嫁到外村。自己从记事起就提着罐子要饭,在20岁时,与迁西一个讨饭的姑娘成亲,因为无处安身,只好给人家看场以住场屋。一天晚上刮风下雨,屋顶的一角坍塌下来,雨水夹杂着泥巴一股脑的冲进了他的双眼,打这以后眼睛一直瞎了17年。土改后,西铺分给了他。1952年初级社时,是村党支部把他送进了医院治疗,才重新见到了光明。

周恩来听罢,激动地对在场的人讲:"这个屋子是名副其实的过去的长工屋,它是历史的见证啊!"又转过身去对樊翠玲说:"可惜我太忙,不然要在这屋里住上两宿,好不忘本啊!"

王生老两口急忙说:"请周总理放心,我们永远不会忘本。"

王生接着说:"入社后生活好转了,1955年家里盖上了新房。在我准备扒掉窝铺时,被王国藩书记制止了,它成了'穷棒子社'教育下一代的活教材。"

周恩来大声补充道:"以后要多把'长工屋'讲给青年们听,我们永远不能忘记劳动人民受过的苦难。忘记过去就意味着背叛。"

周恩来的话触动了樊翠玲的心,她边诉说解放前受折磨的往事,边撩开衣服让周恩来看身上的累累伤疤。周恩来探过身去摸着那灾难的印记,嘴唇颤抖了起来,用手擦起了泪水。过了一会儿,他安慰樊翠玲说:"我们的新社会由人民当家作主,不会再有人欺负你了。"

周恩来在"长工屋"坐了将近两个小时,临别时,又提议与王生一家在新房前合影留念。

为此,周恩来特意派自己的司机开车,专程到 20 里外的陡子岭接来了王生年迈的老母亲。

照相时,周恩来恭请老人坐在正中间,又让王生兄弟紧挨着热泪迎眶的老母亲坐下,等布置停当后,他才悄悄地站到最后排左侧和大家合影。

繁忙的一天结束了,在夕阳余辉中,周恩来一行离开了"穷棒子社"。周恩来走了,他位尊而不矜,德高而不恃,公仆形象,永远留在了人民群众的心中。多少年来,周恩来与"穷棒子"的合影一直高悬在村子中心,他的谆谆教诲时时刻刻鼓舞着人们在社会主义大道上奋进。

心系"活愚公"

在唐山市遵化县(市)沙石峪的北山坡上,树立着一座并非精琢的纪念碑,上刻着"万里千担一亩田,青石板上创高产"14 个朱红大字。40 余年了,无论谁到这里,耳畔仿佛听到"活愚公"的脚步在继续,心灵深处感到一位伟人的身影在走来。

沙石峪村坐落在遵化县长城以南 30 公里的群山之中,原是荒山秃岭的穷山沟,耕地在山梁上"瓢一块、碗一片",一亩地少则八九块,多则八九十块。附近没有水,要翻山越岭到几里路外,一担一担地挑。干旱缺水,庄稼难长。好年景时,每人每年也吃不到七八十斤。全村 80 户人家,有 65 户常年外出打工、逃荒。解放后,村支书张贵顺领导群众走互助合作的道路,组织起来开山劈岭,寻找水源。因不懂科学,历经挫折,劳民伤财,教训深刻,一度灰心丧气。后因上级政府派水利干部帮助勘察,终于在两公里外的地方找到了水源。沙石峪人再接再厉,在坚如铁板的石头上,硬是打出了三眼水井,开始有了 10 亩水浇地,从而结束了从山外运水的历史。

后来,张贵顺又带领群众办农业合作社,发扬"愚公移山"精神开山造田,在北山上用石头垒起了一道道石坝,从山下挑土到山上垫地,先后整出 73 层梯田,造田 43 亩。1954 年冬,村支部又组织 37 名党团员成立开山队,由民兵连长带队,开进深山"狼洼",冒着刺骨寒风,挥舞铁钢钻,开山炸石,挑土造田。火热的气氛,感动了群众,开山队伍随即扩大为 100 多人。经过四个年头的艰苦奋战,沙石峪的土地由原来的 997 亩扩大为 1390 亩,平均每人增加一亩地。集体栽种果树近万棵,他们还在北山腰凿开了一个能容水 2700 立方的蓄水池,为农业生产创造了有利条件。

各级政府也给了他们许多支援。农业部副部长、著名起义将领何基沣,当年考察时就曾帮助他们解决了一些引水用的水管。1955 年,沙石峪人战胜干旱,获得了粮食大丰收,第一次向国家交售 2800 公斤余粮,实现了粮食自给自足,成了干旱山区脱贫致富的先进典型。

1965 年秋,时任中央农林政治部副主任的王振扬等在沙石峪爬山头,看水池,走田地,访村民,对村支书张贵顺组织群众顽强抗旱的动人事迹感触极深,并很快写成简报向周恩来作了报告。

1966 年 4 月初,周恩来办公室突然召王振扬返京,到中南海西花厅开会。与会人员有国务院秘书长周荣鑫、外交部副部长王炳南和礼宾司司长等。周恩来说阿尔巴尼亚部长会议主席谢胡将率党政代表团来中国访问,他们要求参观中国农业生产的先进典型。因为山西大寨他们过去已参观过,这次不再安排。阿尔巴尼亚是一个多山、少雨、干旱的国家,对方要求参观一个地形、环境、气候条件与他们相仿的农业生产先进典型。

当时中苏关系紧张,而阿尔巴尼亚一直坚定地站在中国一边,所以党中央十分重视这次访问,周恩来亲自主持会议,研究选择参观地点。

王振扬立即将河北沙石峪、西铺村和河南林县红旗渠的情况,向会议逐一作了介绍。相比之下,沙石峪更符合阿尔巴尼亚的国情和参观要求。但问题是沙石峪地处山区,交通不便。

周恩来点头赞同王振扬的发言,他认为交通不是大问题,只要选点合适,可以让空军派飞机运送代表团。他同意将沙石峪选为参观典型,又因西铺村和沙石峪都在遵化县内,又指示将毛泽东表扬过的老典型西铺村也列入参观计划,并指定外交部和总参会同王振扬前往沙石峪和西铺村进行实地考察,做好迎接外宾参观的各项准备。

以阿尔巴尼亚部长会议主席谢胡为首的党政代表团,搭乘专机如期来访。周恩来、陈毅率领有关人员到机场迎接,王振扬作为中方陪同人员奉命前往。

第二天,周恩来、陈毅带领王炳南、王振扬等,陪同阿尔巴尼亚党政代表团,从国宾馆乘车出发前往西郊机场登上专机。瞬间,一架银白色的飞机腾空而起,飞越燕山山脉。飞机在遵化机场降落后,大家换乘直升飞机前往沙石峪。

那天,沙石峪上空万里无云,春风浩荡,阳光灿烂。从机舱中向下俯视,层层叠叠、长满碧绿苗壮麦苗的梯田,漫山遍野、郁郁葱葱的大片果树林,还有那弯弯曲曲的引水渠和大大小小的蓄水池都尽收眼底。目睹此景,谢胡在机舱内笑逐颜开。他按捺不住激动的心情,兴奋地对周恩来说:"恩来同志,你们把我们带到了一个好地方,太好了!我们要好好看看!"

长期深居山沟峡谷的沙石峪人,听说周恩来陪同外国领导人来山村参观,无不欢欣鼓舞。男女老少,像过年一样,全部出动,挤在村头迎接。

1966 年 4 月 29 日,半晌过后,直升飞机徐徐降落在沙石峪村前的空地上。敬爱的周恩来总理满面笑容,同陈毅副总理以及外宾步出机舱,这时,数百名沙石峪人挥动红旗,敲着锣鼓,热烈鼓掌欢呼。小伙子擂起了鼓,中年汉子吹起了

1966 年 4 月 29 日,周恩来、陈毅陪同谢胡率领的阿尔巴尼亚党政代表团到遵化县沙石峪参观访问,受到群众热烈欢迎

《社会主义好》的乐曲。周恩来、陈毅等陪同外宾，满面笑容，频频向大家招手致意。村支书张贵顺快步上前迎接。

周恩来等同志亲切地同张贵顺及当地干部们一一握手。随后他们手拉手、肩并肩地朝欢迎的人群走去。问候声、掌声、鼓乐声响成一片，沙石峪沉浸在从未有过的欢乐之中。

周恩来让张贵顺介绍组织农民群众引水抗旱、夺取丰收的先进事迹。张贵顺领着大家爬山越岭，边参观，边介绍。

外宾们不住地夸赞沙石峪人不怕困难、勇于奋斗的英雄气概。

在张贵顺等人的引导下，周恩来等同志向北山走去。

途中，周恩来指着一片茂密的松柏林说："这里绿化的好啊！"

张贵顺连忙回答："这是五十年代初造的，叫互助合作林。我们的工作差距很大，还需要努力。"

周恩来在遵化县沙石峪视察

到了北山，张贵顺站在"万里千担一亩田"的工程前，向周恩来汇报了沙石峪人民坚持愚公移山、艰苦创业的事迹。

原来，这里"土如珍珠水如油，满山遍野大石头"，沙石峪穷的连村名都没有，就是县地图上也找不到它的位置。解放后，这里的农民们组织起来，走上集体化的道路，大家积极相应毛主席的号召，发扬愚公精神，年复一年，移山创业，植树造林；硬是把一个怪石林立，人迹罕见的狼洼治服了。在希望中，广大群众又一鼓作气给1200亩秃岭相继披上了绿装，造出了3.2亩地的全村最大的平地。1964年，这里遇上了特大洪灾，沙石峪人民在灾害面前不低头,把石坝重新垒起来、把土重新担回来,把庄稼重新补起来,终于在大灾面前获得了好收成, 向国家交售余粮九万多公斤, 超出指标一倍多。1965 年冬天,沙石峪干部带头开始在青石板上造田,他们开石槽、砌大坝,往返一万多华里挑土造地,从冬到春,昼夜不停,创造了在石板变地的奇迹。

张贵顺说:"青石板上造田的工程结束后,人们就地取材,特意竖起了一块'万里千担一亩田,青石板上创高产'的石碑,作为永久的纪念。"

周恩来坐在山坡上边听边点头。末了,他对张贵顺说:"老张,你的功劳可不小啊。"

张贵顺的脸一热,急忙说:"我有啥本事,大字认不了几个,事业都是大家干的。我只不过按照毛主席、党中央的指示,给大伙带带路。"

周恩来满意地笑了。

面对这不同寻常的石碑,大家发出了由衷的赞叹声。按照周恩来的提议,同志们一起围拢在"万里千担一亩田"纪念碑前合影留念。

接着,周恩来带着外宾,循山路登高眺望。环环铺翠的麦田、片片织锦的果园、处处闪光的水渠尽收眼底,周恩来指着一处处工程说:"越苦的地方干劲越大,你们不亚于大寨,要更加谦虚谨慎,做出更大的成绩。"

大家行至蓄水池旁,沙石峪人端上当地出产的核桃、红枣款待客人。张贵顺接着介绍:"沙石峪非常缺少水,1952 年至 1957 年,我们历时五冬六春,挖成了储量 2700 多立方的大水池,在雨季储水。去年大旱,全村男女老少齐出动,83 天扁担没离肩,累计行程 41 万华里挑水浇地,粮食、果木也都获得了好收成。同时也锻炼了干部,培养了一个有战斗力的党支部。"

周恩来和谢胡等来到村里的办公室,沙石峪人用自己生产的大枣、花生、核桃等热情招待来访的贵宾,宾主双方欢聚一堂,亲切交谈。谢胡激动地说:"沙石峪的地势、气候,同我们阿尔巴尼亚的条件极为相似。沙石峪农民群众'愚公移山'、艰苦奋斗、战天斗地、夺取丰收的英雄气概和先进经验十分感人,很值得学习。"他表示今后要把沙石峪当成培训阿尔巴尼亚干部的大学校,轮流组织干部分期分批来沙石峪参观学习。周恩来等鼓励沙石峪人继续发扬愚公移山的精神,再接再厉夺取更大的胜利。

从此,沙石峪人冬战严寒,夏战酷暑,长期艰苦奋斗的英雄事迹,很快就通过新闻电讯传向北京,传向海内外,成为沙石峪人永远的骄傲。

1966年,周恩来在遵化县沙石峪与群众交谈

那天,周恩来的心情特别好,他看得仔细,问得也详细,不断赞扬张贵顺组织群众抗旱夺高产的成绩很大,工作干得不错,先进事迹和经验值得推广。

外宾们也被沙石峪人的精神和成就所打动。他们说:"今天我们访问的地方是一所大学,收获太大了。"

周恩来对外宾们说:"这里也是我们共同的大学,以后我们把它拍成电影,供大家好好学习吧。"

见客人们谈兴正浓,张贵顺把大红枣捧到他们面前说:"请周总理和来宾们尝尝我们自己产的红枣吧。"

周恩来捏起一个放进嘴里,"好,你们石头缝里长出的枣子可真甜啊,真是另一种滋味。"突然,一颗枣子掉在了地上,他又弯腰捡起来,吹掉上面的土星放进嘴里说:"这枣子是群众的血汗换来的,一点也不许糟踏了。"

周恩来对沙石峪人的劳动果实如此珍惜,使在场的人无不起敬。

一会儿,周恩来站起身来,从盘子里抓了几个枣子放进衣服口袋里,并风趣地说:"我得给老婆带点儿回去啊。"话音刚落,旁边的村干部你一把我一把的往周恩来总理手里送,周恩来左右躲闪着,当听到张贵顺恳求"请周总理替我们给邓大姐带上些"的话后,才接过一大把说:"我接受沙石峪的盛情,替她谢谢你们啦。"

周恩来问同志们:"农业八字宪法的第一个字是什么?"大家异口同声的回答:"土"。周恩来又讲:"这里一天到晚有那么多人来参观,鞋低要带走多少土啊,以后凡来这里参观的,都务必带一包土来。"张贵顺点头笑了。

"老张,你家在哪里?咱们去看看。"

张贵顺知道家里太寒酸了,但当着这些人又无法回避,心一横领着周总理一行进了自家的门。

屋里墙壁坑坑洼洼,窗户破了用旧棉裤堵着。看着这一切,张贵顺脸上发烧、心里发毛。

哪知,周恩来没有一丝在乎,像到自己家一样随和。他笑着对外宾说:"中国农村有个习惯,进屋要脱鞋上炕,不然主人会认为你嫌弃。"说着,大家都脱鞋坐到了炕上。

"周总理到村支书家里作客啦!"乡亲们闻风赶来,把屋子围了个密不透风。村妇女主任赵凤兰看着周恩来靠被垛坐着,笑得闭不住嘴。"老赵,你看我有多大岁数?"周恩来问。

赵凤兰捂着嘴,不加思索地回答:"我也不用猜,凭面目周总理也就是40多岁。"

"40多多少啊?"

"最多不过45岁。"

周恩来欠身大笑:"今年我已经68岁了,结婚也40年了,按你的估计,起码三岁就结婚喽。"

周恩来在和大家逗乐子,屋里屋外一片哄堂大笑。

伴随着笑声,周恩来的目光转向张贵顺的妻子李树金,"老李呀,贵顺晚上开会回来你给开门不?"靠着板柜站着的李树金笑着歪过头去回答:"开,哪能不开门呢。"

周恩来又问:"你们这个家由谁当啊?"

"都当家,外头是老张,里头是我呗。"

"内外有别,合理分工,好!"周恩来又嘱咐:"老李呀,不管贵顺多晚回来,你都要开门。饿了,把饭烧热,冷了,把炕烧暖。贵顺是党和国家的财富,改造沙石峪离不开他。"张贵顺老两口听了周恩来总理的话,满肺腑都热了,眼窝里泪汪汪的。

幸福的时刻很快就过去了,尽管沙石峪人依依不舍,也留不住周恩来的脚步,他太忙了。周恩来要上飞机了,欢送的人群潮水般地涌上前去,舞动着彩旗、花束连连高呼:"欢迎总理再来,欢迎总理再来!"。周恩来站在机舱门口大声回答："再见乡亲们，我一定会来！"

1967 年 2 月，周恩来真的又来了。可那时正是"文化大革命"之际，他身穿军大衣，少了以往的笑声，语重心长地告诉张贵顺，要相信党，相信群众，正确对待运动，正确对待自己。正是在周恩来的关怀下，这位老支书才重新站出来，继续带领沙石峪人前进。

以后，张贵顺多次到北京出席党代会、人代会，周恩来接见劳模时，总是一眼就认出他来，直呼："张贵顺，沙石峪。"可是，他再也没有来过。

党的十一大期间，邓颖超同志曾拉着张贵顺的手说："你不是让周总理给我带过大红枣吗，永远也忘不了啊。"

日月轮转，时光荏苒。今天，一座栩栩如生的周恩来塑像竖立在了沙石峪村委会的院子里，在全村人的心目中，他真的没有离去，"我一定会再来"，周总理和"活愚公"的心永远系在了一起！

第九章 谋划国策在幽燕

"大雨落幽燕,白浪滔天,秦皇岛外打鱼船。一片汪洋都不见,知向谁边?往事越千年,魏武挥鞭,东临碣石有遗篇。萧瑟秋风今又是,换了人间。"一代伟人毛泽东写下的这首不朽名篇《浪淘沙·北戴河》,纵贯古今,气势磅礴,不仅热情赞美了秦皇岛绚丽的自然风光,而且高度颂扬了秦皇岛悠久的历史文化,同时也是对初步建设起来的社会主义新中国的由衷赞叹。

秦皇岛位于河北省东北部,南临渤海,北依燕山,古代的幽州、燕国就在这一带。秦皇岛也是一座有着悠久历史的古城。商周时期为孤竹国中心区域,春秋时期晋灭肥,肥子逃奔燕国,燕封肥子在此地建肥子国。战国时期,此地属辽西郡。秦汉时期这里是东巡朝拜和兵家必经之地。秦始皇第四次出巡到碣石,刻碣石门。并派燕人卢生、韩终、侯公、石生等方士入海求仙人和不死之药。汉武帝东巡观海,到碣石筑汉武台,并在此用兵攻朝鲜卫乐王朝,把北戴河金山嘴作为屯粮城。曹操率兵北伐乌桓,取道渤海之滨,望临碣石,赋《观沧海》诗。

秦皇岛全市辖海港、山海关、北戴河三个城市区和抚宁、昌黎、卢龙、青龙满族自治县四个县,总面积7812平方公里,总人口278万,其中市区人口75.9万。秦皇岛所辖的北戴河更是驰名中外的避暑胜地。

1954年,党中央确定北戴河作为中央暑期办公地点以来,党和国家领导人几乎每年的七八月份都来这里办公和休息。几十年来,领袖们在这座称为"夏都"的美丽海滨城市,不仅谋划着我们伟大祖国不断发展前进的宏伟蓝图,运筹着经济建设,向四化进军的重大国策,而且还多次深入工厂农村,调查研究,体察民情,在各方面对秦皇岛北戴河的建设及发展给予了亲切关怀和指导。秦皇岛北戴河的工厂、农村、机关、学校、景点,处处都留下了党和国家领导人深深的足迹。敬爱的周恩来总理,曾几次来过秦皇岛。在这里,他夜以继日,忘我工作,给秦皇岛北戴河人民留下了难忘的记忆。

搞计划要从实际出发

1956 年盛夏的北戴河，虽然骄阳当空，但仍是微风习习，并不像其它地方那样闷热潮湿。在这里，我们敬爱的周恩来总理，为编制和审议我国第二个五年计划，忘我工作了 15 个日日夜夜，他

1958 年周恩来在北戴河

那严谨务实的工作作风和实事求是的工作态度给人们留下了难忘的印象。

由于我国发展国民经济的第一个五年计划（1953 — 1957 年）执行的非常顺利。1956 年年终，面对当时经济形势发展很快，第一个五年计划许多指标即将提前或超额完成的情况，党中央决定及早着手进行第二个五年计划的编制工作，以适应经济建设进一步发展的需要，并要求在即将召开的党的第八次全国代表大会上正式审议第二个五年计划建议，以便用于指导"二五"计划的具体编制工作。

1956 年 2 月至 4 月间，中共中央政治局分别约集 30 多个经济部门的负责同志座谈，讨论社会主义建设中存在的各种问题。由于当时的国务院副总理兼国家计委主任李富春和国家计委副主任张玺都在莫斯科，同苏联政府谈判援助我国第二个五年计划的新项目问题，第二个五年计划建议的草拟，便由周恩来亲自主持和组织。此间，周恩来非常重视各方面提出的意见，经常约请一些做实际工作、了解实际情况的同志谈话，听取他们的意见，"二五"计划草拟结束后，已是 7 月下旬。

周恩来审议"二五"计划建议是 1956 年 8 月上旬在北戴河开始的。8 月 3 日至 16 日,周恩来在北戴河多次召集会议,讨论修改第二个五年计划的建议草稿,对第三方案和第三方案调整意见中的各项指标进行调整与核实。在此期间,周恩来提出了许多重要的经济思想。比如"二五"计划期间,要继续推进社会主义建设,建立社会主义工业化的巩固基础,争取大约经过三个五年计划的时间,在我国基本上建成一个完整的工业体系。又比如鉴于 1956 年上半年经济发展中已经出现了急躁冒进的倾向,周恩来指出,搞计划不能只从需要出发,而应当从实际可能出发,并把两者很好地结合起来。他还说,中长期计划指标要定得稳妥可靠,让年度计划在执行中超过。周恩来提出,"二五"期间必须大力发展农业生产。只有农业稳步发展,人民生活才能安定,国民经济才能健康发展。我国人口多,粮食需要量大,主要应靠自己生产,进口一些粮食只能是临时做点调剂,如果粮食上出了大问题,世界上任何一个国家都保证不了我们的需要。周恩来要求,要迅速提高工业技术水平,把我国的经济逐步推进到现代化技术的轨道上,以提高效率,促进经济的发展。他指出,要加快我国经济发展,必须加强对外经济联系,既要加强同苏联和各人民民主国家的国际协作,又要发展同不同社会制度各国的国际协作,扩大相互间的经济、文化、技术交流和贸易往来,以加速国民经济的发展。他强调,随着我国建设规模的扩大和人民生活的提高,我们在财力、物力和技术力量等方面一定会遇到很多困难。在搞计划的时候,一定要注意搞好各方面的综合平衡,特别是要搞好财政、信贷、物资三大平衡,并要考虑留有必要的物力、财力储备,以保证国民经济比较均衡地发展。他最后指出,要正确处理和调整中央同地方的关系,充分发挥各地方、各业务部门和各基层单位的积极性,并广泛动员群众的力量,以尽可能快一些发展社会主义建设。这些思想既体现了他的革命胆略,又贯穿了求实精神。

在审议过程中,周恩来喜欢用毛笔阅改稿件,字斟句酌反复推敲,对每个数字、百分比和标点符号,他都不轻易放过。有些重要指标,他还亲自核算,检验是否可靠,有没有算错。周恩来常和同志们一起,边念边议,讲思路,研究方针政策,审定重要计划指标,常常搞到第二天凌晨一两点钟,有时还要搞个通宵。就这样连续搞了约半个月,周恩来总是精力充沛,不怕疲劳。同志们工作中的个别疏忽,如有些数字有出入,常常是他发现和纠正的。周恩来还要求大家,文件要写得简明扼要,思路清晰,重点突出。国家计委原来提出的建议草稿,共有两万多字,经过几次讨论修改,最后文字压缩到了一万字左右。

8月16日,周恩来前往北戴河毛泽东主席的住处,与毛泽东主席进一步商谈关于"二五"计划建议的报告。16日深夜,周恩来离开北戴河。17日凌晨,回到北京。

"二五"计划是在党中央和毛主席的领导下,凝结了周恩来的心血,集中了许多同志的意见形成的,是集体智慧的结晶。

提出了"四个现代化"

北戴河是我国的避暑胜地,自1954年被党中央确定为暑期办公地点之后,几乎每年党和国家领导人都到这里工作和度假。可周恩来到北戴河总是忙于国家大事,根本顾不上休息。最早的"四个现代化"构想就是周恩来在北戴河思考形成的。

建国后,作为开国总理,周恩来不断探索在比较短的时间里赶上世界上发达国家的途径。这个途径一开始提的是工业化。当时周恩来估计,"中国工业化,是十年、二十年的问题。"经过恢复时期和第一个五年计划头两年的实践,建设中国的路究竟怎么走?周恩来在重新探索了。探索除了工业化之外,是否还可以有其他的目标,他提出了"四个现代化"构想。

1954年,在第一届全国人民代表大会第一次会议上,周恩来提出:"我国的经济原来是很落后的,如果我们不建设起强大的现代化的工业、现代化的农业、现代化的交通运输业和现代化的国防,我们就不能摆脱落后和贫困,我们的革命就不能达到目的。"周恩来提出了"四个现代化"后,中国共产党全党接受了周恩来的提法,把它写入了1956年中共八大通过的党章总纲。此后的多年中,周恩来一再、反复强调这个目标,内容也越来越完整、越来越科学。

1954年提出的"四个现代化"的内容,和现在我们说的"四个现代化"的内容略有不同,主要是现在不再把交通运输的现代化专门作为"四化"的一项内容。因为周恩来后来作了更改,这次更改也是在北戴河。

1957年8月13日至20日,周恩来在北戴河主持召开国务院第十一次常务会议,讨论关于发展国民经济的第二个五年计划的1958年计划、预算和国务院的体制等问题。他在会上讲到工业的时候,讲明了工业是"包括交通运输

1956年周恩来在北戴河海滨

在内"的,指出"交通运输是要先行的,但要全面安排"。因此,交通运输业的现代化就包含在工业现代化之内,不再单独列出了。

周恩来这次在北戴河关于把交通运输现代化纳入工业现代化的主张,受到中共中央其他领导人的重视和接受。

1959年12月24日,周恩来在黑龙江省委组织的厅、局长以上干部会议上作报告时指出:"我们处在这样的国际国内形势下,需要加快建设我们的国家,使我们国家更快地成为具有现代工业、现代农业、现代科学文化和现代国防的社会主义强国。"

后来,周恩来又把科学文化现代化表达为科学技术现代化。1963年1月,他在上海市科学技术工作会议上说:"我们要实现农业现代化、工业现代化、国防现代化和科学技术现代化,把我们祖国建设成为一个社会主义强国。"

在1964年末到1965年初的第三届全国人大第一次会议上,周恩来作的《政府工作报告》中说:"要把我国建设成为一个具有现代农业、现代工业、现代国防和现代科学技术的社会主义强国。"这是周恩来正式向全国完整地提出现在这个"四化"的号召。

主持长江三峡工程会议

1958年8月31日,周恩来在北戴河主持了长江三峡工程会议。会上,周恩来肯定了三斗坪坝区,这是三峡坝址选择上的重大突破,为今天正在一步步实现造福人民的三峡系统工程奠定了十分重要的基础。

三峡工程这个世界超一流大工程,涉及很多部门和地区,涉及很多科学技术问题,涉及国际国内的环境条件,是项十分复杂的系统工程。其中,以修建三峡大坝为主要工程,坝址的选择就显得十分重要。

对于坝址的选择一直存在不同的意见,一个是南津关,一个是三斗坪,还有其他方案。1958年2月末到3月初,周恩来带着这个问题亲临坝区视察,时常和专家一起探身到岩洞中,观察岩石的裂隙和斑痕等。他说,看来在石灰岩地区建坝,的确要认真解决岩溶的问题。通过实地察看,直接掌握材料,并且亲自主持会议听取汇报,组织讨论,让大家充分发表意见。这为北戴河会议的决策提供了有利的条件。

为了便于沿江有关工业、农业、交通等基本建设的安排,并且尽可能减少四川地区的淹没损失,周恩来提出,三峡大坝正常高水位应当控制在吴淞基点以上200米;同时,在规划设计中还应当研究190米和195米两个高程,提出有关的资料和论证(新编的可行性研究报告的结论是:正常蓄水位175米,选定的坝顶高程180米)。

周恩来说,长江是个不平凡的对手,可不能等闲视之啊!我们要从全国人民的利益出发,从长江的上、中、下游出发,以修建三峡大坝为主要工程,解决长江的防洪问题,使它永远造福人民。他认为,三峡有"对上可以调蓄,对下可以补偿"的独特作用。周恩来肯定了三峡工程在长江流域规划中的主体作用,但由于它规模特大,涉及防洪、发电、移民、生态环境等多方面问题,需要考虑各种因素和修建条件。必须按照"积极准备,充分可靠"的方针,认真经过科学论证,慎重决定上马时机,为子孙后代负责,经得起历史的考验。

周恩来在北戴河长江三峡会议上肯定了三斗坪坝区的同时,又提出:"在三峡工程的准备工作时期,对美人沱和南津关两个坝址的继续勘测和研究,对一切主要的技术问题和经济问题的探讨,都应当采用展开讨论、全面比较论证的方法,以求作出充分可靠的结论,某些重大的技术问题必须作试验研究。"以后,由中外人士多方面的反复论证,以至1986年以后由400多名专家参加的历时两年多的三峡工程重新论证都表明,在三斗坪建高坝的地质条件是稳定的、可靠的、理想的。

在北戴河长江三峡会议上周恩来还曾提到萨凡奇。萨凡奇是美国著名的大坝工程师、美国垦务局设计总工程师。1944年他曾到三峡考察,提出了在南津关建坝的建议并组织中外人士为兴建三峡工程做了初步的研究设计。周恩来曾说:"萨凡奇只搞了一个南津关坝区,可是他提出了问题,是有功的。为了否定南津关坝区也要多花一些力量,世界高坝应作些研究,科学家要摆问题,加以论证,三峡大坝研究成功也是对当代科学的巨大贡献。"这充分显示了周恩来尊重知识、尊重人才,对待不同意见的科学态度。

周恩来有生之年没有看到三峡大坝,但他继荆江分洪工程之后亲自抓了丹江口、葛洲坝两大工程,为兴建三峡大坝做了实战准备。按照周恩来铺垫的道路前进,经过几代人的努力,长江三峡工程今天已变成了现实,万里长江的治理、开发从根本上得到了解决。

为"耀华"解决大问题

在1957年夏季的一个星期天,周恩来为到北戴河出席一个会议,早上从青岛乘飞机抵达山海关,然后乘汽车去北戴河,途中顺便视察了耀华玻璃厂。

听说周总理来了,耀华玻璃厂党委书记、厂长李玉文、副书记刘风海,副厂长李剑青一齐到厂门口迎接。

周恩来下车后,微笑着与大家一一握手。大家看周总理一路很辛苦,想请总理先进屋休息一会儿。周恩来说:"不休息了,先到车间看看。"大家陪着周总理先到一熔车间。

因为事先没有通知市里。市委第一书记苏锋、市长武学文闻讯后急忙赶到耀华玻璃厂,陪周恩来视察生产情况。视察完一熔车间后,周恩来又到引上、采板和切片工段,看了玻璃生产的全部过程。

视察中,周恩来对工人的健康非常关心。当他看到采板工人在高温下操作时,就问:"工人这样工作八小时吗?"厂领导解释说:过半个小时就轮流休息一次。他说:"这还好,但是还要降温,要改善劳动条件。"从采板工段出来以后,看到一所厂房,周恩来问:那是什么车间?李剑青副厂长回答说:"是原料车间。"周恩来早知原料车间的粉尘危害严重,所以接着就问:"粉尘危害解决了没有?"李剑青说还没有解决。周恩来关切地说:"粉尘要解决,要注意工人同志的健康啊。"对周总理的指示。耀华厂领导后来做了扎实有效的工作,申请专款购置设备,采取技术措施,减少车间的粉尘,经过几年的努力,终于解决了粉尘危害严重的问题。

周恩来很注意厂里的经济效益。走到煤场时,他问:"你们用的是哪里的煤呀?"厂领导回答:"是抚顺煤。"周恩来听说是抚顺煤,就问:"抚顺煤离这远,开滦煤离这近,为什么不用开滦煤呀?"李剑青回答说:"开滦煤是出口的,不供应我们。"周恩来听后说:"要解决这个问题,你们是搞经济的,要算经济帐,可要注意经济效益呀。"事后,耀华厂就此专门向李富春副总理写了报告,不久就供应了开滦煤。耀华的经济效益,从此不断提高。

最令人难忘的是周恩来那可亲的待人态度与朴素的生活作风。周恩来来后,市委就派人在道南招待所准备了午餐和休息的房间。当周恩来从车间出来以后,苏锋同志请周总理去招待所休息和用餐。周恩来却说:"不去了,在厂子办公室休息一下就行了。"因为厂子办公室没有准备,连一包茶叶也没有。周恩来坐下后,人们就给他倒了一杯白开水。可是周恩来毫不介意,接过杯子就喝起来。周恩来亲切地和大家交谈着,他一边问每个人的姓名、年龄、职务及入党时间等情况,一边在本上记。当他问到刘风海是什么时候入党时,苏锋接过说:"他是1938年入党的。"周恩来接着亲切地问:"老刘同志,你有几个小孩呀?"刘风海回答说:"五个"。周恩来一听就笑了。因为当时还没有实行计划生育。所以就说:"这可是多了一点。"周恩来那温和的声音,微笑的面容,令大家也都跟着笑了起来。

汇报开始后,先由市领导汇报秦皇岛市的情况。在汇报过程中,周恩来向

周恩来和刘少奇在秦皇岛视察工厂

武学文询问了秦皇岛市小孩出生率和死亡率、劳动就业、教育等方面的情况。在听取厂领导汇报过程中,问:"现在耀华两座大窑,一天用多少吨原料?"厂领导一一作了回答。周恩来又问:"一年用多少吨煤?"当厂里领导回答不出年用煤量时。周恩来很快说出年用煤总量,周恩来才思敏捷,着实惊人。

听完秦皇岛市委领导汇报工作情况后,周恩来离开耀华玻璃厂,并在苏锋和武学文的陪同下,又到港口视察。在码头上,停泊在那里的苏联船上的20余名船员看到是周恩来,就喊着"乌拉乌拉"的口号,涌向周恩来身边,周恩来亲切地与他们一一握手,深切地表达了对苏联人民的友好情谊。

关心"起士林"的建设

在北戴河东经路中段南侧,有一道醒目的拱形门,铁门上写着三个潇洒大字"起士林"。到过北戴河的人对这里都有很深的印象。但人们印象更深而却难以忘记的是周恩来关心"起士林"建设的动人故事。

说起北戴河的"起士林"也是老字号了。这里还有一段故事呢。1900年八国联军攻占天津后,在德国兵营的伙房中,有一个心灵手巧的二等兵叫阿尔伯特·起士林,他做出的饭菜美味可口,深得官兵喜爱,兵营中上上下下都知道他的能耐和来历:参军前,阿尔伯特·起士林是德皇威廉二世的御用厨师,据说1896年李鸿章访问德国时,起士林亲手为他做过西餐。袁世凯督直后,为了与各国驻津外交官搞好关系,经常在天津举行酒会。中餐吃过几轮后,袁世凯想到了请洋人吃西餐,于是阿尔伯特·起士林应袁的邀请出山。这次他为了给袁世凯露一手,可动了一番脑筋,在各国菜系中精选了法、德、俄等国的几个拿手菜,冷菜、热菜互相补充口味,又精心调配了开胃的红菜汤,把个袁世凯和各位政要吃得那叫一个"美"。兴致之余,袁世凯想让诸位见一见为他们做菜的洋厨师,一来表示对他菜品的满意,二来让在座的洋人看一看袁总督待人接物的礼数。

阿尔伯特·起士林不愧为御用厨师,不但菜品做得好,而且礼仪掌握得很有分寸,再加上他在中国这几年学的比较流利的汉语,让袁世凯非常高兴,于是袁世凯让人拿出100两银子赏给他。受宠若惊的阿尔伯特没有顾上自己还穿着厨师的衣服,双脚一碰,抬手向袁世凯行了一个军礼表示感谢,标准的军姿和不和谐的服装形成了十分滑稽的反差,逗得在场人一阵大笑。转天,这件事就在天津城流传开了，一时间，对于起士林做饭的技术越传越神，许多天津有钱人都恨不得也亲口尝尝西餐是个什么味。

此后，阿尔伯特·起士林在天津开办了一家名为"起士林"的餐馆。起士林开张后，生意十分火爆，除了各国侨民和官员经常光顾外，天津的达官显贵对起士林也是格外偏爱。袁世凯过46岁生日时，将起士林餐厅整个包了下来，阿尔伯特按照西方的风俗布置会场，使得会场气氛高贵典雅，博得袁世凯的夸奖。

阿尔伯特让所有的人品尝了他的拿手好菜后，又捧出一个小山般的多层蛋糕，点燃的蜡烛在餐厅里烛光摇曳，照映四壁曳彩生辉。如此美丽的蛋糕，一层层金字塔的堆砌，黄灿灿的塔底雕满了花纹，塔顶镶嵌一个寿字，四周缀满了奶油制成的鲜花，看得人眼花缭乱。从此以后，天津的有钱人每逢生日，都想着到起士林餐厅庆贺一番，而且点名让阿尔伯特制作一个别具特色的生日蛋糕。之后，起士林又扩大经营规模，在秦皇岛一带开了几个分店，生意依然红火。

北戴河"起士林"西餐店，也是天津"起士林"西餐店的一个分部。这个店始建于1912年，与北戴河共兴共荣，已有近百年的历史。它坐落在北戴河东经路94号，是北戴河唯一经营西餐的饭店。其主要经营各种西式糕点、奶油烤鱼排、黄油炸鸡卷、犹太牛肉、德式酸牛肉及各种沙拉、西式泡菜等菜肴，制作精良、风味独特、脍炙人口。建店之初，占地面积较小，只有一个门店和一个生产车间。

1954年暑期，中央领导人到北戴河工作和休息后，许多外国大使馆官员、外国专家也都纷纷到北戴河来。为了满足他们吃西餐的需求，周恩来曾要求"起士林"在北戴河的分店重新开业。

1956年的暑期，周恩来来到北戴河"起士林"西餐店就餐。饭前，周恩来坐在院内的一棵大树下环顾四周，然后，他富有感情地对当时的店负责人说："'起士林'地方太小了，应该扩大一些。"

根据周恩来的这一指示，"起士林"向周边扩展，新建了一个餐厅和旅馆。现在，每当我们站在这棵大树下，环视四周：门店、中餐厅、西餐厅、旅馆、生产车间等，一个具有一定规模、吃住较为齐备的新"起士林"时，人们总会自然而然地想起敬爱的周恩来，正是周总理的这句话，才有北戴河"起士林"的今天。

心中总是装着人民群众

周恩来不论何时何地，总是把人民群众装在心中。那是 1958 年夏日的一天上午，在秦皇岛郊区白塔岭村通往市区的公路上，车来人往，显得十分繁忙。一辆马车自西向东行驶着，车上坐着赶车人和一位老大娘。当快到汤河桥时，一阵汽车喇叭声将马吓惊，马沿着公路狂奔起来，路上行人见此情景，十分惊慌。只见赶马车的农民拼命勒紧缰绳，用尽全力将惊车推下公路，向桥下驶去。由于剧烈颠簸，车上的老大娘被摔下来，倒在地上，马车停在了桥下。

这时，从东驶来的几辆小轿车，见此情景立即停下，从其中一辆车上下来一位同志，大家一眼认出这是敬爱的周恩来总理。

周恩来急步走到老大娘跟前，忙问摔坏了没有？并将她扶起，问她到哪里？当听说是去秦皇岛医院看病时，周恩来更加关切地询问：病情怎样，家住哪里？此时侍卫长看到公路两侧都是青纱帐，担心周总理的安全，就对周总理说："咱们走吧。"周恩来听了很不高兴地说："往哪儿走啊。"侍卫长理解周总理的心意，在老人未走之前，他是不能离开的。

见此情况，又考虑周恩来还有重要事情要做，工作人员立即给当地驻军打电话说明情况，请他们派车送病人去医院。之后说："周总理，你还有事，上车先走吧，这件事由别人处理一下，行吗？"

周恩来还不肯上车，和工作人员一起帮助赶车的农民把老大娘扶上马车。他关切地询问：病了多长时间？有什么不舒服？赶车的农民和老大娘看到周总理这样关心自己，都感动得流下了热泪。老大娘紧紧拉住周总理的手，不知道说什么才好。周围的群众看到周总理这样关心群众，无不感慨万千。

不一会儿，部队的汽车到了，周恩来和大家一起，扶老大娘上了汽车，车开往医院，周恩来才上车。

周恩来回到住处时间不长，就给工作人员打电话，询问老大娘的情况。当得知已经顺利地送到医院，正在检查治疗时，周恩来才放了心。

第二天，周恩来要去北京会见外宾。临走时，向身边工作人员与区委负责同志交代，要带着点心和钱到医院看望这位老人。几天后，当周恩来从北京回到北戴河，下车就打听老人的病情，再次关切地询问：那位老大娘的病情怎么样？当他得知已派人带着糕点去医院看望,还给那位老大娘留下 50 元钱,病人病情开始好转的情况后,周恩来满意地连声说:"这很好！很好！很好！"

有一次,周恩来与他的一位朋友从天津乘火车来北戴河后,告知北戴河区委,他要请朋友在海滨饭店吃顿饭。从周恩来总理的安全考虑,区委在饭店安排了一个小餐厅。周恩来同朋友步行来到海滨饭店,被让进小餐厅后,一看小餐厅没有其他群众用餐,就提出到大餐厅去吃饭。当周恩来来到大餐厅时,看到一些群众正在用餐,便首先上前与大家一一握手交谈,然后方到桌上吃饭。在此用餐的群众都是第一次这么近距离看到周总理。这虽是暂短的一瞬,可是,周总理那热情亲切的声音,人民公仆的风范,却一直留在了群众的心中。

对北油南运基地的前瞻

1954 年 8 月,周恩来在视察秦皇岛港时提出,要"把秦皇岛港建设成为北油南运的基地"。伟人已逝,教导永驻。半个世纪过去了。秦皇岛人民不忘周总理的嘱托,经过五十多年的奋发创业,秦皇岛港发生了翻天覆地的变化。

如今的秦皇岛港首先映入人们眼帘的是:修长海岸上那蓝色梦幻一样的十里沙滩,霓虹绘彩下那浪漫温柔的夜景,给人们的梦境里带来了多少绮丽与璀璨。这一片阳光掩映下的蓝色经典,有人曾说,秦皇岛是屹立在渤海之滨的一颗明珠,那么以不冻港著称的秦皇岛港无疑就是旋绕在这颗明珠上的最亮丽的光环。

望着那一座座雄伟的吊楼塔林,望着那一排排壮美的铁轨机群,你会想象到秦皇岛港,最初只是一个小渔村吗？秦皇岛港用自己的成长历程书写的历史也成为了历史,从秦朝开始,帝王商贾的足迹便在这片港口上络绎不绝。秦始皇两次登岸,汉武帝横渡渤海、魏武帝碣石放歌,到唐朝还设立了专门的办事机构,而到明朝时更是舟楫寄泊,渐渐成为水师聚泊的场所。江中渔火、枫桥夜渡的情景便经常在秦皇岛的渡口出现,直到清代中后期,才发展成为一个渔商兼用的北方渔港。

19 世纪末,帝国主义列强的炮火敲开了中国的大门, 瓜分中国的狂潮开始,中国港口权益几乎消失殆尽。在这种严峻形势下,清廷海军大臣上书要求寻找可利用的良港扩展军备,但兴建军港耗费颇巨,需 600 万两白银,而修建商用码头费用只不过需 140 两，财政窘迫的清政府听从矿务大臣张翼的建议，决定开办商用码头。1898 年 3 月 25 日，清政府宣布秦皇岛为自开通商口岸，并建设码头，秦皇岛港由此诞生。从此，秦皇岛港作为一个天然良港的生命真正始。但开埠仅两年，秦皇岛即被英帝国主义骗占，变成掠夺我国煤炭资源的专业性港口，后来抗日战争爆发，又落入日本人手里。从开港到 1949 年，英、日帝国主义沉重的盘剥与侵掠，加重了码头工人的负担与苦难，50 年间只修建了两座码头，年吞量只有几十万吨。而当时的作业方式完全是肩扛人抬，劳动工具是大筐、杠棒和铁锹。工人们住简易棚、吃玉米面、领微薄工资受把头欺凌，在落后的生产方式与资本家的残酷压榨下，秦皇岛港见证了一段屈辱历史。

1948 年秦皇岛解放，带来了秦皇岛的新生。1953 年中央交通部接管港口，秦皇岛港重回祖国怀抱。建国以来，毛泽东、周恩来等党和国家领导人曾多次到港口视察指导工作，使港口建设蒸蒸日上。经济腹地包括华北、东北、西北各省、市、自治区，经营项目包括煤炭、石油、粮食、木材、化肥、水泥、矿石及饲料等多种项目，近年来集装箱业务也蓬勃发展，开辟了秦皇岛至日本、香港、韩国等集装箱班轮航线，并承担国内货物的中转，与世界上 120 多个国家和地区港口保持着经常性的贸易往来，成为以能源输出为主的综合性国际港口。到 20 世纪末，港口规划能力将达到 1.3 亿吨，跻身于世界大港行列。在这个"洪波涌起，歌以咏志"的时代里，秦皇岛港如一条入海的巨龙，腾飞在渤海的浩渺烟波之中、燕山的蜿蜒龙骨之上，成为秦皇岛市对外开放的一道灿烂的风景。当年，周恩来总理提出"把秦皇岛建设成为北油南运的基地"，建成国内第一座管道输油码头，在这里早已变为现实。

关心海滨防沙造林

现在从秦皇岛到北戴河有一条平坦宽阔的道路，那就是滨海大道。滨海大道的一端是美丽的鸽子窝景区，另一端连接山东堡立交桥，道路两旁一边是金色的海滩，另一边是茂密的海滨林场。海滨林场的槐花、绿树的涌动，映衬出滨海大道美丽的风景。而这个绿色林带是北戴河人民在周恩来总理的亲自关怀下，通过几十年的艰苦奋斗造就出来的。

解放前，这里是一片荒凉的沙丘，只有在铁路沿线有少量的树木。1899 年开平矿务局买下了这片土地后,在狼牙山、南大寺等处栽植一些刺槐和松树,但成活率极低。到北戴河解放时,这里仍是草木稀少风沙漫天的沙丘荒滩。

1949年,秦皇岛市人民政府向河北省政府上报了沿海沙荒情况,省政府即派农业厅副厅长张克让来北戴河考察沙荒情况。1950年,河北省北戴河造林局成立,20名职工开始在汤河口到赤土山之间造林改造沙荒。当时,因规模有限和技术上的原因,海岸沙荒并没有得到根本上的改变。

1954年8月,敬爱的周恩来总理来北戴河出席一个会议,在从山海关机场乘汽车去北戴河途中,看到沿路这荒漠的景象,不禁使他发出疑问"这里怎么不种庄稼呀?"因为当时是在走动的车内向外看,没看出是沙丘,以为是荒地呢。就问同车的翟俊卿同志。翟俊卿是北戴河区委副书记兼公安分局局长,专门到机场迎接周总理的。他听到周总理的问话后回答说:"那是沙丘,不长庄稼。"周恩来紧接着又问:"那为什么不栽树啊?""树也不长啊。"翟俊卿继续回答。周恩来觉得这么大的一片土地,不能利用起来,实在可惜。他接着说:"可以试试嘛。"这时翟俊卿领悟了周总理的心思,说道:"我们试试。"翟俊卿把周总理的意见向区委做了汇报。大家深有感触地说:我们长年在这里走过来,走过去,任凭风沙呼啸,不以为然,谁也没有想到去改造它。可是,周总理一眼就看到了问题,使我们深受启发。于是,区委就做出了在这一带植树的决定。第二年春天,植树开始了。可是,在沙丘上栽树,谈何容易。刚栽上的树苗,一夜之间,就被风刮得无影无踪。在困难面前,北戴河区委没有罢休,决心要封住流沙,植上树。

第二年春天,北戴河区发动群众,在这片沙丘上展开了治理沙丘的大会战。经过大家齐心合力动脑筋,找到了提高植树造林成活率的好办法。大家用草袋装上土,将树苗、树种栽种下去,一起埋进沙坑里,再在树苗周围挡上土墙防止树苗被风沙淹没,治沙大军用肩挑人扛的办法浇水养护。经过多年的奋斗,终于锁住了滨海大道两边的沙龙,寸草不生的黄沙变成了绿洲。

半个世纪过去了,如今这里已形成1.7万亩的沿海防护林。生态环境的改善使这里成了鸟类的乐园,1990年这里建起了鸟类保护环境站,1991年这里被批准为河北省第二座国家森林公园。

一年一度槐花香,5月的滨海大道总是浸染在穰郁的槐花香里。密林深处,花香四溢,蜂飞鸟鸣,人们享受着优美的环境时,总会想起敬爱的周总理。

周恩来对北戴河区的农业生产也很关心。解放初期,这里多数是渔民,少数的农民还没有种麦的习惯。这是周恩来所未料到的。1958年8月,他到北戴河出席会议时,从郑州带来了一束粒大秆长的小麦。在山海关机场一下飞机,就把这束小麦递给了前来迎接他的翟俊卿。并说:"你看这小麦长得多好啊。"然后问:"你们这的小麦长得怎样啊?"当听到翟俊卿说这里的农民不习惯种小麦时,周恩来有些疑惑。然后说:"可以试试嘛。"从此之后,北戴河区开始试种小麦,并且获得可喜的成功。

难忘的"7464工程"

1973年5月1日,中央电视台(当时称北京电视台,1978年5月改名为中央电视台)开始用第8频道向北京地区试播彩色电视节目。那时秦皇岛市还只能收看黑白电视节目,是由设在昌黎碣石山顶上的黑白电视转播台向北戴河地区转播中央电视台的节目。虽然是定向转播,但由于距离较远,又仅靠电视机上的天线收看,所以收视效果一直不够好。北戴河每年都有许多劳动模范、先进工作者及外国贵宾来此休养、度假,周恩来对北戴河的电视转播工作十分关心。鉴于中央电视台已经播出彩色电视节目,周恩来提议应改善北戴河广播电视的收视状况,使在那里的客人和当地群众能收看到中央电视台的彩色节目。

1974年6月4日,按照周恩来的提议,经中央批准,在北戴河建设彩色电视转播台,简称"7464工程"。之后,中央广播事业局会同有关部门在秦皇岛市召开了北戴河彩色电视工程会议。确定由中央投资,地方承建,建成后由秦皇岛市广播部门管理。会后即开始了紧张的筹备工作。彩色电视转播台的地址,经中央办公厅同意,建在海滨东经路71号,占地面积8000多平方米。工程的主要项目和设备有机房楼、职工宿舍、彩色电视发射机、调频立体声广播发射机、钢结构发射塔、发射天线等。

1975年春,工程破土动工。1976年6月底,机房楼、职工宿舍和电视发射高塔已建设和架设完毕。彩色电视发射塔由中央广播事业局设计室设计,中央广播器材厂承建和安装。塔高137米,塔身重约170吨,为当时国内第一座四脚塔,塔上设有平台,造型美观,建成后成为北戴河风景区中又一大景观。1976年7月28日,唐山发生大地震并波及秦皇岛市。震后经有关技术部门对电视塔进行检测,结果从塔基到塔身完好无损。1977年,陆续购进器材、设备,对设备进行安装调试。1978 年春,开始转播中央电视台的彩色节目和调频立体声广播节目。从此,北戴河区、海港区和山海关区都能清晰地收看到彩色电视节目和收听到调频立体声广播,令人欢欣鼓舞。

北戴河彩色电视转播台建设至今已过去了 30 个年头。回顾以往,在周恩来的亲切关怀下,才使秦皇岛的广播电视事业得以跨越式地发展,工作条件和工作效率明显改善,为以后广播电视事业进一步发展奠定了坚实的基础。

第十章　足迹踏遍石家庄

　　1959年6月5日这天上午,石家庄小白楼招待所中,人来人往的走动和喧哗,打破了以往的清静。近午时分,几辆小汽车鱼贯驶入,没想到从第一辆车里走下来的竟是敬爱的周恩来总理。他胡子没刮,一副风尘仆仆的样子,和蔼可亲地同前来迎接的干部和服务人员一一握手问候。

　　这天,周恩来结束了在邯郸的视察后,马不停蹄来到石家庄。

要安全第一　质量第一

　　到达石家庄后的第二天一早,周恩来一行就乘车从驻地白楼招待所出发,

1959年6月6日,周恩来视察井陉矿务局受到职工群众的热烈欢迎

前去石家庄西部的井陉煤矿视察。

井陉煤矿，位于石家庄西部 50 公里的山区，它西靠娘子关，与山西接壤，储煤量 5 亿 3 千万吨，是河北省的大型煤矿之一。火车翻山越岭，上午 10 点多钟，到达井陉矿务局停车场。

周恩来走下专车，只见他身穿灰布中山服，脚上是黑布便鞋，满面笑容地挥起手臂向迎接的矿务局领导致意。随周恩来一起来的还有煤炭部、冶金部、水电部、农业部、河北省和石家庄地、市的领导。石家庄地委第一书记康修民把姚君实、石儒等矿务局领导介绍给周恩来，他们紧握着周总理的手激动地说："周总理您好！"周恩来微笑着说："你们辛苦了！"随后，周恩来一行换上汽车向矿务局驶去。

路上，周恩来问矿务局党委书记姚君实："你来煤矿多长时间了？""七 年了。"姚君实回答说。周恩来听后说："噢，老煤矿了。"汽车驶入矿区镇，周恩来不停地打量道路两侧的一排排平房，问："这是职工宿舍吗？"随后又问："这一片有多少住户？""职工生活怎么样？"姚君实在一旁一一回答着。

早早迎候的职工群众看到周总理的汽车到了，都热情鼓掌欢迎。周恩来看到群众，便不等车开到大楼前，就走下车来，自己边和群众握手交谈，边步行向前走去。他走到一位老工人面前，停下脚步，握着这位工人的手，亲切地问他多大年纪了？多少年的工龄？做什么工作？接着又同旁边的青年女工握手，同时问道："你工作几年啦？"听这位女工说工作三年时，周恩来亲切地说："噢，你还是个年轻矿工哩！"

走进临时会议室后，姚君实提出请周恩来总理稍稍休息一下，周恩来微笑着说："现在就谈吧！"他扭头向随来的领导问道："你们看怎么样？"

1959 年 6 月 6 日，周恩来视察井陉矿务局，与工程技术人员亲切交流

1959 年 6 月 6 日,周恩来视察井陉矿务局井陉一矿时与矿务局工人亲切交谈

大家都说:"谈吧!"周恩来首先逐个询问了矿务局各位领导的姓名、年龄、职务,问话间不时与他们开个玩笑。当他发现没有工会主席和工程师在场,便说:"工会主席是群众代表,要多听听他们的意见。"局领导随即把工会主席李子玉和工程师仲锡九叫来,周恩来热情地和他们握手,请他们坐下。周恩来首先问仲锡九:"你今年多大岁数了?"仲锡九回答:"36 岁。"周恩来又问:"来矿几年了?"仲锡九答:"10 年了。"周恩来鼓励他:"你年轻有为,要好好干啊!"听说一位副书记叫王占一,周恩来同他开玩笑说:那么说你是王占元(大军阀)的当家子了! 一句话逗得人们都笑了。

稍事寒暄后,周恩来对矿务局领导说:"今天就是来听听你们的意见,有什么困难只管提出来。"局领导首先介绍了井陉矿的历史。井陉煤矿以盛产优质焦煤著称中外,自明代起就有人开采。到了清代,小煤窑已达数百个,大规模的机器开采始于 1902 年。解放前先后被北洋军阀和德国资本家所把持,以后又被国民党反动派所统治。听罢介绍,周恩来说:"现在成了人民的矿山了,你们可要管好啊!"

汇报生产情况时,矿领导谈到坑木和金属网等原材料紧张,使生产受到影响,任务完成不够理想。周恩来当即决定让在座的煤炭部的徐达本副部长和省煤管局苏佐山局长留下来共同研究解决。他还风趣地说:"不给你们解决问题,就不要放他们走。"周恩来指出:"生产中准备落后于回采,这是生产上的一个矛盾,要积极努力去解决它,不仅今年要把生产搞好,而且明年要搞得更好,这就必须加强生产准备工作。"

在"大跃进"中,"钢铁元帅"升帐,煤炭作为"先行官",也被提到了很重要的地位,被列为国民经济主要指标之一。由于生产任务不断加码,高产"卫星"不断飞出,生产中质量和安全却受到忽视。在听汇报时,周恩来更多地关注到生产安全和质量问题,不时提出各种问题。

他多次关切地问到井下安全。局领导谈到,由于生产任务紧张,新工人大量增加,技术水平较低,再加上管理不当,出了一些问题。周恩来十分严肃地说:"在煤矿,安全生产是主要的,生产与安全发生矛盾时,生产要服从安全。如果因为保安全而生产任务完成差一点,不责怪你们,安全搞不好不行!"

听到井下的不少规程被破坏了,他浓眉一挑,盯着工程师仲锡九:"为什么破了?"仲锡九回答:"对严格执行的规程有明确规定,主要是没有管。"

周恩来再三强调安全生产的重要性,他对产量与质量的关系、规程制度等方面的问题做了中肯的分析。他说:"不仅产量要高而且安全要好,要安全第一,质量第一,安全不好,质量不好,数量也得不到保证。要在保证安全保证质量的基础上完成任务。"

对矿上发生事故多的原因,周恩来分析道:"你们发生事故较多的原因,突出的是生产上破坏了规程制度,新工人技术不熟练,机械检修又不好。规程制度破了要恢复,并要在恢复中改进,要当机立断。"他很关切地说:"生产不安全,工人心里不踏实,这样搞生产不行。要把安全搞好,工人心情才舒畅,生产情绪才好。要在做好生产准备,做好安全工作的基础上,实事求是地订出你们的计划,鼓足干劲去完成。搞好安全,得有一定的系数,但也不要太大。"

众所周知,井下矿工劳动条件是非常艰苦的,座谈中,周恩来还特别关切地过问煤矿工人生活。他问:职工粮食够不够吃?副食品供应怎么样?井下工人能不能吃上热干粮?能否喝上开水?他特地问到:矿工每月1斤酒、3斤豆能保证吗?局领导说基本上能保证,但有时也供应不及时。周恩来强调指出:"无论如何也要保证。"他转身对石家庄地、市领导说:"井下工人上井后需要喝点酒,你们地方要好好解决。"地委第一书记康修民马上说:"我们千方百计保证好。"周恩来边听汇报,边在自己的笔记本上做着记录。

时间不知不觉到了中午。午饭按周恩来的一贯要求只做了简单的准备。周恩来吃了一小碗米饭和半块花卷。他边吃边说:"吃饭要讲实惠,不要搞花架子,要节约,不要弄鸡蛋,留下鸡蛋换外汇,支援社会主义建设。"他高兴地指着饭菜说:"很好,这就很好嘛!"饭后,周恩来特地走到厨房,与做饭的大师傅们亲切握手。

中午,周恩来没有休息,仅喝了几口水,就驱车到井陉一矿视察。

汽车刚驶进一矿西大门,周恩来便走下汽车,拿出布帽戴上,说:"见群众戴草帽不礼貌。"

进入一矿,首先映入眼帘的是高高矗立的提升井架。周恩来走到大井提升口,站在井架旁,不时抬头看看飞转的天车,询问道:"大井的提升能力有多大?""提上的煤都运到哪里去了?"听罢介绍后,周恩来又走进为大井提升蒸汽的锅炉房。锅炉房中,老工人张根虎正在炉前忙碌地添煤烧火。周恩来走了过来,还未等张根虎擦去手中黑灰,周恩来已先紧紧握住了他的手,亲切地问他多大岁数?来矿多少年?家庭生活怎么样?带了几个徒弟?张根虎说没有带徒弟,周恩来叮嘱道:"你工作有经验,最少应培养三个徒弟嘛!谁都会有个头痛脑热的,有人替班,也不耽误生产嘛!"

张根虎听了,只是激动得频频点头。看着炉中的腾腾火焰,周恩来称赞说:"烧得不错嘛!"这位工作了几十年的老工人受到国家领导人的称赞,激动得热泪盈眶。

在绞车房,周恩来走到一台千匹马力的大型起动机旁仔细地看着,听介绍说这是台比利时的机器,周恩来说:"还要用这些旧设备更好地为我们服务。"看到改革后的皮带提升机,周恩来高兴地指出:"这种皮带机好,皮带衬子有个好处,磨不着铁,是个好办法。"接着问:这种办法推广了没有?其它矿用不用?矿领导回答:可能开滦也使用了。周恩来满意地点头说:"那好!"

洗煤厂是个脏地方,洗煤楼内煤粉飞扬,黑水四溅,可周恩来毫不顾忌这些,大步走了进去,在沉淀池前,观看了运转中的刮煤机,向洗煤工了解生产工艺和生产情况。当看见旁边有通往楼上的铁梯,周恩来就要蹬梯上楼,身边的

1959年6月6日，周恩来视察井陉煤矿，参观一台进口设备

矿领导望着那又高又陡又滑的铁梯，劝周总理不要上了，可周恩来问："上面有人吗？"听说上面有工人，周恩来二话没说，随即抬脚蹬梯向楼上爬去。在一台球磨机前，周恩来停下脚步，询问这台机器的名称、性能和功率。他问一旁操作的工人："一小时能出多少煤？"一位老工人见到周总理非常激动，憋了半天才说出一句："周总理您好！"周恩来亲切地同他交谈起来，得知这位老工人在矿上干了40年，周恩来鼓励他："很好，你以后应多培养人才，为社会主义建设多培养接班人。"

一矿的路旁有一块黑板报，周恩来经过时停下脚步看起来，当看到黑板报上写的尽是增产节约，没有提到质量和安全，便把局宣传部长叫到面前，指着黑板报说："黑板报上为什么没提到保证安全和质量？今后要在增产节约的同时，加强安全和保证质量呀！"他又说："黑板报要表扬安全生产的好人好事，讲生产不讲安全不行，要多重视安全，表扬生产也要表扬安全。"在返回矿务局的路上，周恩来一再指示："大跃进的时候，更要注意安全生产，关心群众生活。"

离矿前,周恩来还关切地问矿务局领导:你们还有什么问题要说吗？局领导反映:职工吃菜有些紧张。周恩来当即要陪同的石家庄市长马赋广想办法落实解决。

上车前,周恩来同送行的矿领导紧紧握手,说:"你们提出的问题一定要想办法解决。"列车徐徐开动了,周恩来在车上频频挥手,送行的人们也一直目送周恩来的专列渐渐离去……

晋谒烈士英灵

从井陉矿区返回驻地后,周恩来稍微休息了一下,便步行穿过招待所西侧的小门,来到了一墙之隔的华北军区烈士陵园。华北军区烈士陵园是我国规模较大、建设较好的一座陵园。1949 年,在原胜利公园的基础上开工修建的。在这里陆续安葬了历次国内革命战争和抗日战争中牺牲的 300 余名革命烈士。著名的国际主义战士白求恩、柯棣华也安葬在这里。陵园里松柏林立绿荫浓密,高大的英雄群体雕像矗立在灵堂前方,一派肃穆庄重。周恩来首先晋谒了烈士灵堂,他深情的目光在每一位烈士遗照前停留端详。之后,又来到英灵安息的烈士墓地缓缓走着,逐一瞻仰烈士的墓碑。他来到宁都起义的领导人,原红五军团参谋长赵博生和军团长董振堂纪念亭前驻足停下。这两人都是河北籍人,牺牲较早,是红军的高级将领。

董振堂是河北新河县人,原任二十六路军七十三旅旅长;赵博生是河北黄骅人,原任二十六路军参谋长。1931 年 12 月,两人发起宁都起义,率二十六路军 1.8 万人参加红军,组成红五军团。赵博生任红五军团参谋长兼十四军军长;董振堂任红五军团副总指挥兼十三军军长。1933 年 1 月,在第四次反"围剿"中,赵博生英勇牺牲,年仅 36 岁。

长征中,董振堂任军团长的红五军团,担当了全军的后勤,被称为"铁流后勤"。一路上,血战湘江,扼守娄山关,抢夺皎平渡,为全军的付出重大牺牲。三大主力会师后,红五军团组成红五军,董振堂任军长。1937 年 1 月,在西路军西征的高台作战中,董振堂拼到最后一颗子弹,壮烈牺牲。延安宝塔山下党中央为董振堂和西路军将士举行了隆重追悼大会。毛泽东称董振堂:路遥知马力。称赞董振堂、赵博生"是坚决革命的同志"。1940 年,周恩来在重庆对董振堂的哥哥说:"董振堂同志已经牺牲了,他没有错误,是领导的错误。"朱德总司令沉痛地为董振堂烈士题诗,叶剑英为赵博生题诗,铭刻在纪念碑上。

周恩来默默看着碑文,无声的碑文把的他思绪带回了几十年前。停了一会儿,他深有感触地说:"这两人牺牲时都很年轻啊!太可惜了!"

阵风吹来,松柏树木轻轻摇曳者,似乎也随着周恩来向烈士们致以敬意。在石家庄的几天,周恩来抽空又一次步行到陵园晋谒烈士英灵。

一天,见一群放学的孩子走了过来。"同学们好!"周恩来高兴地上前打着招呼。他向其中一个同学说:"来,把你们的书本拿来给我看看,好吗!"

周恩来翻动着课本,特别留意地看了看地理书,他对同学们说:回去告诉你们老师,我们许多领土都让人家划去了。

生活在国内和平环境中的人们并不知道。在这年春,西藏达赖集团在帝国主义和反动派的煽动下开始了叛乱活动。当时印度当局也向我国提出了领土要求,边界冲突已经出现。一个大国领导人不仅要为发展国内经济,为亿万人民衣食住行安居乐业操劳不已,而且又要为我国争取有利的国际环境和国际地位而劳神费心,负担何等重啊!

治理污染 综合利用

1959年6月8日这天上午9点,周恩来在冶金部和石家庄市委领导的陪同下来到了石家庄钢铁厂。

在大上钢铁的年代,石家庄钢铁厂边基建边投产,到1959年6月建厂刚一年多一点,就建起了十几座高炉墙,而其余都是从简。围墙是铁丝网拉成,办公室也是由砖砌成、席棚搭顶的简陋平房。周恩来一进屋就四下打量着,高兴地说:"你们的办公室可符合艰苦奋斗的精神啊!先建炉子,后盖办公室,这也是先土后洋,由土到洋嘛!"市委领导向周恩来介绍了钢厂负责同志。周恩来特别问到:"你们有总工程师没有?"厂领导把总工程师王拓洲和副总工程师杨振兴介绍给周恩来。周恩来握着他们的手,问他们俩多大岁数?哪个学校毕业?当得知两人都是原北洋工业学校毕业生时,周恩来高兴地说:"好啊!那可是个全国有名的学校嘛!旧中国,一个北洋(现天津大学),一个南洋(上海交通大学)。"周恩来还幽默地同王拓洲开玩笑说:你的"洲"比我的"周"多一个"洲"(即五洲四海的洲和一年月四周的周——作者注)。周恩来的亲切话语和平易近人的风度使在场的人都笑了。

厂领导向周恩来汇报了钢厂的基本情况和生产情况。当时,石家庄钢厂有炼铁、炼焦、耐火材料、机修四个分

1959年6月8日,周恩来在石家庄钢铁厂视察期间与青年工人亲切亲谈

厂和13座高炉,是全市炼铁大军的主力。

从办公室出来,周恩来健步向生产现场走去。钢厂的3座55立方米和10座15和20立方米的高炉一溜溜排开,风机"嗡嗡"地轰鸣,烟囱吐着浓烟,一派繁忙景象。路上,周恩来不停地向厂和车间负责人了解生产情况。他问身边的炼铁车间主任张振欧:"你们车间有多少人?"张振欧回答:"有五千多人。"

周恩来风趣地说:"好哇!比我们部队一个团人还多!搞工业也是打仗嘛,你呢,就是团指挥员。"

6月,火热的天气如同一个大烘炉,阵阵热风袭来,使素日干燥高温的石家庄更热不可耐。周恩来不顾天热,坚持一个车间一个车间亲自看一遍,党委书记李志递给周恩来一顶草帽,劝周恩来戴上遮遮太阳,可周恩来却说:"大家都不热,就我怕热?"见周恩来不肯戴,李志只好把草帽一直拿在手上,跟在周恩来身旁。

在55立方米的四号炉前,周恩来握着每个炉前工的手,问他们的名字、岁数,亲切地招呼说:"同志们,辛苦了!"他向班长了解本班生产情况,又冒高温登上炉台,兴致勃勃地看了高炉出铁。他问厂领导怎样才能产量高?在烧结车间,周恩来详细了解烧结矿的质量,询问怎样解决品质杂、矿粉多的难题。

在原料场，不少中学生和棉织厂女工都来支援钢铁大战，在那里帮助选矿和砸矿石。周恩来高兴地说："呵，娘子军都上阵了。"看到女工们坐在砖头或矿石上干活，周恩来便走了过去，关切地嘱咐道："要注意安全啊！"

钢厂焦化分厂（即现在的石家庄焦化厂——编者注）在钢厂北边，周恩来来到焦炉旁，弯腰拣起一块撒落在地上的焦炭，拿在手里向身旁的厂领导了解质量情况。他抬起头，望着烟囱冒出的滚滚浓烟，神情严肃地说："这烟可是个宝贝，里面东西可多啦！得搞一下综合利用。现在都白白浪费了，又对人体有害！"

发展工业与治理污染、综合利用的问题，对许多领导来说是后来才认识到的，而周恩来早在"大跃进"之初就注意到了。他多次提出这一问题。1958年，他在基层视察时，听到基层干部反映有些化工厂附近的农作物因受到污染而严重减产时，就提出：领导生产的干部要学一点辩证法，要懂得自然界的矛盾。包括人与自然的矛盾。恩格斯说："不要过分陶醉我们对自然界的胜利。对于每一次这样的胜利，自然界都报复了我们。"这是恩格斯根据史料向人类提出的警告。我们在和自然界作斗争中，必须防止自然界的报复。他还说：由于工业的发展造成的环境污染，也是自然界对人类的报复。周恩来大力提倡对工业生产中的废渣、废水、废气的综合利用，这不仅可以进行多种化工生产，而且可以防止环境污染，防止自然界对人类的报复。在焦化厂视察时，他又提出了这一问题。

1959年6月8日，周恩来在石家庄焦化厂视察

焦化厂备煤车间,许多工人在炎热的阳光下赤膊挥锹装煤、拉车、运卸,挥汗如雨,腾起的煤灰落在身上黑乎乎的一片。看到这些,周恩来感触颇深地对厂领导说:"这可是个笨重体力劳动啊!要想办法逐步采用机械化,减轻工人的劳动强度。"沉思了一下,他又说:应当设法改善工人的生产环境。

正在干活的工人见到周恩来总理来了,都放下手中的活向周恩来鼓掌招手。周恩来边向工人招手,边对厂领导说:"不要惊动大家,影响生产。"

从钢厂出来,已是中午11点钟了,周恩来又马不停蹄地赶到石家庄动力机械厂,视察那里的钢铁生产。他没有到厂安排的临时休息室坐一下,喝口水,便健步向炼铁、炼焦高炉走去。周恩来走在炉渣和碎石子铺成的土路上,步子迈得很快,边走边用手比划着询问生产情况。动力厂炼焦分厂的"红旗二号"焦炉是在鞍钢焦化设计院技术人员帮助下建立的结构较先进的炼焦炉,具有余热烘干、副产品回收等优点。来到"红旗二号"焦炉旁,正赶上出焦,在场的领导都劝周恩来不要看出焦了,可周恩来不肯离去,坚持在现场看。盛夏正午,头上太阳晒,身边焦炉烤,周恩来站在一旁,脸上渗着汗,专注地看身穿工作服的炉前工冒着灼热的火焰往外扒焦炭。他问身旁的冶金部副部长吕东:"你看怎么样?""有问题,这样太不安全。"吕东回答。周恩来又问:"全国有多少这样的焦炉?""改造这样一个炉子要用多少钢材?""应该改善工人的劳动条件"。看到焦炉不冒黑烟,周恩来说:"这个很好,焦化厂怎么老冒黑烟,应该让他们来看看!"

一上午的连续视察结束后,周恩来却没有休息,他回到驻地,利用午饭后的短暂时间,听取了石家庄市委领导王力、齐全科、李德仁等人关于石家庄钢铁生产和其它工作的汇报。

要精打细收　颗粒归仓

6月,正是北方麦收时节,金色的麦海一望无际,甚是令人喜爱。石家庄是北方小麦高产区,素以盛产小麦、棉花著称。石家庄市郊区的槐底大队则是北方小麦高产的典型生产队。6月8日这天下午2点,几辆小汽车由北向南驶来。车开到麦地边停了下来,周恩来从一辆玉白色轿车里走了下来。槐底大队大队长孔令为等人急忙迎上前去,陪同周恩来的石家庄市长马赋广把槐底大队干部介绍给周恩来总理，周恩来和蔼地同他们一一握手。孔令为激动得不知说什么才好，停了片刻才说："总理好！先到树凉里休息一下，喝点水吧！""不喝了，咱们先看吧！"周恩来指着麦地说。

中午，头顶骄阳，周恩来兴致勃勃地沿着田间小路，由西向东先视

1959年6月8日，周恩来视察石家庄市郊区长安区人民公社槐底生产大队，在麦地与妇女社员亲切交谈

察第八生产队麦田，边走边问孔令为："全村共有多少人口？种了多少亩小麦？估计平均亩产多少斤？向国家缴纳多少征购粮？完成征购后剩下的粮食够不够吃？社员生活怎么样！"听孔令为等人说今年估产平均每亩可达600多斤，总产可达150万斤以上，完成征购任务后社员口粮还富余时，周恩来十分高兴地说："那好啊！别的地方要向你们学习了。"市长马赋广在槐底有一块试验田，他对周恩来说："总理，依您看我这块试验田一亩能打多少斤？"周恩来观看了一下说："群众们说能打多少斤？"马市长说："群众说法不一，有的说能打1000多斤，有的说能打800至900斤。"周恩来幽默地说："打下来就知道了。"

周恩来分别视察了由八位60岁以上老农种的试验田和妇女种的试验田。周恩来握着老农试验田的组长、扛长活出身的老农陈丑子的手，说："你们的试验田种得不错啊！"陈丑子紧握着周恩来的手，眼里热泪扑扑直往下掉。听说这试验田能打上千斤，周恩来又问妇女试验田的组长、大队妇联主任李凤珍："你们的试验田怎么样？"李凤珍说："不如老农的。"周恩来亲切地说："还要虚心向老农学习啊！他们的种田经验多。"李凤珍回答："我们一定遵照总理的教导，好好向老农学习。"

沿着地中的污水渠,周恩来一行向南走去。孔令为请周恩来看了两簇"小麦王",每簇均有 100 多株,而且每株都是穗大粒饱。大队长陈恒子将其中一簇拔下来请周恩来看看它的根部,发现这 100 多株小麦原来只有一个主根。周恩来问:"这是什么原因?"陈恒子说:"可能种麦时掉下了麦种,因为土地肥沃湿润,通风透光好,这种麦子分蘖率高,分成了这多 100 株。"孔令为接着说:"周总理,就把这个'小麦王'送给你吧!"周恩来高兴地说:"那好吧!我就把它带回去,请专家们好好研究一下。"

麦收时节,不少市内工人、干部、学生们到郊区参加麦收劳动。收麦的工人中有人看到周恩来,惊喜地高喊:"周总理!周总理来了!看周总理去!"附近地里社员、干部、工人都从四面八方拥来,高喊着:"周总理好!周总理好!"周恩来高声对群众说:"城市的工人、学生、机关干部来帮助农民收割小麦,这很好,希望大家要收割干净,努力做到颗粒归仓。"

周恩来视察完毕又返回到第八生产队收完的麦地时,发现地上丢了一些麦穗,就蹲在地上拾了起来。陪同的人员看到周恩来这样珍惜粮食,也都蹲下拾起来。孔令为说:"总理,这是拣过一遍的。"周恩来说:"拣过的没拣干净还要拣嘛!麦子丢了太可惜,要发动群众再拣拣,一定要做到精打细收,颗粒归仓。"孔令为表示要再拣拣,一定要做到丰产丰收。

随后,周恩来来到郊区振头公社留营生产大队,视察这里的小麦和棉花。周恩来一下车,就亲切地握着大队长王满红的手,问他叫什么名字?王满红回答后,周恩来风趣地说:"你的名字起得好,王满红,王满红,满天红嘛!"说完,爽朗地笑了起来。

留营大队的棉花已长得有半尺多高,十分喜人。周恩来走进地里一畦畦翻动看着,突然发现有的棉叶缩卷起来,便问王满红这是什么原因?王满红说:"因为天旱,棉花上生了蚜虫,我们已治了几遍,但还有残余。"周恩来指出:"在抢收小麦的同时,要抓紧防治病虫害,要夺取棉花丰收。"

搞生产必须算账

6 月 8 日这天晚上,暮色降下,石家庄西部的小白楼招待所会议室的灯光亮了起来。白天奔波了一天的周恩来在自己的驻地召开由省、地、市领导和石家庄专区主要钢铁厂、焦化厂负责同志及技术人员参加的座谈会。

晚8点，周恩来来到会议室，他身穿蔚白色的短袖衬衫，手端茶杯，一进屋，用他那炯炯有神的目光扫了一下会场，向大家挥了一下手，招呼道："同志们都到前面来坐！"参加座谈会的同志听到周恩来的招呼，纷纷围坐到会议桌前的椅子上，周恩来自己坐在会议桌的最南端。

会议一开始，到会的各厂负责人纷纷拿出自己事先准备的汇报材料，周恩来看到摆了一下手，说："不要拿材料，随便谈谈。"他拿起摆在桌上的到会同志的签到名单，看了一眼，念道："钢厂：李志、范璋。"接着抬头向他们两人问道："今天的炉子是怎么回事？"钢厂党委书记李志手拿着材料，心里有些紧张，言语不畅地说："今天在周恩来视察时出了事故，差点伤着周恩来，我们心里非常不安，我应负主要责任……"没等李志讲完，周恩来便打断了他的话，说："不要检查，要谈工作嘛！"

原来，钢厂有两个热风炉是用耐火砖和耐高温水泥砌成的，里面用扁铁加固，用这种技术革新办法代替钢板制成了热风炉。偏巧在这天上午，周恩来视

1959年6月8日，周恩来视察石家庄动力厂炼焦分厂，在"红旗二号"焦炉车间了解生产情况

察后刚刚离开,有一个热风炉由于风压过量,超出了设计能力,发生了开裂揭顶事故,炉顶上冒起浓烟,上面耐火砖跌落下来,刚刚离开没多远的周恩来听到响声,立刻回头,问:这是怎么回事?又对身边领导说:好好查一下,看看是设计问题还是操作问题?周恩来走后,厂领导会同技术人员、保卫人员对事故进行了调查和分析。

会上,李志说明了由于操作大意,风压过猛,超出了炉体承受力发生事故的原因。周恩来问厂长范璋和总工程师王拓洲是不是这种情况?听回答确实是这种情况,周恩来才放了心,问道:"下一步你们打算怎么办?"李志回答:"我们准备总结教训继续试验。"周恩来说:"对,继续试验,新事物嘛!开始出了点事故不要怕,总结经验教训就是了。"听了周恩来的话,钢厂领导心里的包袱才一下子落了地。最后,周恩来问范璋厂长:"钢厂任务不小,怎么样?"范璋回答:"努力完成!"

动力厂炼铁、炼焦分厂领导分别就炼铁、炼焦生产做了汇报。一个戴着眼镜、面目清秀、口操南方口音的女同志就炼焦技术问题做了详尽说明。这个惟一的女同志有条不紊的发言引起了周恩来的注意。周恩来问她:"你叫什么名字?""是哪个单位的?""是哪里人?"当他得知这位叫杭英的女技术干部是鞍钢焦化设计院来石家庄动力厂帮助工作的,是浙江绍兴人时。周恩来幽默地称她为老乡,夸她是"年轻的老干部"。在场的人不由得都笑了起来。周恩来又认真而严肃地对她说:"你们的生产环境太热,烤得厉害,能不能搞成出焦机械化?不能总是人工扒焦吧!"他肯定了杭英他们设计的"红旗二号"焦炉:"你们的炉子不大,烟囱不冒黑烟,挺干净,我看挺好。"说着,扭头对钢厂焦化分厂厂长说:"你们的炉子怎么老冒黑烟?什么时候到他们那里看看?"

听厂长谈风机不够,风压上不去的困难,周恩来问身旁的吕东副部长:"能否帮助解决一下?"

会上,周恩来再次谈到炼焦煤烟问题。他说:"烟是个宝贝,应该回收,减轻污染,减轻工人劳动强度。"得知动力厂焦化分厂已回收了八个副产品,周恩来鼓励说:"还应当多回收一些。"

在"钢铁元帅升帐"中,全党全民齐动员,工农商学兵齐上阵,凡有条件的地方都建起了大大小小的炼铁厂,蠢起了各种高炉,"小、土、群"一齐上,处处点火,处处冒烟。这种遍地开花的炼铁厂产铁量低、质量次、耗费多、浪费大,给燃料和基建材料带来了极大损失和压力,使国民经济比例平衡遭到了破坏。压缩过高的经济指标,对小高炉、小土炉进行收缩,成为对"大跃进"纠"左"、纠偏的重要任务。

座谈中,平山县一个炼铁厂厂长谈到他们是县里的厂子,产铁多,原料却供不上用,而地区的厂子出铁少而原料吃不了时,周恩来问:"那为什么不合一个?"这个厂长说:"县里的舍不得给,地区的给也要不起,人家当成了宝贝。"周恩来听了果断地说:"到底是宝贝还是包袱?我看是包袱,好好权衡一下利弊,不行就下吧!"

听汇报过程中,周恩来边听汇报边做着记录,不时提出各种问题,对每个具体数字都问得非常仔细,一个完整的数字,常常不等秘书翻本,自己就敏捷地脱口而出。

面对"大跃进"中生产建设不讲核算、忽视效益的不合理现象,周恩来对在场的领导指出:"搞生产必须算账",搞建设"要搞综合平衡"。谈到国民经济,他指出:去年由于对农业生产估产高了,在估高的基础上生产布局多了,消费上吃、用、花多了,基本建设项目多了,公社化未注意到所有制问题,再加上粮食没有收好,城市职工人数的膨胀,造成了市场紧张,现在要落实,要搞质量,只有落实可靠才能跃进。不能违背社会主义的经济规律。去年搞数量,今年则先搞质量,质中求数。数与质的矛盾,质量应是主导的方面。增产节约是社会主义长期的建设方针,我们要把生产和消费、全部和局部、今天和明天的关系结合起来。消费要少于生产,有了积累才能扩大再生产。全部与局部,全局是主导的。今天和明天,明天是主导的。我们必须在今年的跃进中贯彻这个方针。办法:一、增产,用各种力量抓农业生产,商品性生产,抓市场,从省委起,都要把重点放在农业。中央也腾出手来抓农业;二、压缩社会购买力,减少人员,提倡储蓄,减少开支;三、控制投资放款;四、缩小生产指标和基本建设项目,必须缩减战线,集中力量。我们现在固然还有阶级斗争,但对自然斗争是新的一课,要认真地搞好建设,要互相学习。农业、市场问题要抓紧,不要盲目乐观,争取好的,准备坏的。

会议在进行中,外面刮起大风,天空乌云卷起,下起雨来。听到雨声,周恩来立刻站起身,走到身后窗户边,拉开窗帘看了一下窗外,不安地问石家庄地委第一书记康修民:"老康,下雨了,麦子怎么着啦?"听康修民回答说,已提前通知了各地,做好了防雨准备时,周恩来才又坐下继续开会。

座谈会一直开到夜里 11 点才结束。会议结束时,周恩来关切地问康修民:"修民,同志们都有车没有?"康修民回答:"都安排好了,都有车。"听到这里,周恩来放心了。

夜深了,雨还在下,参加会议的同志们走出会议室不约而同地回头望望那灯火通明的屋子,已经连续工作了 14 个小时的周总理又开始同驻军首长座谈……

雨夜里,白楼招待所周恩来办公室的灯光依然通明,在送走最后一批客人后,已是夜间一点多钟了。周恩来擦了把脸,端起杯子喝了口水,坐在灯下拿起笔审核和修改国家计委党组《关于 1959 年主要物资分配和基本建设计划调整方案的报告》。这个报告指出:"根据两个多月的实践,钢材、煤炭、铜、铝、木材、水泥 6 种主要物资生产不可能达到上海公报所要求的水平,必须加以调整"。报告就调整的指标提出了具体意见。这个经周恩来修改审阅的报告,很快于 6 月 13 日以中共中央《关于调整 1959 年主要物资分配和基本建设计划的紧急指示》下发,为紧急调整国民经济,扭转"大跃进"中的混乱和不合理局面起了重要作用。

要重视产品质量这个大问题

1959 年 6 月 9 日上午,从昨晚下起的雨依然未停。雨中,华北制药厂许多职工聚集在高大的厂房下,等候周总理的到来。上午 9 点,周恩来来到华北制药厂视察。在厂大门口外,周恩来就让车停了下来,自己下车冒雨步行进厂。一个工作人员赶紧上前要给周总理撑伞遮雨,却被周恩来谢绝了。周恩来边走边向两侧欢迎的职工群众鼓掌挥手致意。欢迎人群中,一个女职工只顾高兴地鼓掌,自己的雨伞掉在地上也未觉察,周恩来看到后走了过去亲切地对她说:"同志,你的伞掉了。"这个女职工这才赶忙拾起雨伞,只是激动地望着周总理一个劲地鼓掌……

华北药厂是我国"一五"期间的重点项目之一,是由外国专家帮助建设的我国最大的抗生素生产企业。1958 年 6 月投产后时间不长,"大跃进"中刮起的"共产"风、浮夸风、瞎指挥造成粮食形势的极度紧张,到 1959 年春,因缺粮引起的灾荒,人畜病饿而死的现象在全国许多地方出现。粮食缺乏,供应紧张,这给当时一天要消耗 200 吨玉米的这家大型企业的生产带来了严重影响,原料供应与生产需要的矛盾突出了出来。面对这一情况,华药的生产是停还是上,中央有关部委意见不一,厂领导更是心急火燎。厂领导在汇报中谈到了这一问题,周恩来听罢,说:"一天供应 200 吨玉米是拿不出来的。这次,几个部委的同志都来了,一个意见是减产,一个意见是停产。我们算了一笔账,首先,要保证人民有饭吃,但药品生产也不能放松,要尽可能节约用粮,如果实在供应不上,看看是不是可以适当减一点产。"厂领导回答:"当然应该以国家利益为重,我们厂再困难,也只是局部损失。"周恩来又说:"你们厂还是要保的,国家拿那么多钱投资建厂,一下子全停下来,损失也不得了。"周恩来问华北药厂是不是生产 B-12,B-12 原粉出口不是挺赚钱吗?一年能生产多少?厂领导回答一年可生产 1 公斤半,每克能卖到 1000 元。周恩来说:"你们看这样行不行,玉米每天 200 吨是不可能的,100 吨左右,只多不少可以保证。你们生产 B-12 每年两公斤也只多不少。B-12 可以出口,你们 1000 元给我,我可以卖到 2000 元,让外

1959 年 6 月 9 日,周恩来视察华北制药厂

贸部多换外汇进口粮食专供你们。总的办法是以进养出,这样,不用国家多拿粮食,你们的生产、原料问题也可以解决了。"厂领导听后无不高兴地说:"谢谢周总理,这样再好不过了。"周恩来接着说:"你们今年如果生产出 2 公斤 B-12 原粉,明年就叫外贸部进口一些白糖,奖励给全厂职工每人一斤。"厂领导兴奋地说:"感谢周总理的关怀,我们华药全体职工一定努力克服困难,保证完成任务。"

1959 年 6 月 9 日,周恩来视察华北制药厂

周恩来特别关心产品质量问题。他在考察过程中强调指出:"产品质量各地都有反映。产品质量是个大问题,你们应该很好地重视,发动工人、技术人员解决这个问题。"听到华药生产的链霉素被普遍反映注射太疼的问题时,周恩来当即指示在座的卫生部医药司司长:"你们卫生部要研究一下,不行把北京、上海的专家叫来一同研究解决一下这个问题。"

谈话中,周恩来总理特别对如何制定和执行规章制度,科学地组织生产作了指示。

华北药厂厂房高大,塔楼耸立,管道纵横,机器轰鸣。周恩来在厂领导和总工程师等人陪同下视察了生产车间。

当走到链霉素发酵车间时,周恩来看到有两个年轻的工人在那里检修仪表,就问他们:"你们学习多少时间了?""能独立操作吗?""怎么没有老师傅带你们?"年轻工人告诉周总理,有老师傅带他们检修,师傅领料去了。尔后周恩来到别的车间视察去了,可心里还惦记着这事,担心这么重要的岗位没有老工人顶岗生产会受影响。在视察完其他车间后,周恩来再次来到这个车间。当看到老工人回来了,就问他:"你们这样检修影响生产吗?有没有设备配件?"听老工人讲这是按计划进行的中修,不影响生产,也不备品备件。周恩来这才放心,对厂负责人说:"一定要把规章制度变成工人群众的自觉行动,要有科学有秩序地组织现代化大生产。"看到青年工人掌握了检修技术,能够独立操作,周恩来非常高兴,勉励他们:"要好好学习,努力为社会主义建设多做贡献。"

来到青霉素提炼车间时,周恩来闻到了车间里一股股刺鼻难闻的化工原料气味,发现有的操作工人没戴口罩,便关切地对他们说:"你们怎么不戴口罩?这样会损害身体嘛!"看到车间门窗明亮,设备洁净,周恩来笑着对厂领导说:"去年几位元帅参观你们厂,向我反映你们的卫生很糟糕,现在看来卫生搞得很不错嘛!我给你们平反,以后还要注意保持,还要搞些绿化,使环境更美。"

周恩来视察结束离厂时,职工们都聚在厂门内外两侧热烈欢送。周恩来看到他的汽车停在厂内,便上前打手势指挥司机把车开出厂外,自己步行向大门走去,周恩来边走边向职工招手。快出大门时,他特意回身向大家挥手致意,走到车前,再次转身向职工挥手告别,对厂领导说:"走了,走了,再见!"然后才上车离去。

周恩来结束了在河北半个多月的调查研究。此次调查研究,使周恩来对纠正"大跃进"的失误,调整1959年的国民经济计划有了直接的依据。6月11日,他在中央书记处讨论1959年的国民经济计划的会议上,在13日政治局会议和庐山会议上多次提出了"大跃进"的失误几个问题,提出了调整钢铁、基本建设和尽快抓农业、抓商品生产、抓食品定量、抓压缩购买力和城市减人的意见。他的这些正确意见,无疑对纠正"大跃进"造成的严重影响,对扭转国民经济比例失调的混乱局面,发挥了相当重要的指导作用。

第十一章 水利所治民心所系

自古以来,中国人民屡遭水患所害,建国以后,作为国务院总理的周恩来,心为民所系,利为民所谋。为改变中国的落后面貌,为变水害为水利,变水患为水务,他的足迹踏遍了祖国的山山水水。河北历来是水旱灾害的多发区,周恩来十分关心河北的水利建设。从解放初期直至"文革"前,他走遍了河北各大水库,为河北兴利除弊,为河北人民的安定幸福呕心沥血。

1963 年 11 月 18 日,周恩来为河北抗洪抢险斗争展览会题词

深谋远虑修官厅

官厅水库位于河北省怀来县境内, 即当年的官厅湖。它形成距今约 6 千万年,当初是气候温和、绿树环绕,一望无际、美丽富饶的天然湖泊。它的范围包括当年的桑干河盆地、洋河盆地、妫水河盆地。官厅山峡的形成,结束了官厅湖的命运,而演变成了今天的永定河。

永定河源于内蒙、山西,属海河水系,流域面积(三家店以上)48540 平方公里。由于历史上经常发生水患,被人们称为"无定河"、"小黄河"。主要干流有桑干河,控制面积 25533 平方公里;洋河,控制面积 18200 平方公里;妫水河,控制面积 1890 平方公里。三大干流均在山峡前面的怀来境内汇合。

《水经注》云:"累悬河注壑,崩湍十许丈,谓之落马洪,抑亦孟门之流也。"为什么水势如此凶猛呢? 主要原因是官厅山峡的"咽管"作用而致。山峡以上地域开阔,三条大河汇流于官厅湖,下至山峡长 110 公里,河床窄处 70 米,宽处约 400 米,两岸陡峻,河流随山势回转,势若天成。暴雨后,流量下泻,洪水在山峡之中汇集造成巨大的水势,倾泻于山峡以下的平原。所以,自魏庆帝嘉平二年

（公元 250 年）起到 1911 年止，1661 年间大小水患 170 次，平均 10 年一次。清以后的 1912 年至 1939 年的 27 年中，泛决竟达 14 次，几乎平均一年多出现一次水灾。1939 年大水，被淹面积达 4.5 万平方公里，受灾人口 800 多万；天津市区水深达 1 至 2 米，被大水整整泡了两个月，马路上经常漂着死尸。解放前，官厅山峡水势，如上所述常为下游患，且不能利用。旧中国历届政府空喊了几十年要修官厅湖，到头来，只落个搜刮民财的罪名。为治理这条河，变"无定"为"永定"，历史上有不少治河专家终身为之努力而皆付诸东流。

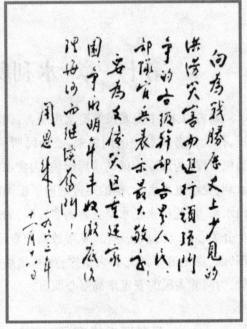

1963 年 11 月 18 日，周恩来为战胜洪涝灾害的河北省、天津市人民题词

1949 年 11 月，新中国刚刚成立一个多月，中央人民政府水利部在北京饭店召开的全国解放区水利联席会议上，审议了华北水利工程局制定的永定河流域整治开发计划，决定立即报请中央尽快考虑治理永定河和修建官厅水库。

11 月 20 日，周恩来在接见解放区水利联席会议部分代表时说：古代的人，传得最广最久的便是治水的大禹。他三过家门都不回去看看，证明他工作热情很高。周恩来勉励水利工作者，要以大禹为楷模，努力治水，为人民除害造福。他指出：水利部的工作和各方面的关系，必须搞好，否则，全盘计划都会受到影响。中国人民长期以来受尽了水旱灾害的折磨。水利工作做的是开路的工作。水利工作本身就是为人民服务。假如中国的全部水都能利用，那将是一件多么伟大的事业呀！水利工作是有前途的，将来不只诸位去做水利工作，我们还应该动员更多的青年去做。

新生的人民政府，一方面要解放全中国，一方面要医治战争创伤。在百业待兴、经济十分困难的情况下，优先考虑根治永定河水患，反映了党和人民血浓于水的深厚感情。中共中央决定要根治永定河,修建官厅水库。消息传来,永定河两岸人民拍手称快,奔走相告。

自从1873年怀来知县邹振岳提出在官厅山峡筑坝的建议后,虽不断有修建官厅水库的计划,但一直未能动工修建,新中国成立后,才使建设官厅水库的梦想变成了现实。

1950年,在治理淮河的同时,周恩来主持批准修建永定河上的官厅水库,以控制永定河的洪水,并作为首都工农业和市民饮水的水源。8月24日,周恩来在中华全国自然科学工作者代表会议上说:"华北的永定河,实际上是无定的,清朝的皇帝封它为'永定',它还是时常泛滥。不去治它,只是封它,有什么用!"

1950年8月30日,周恩来专门约天津市委书记兼市长黄敬谈海河治理问题。一年后,他又约薄一波、黄敬研究海河治理的有关工程问题。官厅水库的建设可以从根本上治理永定河,以解除对北京、天津安全的威胁。

1951年10月,在周恩来的支持下,官厅水库破土动工。官厅水库包括三项工程:(1)横跨山峡两岸的拦河坝;(2)拦河坝右岸的输水道;(3)拦河坝左岸的溢洪道。这在当时,是举国瞩目的重大水利工程,官厅水库的建设,得到了全国各地的支援。

1952年5月,察哈尔省成立了"水库移民委员会"。同年12月,察哈尔省撤销,移民委员会与张家口专署移民办公室合并,组成河北省人民政府官厅水库移民办事处,由张家口专署领导,负责日常移民工作。经过四年努力,移民办事处顺利地完成了怀来、延庆两县111个村、5.2万多人的移民任务。水利部、电力部拨款1920多万元,在怀来、延庆、张北、尚义、涿鹿、龙关、怀安和宣化等八县购买和新建住房3.2万余间,开垦和征购土地10.3万余亩,妥善地安排了移民的生产和生活。移民办事处于1956年6月撤销。

1954年5月,官厅水库建设工程胜利完成。库区面积230平方公里,总蓄水21.6亿立方米。这一工程不仅根治了历代王朝不能治理的永定河水患,确保了京津的安全,而且建立了水电站,向京、津、唐、张地区输电。

1955年8月22日,周恩来亲临官厅水库视察。他一路上做调查,问情况。他向官厅水库管理处的负责人,详细询问了水库工程和效益情况后,提醒他们加强库区建设,充分利用水土资源,使水里有鱼,山上有树。根据周恩来的指示官厅水库,库内还发展了养鱼业,使水库周围成为秀丽的旅游风景区。

早在 1953 年 8 月 20 日,周恩来在 186 次政务会议上,肯定了三年来根治淮河、修建官厅水库等方面取得的成绩。1954 年 9 月 23 日,周恩来在一届人大一次会议上作《政府工作报告》时,肯定了官厅水库和大清河、独流减河入海工程发挥了防洪和减轻旱灾的作用。

在修建水库中,水库泥沙淤积的解决与水库使用的寿命,是周恩来十分担忧和重视的问题。

官厅水库是建国后我国在含沙量大的河流上最早修建的大型水库。因此,周恩来十分重视官厅水库的经验教训。1958 年 4 月,在黄河三门峡工程现场会上,周恩来在谈论三门峡水库泄水底孔高度时,几次谈到官厅水库。他以官厅水库为鉴,支持了有关专家降低泄水底孔高度的意见。他说:"三门峡水库库底是 278 公尺,是不是能把底孔放到 280—290 公尺。官厅水库泄洪隧洞只高出河底几公尺。三门峡水库原定 320 公尺,这就太高了。"在谈论三门峡水库控制泥沙问题时,周恩来说:"葆华同志还记得吗?当官厅修了水库,闸门还没有安装时,突然来了几天暴雨,一下子库中水涨起来,水任意流。现在是水挡在库里,八小时后水就清了,只停顿了一下子,泥沙就沉淀了,好象挑水倒在水缸里。"

1955 年,周恩来与邓颖超在官厅水库工地

他以此说明"水库总是有一定的寿命的,因为将来泥沙越积越多。"

周恩来把永定河上的官厅水库同祖国所有江河的治理看成一个整体,强调统一规划,相互支援。1956 年初,北京市成立永定河引水工程指挥部,并于 1 月 16 日在模式口举行开工典礼。同时,市上下水道工程局根据市里批准的方案,扩挖了前三门护城河东西两段,以迎接永定河水入城。1956 年 6 月 3 日,周恩来参观北京规划模型展览,在听取引水方案的汇报时,特地提出要注意解决北京用水和河北省用水的矛盾,不能光顾了北京而不顾河北。

从此"无定"变永定

1954 年 5 月 13 日,官厅水库竣工庆祝大会在官厅水库隆重举行。中央人民政府水利部部长傅作义、华北行政委员会委员何基沣以及河北省委、河北省政府等领导机关代表参加了庆祝大会。会上,水库工程局副局长做了水库建设的报告,傅作义讲了话,并将毛泽东的亲笔题词:"庆祝官厅水库工程胜利竣工"几个大字用金线刺绣在锦旗上,授予水库的建设者们。中共河北省委第一书记、河北省人民政府主席林铁代表中共河北省委、河北省人民政府、河北省军区和全省 3600 万人民,向建设水库的人们表示了热烈祝贺。华北区、河北省和各地党政机关代表向大会赠献了锦旗。天津等地来宾和参加水库工程的劳动模范代表先后发了言,在水库建成前后,党和国家领导人分别到官厅水库参观,并题词以示祝贺。

1954 年 4 月 25 日,薄一波等到官厅水库参观,为之题词:"河流,忠顺地为人民服务"。1958 年 5 月 26 日,郭沫若和中国文联参观团到水库参观。郭沫若挥笔题诗:"北方产量过长江,南方风物过长城。官厅水库鱼三尺,夹库湖山两岸青"。1958 年秋,叶剑英、刘伯承两位元帅到水库参观。叶剑英即兴题诗:"凶洪制服堤千尺,发电功能水一轮;永定河今真永定,官厅不靠靠人民。"

官厅水库的建成,减轻了永定河的水患,实现了人们多少世纪以来堵住山峡口,锁住永定河的愿望,是治河技术发展史上的里程碑。官厅水库建设是根治永定河的重点工程,也是治理海河水系的第一项工程。官厅水库建设,是中国人民在共产党领导下,将水患变为水利的一次有益探索,是誓叫山河为人民服务的一次伟大尝试。水库的建设者和领导者们没有忘记,周恩来从始至终亲自组织、指挥、参与了这一伟大工程。

如今,官厅水库建成已经半个多世纪了。在这半个多世纪里,官厅水库工作人员牢记周恩来视察时的指示,继续进行库区建设,使官厅水库的面貌发生了巨大变化。首先通过几次对大坝进行加高加固,使坝高由原来的485米增加到492米,库容由原来的21.6亿立方米增加到41.6亿立方米;溢洪道经过拓宽加深后,泄洪量达到每秒6000立方米,比原来提高了八倍多,从而大大提高了防洪能力,为首都和永定河下游提供了有力的安全保障。其次,发挥了巨大的经济效益。水库管理处努力发展种植业、养殖业、加工业和第三产业,职工物质文化生活得到了显著改善。半个多世纪以来,累计供水363亿立方米。自1966年以来,共计征收水费约4800多万元,有力地促进了库区和首都的工农业生产的发展。还改善了首都居民、园林供水状况,为美化首都做出了贡献。

周恩来为官厅水库的建设、发展花费了大量心血,而官厅水库已成为纪念人民的好总理的一座丰碑。

百年大计　质量第一

滹沱河发源于山西省繁峙县,它横穿冀中平原,经子牙河入渤海。千百年来,每逢雨季,山洪暴发,泥沙卷起波涛汹涌奔腾东下,沿河村庄被冲毁,无数庄稼被淹没,给人民造成极大灾难。1957年7月,全国人民代表大会正式审议了修建岗南水库的议案。但在何处拦河筑坝有两个方案。一是在平山的西岗南村西筑坝,这样库容量大,蓄水多,比较理想,但会把革命圣地西柏坡淹没。另一方案是在建屏县的南庄村拦河筑坝。这样虽可以避开西柏坡村被淹,但库容量小,蓄水少。为此,周恩来请示毛泽东。毛泽东说:"人民大众乐意牺牲自己的利益,我毛泽东由什么权力不尊重他们的意愿呢!根治水患,造福后代,其乐无穷么!"毛泽东拍板:"就在平山西岗南村筑坝建水库。"1958年3月10日,为解除历年人民遭受的灾害,除弊兴利,岗南水库破土动工开始兴建。

1959年6月7日,周恩来来到石家庄后,专门视察了正在建设中的岗南水库、黄壁庄水库工地。这两座水库位于石家庄西北部,都是国家重点项目。1959年,正值"大跃进"时期,"大跃进"中片面追求数量忽视质量,追求速度忽视综合平衡引发的各种弊端,已严重影响到国民经济的发展和人民群众生活。从邯

1959年6月7日,周恩来在黄壁庄水库工地与干部职工交谈

郸到石家庄,周恩来总理一路走来,反复强调质量,强调在保证质量的基础上提高产量。他关心钢铁质量,工业产品质量,教学质量,而更关心的,更担忧的水利工程质量。

当周恩来风尘仆仆赶到岗南水库时,已是 10 点 45 分了 。石家庄专区专员、滹沱河治理指挥部总指挥兼岗南水库工程局党委书记、局长张屏东、副总指挥王乃俊、副总工程师边崇岫等领导以及 200 多名机关干部早已等候在院内欢迎周恩来的到来。周恩来不顾一路疲劳,健步走到工程局,仔细观看水库模型沙盘和墙上的各种图表,边看边问工程进度和听取质量情况汇报介绍。

听着汇报和介绍,周恩来对工程中主要问题常常追根问底,不弄清决不放过。当他发现图表上只标明可灌溉几百万亩土地,可发多少度电,可解除多少面积水患,却没有标明因修水库要淹没多少村庄、多少土地,要搬迁多少人口时,就指着图表问:"灌溉面积是 800 万亩吗?"一个领导红着脸答道:"灌溉不到那么多,可以达到 560 万亩。"周恩来说:"能灌溉多少就说多少嘛!"

在平山县修建的岗南水库,正好淹没西柏坡村。对于西柏坡的山山水水,周恩来非常熟悉,对西柏坡人民,周恩来也是有着深厚的感情。1948 年春至

1949年春,周恩来曾在这里住了近一年时间,在这里他协助毛泽东主席指挥了决定中国命运的三大战役,召开了具有深远历史意义的党的七届二中全会,运筹谋划了新中国的建设蓝图。

在抗日战争时期,晋察冀军区司令员聂荣臻来到平山县,看到滹沱河两岸的沃土良田茂盛的庄稼,称这里是晋察冀边区的"乌克兰"。1937年11月,八路军刚到平山时,滹沱河北岸的开明地主齐学昭一次就献出小麦、稻谷800石,解决了部队缺粮的燃眉之急。广大群众为抗战出钱、出粮、出人,为革命做出巨大贡献。这次修岗南、黄壁庄水库,把平山最富饶的地方全淹没了,平山人民又为社会主义建设做出了重大牺牲。

望着水库模型,周恩来沉思片刻说:"岗南淹没的坡地多些,黄壁庄淹的多是平地,两座水库淹地损失是不小哇!粮食亩产,黄壁庄好的可达600斤,这可是平山的粮窝子啊,年年粮食两熟,我们从西柏坡就可以看到滩地上的稻田⋯⋯"

中共河北省委第一书记林铁在一旁插话说:"这里就是平山的'乌克兰'啊!"

周恩来接下来说:"你们说灌溉面积就多说,说淹没损失就少说,对迁移多少村庄、人口一字不提,这是你们水利工作的一个缺点。修建这样的大型水库,下决心不容易,随便一说一看下不了决心。不能光说效益一面,不提损失一面。要经过计算比较,计算比较要树立对立面。"

水电部副部长李葆华诚恳地点了点头,做了自我批评。

来河北和石家庄视察

1959年6月7日,周恩来察看岗南水库模型

前,周恩来于 5 月 19 日前往密云水库工地视察。他在听取汇报和看到水库沙盘模型及图表上没有标移民标记时,严肃指出:你们的模型图表中少了一样很重要的东西,那就是人。修密云水库需要五万多人迁移,你们对这五万多人做了安排没有?你们这是见物不见人呀!是一条腿走路。

在岗南水库工地,他又谈到移民的安排问题,周恩来指出:我们总的目的是为了全体人民的长远利益,但是,对少数人的眼前利益也必须尽可能地照顾到。两大水库淹地 10 万多亩, 迁移七八万人口,总要把这些人的生活安排好。现在小麦还没有收下来,要设想如果来了大水,库区群众生活怎样解决?要事先指定地点,哪些人暂时住在哪里,你们工程局的房子也可以住些人,临时度汛。但所有移民的房子要在明年基本上盖好,这是移民最关心的。

周恩来又说:"今年最高拦洪水位可达'185',这个高程以上的地可以种,争取秋收。不迁移的人也要给安排地种,什么高程可以种,什么高程要淹没, 都要向群众讲清楚。"

周恩来非常关心水库的质量问题。来河北视察,他在听取中共河北省委领导汇报水利工作时,就强调:水库,别光想好的一面,还要想会不会垮。他以密云水库为例,密云水库有个好处,即有副坝。要防止大透水,垮台。到水库工地别光找司令员,要找工程技术人员,找民工积极分子谈,想想办法。

当听到张屏东说水库目标是"百年设计,千年校核"时。周恩来说:"这里还有一个万一的问题,遇到万一怎么办?必须做到万无一失,决不能出半点差错。必须设想到最坏的环境,争取最好的结果。比如滹沱河和冶河同时发生最大洪峰,两股洪流相遇形成极为不利的情况时,也要保证安全。要下这个决心,要做充分的物质准备。

谈到工程进度,张屏东说:经过几次发动,群众干劲非常大,每天大堤增高许多尺,还放了几颗"卫星"。

周恩来扭头问张屏东:这些数字可靠吗?

张屏东回答:可能有些水分。

周恩来严肃地说:如今大跃进,群众热情很高,要注意保护群众的积极性,但作为领导要做到心中有数,要坚持实事求是的态度。

大坝上的足迹

在工程指挥部，周恩来不顾疲劳，一直站在水库沙盘模型和图表前听取汇报。11点多钟，周恩来挥手说："到大坝上去！"说罢，大步走去。指挥部其他领导也随同周恩来向大坝最高处攀登。

6月的水库工地，正是突击建拦洪大坝的关键时刻，水库的建设者们除民工外，还有机关干部、工人、教师、学生和部队官兵。只见工地上红旗招展，人来车往，15万建设大军热火朝天地进行着大会战。工地上，施工机器的轰鸣，民工们拉车的，爬坡的，装土运石的……上上下下忙成一片。看到周总理的到来，工地上顿时沸腾起来，掌声、欢呼声响成一片。一个年轻的民工夏春生，稚气未脱干得正欢，引起了周恩来的注意。周恩来走过去拉住夏春生的手关切地问："你多大岁数啦？"

"17岁。"夏春生回答道。

1959年6月7日，周恩来在岗南水库工地视察

1959年6月7日,周恩来在岗南水库工地视察

"唔!这么年轻就来修水库,家里让你来吗?""让来,修水库,家里当然让来!"

"你们辛苦喽!"

"为人民造福没说的!"夏春生脆生生地说。

"好!好!"周恩来轻轻拍了拍夏春生的肩膀,微笑着点了点头。接着,周恩来又和民工杨永根亲切地攀谈起来。他详细地问杨永根所在连有多少人?有没有充足的休息时间,有什么困难,等等。杨永根望着周总理激动地表示:不修好水库绝不回家。周恩来赞许地紧握住他的手。

在水库工地上,涌现出许多劳动模范和技术能手。工地领导把一位被誉为"大车王"的劳动模范曹义勇介绍给周恩来,周恩来向他询问了每天的施工进度和生产情况,关切地问他,分几班作业?每天工作多长时间?粮食和蔬菜 是不是够吃?劳动中情绪怎么样?家中生产和生活是否安排好了,是否有人照管?队里记工分多少? ……曹义勇和几位民工激动地一一回答了周恩来的提问。

在工地,周恩来和各民工营的干部进行了座谈,详细了解了各营的组织编制、人数、工具等情况。得知工地实行两班作业,每天要在工地上劳动十多个小时,周恩来问工地领导:为什么不改成三班作业? 在水库工地劳动强度要比农村劳动高得多,星期天也不休息,短期突击一下还可以,长期下去是不行的,太疲劳,应改为三班嘛!

当了解到某县民工团有二万多人,周恩来担忧地说:抽民工太多会影响农业生产的。

听到民工每人每天可吃到二斤粮食半斤蔬菜时,周恩来对工地领导强调,无论如何要保证吃饱才行! 蔬菜不多,等老百姓收了麦子,组织附近农民多种一部分菜卖给你们,不是都合得来吗! 对每个民工每天补助四角钱生活费一事,周恩来说:四角钱是少了点,除了吃就没什么了。最后,他特别问到民工最关心的是什么? 听到反映民工最关心的麦、秋分配时,他问工地领导:"你们打算怎么解决?"工地领导和各民工营领导表示,保证给每个民工合理记工参加夏、秋分配,解除民工的顾虑。周恩来听到这里,满意的点了点头。

这天中午,周恩来在返回指挥部路上,看到食堂门口有两个民工在那里吃饭,便走了过去,问他们每天吃几顿饭,上下班怎样安排?能休息几个钟头……

周恩来随后走进食堂去看望炊事员,向他们详细询问了食堂饭菜价钱多少,品种多少,问:"饼子多少钱一个?""菜多少钱一份?""炒一顿菜放多少油?"说着,他掰了一块刚出笼的饼子亲口尝了尝,满意地点了点头。

周恩来吃饭时,已是下午 2 点多了。考虑到周总理岁数大,一路的奔波视察累了,局领导就在周恩来的餐桌上摆了一盘炒鸡蛋。没想到周恩来见到炒鸡蛋,便严肃地说:这是干什么? 你们不知道我们还在还苏联的债吗?

张屏东说:周总理难得来我们这里一次,这也是我们的一点心意。周恩来却说:心意我领了,现在国家收购鸡蛋困难,完不成任务,我也不能吃鸡蛋。就这样,这盘炒鸡蛋直到饭后又原封不动地端了回去。

这天上午,周恩来在岗南水库工地听汇报,上大坝、到施工现场考察实在很辛苦。午饭后,工程局领导打算让周恩来休息一下,还为他安排好了休息的房间,周恩来却说:"不休息了,抓紧时间多看一些地方,现在就去黄壁庄水库吧!"说着,起身向汽车走去。

上车后,周恩来好像寻找什么似的,问道:"边总工程师呢?"工程局党委书记张屏东回答:"在后边车上。""请边总坐到我们这辆车上来。"

1959年6月7日,周恩来视察正在建设中的黄壁庄水库

　　路上,周恩来向边总了解了有关水库工程的情况。车在山路上奔驰着,颠簸着。车上,年愈花甲的周恩来了解完情况,身子往车座一靠,头一偏,利用行车的空当,打个盹算做短暂休息。

　　在黄壁庄水库工地,周恩来首先接见了在工地参加劳动的石家庄步兵学校部分官兵,而后,同水库工程局领导及技术人员进行了座谈。

　　黄壁庄水库位于岗南水库下游,在石家庄、获鹿、平山交界处,距岗南水库60华里,1958年11月开工,由于机械工具较少,施工条件较差,有些地方工程质量不大合格。周恩来了解到这点,关切而严肃地对张屏东和黄壁庄水库工程局党委书记崔民生说:"百年大计,质量第一。如果洪水把大坝冲垮了,比不修坝淹得更惨,危害更大。到那时,你就不是'屏东'而'平东'了,老崔你就不'崔民生'而是'催民死'喽!"周恩来这番话如同重锤敲在每个人心上,每个人都感到了问题的严重性,谁也不说话了。停了少许,周恩来又引用《西厢记》里张生和崔莺莺恋爱的故事缓和一下气氛：自古以来张崔两家关系特别密切，你们两家更要把关系搞好。不仅要管好水，还要用好水，使这两座姐妹水库发挥更大作用。一席话又使大家笑了。两位领导一致表示，绝不辜负周恩来期望，一定要把好质量关，向人民交出满意的工程。

下午 4 点左右，周恩来结束了连续 六个小时的视察。行前，局领导想请周总理为水库题词，周恩来微微一笑，婉言谢绝了。周恩来对水库质量的高度负责的精神和对建设者的极大关怀，以及他那谦虚高尚的情操却永远留在了每一个建设者的心中。

全面规划 综合利用

建国初期，地处海河流域的冀南地区，由于缺少水利设施，加上受降水不均、年际变化大的气候特征的影响，旱涝灾害频繁发生。每遇大旱赤地千里，每遇洪水百里汪洋。尤其漳河下游平原地区，河道迁徙无常，经常泛滥。这里大雨大灾，小雨小灾，无雨旱灾。建国前的有关府县志记载"漳河决漂没田庐无算"，"冲决殆尽，号泣之声达于昼夜"，历代人民群众饱尝了旱涝灾害之苦。

为了根除旱涝灾害，减轻人民痛苦，1958 年，中共河北省委、河北省人民委员会决定在漳河上兴修大型水库。大坝地址选在邯郸市西南 60 公里处的磁县岳城镇（岳城由宋朝岳飞在此驻兵而得名）。岳城镇位于漳河流出太行山的川口，漳河源于山西省太行山腹地，上游分清漳、浊漳两大支流，分别自山西省黎城县、平顺县流入邯郸专区涉县，在合漳村汇合后称漳河。流经涉县，进入磁县。

岳城水库的兴建，一开始就引起了周恩来的高度重视。1958 年 8 月 12 日，他在水电部和河北省委第一书记林铁具名提交的兴建岳城水库的报告上亲自批示"同意举办。"

随后，岳城水库便在周恩来的直接关怀下，于是年 10 月初开始动工兴建了。到 1965 年，岳城水库经过几年的紧张施工，主体工程已基本完成，并初次经受了 1963 年特大洪水的严峻考验，开始发挥效益。

1966 年 4 月初，周恩来在第二次视察邢台抗震救灾后，第三次亲临邯郸视察。他在日程安排很紧、工作极为繁忙的情况下，仍然惦念着水库的建设。4 月

5日上午11时,周恩来在水电部副部长钱正瑛、河北省省长刘子厚、邯郸地委第一书记庞均等领导陪同下,驱车赶往岳城水库视察。

周恩来来到水库后,没有休息就走进会议室听取水库工程局同志的汇报。

当河北省水利设计院的冯总工程师汇报到水库防洪与灌溉的作用问题时,周恩来讲:"岳城水库遇上1963年的情况(闹水灾)相当50年一遇,现在我提出一个尖锐的问题,灌溉与防洪那方面重要?大家一定会说,防洪与灌溉都很重要。从农业为基础、工业为主导的观点来看,在干旱年份灌溉比防洪更重要。在丰水年份防洪比灌溉更重要。这是辩证唯物的观点。灌溉是有季节性的,因此,水库运用必须和农业灌溉很好结合起来考虑。"

当周恩来得知1965年汛期以前,水库方面不考虑有汛与否,照例轻率地放掉两亿个(立方)水,农民很有意见时,周恩来有些生气了。"去年汛前岳城水库为什么把两亿水放掉了?在去年6月份已有旱象出现,为什么白白放掉两亿水?这样做对不对?是否考虑到农业灌溉问题?这关乎到人民生活问题。"

岳城水库在初建期,采用的是"水中倒土"的施工方法,到后期因为已不再适用,改作碾压式。当冯总汇报到主坝内有一部分"水中倒土"的坝体时,周恩来关切地问:"'水中倒土'坝体在什么部位,有多长,多宽,多高?'水中倒土'埋在坝内有没有问题,现在有没有发现问题?"工程局副局长兼总工程师边崇岫把"水中倒土"的部位、体积一一作了介绍,冯总也向周恩来说:"现在已埋下了观察设备,从目前看,没有发生什么问题。"周恩来听了介绍后说:"没有问题就好。"接着又说:"为了对子孙后代负责,要把'水中倒土'的情况详细地记录下来,突出地写在档案的明显地方。把我们做的事,老老实实地仔细地告诉后代。让他们知道是怎么回事。今后水利工作者应该注意,不要隐瞒缺点。"

当时源于岳城水库有两个水渠,即幸福渠和民有渠。为河北、河南两省共用,水量共为50个流量。当冯总汇报到这两个水渠的情况时,周恩来问:"河南、河北渠道分水的比例是怎样定的?考虑到将来灌溉的发展没有?两个渠道为什么定50个流量,以后是否还可以增加?"冯总回答说:"分水的比例是河南46%,河北54%。是中央和省共同确定的。目前,河南大约灌30万亩,河北大约灌100万亩,有50个左右的流量已足够。两个渠道设计是按100个流量考虑的,已考虑到将来灌溉发展问题。"

周恩来还问水库泥沙淤积问题是如何考虑的。边崇岫向周恩来汇报了几年来的淤积情况。他说，岳城水库坝下有九个洞子，对于排泄泥沙很便利。从目前的情况看，泥沙淤积问题不大，今后，需要搞好库区内的植树造林和水土保持。

由于毗邻的邢台地区于3月8日刚发生过强烈地震，所以周恩来对水库的抗震能力格外挂念。他问道："岳城水库的设计是按几级地震考虑的？"冯总说，原来按八级地震设计，后来经过进一步调整，改为按九级地震设计的。周恩来说："对于地震我们现在有了经验，岳城水库九级地震有没有问题？我们对于历史要批判地接受。历史上对地震的记载只会轻，不会重。过去的记载当然有用。但是过去的县志，都是士大夫编写的，当时的知识分子，是为地主阶级服务的。无论从地震时间、范围和破坏程度来说，都是记载不准的。那时没有观测仪器，科学不发达，只能凭人的感觉。因此一、二级地震往往很难感觉到。拿地震的范围来说，当时封建社会的统治阶级集中在城市，因此，只把城市的情况记载得较清楚。记载往往以城市为中心，对乡村就不记了。对破坏与损失的情况，往往不敢真实反映出来。对县志要一分为二看。既记载，就有这个事情，但面积、时间长短，破坏情况和人畜伤亡都记不准。现在我们把地震情况记载与调查得很清楚。正在用物探设备探测，从3月6日、8日、22日、26日、29日到今天，地震没有停止，最近几天地震较轻了些，看来已渐趋稳定。这里与北京差不多。有震动感觉，没有破坏情况。我们对地震不但要救灾，要帮助地方迅速恢复生产，重建家园，而且要设法探索其规律。地震预报，世界上还没有解决，为什么我们不能先解决呢？也可能我们这一代，也可能下一代，我们一定要解决它。"

最后，周恩来对水库"全面规划，综合利用"工作作了重要指示。他指出：水库应该是第一防洪；第二灌溉；第三水土保持。要综合利用，综合经营，一切工程都要这样做。要经常为六亿五千万人民着想，工程又是工、又是农，为人民的衣食住行着想，这就是毛泽东思想。

上午汇报结束后，周恩来和大家一块在大食堂吃中午饭。八个人一桌，上了三盘菜：一个炒鸡蛋，一个烧豆腐，还有一个炒青菜，主食是烙饼。饭前钱正英已向厨师打过招呼，不要搞很多的菜，因为周总理一贯俭朴。周恩来看了桌上这些便饭，甚为高兴。他一边吃烙饼，一边说烙饼烙得好、豆腐做得好。食堂里的大师傅听说周恩来夸奖豆腐做得好，于是每桌上又添了一盘。周恩来和同餐的人边吃边谈，尽管饭菜比较简单，但大家都吃得非常高兴。

午饭后，周恩来没有休息，就到水库扫尾工程工地进行视察。

时值农历 3 月的初春,依然是寒气逼人。寒风携带着沙尘呼啸着从地面上阵阵掠过,卷起的尘土亦漫了整个工地。周恩来不顾风沙扑面徒步向工地走去。他一边走一边向道两旁的工人群众招手致意。当周恩来碰到一个拱到前面、身上粘满灰土的小孩时,伸手把他抱了起来,不无疼爱地抚摸着他那小脸蛋,帮他把身上的灰土拍打干净后,然后轻轻地放到地上。

周恩来来到大坝脚下,正要登坝,这时水库气象站的报务员吴爱香急忙跑到周恩来跟前要搀扶他,周恩来和气地说:"不用,我自己来,这也是个锻炼。"周恩来一边登坝一边问吴爱香多大了,干什么工作,家里几口人?吴爱香说自己是个气象报务员。周恩来勉励她说:"这工作很重要,要好好干,为人民、为革命做贡献。"周恩来上到坝顶后,仔细地察看了泄洪设施、大坝质量和库容。他走到哪里问到哪里,察看了解得非常细致。他又专门来到用"水中倒土"修建的坝堤前,边看边向技术人员询问堤坝目前的情况,他再次告诫工程人员说,为了对子孙后代负责,要把"水中倒土"的情况详细记录下来,老老实实地告诉后代,让他们知道怎么回事。听了周恩来的话,人们不禁为周总理对人民对工作的精细程度和对事业高度负责的精神所感动。

周恩来走到一个施工现场,参加水库建设的民工们见周恩来来了,一齐迎了上来,周恩来一面和民工们一一握手,一面大声问候大家:"同志们辛苦了,毛主席派我来看望大家。"顿时"毛主席万岁!毛主席万岁!"的欢呼声响在工地上空。

周恩来在水库视察中,无处不体现着对人民群众的深厚感情和无微不至的关怀。无论走到哪里都要到群众中问寒 问暖,同他们亲切交谈,询问他们的生活情况,了解他们的 具体困难。见到一个名叫邹文斌的支援水库建设的小学生时,周恩来关心地 问"一天上几节课?劳动多少时间?"听说劳动时间少时,周恩来深有感触地说,现在教育制度方面也存在一些缺点,人越学越笨了,许多小学生只会笔算,不会打算盘。他指示工程局的领导,要给学生劳动时间,让学生学以致用,使孩子们健康成长。见到职工家属就问她们是否组织起来参加了劳动,鼓励她们要从家庭中走出来,积极参加社会劳动,为国家建设多做贡献。周恩来的一言一行都温暖了广大群众的心,深深地刻在人们的记忆中。

视察工地结束后,周恩来又指示水库的领导们说,水库建设要长期搞下去,打破一切框框,企业和农业结合起来,要全面规划,综合经营。这里是三省交界处,地形很好,是打游击的好地方,一旦有事,可以在这里打游击。只要我们依靠群众,群众会很好地保护我们。要到上游,直至山西跑一跑,也到下游,直到天津跑一跑。沿整个流域跑一跑,把上游的水土保持,下游的灌溉好好做个规划。只有做好调查研究,把眼光放远大一些,才能真正做到事事处处为人民服务。周恩来还建议是否修个电站,为城市用电和农业用电服务。

下午3时多,周恩来离开岳城水库前往磁县视察。

周恩来走后的第四年,即1970年11月,岳城水库全部竣工。至此该库成为海河流域的一个大型水利枢纽,它控制流域面积18100平方公里,占漳河流域面积的99.4%。总库容量10.9亿立方米,具有防洪、灌溉、发电、养鱼等综合效益。岳城水库的建成,使洪水灾害基本得到控制,灌溉面积可达440多万亩,使漳河流域人民摆脱了旱涝灾害的威胁,为发展农业生产创造了有利条件。

第十二章　风范永存天地间

一代伟人周恩来,生前多次到河北视察、指导工作。他走遍河北,情满燕赵。在工厂炼铁炉旁、在农村麦场棉田、在水库大坝工地、在抗震救灾前线、在深入基层调查期间……都留下了他深深的足迹。他深入基层,实事求是,体察下情,关心群众的工作作风一直为人们所传颂。他那风尘仆仆的身影及和蔼可亲的笑容也一直为河北人民所怀念。这里我们摘取周恩来在河北期间的几个生活片断,从中看看一代伟人的高风亮节。

一块碑文的故事

在北戴河的发展历程中,曾与许多伟人、名人结下了不解之缘。

1957年夏的一天,周恩来在北戴河陪外宾游览莲花石公园时,看到有民国八年(1919年)公园创建时的一块石碑,碑文中有"临榆令周嘉琛又为之禁樵苏,杜侵夺,名山胜迹庶几获全"一语,便很感兴趣地记在心上。同年深秋的一个傍晚,周恩来到北京东四八条朱启钤住处,特意向撰写碑文的朱启钤讨教此事:"桂老,我在北戴河莲花石公园里看到一块刻有《莲花石公园记》的石碑,你写的碑文中有我叔父周嘉琛的名字,此事您知道吗?"

朱启钤听到周恩来提起这段往事,不禁陷入了回忆:清光绪二十四年(1898年),清政府辟北戴河为"允中外人士杂居的避暑区"。

"民国二年,我任北洋政府内务总长。在举行县知事训练班时,他还是我的门生。1919年我在北戴河任'公益会'会长时,主持修建北戴河第一座公园——莲花石公园。为了保护公园内的古松翠柏不被破坏,滨海傍山的优美环境不被污染,就请你叔父周嘉琛支持。他当时正在临榆县任县令(辖山海关、秦皇岛、北戴河、抚宁大部),他当即以县令身份布告,明令禁止民众上山砍柴、伐木、采药、打猎和挖土取石等。由于你叔父两次布告,效果很好,终于使莲花山的优美环境一直保持到今天。"

周恩来听了朱启钤的一番话后,十分感慨:叔父周嘉琛只是个旧社会的官僚,没想到在北戴河还有如此功绩被记录在碑文里。以后,在教育周家晚辈时,他不止一次提到周嘉琛做过的好事。

被周恩来生前称之为"衡峰大叔"的周嘉琛,字衡峰,号笑如。是周恩来的再从堂叔。1880 年 4 月 7 日(清光绪六年二月廿八)出生于淮阴。1901 年,周嘉琛回绍兴参加清庚子辛丑恩正并科乡试,考取第 132 名举人。中举后曾做过湖北荆门州的知州和烟台的道尹,民国时期,周嘉琛先在河北内邱县任知事,1918 年至 1920 年任临榆县令。1920 年,周嘉琛到山东济南任山东省民政厅厅长一职。这年 10 月,周恩来从天津出发,前往上海乘船赴法国留学。路过济南,顺路看望"衡峰大叔"周嘉琛,并向他告别。周嘉琛十分赞赏周恩来有理想有抱负的精神。临别时送给周恩来 120 元银洋做为旅途的盘缠。1923 年,周嘉琛赴北京任北洋政府内务部民政司司长。1928 年,北洋政府濒临垮台,周嘉琛赋闲之后转而经商。1944 年,周嘉琛病逝于北京,终年 64 岁。

嘉琛娶妻包氏,安徽泾县人,生长子毓澧。1938 年至 1945 年在山东益都县任税务局长。解放后,周毓澧回到北京。由于他年纪较大,又是旧官僚,找工作比较困难,就在街道负责传呼电话,卖些日杂百货维持生计。虽然生活比较清贫,却从未向堂兄周恩来提出过任何要求。为此得到周恩来多次表扬。周毓澧有两个女儿因记恨父亲把她们留在北京不管,很长时间不和父亲来往。这件事被周恩来知道了。有一天,他把周毓澧和他的两个女儿找到西花厅谈话。他首先批评了两个身为共产党员的侄女。说:"解放好几年了,你们的父亲从来没有找过我,他卖小百货,自食其力,我看这很好嘛!我们共产党人也是父母生的。你们的父亲现在年纪大了,你们如果和他脱离关系就意味着把他推给社会。这怎么行呢?你们怎么这样对待他呢?我参加革命快 40 年了,在我身上,在感情上,作风上都还遗留着封建家庭的痕迹。你们就那么干净?就那么布尔什克?""我们共产党人是历史主义者。历史主义者就是怎样正确认识历史。秦始皇是历史上的暴君,但是他修了万里长城,还统一了中国,统一了度量衡。这些是好的嘛!袁世凯是卖国贼,但他统一了币制。统一币制是好的嘛!满清时币制不统一,主要是分量不同。袁世凯以袁大头为准,一律七钱二一块。""还有你们的祖父周嘉琛,他在临榆当县令时曾发布告保护山林和滨海环境,这就是一件造福子孙后代的好事。而且他的名字被永远刻在北戴河《莲花石公园记》的石碑上。"在周恩来的教育下,两个侄女与父亲和好如初。周毓澧于1961年去世,终年62岁。

2001年8月2日,周恩来的侄子周秉钧、侄女周秉宜携母亲王士芹(周恩来三弟周恩寿之妻)来到北戴河联峰山,寻找周恩来生前教育晚辈时常提起的那块石碑。王士芹一行沿着当年周恩来的足迹,来到了莲花石景区。在《莲花石公园记》石碑前,王士芹老人触景生情,激动地说:"我终于见到了哥嫂常说的那座石碑,也亲眼看到了石碑上衡峰大叔的名字,也总算了却了我多年的一桩心愿。"

在北戴河买票看戏

1955年暑期的一天,上级通知秦皇岛市公安局,在北戴河暑期办公的周恩来和邓大姐要到戏园看戏。周恩来到戏园与老百姓一起看戏,市公安局既要做好安全保卫工作,又不能让周恩来知道,因为周恩来不想因为自己看戏而给地方带来麻烦,他要做一名普通观众。

到了看戏那天,在第三排留好了两个座位,公安局的同志着便装分别围着这两个座位前后左右坐下,当时时任秦皇岛公安局副科长的王惠长旁边,正好是两个空座。心里想,这大概是周恩来和邓大姐坐的位置。

周恩来来了,先到售票处去买票,卖票的工作人员赶忙对周恩来说:"周总理您好,您不用买票了,里面已经给您留好了座位。"周恩来不高兴地说:"同志,我是国家总理,怎么能不买票呢?"看到周总理严肃的神情,售票员赶忙把事先安排好的座位票卖给了周总理。

周恩来挽着邓大姐走进戏园,对号入座,正好挨着王惠长坐下。这时,王惠长感到既紧张又幸福,能有幸和周总理一起看戏,这是多么值得骄傲的事呀,但这种心情又不能流露出来,他一面假装看戏,一面斜着眼睛看着敬爱的周总理。正巧,周恩来也转过头来问王惠长:"同志,你是哪个单位的?买票了吗?"态度是那样亲切,语气是那样平缓,王惠长回答道:"我是区劳动局的,刚刚买的票,三毛钱。"说着便拿出票来给周恩来看,周恩来看了看票,点了点头,把票还给了他,接着往下看戏。

戏台上一个县官正在审案,县官一拍惊堂木,大声说道:"嘟,还不从实招来……"演员此时往台下一望,正好与周恩来的目光相遇,认出了台下坐着的周总理,唱腔、神态都显得不自然了,周恩来也看了出来,"扑哧"一笑,神态和蔼而自然,演员顿时轻松下来,继续往下唱。等演员回到后台跟同事们一说,戏班子的演员们都从幕布缝里往外看,寻找周总理,周总理来看他们演戏,谁不想看一看周总理呀!大家都感到万分的幸福,演员们格外兴奋地表演着,一腔一调,一举一动都格外认真,看得出他们要让周总理看上最好的表演。周恩来坐在那里看戏,神态依旧安祥和蔼,不时地点点头。

散戏后,公安局的同志跟随周恩来和邓大姐左右,保护他们往外走,一直把他们送到坐在后边的随身警卫的身边,才放了心。

50多年过去了,当年保卫周恩来看戏的场面还时常浮现在王惠长脑海里。周恩来严格要求自己、亲近群众的作风,和蔼可亲、平易近人的神情和风范,永远铭记在他心中。

在小饭馆吃豆腐脑

50年代中后期,毛泽东、周恩来等党和国家领导人几乎每年都到北戴河办公、休息。他们严于律己、宽以待人的工作作风和生活态度,密切联系群众、关心群众疾苦的高尚品德,给人们留下了深刻的印象。

敬爱的周恩来总理在北戴河活动时,为了便于接触群众,随时了解群众情况,他从来不让公安局为他布置警卫,外出时只带一两名工作人员,一旦发现身边跟的人多了,他就要提出批评。

记得1956年的一天,周恩来从住地出发,沿着西经路由西向东散步,到了平水桥附近,周恩来看到有一家小饭馆,就带着身边的工作人员走了进去。周恩来买了一碗豆腐脑儿,边吃边和卖豆腐脑儿的吴师傅拉起了家常,问吴师傅家里有几口人,生活困难不困难。最后周恩来还夸吴师傅做的豆腐脑儿好吃,说以后还要来吃。

周恩来在小饭馆吃豆腐脑儿这件事,距离今日虽然已有半个多世纪,吴师傅也由一个年轻小伙子,变成了小老头。但周恩来联系群众,心系百姓,体察民情,关心群众疾苦,始终把自己置身于群众之中的高尚品德,使吴师傅终生难忘。

我们现在不能忘了人家好处

1956年夏，周恩来在北戴河西山听取地方同志的工作汇报

1956年8月的一天，时任秦皇岛市公安局副局长兼北戴河公安分局局长的杨兴民接到电话，要他到周总理那里去。杨兴民到周总理的住所后，卫士长成元功告诉他，是周总理找他去唐山开滦煤矿了解一下某技术人员的工作表现情况。周恩来告诉他说，这个人早年加入共产党，后来因局势紧张感到害怕，就脱党了。那年，周恩来从国外经苏联回国，在哈尔滨见到了这个人，他给了周恩来10元大洋，表示对党的工作和革命事业的支持。周恩来说，在那样困难的年代，这10元大洋很管用，都用到革命工作上。我们现在不能忘了人家的好处。

按照周恩来总理的嘱托，当天，杨兴民就赶到唐山市公安局，和郑修局长一起来到开滦煤矿保卫处。那里的同志介绍说，这个人的工作与表现都不错，就是社会关系复杂些。回北戴河后，杨兴民整理了一个材料向周恩来总理汇报。周恩来见到杨兴民后说，我们出去谈吧。于是杨兴民和周恩来还有成元功三人一起坐汽车到了山上的莲花石公园，他们坐在一块大石头上，开始向周恩来汇报。杨兴民说，据调查这个人工作表现都可以，就是社会关系复杂。周恩来听完后，便说，我想抽时间去看看这个人。这时，杨兴民又补充了一句："最好不去。"周恩来听了，当时就说，要说社会关系复杂，我的社会关系比谁都复杂，国民党的许多头头都是我的同学、同事，看一个人，主要看表现嘛。这是杨兴民亲耳聆听周总理重在政治表现的教导。

几天后,周恩来回北京时在唐山稍作停留,看望了这个人。据说这个人以后表现一直很好。

尊重民主人士

周恩来每次来北戴河,不管工作多忙,时间多紧,都要专门看望在这里休息的党外民主人士。有一次中午1点多钟,周恩来在中海滩看望了正在游泳的民主人士李济深、黄炎培、陈叔通、张治中、傅作义,又提出要去看望郭沫若。怕郭老睡觉耽误周恩来的时间,就在去郭沫若住处的路上,杨兴民对中央警卫局局长李树怀说,我先进去通报一下。进去一看,郭老果然正在睡觉,听说是周恩来要来看望,郭老急忙穿上衬衣就往外走,把周恩来迎进屋里,周恩来看着穿着不整的郭老急急忙忙的样子,指着杨兴民说:"又是你干的。"对于这样的批评,杨兴民感到的只是一种温暖,同时也深深地为周恩来尊重民主人士的真挚情怀所感动。

与游客握手交谈

1959年8月下旬的一天上午,大约11点,杨兴民接到通知:中午,周恩来要同一位客人到海滨饭店吃饭。

杨兴民便立即带领几名保卫人员,提前来到海滨饭店做准备。为了安静与方便,吃饭地点安排在西侧的小餐厅,饭店备好了桌椅,并摆好餐具和其它用品,杨兴民和一名工作人员在门口迎候。一切准备就绪。

此时,大餐厅的顾客逐渐多了起来,几位外宾也来到大厅用餐。

大约12点,周恩来和客人(天津市一位牙科医生)步行来到海滨饭店。饭店经理立即出来迎接,作了自我介绍,周恩来握着他的手说:"辛苦了。"

当走到前厅时,经理说:"请到西侧的小餐厅吧。"

周恩来微笑着说:"你们现在营业吗? 顾客在哪里呀? "

"顾客都在大餐厅。"

"咱们也在大餐厅吧!"

"大餐厅里有外宾。"经理忙解释说。

周恩来风趣地说:"外宾怕什么!中国人还怕外国人吗!"说着,径直向大餐厅走去。

餐厅里的顾客见到周总理又惊又喜,都以敬仰的目光看着周总理。服务员赶紧在一边加了一张餐桌,搬来两把椅子,请周总理和那位客人坐下。

周恩来看见顾客满座,高兴地说:"你们服务工作不错嘛!"经理连忙说:"我们的工作与党的要求相差很远,请周总理多指导。"然后问周总理用点什么,周恩来问:"有茅台酒吗?"

"有。"

"有散酒吗?"

经理直率地说:"没有散的,有瓶装的。"

周恩来笑着说:"我们两人酒量不大,一瓶要喝醉的!"周恩来风趣的话把大家逗乐了。

经理说:"喝多少算多少。"

周恩来说:"这不破坏你们的制度吧?"

"不破坏,方便顾客嘛!"

周恩来高兴地说:"那好,再准备点凉菜。"

饭后,周恩来与那位医生说了几句话,便离开座位走到顾客餐桌前与顾客握手交谈,关切地询问他们在哪里工作,工作情况如何,生活怎样,当顾客回答说工作很好,生活水平也有很大提高时,周恩来很高兴。

周总理为国操劳,日理万机,时刻把人民冷暖放在心上,因此大家都想亲眼见一见敬爱的周总理,没曾想今天竟成了现实!深受爱戴的周总理就站在面前和自己握手,亲切交谈,怎能不激动呢?

周恩来一张桌一张桌地询问,一个人一个人地交谈,走遍整个餐厅后,周恩来向顾客们挥手告别。顾客们全都站起来,恋恋不舍地目送敬爱的周总理离开了餐厅。

周恩来走后,人们都抑制不住内心的激动,情不自禁地交流着一个共同的心声:周总理和我们心连心。

应该这样坚持原则

1960 年 8 月中旬的一天中午,天空阴暗,电闪雷鸣,山峦迷蒙,海天一色。楼房、亭台、树木、街道都笼罩在烟雨之中。人们虽然关紧了门窗,但屋内仍然凉爽宜人,这真是午休的好天气!

大约下午一点钟,北戴河区文化馆办公室的电话铃突然响了起来,正在休息的北戴河区文化馆馆长王玉珍立刻拿起耳机,里面传来对方的声音:"我是外交部休养所,有一位领导研究国际问题,需向你馆借用世界地图,不知是否可以?"

文化馆只有一份世界地图挂在墙上,按规定不能外借,况且外面大雨如注。

于是,王玉珍馆长回答说:"文化馆有规定,地图不外借,你们是否辛苦一下到这里来看?"对方回答说"请稍等,我请示一下领导。"不到半分钟,回答说:"请你们在门口等候,领导马上就到。"

王玉珍放下电话,来到前厅恭候,雨还在使劲地下着,院内积水形成一支支水流。前厅通向门前的土路上溅起密密麻麻的水泡。

一会儿,一位男青年来了,互相作了介绍。王馆长问他谁看地图,当听说是周总理和几位外宾要看时,王馆长的心立刻剧烈地跳动起来,涨红的脸上渗出了汗珠。

那位同志看出了王馆长的心情,安慰说:"没什么,刚才周总理还表扬了你们,说你们坚持原则。"但王馆长依然手足无措,十分不安地说:"周总理那么忙,咱们还是给周总理送去吧。"

"来不及了。"正说着,周恩来已经来到大门口,后面跟着两位外宾和两名工作人员,只见周恩来身着雨衣,冒雨走在泥泞的路上,裤腿已被雨水淋湿。

王馆长赶紧迎出去,深表歉意地说:"实在对不起!"周恩来握着他的手,温和地说:"就应该这样坚持原则嘛!"听了周恩来总理的话,王馆长的心情平静了许多。于是便和工作人员打开阅览室的门,将周总理和外宾请到室内,周恩来没有坐下,直接走向地图,仔细查阅起来。

大约过了六七分钟,周恩来和外宾走出阅览室,周总理握着王馆长的手亲切地说:"谢谢!"然后走出前厅,行进在雨幕中,在泥泞的路上留下一行深深的脚印。

永不知疲倦的人

1971年暑期，周恩来和邓大姐亲自乘飞机送西哈努克亲王及夫人来北戴河度假休息。周恩来和邓大姐只在北戴河吃了一顿午饭，游了一次泳，午睡后就返回了北京。等安顿好亲王一行后，时任中央直属机关管理局的副局长尤小虎跟随周恩来来到海边浴场，望着蓝蓝的、无边的大海，周恩来面带喜色，尤小虎试探着对周总理说："您的身体疲劳，应在这里休息几天。"周恩来说："是呀，这里空气多好啊，我也想住几天，可是工作不允许啊。"

周恩来在海里游了一会儿泳，就心不在焉起来，说："咱们上岸吧"。于是他从海里上来，走向浴室，这时，人们看到周总理，穿一件普通游泳裤，身体瘦瘦的。看到周总理身体虚弱，肩胛骨和锁骨都显露很高，工作人员心痛得都流下了眼泪：周总理啊，周总理，您为了国家和人民，太累了……

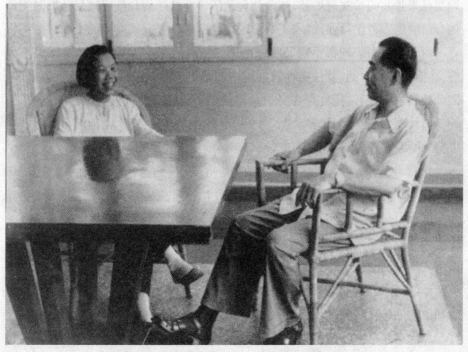

1958年8月8日，周恩来和夫人邓颖超在北戴河办公室

午饭后,习习的海风很适宜休息。邓大姐和工作人员都劝周总理睡会儿觉再走。无奈,周恩来拗不过大姐,上床休息了。周恩来的时间非常宝贵,很难得能好好地睡上一觉,所以警卫人员和工作人员无论走路还是办事都小心翼翼,生怕惊动了他休息。

邓大姐对周恩来更是关怀备至,体贴入微。等周恩来躺下后,邓大姐搬来一张藤椅,坐在周恩来的卧室门口,尤小虎正纳闷"大姐怎么不休息呢?"于是,他便蹑手蹑脚地走过去,轻声地对大姐说:"大姐您也去休息吧,我们在这守着。"她看了看尤小虎他们,轻声地说:"我不困。"坚持不离开。邓大姐对周恩来的一片深情感人至深。

周恩来总理就是这样一个永不知疲倦、总也顾不上休息的人。

感人的夫妻情

随周恩来和邓颖超夫妇在北戴河 27 号别墅住的时间比较多的孩子,是邓颖超秘书张元的长女萧远音,她常和母亲陪伴邓颖超到北戴河度夏。那时的萧远音已经步入青年行列,加入了共青团。

由于各方面表现都不错又明白事理,特别是有一段萧远音的身体也不太好,休学了较长时间,就住在西花厅院内的家里,邓颖超和她碰面的机会很多,因此比较喜欢她,常把她带在身边。在新中国成立后的很长一段时间里,邓颖超一直体弱多病,处于休养状态。自 50 年代中期开始,夏季领袖们多到北戴河办公,邓颖超夏季也到北戴河避暑。有时,她先于周恩来到达北戴河。

1958 年夏季,邓颖超已经到北戴河好几天了,约定稍后就到的周恩来,却迟迟没有到。原来突然有几件计划外的事要处理,被绊在北京不能马上脱身。每当这种时候,她就会对周恩来生出缕缕特别的思念,于是就每天往北京打一个电话。提起邓颖超给周恩来打电话,萧远音说:"邓妈妈有一绝,拨通电话,只要喂一声,就能听出周恩来的身体状况。有一次,我在邓妈妈身旁,刚听她喂完,就听她说:你是不是感冒了?又咳嗽了吧?我很惊讶,就问她:怎么还没说话,您就知道伯伯感冒咳嗽啦?只要一声,我就能听出来。邓妈妈说。"

那次在北戴河陪伴着邓颖超的萧远音,把这一切都看在眼里,就问邓颖超:"您是不是又想伯伯啦?""是啊,他怎么老不来呀。"

50年代周恩来、邓颖超和工作人员在北戴河海滨留影

萧远音似乎看出邓颖超不好直白地吐露思念的神情,就对邓颖超说:"您给伯伯唱首歌吧,一唱歌他就来了。""唱什么呢?"邓颖超问。"唱《敖包相会》。""我不会唱啊。""我教您唱。"

就这样,萧远音教会了邓颖超唱《敖包相会》,还把"我等待着美丽地姑娘呦",改成了"我等待着心上的人儿呦"。邓颖超很快就学会了,随之给周恩来打电话,唱了一曲《敖包相会》。

周恩来听了很奇怪,说:"你什么时候学会了唱这首歌的?"邓颖超说:"大米(萧远音)在我这儿呐,她知道我想你了,就教我唱这首歌。她还说你听了以后,就该过来了。"

三拒上菜

1959年6月5日这天晚上,石家庄小白楼招待所中人来人往的走动和不时的喧哗声打破了这里以往的清静。晚10点多钟,几辆小汽车鱼贯驶入院中,没想到头一辆走下的就是敬爱的周总理,不见警车开道,没有前呼后拥。周恩来下车后和蔼可亲地同上前迎接的地、市领导及服务人员一一握手,他胡子没刮,一副风尘仆仆的样子……

为欢迎周恩来及随同来的国家部委和省委领导,石家庄地、市领导准备了丰盛的晚宴。开饭了,饭厅里仅有周恩来和同来的部、省领导同志,石家庄地、市领导都在走廊里或厨房中帮着炊事员、服务员照料和忙碌。大家都是一个心愿:一定让来的周总理好好吃一顿饭。而当饭桌上刚端上了四个菜,周恩来就不让再上菜了,他对端菜的服务员小张说:四个菜就可以了,不要再上了。听到周总理的话,小张只好把菜又端了回去。在厨房照料的石家庄地委第一书记康修民和其他领导叹道,这哪行啊!周总理远道而来,怎么也得好好招待一下,况且准备了那么多菜,好菜都在后头没上呢?康修民挥了挥手又让服务员把菜端了过去,但被周恩来制止,服务员不得不把菜又端了回来。康修民便亲自随服务员又把菜端了过去。他对周总理说:总理啊,我们准备了很多菜,不吃也浪费啊!周恩来却说:菜多了吃不完才是浪费。准备了不要紧,这次不吃,以后有机会再说。

看到周恩来态度很坚决,康修民也就没再坚持,服务员第三次把菜端回了厨房。

礼让货车

1959 年 6 月 7 日这天一大早,周恩来匆匆吃完早饭,便乘坐小白楼招待所的蓝色奔驰轿车向岗南水库奔去。轿车沿石岗公路向西北急驰着,司机王师傅聚精会神地握着方向盘,不料车子在行驶途中,被前面一辆大货车挡在了后面。1959 年的石岗公路路面窄且不说,还没有铺柏油路面,前面的汽车扬起的尘土令后面的乘车人难以忍受,而周恩来就坐在头一辆车上。司机王师傅再三鸣喇叭催前面的货车让路以便超车,可这辆车的司机却似故意作对似的不予理睬。没有警车开路,只有在后面跟着吃土。这可急坏了陪同在周恩来身边的石家庄市公安局吴副局长。好容易等到一个路口,这辆车终于拐到一边了,吴副局长想下车找那个司机理论,却被周恩来制止了……

照顾观众

1959 年 6 月 7 日这天,周恩来连续视察了岗南和黄壁庄两个水库工地,奔波了整整一天。为调剂一下周恩来过于紧张的工作日程,石家庄市领导专门安排了石家庄丝弦剧团为周恩来演出。丝弦是石家庄的地方

1957 年 11 月 21 日,周恩来为石家庄丝弦剧团题词

戏,也是周恩来喜爱的戏种之一,1957 年石家庄丝弦剧团进京演出时,周恩来竟然三次看戏。戏散后,周恩来走上舞台和全体演、职员握手,仔细询问丝弦戏的历史沿革,剧团组建时间及体制,连活动的地区和群众的反映喜好都问到了。听说丝弦来自农民,土生土长,周恩来高兴地说:"很好嘛! 人民的艺术,人民是喜爱的。你们的艺术来自农民,不要忘了农民,不要忘本。"并说:石家庄是华北最早解放的城市,那时候我在石家庄就想看你们的戏,没看成。这次你们送戏到北京来,很感谢你们。以后,周恩来又看了两场,还把朱德、陈云、邓小平等一些中央领导同志请来观看,并在百忙之中,亲笔为石家庄丝弦剧团题词。

这次听说周总理来到石家庄,要为周总理演出,演员们都高兴极了。石家庄地、市领导考虑周总理工作繁忙,需要早点休息,便与剧团领导商量,把戏压短些。所以,戏开场后一大段唱词给去掉了,改成序幕式的过场戏演出。

这天晚上,石家庄铁路俱乐部演出的是丝弦剧《白罗衫》。周恩来走进剧场一坐下,扭头瞧了瞧后边,马上把帽子摘了下来,拿在在手里,惟恐影响后面观众的视线。幕布徐徐拉开,演出开始了。戏一开场,便被仔细的周恩来听出来了。散戏后,周恩来由地、市领导陪同来到台上,接见演员一句话就问:为什么第一场没有唱词? 剧团领导说明原因后,周恩来爽朗地笑了。他连连说:"那没必要,那

没必要嘛!不要因为我一个人。要照顾广大观众嘛!第一场没有唱,观众就不知道是什么剧种,这了不合乎戏剧规律,对吗?"剧团领导和演员都为周恩来设身处地为观众着想而感动了。

周恩来的记忆非常好,他同演员交谈中指着剧中扮演姚达的演员王永春说:"永春,你还是麒派老生呀!"

两年前,周恩来在北京看石家庄丝弦时接见过演员,想不到一见面就叫出了王永春的名字。

周恩来说:最近报纸上有个不好的倾向,戏剧广告只登编剧、导演、舞台监督、音乐设计的名字,惟独不登演员的名字。这不公平,我要替演员呼吁。省委第一书记林铁也在一旁说:这叫喧宾夺主。

周恩来又看望了乐队的同志,问他们编制多少人?一个老艺人紧张地回答:武场六人,文场七人,七六一十四。

周恩来笑了,说:"不要紧张,七加六一十三嘛!"

引得大家开心地笑了。当周恩来看到剧团自制的乐器土琵琶,就问:这是什么乐器?乐师回答:这是老艺人自己动手做的,是弦索腔的标志,代表着丝弦的音乐特色。周恩来听后上前握住老艺人的手说:"这很好,要保持丝弦的特色,发扬自力更生、艰苦朴素、节约开支、勤俭办团的作风。"又指示团领导,地方戏要以民族乐器为主,要发展民族乐器。

周恩来与演职员交谈了 30 分钟,又和他们逐一握手合影留念后才离去。

1957 年,石家庄丝弦剧团在中南海怀仁堂演出,演出后,朱德、周恩来、邓小平、陈毅、贺龙等领导与演职人员合影

秤窝窝头

1959年6月8日，周恩来来到石家庄钢铁厂视察。他在厂办公室听完汇报后出来，先向不远的职工食堂走去。他说："先看看你们的后勤部。"

食堂里，炊事员们早早地忙碌着准备午饭，看到周总理的到来都不禁喜出望外，纷纷放下手中的活站起身来。周恩来走到盛有饭菜的案桌前同正在操做的炊事员打招呼。他摆了摆手臂让大家坐下来，关切问：食堂饭菜有多少品种？粗粮能否细做？周恩来还说："大家都辛苦了，大炼钢铁，同志们都流了汗，出了力。人是铁，饭是钢，'钢铁元帅'要升帐，食堂工作要跟上。"大家听了都欢快地笑起来。

周恩来见案子上有一竿秤，便拿起来，亲自秤了一个窝头，问炊事员一斤面能蒸几个窝头？见周总理这样关心职工生活，炊事员们纷纷表示：一定要千方百计把伙食搞好，支援钢铁生产。周恩来听后高兴地说："好！好！"随后，他高兴地同炊事员合影留念。

颗粒归仓

1959年6月7日下午，周恩来视察井陉矿结束后，乘汽车来到矿务局临时停车点等候返石专列。趁等车的工夫，周恩来到附近麦地察看小麦。他看到刚收割的麦地里有不少丢失的麦穗，便弯腰蹲在地上拣了起来，边拣边说问身的

1959年6月7日，周恩来在井陉煤矿候车时到麦地拾麦穗

领导:井陉县有多少亩小麦。县领导回答说有 20 万亩。听说有 20 万亩麦子,周恩来心疼地说:"这一块地就丢这么多,全县该丢多少? 全国又该丢多少?""要拾净,要颗粒归仓。"

看到周恩来拾麦穗,记者拍下了照片。几天后,《人民日报》发表社论《龙口夺粮,颗粒归仓》,配发了这张著名的周恩来拾麦穗的照片。

与不入食堂的老农话食堂

在河北武安县(今武安市)的几天里,周恩来总是想法悄悄溜出大家的视线,独自去农家串门。一次刚见他歪在椅边休息,转眼就不见了。大家一阵紧张,赶快分头去找。

当时的摄影记者眼睛尖,发现不远处一户人家的烟囱正冒烟,没准他上那户去了? 走近一看,他果然在和人家谈话。

那时,农村让社员吃食堂,不让在家做饭,家里烟囱冒烟是不正常现象。

老人家不认识周恩来,觉得他是干部,就递木凳给他坐。周恩来刚要坐下,见有个姑娘下工回来,就把凳子递给那姑娘:"你劳动了,比我累。"然后,他一屁股坐在人家门槛上,和主人一个在里,一个在外聊了起来。记者一见,拿出相机,上前就是一个"咔嚓"。

周恩来冲记者摆手:"别跟着我,你那个'咔嚓'把人家吓住了。"

记者只好转到他看不见的地方,等待机会抓拍。

过了一会儿,周恩来随主人进了屋,见锅台冒热气,就揭开锅盖看看。屋里黑,他看不清,还以为烧的是水。

正要离开,周恩来发现了地上的榆树叶,马上折回身,第二次揭开锅,吹吹热气,定睛一看,锅里煮着榆树叶和粮食搅成的稀糊糊。

周恩来轻轻放下锅盖,重重地叹了口气,边出门边自言自语:"有了食堂还两头冒烟,吃不饱的食堂,要它干什么?"

周恩来这次下农村,学了不少"民间文学",刚才他说的"两头冒烟",就是当地百姓形容既在食堂吃,又在家里吃的情况。平时在中南海,周恩来说话严肃、认真,很少与工作人员开玩笑。但这次在农村,他像换了一个人,话多了起来。尽管他每天休息很少,精神却很好。

当年的摄影记者至今还记得周恩来和那个老农的一段谈话。

后来,老农知道这个老干部是周总理,没有一点拘谨和顾忌。

"你多大岁数了?"周恩来问。

老农答:"65岁啦,老了,不中用了。"

"属什么?"

"鸡。"

"比我大一岁。我属狗,也老了,不中用了!你留过辫子吗?"

"留过。"

"我也留过,还挺长的。"

"什么?周总理也有过辫子?"

"总理也不是生下来就是总理。那时谁不留?不留还不漂亮呢!"

"嘿嘿……"两位老人都乐了起来。

"你为什么不入食堂?"拉完家常,周恩来马上切入正题。

都是留过辫子的人,老农陡生亲切,话也多了:"食堂吃饭不对胃口,自己做饭方便,想吃什么就吃什么。不想吃了,粮还在家搁着,飞不了。食堂吃饭不吃白不吃,谁也不省着。前些年收成好,食堂糟蹋了多少粮!这不,遭报应了不是?要是不办食堂,庄稼户谁能不省着点儿过?粮多少还会有点儿的,也不会饿成这德行!"

"是啊……我和邓颖超也入过食堂,开会多,来人多,不方便啊,没几天,我就退了食堂。"周恩来感慨着。

"你不入食堂可以呀,你是大官,谁敢把你怎么样?我不行。我不入,人家斗我,说我是社会主义的绊脚石。"

周恩来苦笑了,万般苦衷只有他自己知道。到河北的前一段时间,中国乒乓健儿荣获多项世界冠军,他非常高兴。他把小将们请到中南海。那天中午,中南海食堂供应的饭菜有限,他就自己掏钱,让工作人员去外面买回一些食品,请几位运动员在家里吃了顿午餐。

"老哥,不能这么说。你是社会主义,我也是社会主义。唉,以前我不专管粮食工作,现在,却要天天过问粮食情况,你们没粮吃,就不要我当你们的总理了。大官也会被老百姓罢官的呀!"

鲁迅先生说过:"将血一滴滴地滴过去,在饲养别人,虽自觉渐渐瘦弱,也以为快活。"周恩来正是这样把自己的全部心血献给人民的人。

初到伯延"偷袭"食堂

1961 年 5 月 3 日,周恩来和邓颖超一行人来到河北武安县的伯延公社,住在部队的营房里,早晚回营房吃饭,中午就在视察的伯延村就餐。

伯延村是个公社,有十多个自然村落,人口 27000,办公共食比较早。当时,受灾面大,饥荒严重。周恩来这次到农村是带着考察题目来的,主要有三点:食堂、供给制、包工包产。

周恩来在伯延调了四天,先后召集大小队干部、社员群众、农机站和修配厂的人开会七次,广泛听取群众的意见。

"周总理是大官啊,可不能胡说八道的。"被叫来参加会议的社员,私下你捅捅我,我戳戳你的。农民们虽不知道国务院总理属于多少级的干部,但他们知道宰相的分量。见周恩来挨个问他们,他们只是笑,也不敢乱回答,生怕说不好,让干部怪罪,叫周恩来笑话。周恩来见群众对食堂问题有所顾虑,就开口说:"食堂是上面叫办的,下面报告说好,我们没有调查,首先是我没有调查,就相信了。现在调查了一下,不好。不好咱们就不办!"周恩来这番开门见山的讲话,一下子解除了大家的拘谨,气氛活跃了起来。结果,到会的 12 名社员代表,有 10 名敞开喉咙反对办食堂。

其实,到会的社员不知道,周恩来为了掌握真实情况,曾和工作人员一道"偷袭"了一次食堂。

到武安的第一天中午,周恩来提出到食堂就餐,食堂的人赶快叫社员们先打饭吃。等周恩来一行就餐时,不见一个社员的影子,他见桌上为他备了猪肉和鸡蛋,就奇怪地问:"平时你们也吃这么好吗?"食堂的人支支吾吾,说"是的,是的"。周恩来笑着说:"那你们比我们在北京生活还好啊!不过,今天,我不能吃。苏联逼债,我立了规矩,不吃鸡蛋,不吃猪肉。给村里的病号吃吧,他们比我更需要。"听了周恩来这番话,当地干部沉重得抬不起头来。周恩来已经是 60多岁的老人,怎能就不需要呢?他们真想给周恩来总理碗里藏儿块肉,但又怕周恩来总理发现后批评,正犹豫中,只见一碗肉和一盘炒鸡蛋就被周恩来工作人员端走了。

村干部以为周恩来不会再去食堂了。可是,只过了一天,他又悄悄来到另一个村的食堂,这次,他去晚了,社员们已经吃完回家了。炊事员一见周总理来,措手不及,连忙盖锅盖,说没有吃的东西了。随同的公社干部就叫周恩来回公社吃。周恩来也不说话,径直走到大锅前,揭开锅盖,见里面还剩些玉米糊糊,二话不说,拿碗就盛。炊事员慌了,要用干净的毛巾替周恩来总理擦擦黑熏熏的碗。周恩来摆摆手,"这没关系,不用擦。"这是周恩来总理来农村吃到的真正的食堂饭。玉米糊糊下肚了,周恩来心里对食堂的情况也清楚了一半。

在武安,周恩来听了一些领导干部的汇报,掌握了一些情况。但他深知:在浮夸风盛行的年代,许多干部群众不敢讲真话,怕给扣上"给社会主义抹黑"的帽子。当公社领导汇报情况时说,食堂能让社员放开肚子吃,吃不好,但能吃饱时,可周恩来发现村子里有不少浮肿病人,知道这汇报有假。为此,周恩来决心深入实际,细心调查研究,攫取第一手材料。他先后视察了食堂、拖拉机站、供销社、饲养场,走访十多户社员家庭,同30多位社、村干部和群众进行了交谈。

这天,周恩来又一次召集社员开会,这次人多,黑压压挤了一大屋子。周恩来坐在会场的主席台上。这次和上次一样,一开始群众不敢说话,敢说话的人也只说食堂好,能吃饱。周恩来见老百姓有压力,便笑着指身后墙上的画像,一个是毛泽东,另一个则是他自己。"我叫周恩来,就是墙上的那个人。你们看像不像? 这次我来是想听大家的心里话,有话只管说,说错了也不要紧。"

会场还是很静,大家都不敢说话。周恩来见一个农民蹲在他身边,闷头吸烟,就问他,"你叫什么名字,怎么不说话? "别的人回答说叫"二廷"。二廷见周恩来问,便直着脖子回答:"总理,你叫说真话,还是假话?"

"当然是真话啦!"

二廷在说了食堂吃不饱的真相后,接着说道:"总理,你算算,一共几两指标? 司务长、炊事员多吃一点,他们的老婆孩子爹娘老子再多吃一点,干部多吃一点,到我们社员嘴的还有三四两,能吃饱吗? 要是自己做,汤汤水水的总能填饱肚子。别看我死了老婆,一人拉扯几个娃娃,我还是愿意自己做。"二廷的话像拉开了闸,大家七嘴八舌说起食堂的苦来,有人竟然号啕大哭起来。

老百姓在食堂里挨饿,可是中央还不知道,他这个总理还不知道,惭愧啊!周恩来的心情非常难过。"乡亲们,我的工作没有做好,我这个总理没有当好,让大家挨饿了。食堂办不好,就不办。"

听了张二廷的叙述,周恩来的眼眶潮了,激动地说:"二廷,你是我下来碰到的第一个敢讲真话的人。你们批评得对,我很难过。上面不了解情况,下面乱指挥,搞得你们减了产,生活困难,我能不难过吗?"

周恩来站起身,拉住二廷粗壮的手,放在自己的胸口上:"我周恩来走南闯北,很少有人能说住我,今天算你行,说住了我。二廷,咱们交个朋友吧!"

第二天一早,天色蒙蒙亮,周恩来找到二廷的家,边喊着二廷的名字,边跨进了门,二廷还躺在床上,见周恩来进来连忙爬了起来。周恩来拍拍二廷的腿说:"二廷你疲劳了。""总理请坐吧,我家又穷又小,就坐在床上吧。"周恩来侧过脸一看,床里边一溜排睡着几个孩子,有两个醒了,睁着黑溜溜的眼睛,从被窝里朝外张望。周恩来摸摸他们的头问:"二廷,这四个都是你的吗?哎,不容易啊!大的大,小的小,你又当爹又当妈,够累的啊!"二廷连忙说:"不累不累,周恩来管理大事才累呢。"周恩来抚摸着一个小一点的女孩的头说:"我和邓颖超没有小孩,我帮你带个女孩吧,养大后再送回来。"二廷的头奈拉得更低了,"孩子她妈死时对我说,要我好歹把孩子都拉扯大,我不能负孩子她妈。周总理,孩子我不能让你带,我养得过来。"二廷说到这儿,两行清泪顺着他才30多岁却已经过早衰老的脸颊淌了下来。周恩来也难过地背过脸去。

由于努力接触实际,邯郸之行,使周恩来对"大跃进"中出现的问题有了比较多的了解。正如薛暮桥说的,在当时的历史条件下,他能够做到的只能是,发现问题"能挡的时候就出来挡一下"这就已经很不容易了。几天来的调查和思考,他觉得应该向毛泽东汇报下面的情况,不管以后自己的处境会怎样。

这天凌晨2点,周恩来给远在上海的毛泽东挂通电话。电话内容较长,简单归纳为四点:

第一,食堂问题,社员愿意回家做饭。我已经搞了解散食堂的试点。

第二,社员不赞成供给制。

第三,群众要求恢复评工记分,我认为这个办法势在必行,只有这样才能提高农民的积极性。

第四,邯郸地区旱灾严重。

后来,周恩来又给毛泽东作了书面报告。之后,在1962年初的七千人大会上,许多中央领导对这几年党的"左"倾错误提出了尖锐的批评。1962年下半年,全国的经济形势开始有了转机,三年自然灾害也随之缓解,农民渐渐度过了灾难时期,又开始了新的希望。

追寻周总理忧国忧民邯郸行的足迹,重温他那种勤勤恳恳、任劳任怨、全心全意为人民服务的奉献精神;那种艰苦朴素、严于律己、心底无私、一心为公的清廉精神;那种顾全大局,为了党和人民的利益,不计较个人荣辱得失的牺牲精神;那种实事求是,求真务实的求实精神;那种言行一致、说到做到的磊落精神;那种对党、对国家和人民的高度责任感,工作一丝不苟、周密细致的严细精神,正是我们今天建设和谐社会,推进中国特色社会主义事业所迫切需要发扬光大的。

周总理的这些精神风范,无论过去、现在和将来,都是中华民族宝贵的精神财富,是激励炎黄子孙把中华民族不断推向前进的强大精神动力。研究周恩来,就是要不断挖掘并理直气壮地宣传、学习周恩来的精神,使它更有力地促进社会主义现代化建设事业。

第十三章　追思伟人继遗志

　　周恩来生前足迹遍及河北大地，他的公仆精神和爱民情怀感动着燕赵儿女。他的博爱与大德，温暖了太多太多工人农民的心，润泽了燕赵大地。他的崇高品德和人格魅力，在人民心中树起了一座丰碑，幻化成一种无比的动力，激励河北人民在建设中国特色社会主义事业的进程中阔步前进。今天，时光流逝中的怀念，终于转化成一种深层的思考。在怀念与思考中，周恩来的人格力量突现、浓缩，定格。形成了这种超越时空与环境的人格力量。

古镇幽幽寄深情

　　保定安国伍仁桥镇，是一座历史悠久而又充满生机活力的古镇。50年前，开国总理周恩来满怀爱民之心亲临此地视察，给伍仁桥人民留下了终身难忘的记忆。

　　1958年12月24日这一天，风和日丽，阳光明媚。周恩来在省、地、县领导陪同下，来到伍仁桥村。这是全镇人民最幸福、最难忘的日子。

　　人们不会忘记，周恩来走进农家，实地考察。在社员宋同波家，周恩来看到锅上无盖，炕上无被时，脸上立即露出疑虑，当场叮咛干部们不要搞浮夸，图虚名，要关心好群众的生活，并要求当地干部要把群众的病、老、冷暖放在心上。群众的社会主义积极性越高，干劲越大，越要注意安排好群众生活。

　　人们更不会忘记，周恩来看到一望无际的麦田时，鼓励干部们要继续搞好科学种田，不骄不躁；当周恩来考察幼儿园时，同孩子们一起高唱社会主义好，嘱咐陪同领导和教师们要关心、培养和教育好下一代，使他们将来成为国家有用人才。

　　光阴似箭，时过境迁。转眼已近50年了，周恩来那热爱人民，关心群众的公仆形象，深入实际，事实求是的工作作风，联系群众，平易近人的高贵品质，给伍仁桥镇的干部群众留下了美好的记忆，并永远昭示激励着他们以先辈为榜样,发扬党的优良传统和作风,扎扎实实,尽职尽责做好工作,在建设中国特色社会主义道路上阔步前进。特别是党的十一届三中全会以来近30年间,改革开放的春风使古镇伍仁桥充满了生机和活力。镇党委、镇政府带领全镇人民锐意改革,奋发进取,使古镇发生了翻天覆地的变化,周恩来的夙愿终于变成了现实。

目前,伍仁桥的乡镇企业和第二、三产业发展迅速。以前由于受"左"的思想的束缚和传统观念的影响,一个镇只有一个国营商店和两个肉铺,根本没乡镇企业。十一届三中全会后,镇党委思想得到解放,认识到"无工不富,无商不活"这个道理,同时结合本地实际和市场需求,研究制定了乡镇企业的发展战略和措施,促进了乡镇企业的发展。先后建起和发展了汽修厂、油嘴厂、景泰蓝厂、铁厂等八个乡镇企业。同时,还注意加强对农民的教育和引导,使广大干部和群众提高了认识,走上了办工业、搞流通的道路,结束了单凭土里刨食的历史,奉伯村办烟叶加工厂八个,年利润30万元左右。全镇从事建筑业、运输业和饮食服务业的专业户也逐年增多,建筑队38个,2300多人常年在外地施工,年创利润500万元左右。从事各种运输业六百余户,各类运输车600余辆,年创利润120万元左右。从事商业加工业经营的200余户,年创利润800万元。全镇劳务输出达50%以上。

农业生产持续增长,1980年以来,伍仁桥镇逐步实行了以家庭联产承包为主要形式的生产责任制,责权利相结合,调动了农民积极性,在此基础上他们注意调查研究,解决在新形势下出现的新问题。狠抓了科技兴农,办乡镇医院两个,解决了群众看病难的问题。修防渗垄沟8000米,新打机井42眼,各村建立了浇、耕、播服务公司,并进行了产供销服务,保证了农业生产持续稳定增长,经济效益不断提高。

农民生活条件得到改善。人均收入连年递增,农民人均用于消费的生产费支出也成倍增加,现代化电器应有尽有,新建住宅大大改善了住房条件,农民储蓄存款总额增势很快。

镇容镇貌发生巨大变化。伍仁桥镇是安国、深泽、安平交界处重要集镇,为了改变过去由于道路狭窄,交易场所小的状况,促进市场经济发展,镇党委、镇政府协同有关部门,进行了综合治理,对伍仁桥大街进行了大规模拆迁整修,道路由原来的10米拓宽为25米。在大街南北两端新建两座长25米,宽15米的大桥,使整条大街总长 1500 米,此项工程完工后,又抓了配套工程,新建成以镇十字街为中心的宽 12 米,长 960 米东西街道,沟通了南郭村和西崔章的乡间公路。在这同时,还占地 3000 平方米,建了 6000 平方米钢筋结构交易棚和水泥结构柜台,专设了针织、木材、家俱、水果、土特产、生活日用品等十个专业市场,改变了过去市场拥挤、管理混乱的状况,增强了交易能力。交易面由原来本县扩展到外县外地,石家庄、定州等地客商也来这里搞饮食服务,布匹批发,电器维修等行业,昔日破烂不堪的旧集镇,如今新建大楼鳞次栉比,车水马龙,繁华热闹,促进了商品经济发展,取得了显著的经济效益和社会效益。

文教卫生事业得到发展,防疫灭病工作也取得了成绩。抚今追昔,展望未来,伍仁桥人民在深情地缅怀周恩来之际,乘着十七大的东风,又以无比喜悦的心情,迎接着古镇即将到来的光辉灿烂的明天。

莘莘学子的怀念

周恩来生前十分关怀青年学生,先后几次在唐山、保定等地接见大中学生,并做出过重要指示。周恩来那语重心长的话语,亲切洪亮的声音,诚挚和蔼的面容,已成为永不磨灭的记忆,深深铭刻在广大师生的心中。

1958 年,党中央提出"教育与生产劳动相结合的"方针,9 至 12 月,北京高校部分师生响应号召,到河北等地支援当地生产。其中,清华大学土木、建筑两系的师生来到徐水县商庄公社大寺各庄生产队,参加了农村居民点的建设。令同学们意想不到是,在这里,他们幸福地见到了周总理!

据当事人回忆,那是当年的 12 月 25 日,中共中央副主席、国务院总理周恩来先后视察了河北的安国、定县(今定州)、徐水等县。当时,徐水的居民点建设工程进行到了最紧张的阶段。25 日,周恩来在河北省委负责人陪同下,来到了清华大学学生所在的建设工地。那天天气很冷,同学们看到周恩来总理穿着布鞋,没带帽子,与有关领导同志微笑着走了过来。大家立即迎上前去。

当时,党中央刚刚开过"郑州会议"。1958 年 11 月 2 日至 10 日,毛泽东在郑州召集有部分中央领导人、大区负责人和部分省市委书记参加的工作会议(即第一次郑州会议)。会前,毛泽东视察了河北、河南等省的一些农村,发现在人民公社问题上存在许多混乱现象,开始对当时已经认识到的错误着手纠正。

在这次会议上,毛泽东在完全肯定总路线、大跃进和人民公社运动的前提下,指出必须划清集体所有制和全民所有制、社会主义和共产主义两种界限,并批驳了陈伯达等要求在现阶段就废除商品生产,实行产品调拨的错误主张,指出这种主张实质上是要剥夺农民。

为了使全党,特别是党的高级干部更多地了解马、恩、列、斯对于商品和价值法则等经济理论问题的观点,以纠正一些错误认识,毛泽东在会议期间(11月9日)给中央、省、市、自治区、地、县四级党委委员,写了一封《关于读书的建议》的信,建议他们读两本书,一本是斯大林著的《苏联社会主义经济问题》,一本是《马恩列斯论共产主义社会》。在这次会上,毛泽东带领与会同志,认真地阅读和讨论了《苏联社会主义经济问题》一书。这次会议,是我党纠正已经觉察到的一些"左"倾错误的开端。

因此,周恩来一见面就问师生们:"中央郑州会议精神知道了没有?"师生们回答:报上刚发表,我们都看了。于是,周恩来又宣讲了会议的主要精神,要大家好好学习领会。

周恩来对广大师生深入工厂农村,向工农群众学习表示赞成,鼓励大家要认真贯彻党中央制定的"教育必须同生产劳动相结合"的方针。他亲切问同学们:"你们是几年级的?学的怎么样?能不能用到实际上?"当同学们回答很有收获时,周恩来笑着点点头。同时受到接见的还有当时也在徐水的北京农业大学师生,周恩来特别问了一些老教授的情况,关心知识分子的成长。

在短短两个小时左右的视察中,周恩来处处从实际出发,贯彻中央的精神,关心群众生活,踏踏实实,平易近人的作风,给师生们留下了深刻的印象。一些师生事后感慨地说,周恩来总理的话使我们懂得了光有为人民服务的朴素感情还不够,还必须学习党的路线方针,向群众学习,作调查研究,一切从实际出发,才能把工作做好。

当年风华正茂的莘莘学子如今已是古稀老人,时至今日,他们依然忘不了周恩来总理对青年学生的关怀和爱护,由衷地怀念这位令人敬佩的良师和益友。

沙石峪人的思念

"神话渺渺,创举弘弘,愚公事业,日升月恒。云天苍苍,尘海茫茫,贵顺遗风,山高水长。"这是中共遵化市委、遵化市人民政府给已故的沙石峪党支部书记、全国劳动模范张贵顺写的墓志铭。

张贵顺,生前曾长期担任河北省遵化市沙石峪村党支部书记,被周恩来誉为"当代活愚公"。在几十年带领群众战天斗地的岁月里,他先后五次见到敬爱的周总理,亲耳聆听过周总理的亲切教导。张贵顺生前在接受笔者采访时说,这是他深感荣幸的事情,永生永世都难以忘怀。

金秋时节,沙石峪一派喜人的丰收景象。苍松翠柏盖顶的座座山上,一坡坡苹果树,棵棵果实累累,压弯了枝头;一沟沟葡萄架,架架缀满了紫莹莹的葡萄。山下平展展的梯田里,穗穗高粱羞红了脸,吃力地昂着沉甸甸的头;棵棵玉米笑咧开嘴,露出了黄澄澄的金牙……望着眼前这喜人的丰悦景象,沙石峪人不由得又想起了敬爱的周恩来总理……

沙石峪村自古以来就是个"土如珍珠水如油,漫山遍野大石头"的穷山沟,自然条件十分恶劣。1950年,张贵顺担任村党支部书记后,决定带领乡亲们走互助合作的道路。1951年春,他带领七户贫农创办起全村第一个互助组,当年粮食亩产增加了60%。第一个互助组的成功就像磁石一样吸引着其他农户。1952年9月,张贵顺带领村里36户贫下中农,以土地入股的形式创办起初级农业生产合作社。1954年,全村农民全部加入农业生产合作社。后来,初级农业生产合作社升为高级农业生产合作社、人民公社。自农业合作化以来,全村男女老少在张贵顺的带领下,以愚公移山的精神战天斗地,重新安排九岭山水,使昔日的穷山沟旧貌换新颜,一步一层天,如今变成了"层层梯田接蓝天,清清泉水绕山转,坡坡花果映日红,集体企业大发展"的社会主义新农村。为此,得到了周恩来生前的殷切关怀和鼓励。

1954年夏秋之交,张贵顺作为积极宣传农业合作化和党的粮食统购统销政策的先进代表,参加了在北京召开的全国宣传工作会议,第一次见到周总理。在这次会议期间,担任政务院总理的周恩来接见了全体与会同志并讲了话。周恩来那时50多岁,精神饱满,神采奕奕。他讲话态度和蔼,语气亲切,道理摆得明白透彻,又实实在在,使全体与会同志心服口服,受到了很大启发和鼓舞。这第一次见面,周恩来便在张贵顺心目中留下了和蔼可亲、平易近人的伟人形象。

事隔三年之后,张贵顺又作为一位农民代表,参加了国务院 1957 年底在北京召开的新年座谈会。当时,周恩来坐得离张贵顺很近。在座谈会发言时,周恩来很注意听取代表们对党和政府各项工作的意见,不时地微笑着点头或插上一两句话询问一些情况,并同大家一起分析形势、讨论有关问题。参加这次新年座谈会,张贵顺的感触很深,他想:自己这个在旧社会被人瞧不起的穷光蛋,一个整天和石头打交道的山野村夫,如今竟同国务院总理坐在一起讨论国家大事,心里真有一股说不出来的滋味儿! 第二次见到周恩来,更增添了张贵顺对他老人家的钦佩之心和敬仰之情。

最使张贵顺难忘的是 1966 年 4 月 29 日,周恩来、陈毅陪同阿尔巴尼亚贵宾来到沙石峪视察访问。这天,全村男女老少像过年一样穿上了新衣裳,一大早就敬候在大队部东北面一块场地上。上午 10 点整,七架直升飞机一架接一架地从空中降落,在热烈的欢呼声中,周恩来、陈毅和阿尔巴尼亚党政代表团的贵宾们面带微笑,一边向欢迎群众招手致意,一边走下飞机,在同张贵顺等队干部一一握过手后,周恩来转头看见村里一位妇女抱着个小男孩站在欢迎人群里,当即便走了过去,伸手将孩子接过来抱在了自己怀里,这孩子亲热地喊了声"周爷爷好!"周恩来听了,一边连声说"好好好",一边亲吻起孩子的小脸蛋……这情景深深地感动了所有在场的父老乡亲。

当时,周恩来一行脚没歇、水没喝,便让张贵顺领路去北山参观。走在路上,周恩来仰头望着西面山上一片郁郁葱葱的松柏林对张贵顺说:"你们的绿化搞得不错呀,这里的树木要比大寨多嘛!"张贵顺说:"比起大寨来,我们还差得远呢! 我们一定向大寨和其它先进单位学习,决心迎头赶上去。"周恩来点点头说:"好,'一朵鲜花不是春,万紫千红才是春',你们就是要学比赶帮超嘛,还要关心周围的大队,把他们都带动起来!"

就在周恩来、陈毅陪同阿尔巴尼亚贵宾视察访问沙石峪五个月之后,张贵顺赴北京参加国庆招待会,又见到了敬爱的周总理。一见面,周恩来便紧紧握住他的手亲切地问:"贵顺呀,沙石峪的乡亲们都好吗? 你们万里千担造出的那块田怎么样了?"听到周恩来的问话,张贵顺感动得不知说啥才好,一个头脑里装满整个国家和世界大事的周总理,竟还惦记着沙石峪的父老乡亲,惦记着村里那一亩大寨田,周恩来不愧是人民的好总理啊!当时,张贵顺便把沙石峪的有关情况向周恩来作了简要汇报。他说:"周总理,从您上次视察访问沙石峪走后,我们大队领导班子和全村男女老少劲头都很足,我们决心作出进一步努力,尽快实现周总理关于'山上松柏戴帽,山间果树缠腰,山下千亩千斤水浇地,实现粮果双百万'的指示。"周恩来听了,欣慰地笑了。

1967年2月5日,正当"文化大革命"掀起高潮的时候,周恩来冒着腊月里刺骨的寒风再次乘飞机来到沙石峪,视察"抓革命,促生产"的情况。当时,张贵顺已被打成"走资本主义道路的当权派"靠边站了,这次接待周恩来的是村里的造反派。周恩来一走下飞机,就用目光在人群里寻找张贵顺,结果并没有找到,进村后又见墙上贴满了打倒张贵顺的大字报,不禁皱起了浓重的双眉。在视察中,周恩来环望着山上的松柏林,有意追问道:"山上这些树木都是谁栽的?"造反派们回答说:"是大伙儿栽的。""那你们大队的梯田和蓄水工程,又是谁干的?""也是大伙儿干的。"周恩来不高兴地反问道:"大伙儿干的?难道是群众自发干的,就没有人领头吗?"对于这些问题,造反派是不愿意回答,同时也不好回答的。由于这次视察周恩来实在放心不下,特意留下了观察员王占阳就返回北京了。临上飞机前,周恩来严肃地对造反派说:"我们提出打倒的,不是要打倒所有的当权派,而是要打倒那些走资本主义道路的当权派啊!"登上飞机,周恩来还是不放心,又回过头叮嘱造反派说:"沙石峪是全国农村的先进典型之一,凡事都要不折不扣地按照毛主席的教导办,要搞好'抓革命,促生产',决不允许给生产造成损失!"

1973年8月24日,党的第十次全国代表大会在北京开幕了,张贵顺作为农民代表参加了这次大会。在这次会议的开幕式上,张贵顺又见到了日夜想念的周总理。事隔七年未见,看上去周总理仍像以往那样浓眉舒展,谈笑风生,但却明显地衰老消瘦多了,头发也变白了……是啊,七年来,为了稳定"文化大革命"那难以控制的局势,尽量减少林彪反革命集团干扰破坏所造成的损失,他老人家呕心沥血、日夜操劳,又同病魔进行着顽强斗争,就是钢筋铁骨也吃不消啊!在会议进行期间,周总理很忙,但他老人家却在一天夜里11点钟,把50多名工农兵代表邀请到中南海他的办公室作客。当大家到齐后,周恩来热情地肯定了工农兵代表在实际工作中发挥的模范作用,要求大家对党和政府的工作多提宝贵意见。在随后的畅谈中,大家在提建议时都希望周总理多保重身体,周恩来连声说:"谢谢,谢谢大家的关心!"在代表们离开中南海时,周恩来特意同张贵顺握了握手,并且询问了沙石峪几年来的变化情况。趁此机会,张贵顺说:"周总理,我们全村男女老少都盼望您去沙石峪。"对此,周恩来很动感情地侧扬起脸说:"替我谢谢乡亲们,以后如果有机会,我一定争取再去你们那里看看!"然而,令人难以接受的是,党的第十次代表大会开过之后仅仅两年多,敬爱的周总理却永远地离我们而去了,张贵顺在"十大"会议期间同他老人家的见面,竟成了此生最后一次见面!

1977年8月12日至18日,党中央一举粉碎"四人帮"后,在北京召开了党的第十一次代表大会。这次,张贵顺又作为农民代表参加了大会。在中央领导同志接见全体与会代表时,张贵顺恰巧坐在了邓颖超同志的右边。接见完毕后,张贵顺赶忙向邓颖超同志问候致意。他说:"邓大姐,您认识我吗!"邓颖超同志格外亲热地说:"怎么不认识呢?总理生前不是去过你们沙石峪嘛,他给我捎回来的红枣我尝到了,你们石头缝里长出的红枣真甜呀!"

一提到周总理,张贵顺抑制不住内心的悲痛,眼泪立时止不住地涌了出来。邓颖超同志赶忙劝解说:"贵顺同志,请别这样……"说着,随即便转换了话题问道:"你们欢迎我去你们沙石峪看看吗!"张贵顺边擦眼泪边说:"欢迎欢迎,大姐,欢迎呵!"邓颖超同志说:"那好,我一定找个机会去一趟。"停了片刻,邓颖超同志又问道:"贵顺,你多大岁数啦?身体怎么样呀!"张贵顺回答说:"今年64岁了,身体还可以,就是胃不太好。"邓颖超同志说:"我比你大8岁,你还正当年呢!不过,你应该及早把掉了的牙镶上。好吧,这事就由我来办。"

会后,邓颖超同志果真托付人把张贵顺的牙镶好了。同周恩来一样,邓大姐也总是把人民群众哪怕是点滴小事都记挂在心上。

光阴似箭,日月如梭。转眼间,敬爱的周总理离开我们已经31年了!31年来,沙石峪人遵照周总理生前的嘱托,"愚公移山"的精神没有丢,"万里"继续走,"千担"继续担,改天换地不停步,步步上个新台阶。特别是党的十一届三中全会以来的29年间,沙石峪人在基本解决温饱问题、实现了林茂果丰粮增产的基础上,又在着市场经济大潮中破浪前进,相继办起了食品厂、采石厂、工艺美术厂、轻质碳酸钙厂、橡胶厂等村办集体企业,全村群众已过上了小康生活。对于这一切,周恩来如果泉下有知,他老人家一定会备感欣慰的。

沙石峪的山河有幸，曾经留下了一代伟人的光辉足迹；沙石峪的人民有幸，曾经得到过一代伟人的殷切关怀与鼓励。

人民的总理人民爱，人民的总理爱人民。敬爱的周总理啊，纵使天荒地老、海枯石烂，沙石峪人也将世世代代永远深切地怀念着您！

追忆总理的"生活关"

周恩来对中国革命和世界革命的贡献、周恩来的人格魅力，是一篇文章无法去表达的。我们仅从周恩来是如何在过"生活关"方面严格要求自己的，就足已说明一些问题。

周恩来说："物质生活方面，我们领导干部应该知足常乐，要觉得自己的物质待遇够了，甚至于过了，觉得少一点好，人家分给我们的多了就应该居之不安。要使艰苦朴素成为我们的美德。这样，我们就会心情舒畅，才能在个人身上节约，给集体增加福利，为国家增加积累，才能把我们的国家更快地建设成为一个社会主义强国。""精神生活方面，我们应该把整个身心放在共产主义事业上，以人民的疾苦为忧，以世界的前途为念。这样，我们的政治责任感就会加强，精神境界就会高尚。"

周恩来是这样说的，在实际工作中也是这样做的。

在人们颇为关注的"五子"（位子、孩子、票子、房子、车子）问题上，周恩来表现了他一贯的大公无私的崇高品质，堪称各级领导干部学习的楷模。他参加革命工作几十年，从不争权争位，即使在本来可以受任于更高的职位时，他都让位给他人。尽管周恩来是全国的当家人，可他向来都是公私分明，两袖清风。以周恩来视察唐山为例，可以看出其过"生活关"的一个侧面。新中国成立后，周恩来在26年的周恩来生涯中，先后六次到唐山视察，每次视察都给唐山人民留下了不可磨灭的印象。他位尊而不矜，功大而不恃：1955年9月21日第一次到唐山在启新水泥厂视察，他只喝了杯白开水；1956年6月8日到唐山钢厂视察，他拒绝警务车为他开道；1958年9月1日到开滦井下视察，他将自己吃的西瓜送给了矿工；1966年4月29日到遵化西铺村视察，他和农民一起就餐；1967年2月9日到遵化沙石峪视察，他与农民在田间和炕头促膝谈心……再看周恩来在邯郸武安调研时的工作用餐：1961年是新中国成立后三年自然灾害的第二年,其间,中共中央有规定,在经济状况没有好转之前,领导人带头不吃肉、蛋、禽,当时,武安的公社干部们不敢破这个规定。但周恩来来了,他们一则不忍心让周恩来喝玉米面糊糊,另一方面又担心挨批评。于是公社食堂拿出最好的粮食招待周恩来:午餐桌上有馒头、红薯和面条,另有四个素菜。这样的待遇在当时来说是丰盛的了,周恩来心中有数,第二天他要求到一个大队的食堂去吃饭,由于公社干部事先打了招呼,等周恩来去时,社员们全都提前打了饭走了。结果大队这顿饭吃的和公社一样。第三天周恩来又换了一个食堂,干部们在没准备的情况下,把周恩来带到了先锋街大队的第六食堂,在同食堂的炊事员聊天的过程中,周恩来掀开锅盖一看,只有一点吃剩的玉米面糊糊。于是周恩来盛了玉米面糊糊就着咸菜吃了起来

勿需多言,正是这些平凡的小事,感人的细节,长久地保存在河北人民美好的记忆里。

据资料记载,周恩来在担任总理期间,出国访问,按规定外交部都发服装费,但从实行工资制后,周恩来都不领取,不用公款制装。他坚决反对送礼,凡是给他送去的礼物一律退回,实在不能退的,付款以后再交有关部门处理。外国政要和朋友送给他的礼品,全部交给外交部礼宾司,自己一概不留。凡他自己招待友人亲戚的花销,都用自己的钱支付。

在生活方面,他仅有的几套料子服装,大都穿了几十年,有的破损了,精心织补后继续穿;在饮食上,周恩来的家常饭菜很简单,主食经常吃些粗粮,副食一般是一荤一素一汤。他规定的工作餐标准是四菜一汤的家常饭菜。他说:"四菜一汤既经济又实惠。"他在外地视察或主持会议,同大家吃一样的饭菜,不搞特殊,离开时一定付清钱和粮票。

斗转星移,周恩来过"生活关"的许多感人事例在人民群众中早已传为佳话,至今令人怀念。

周恩来逝世已经31年了,是什么巨大的魅力使他能博得全国人民的颗颗爱心呢?应该说,一方面是他在缔造和建设新中国的伟大历史进程中,为党和人民建立了不可磨灭的丰功伟绩所使然;另一方面,则是他毕生严于律己,清正廉洁,不求索取,但求奉献,把一切献给了党和人民,连自己的骨灰都撒到中华大地,完全彻底地实践了他"活着为人民服务,死后也要为人民服务"的宏愿。正是这两个方面的有机结合,构成了周恩来特有的纯真的人格魅力,从而赢得

了人民衷心的爱戴和钦佩,许多国外的领导人也为之折服。他用半个多世纪艰苦卓绝的不懈奋斗,用对党和人民、对国家和民族真挚的情感,把共产党人的崇高精神和人格,完美地展现在世人面前,矗立起一座铭刻着中国共产党人光辉形象和浩然正气的丰碑。今天,我们重提这位伟人过"生活关"一事,也许对广大干部群众颇有裨益。

如果我们的领导干部都像周恩来那样过好"生活关",像他那样艰苦奋斗地生活,把整个身心放在建设中国特色社会主义事业上,人民群众就没有理由不拥护他们,我们的事业就能够兴旺发达。

周恩来是我们所有人的一面镜子。我们应该以周恩来为榜样,继承和发扬党的优良传统作风,自觉抵制拜金主义、享乐主义的侵蚀,经受住改革开放和执政的考验,切实做到为民、务实、清廉,永远保持共产党人的蓬勃朝气、昂扬锐气、浩然正气,这是对周恩来最好的纪念和缅怀。

一位工程师的怀念

那是 1966 年 3 月,河北铜矿(寿王坟铜矿)50 岁的工人工程师傅景新被请进北京中南海西花厅,到中共中央副主席、国务院总理周恩来家中做客。就在这一天,周恩来交给傅景新一项光荣而艰巨的任务。

傅景新 1916 年出生于辽宁省复县傅家屯。日本侵华期间,曾经在日伪统治下的辽宁省华铜矿当矿工,受尽了压迫和剥削。全国解放以后的 1952 年至 1964 年,他曾在华铜矿当木工、机械技术员、机械技师。在此期间,他和他的技术革新小组曾经对 20 多种大、小矿山机械设备和工具进行革新、改造,对提高矿山机械化程度,提高劳动生产率作出了很大贡献。1965 年,他奉命参加冶金部在河北寿王坟铜矿进行的矿山机械化会战,被任命为河北铜矿机械化研究室主任。1966 年初,经周恩来等国务院领导亲自批准,傅景新等一批成绩卓著的工人出身的工程技术人员被破格提拔为工人工程师。

1966 年 3 月,为加快实现祖国现代化步伐,经周恩来批准,全国设计工作会议在北京胜利召开。曾经在实现矿山机械化方面屡见功勋的傅景新应邀参加了会议。一个木工出身的工人工程师,能够参加这么重要的全国性会议,已经使他特别兴奋了。会议开幕不久,又传来了让他更加高兴,简直难以相信的好消息:党中央副主席、敬爱的周恩来要在中南海亲自接见他和其他几位代表!

一天下午,周恩来派来的轿车将傅景新等人从会议驻地接到了中南海,在西花厅周恩来家的会客厅前停了下来。工作人员把他们引进会客厅。这时,只见敬爱的周恩来依然穿着那一身灰色制服,微笑着走进了会客厅,高兴地和大家一一握手,并亲切地说:"欢迎你们,你们来我家做客,我很高兴"。他一边说话,一边让大家坐下。当一位领导同志将傅景新介绍给周恩来时,周恩来站起来再一次和他握手,并说:"你就是傅景新啊,听说你是工人出身,搞了不少革新,很了不起嘛!"说着,他把傅景新拉到自己的身边坐下,亲切地和他拉家常。当得知傅景新腰部有伤,还坚持下矿井工作时,周恩来又关切地说:回去要好好养伤,听医生的话,治好病再下井。我有病就听医生的话,治病是为了更好的工作嘛。"一个国家的总理,对一个普通工人工程师的工作和生活这么关心,使傅景新感动不已。他眼含热泪,激动地久久说不出话来。在临来的路上早想好的问候周总理的话,此时此刻却忘得无影无踪。接着,只见周恩来满怀期望地看着他,语重心长的说:"傅景新同志,你搞的矿山机械化设计很重要,很有意义。现在我们机械化水平还不高。据我了解,现在矿山工人们还很劳累。你们一定要把矿山机械化搞上去,把千百万矿山工人从笨重的体力工劳动中解放出来,并要赶上和超过世界先进水平,这件事我就交给你了。"傅景新听了这番字重千钧的话,当即站起身来,郑重地向周恩来表示:周总理,您的话,我都记住了,请您放心,我傅景新就是豁出命,也一定要完成您交给的任务……"

晚上,周恩来留大家一起吃了饭。饭是大米加小米的二米饭,菜是白菜、肉片烩豆腐。在饭桌上,周恩来一一地给大家碗里夹菜,还问今天的饭菜是否可口,劝大家一定要吃饱吃好。这顿不平常的"国宴",大家吃得很香,很甜,能和国家周恩来一起吃饭,大家都感到特别高兴,机会难得,体现了党和国家领导人对工人阶级的关心、爱护和支持。

晚饭后,周恩来与大家一一握手告别,目送代表们回驻地的轿车慢慢地驶出中南海。望着周恩来那挥手告别的身影,傅景新暗暗下定决心:敬爱的周总理,您就放心吧,我这个旧社会的"窑花子",党培养的工人工程师,一定牢记您的嘱托,坚决完成您交给的任务,为祖国争光!

1966年6月,正当傅景新为完成周总理交给的任务,使矿山机械由单机改革向机械化作业线迈进的时候,给全党和全国人民造成严重灾难的"文化大革命"运动也波及到了位于燕山深处的河北铜矿。一些人出于种种目的,诬蔑傅景新是"工贼"、"反动技术权威",并把他关进小黑屋里停职"反省",工资也被扣发了。他百思不得其解:难道我为了完成周恩来交给的任务,搞矿山机械化也错了吗?难道搞停工、停产,搞打、砸、抢还有理吗?令人遗憾的是,在那个动乱的年代,是不会找出正确答案的。但是,他认准一个理儿,那就是完成周总理交给的任务没错!毛主席不也号召要"抓革命,促生产"吗?因此,既使是在停职"反省"的十分不利的境遇里,他依然顶着压力,在细心地思考着实现矿山机械化作业线的每一个环节,每一个问题。就是在生病住院期间也一刻没有停止研究和思索。在好心人的支持下,他还带病偷偷地到井下掌握第一手材料,搞试验。老伴又着急又心痛地劝他:"你的大腿浮肿这么厉害,一按一个坑,人家还批斗你,不叫你干,你为啥偏要干呢?"傅景新动情地说:"别人说啥我也不在乎,我想的就是如何完成周总理交给我的任务!周总理他老人家那么大岁数,还日夜为国家操劳,想着关心矿工的生活,想着减轻咱矿工的劳动强度,想着实现矿山机械化。周总理把这么光荣的任务交给了我,我如果完不成,对得起他老人家吗?"就这样,傅景新怀着一种神圣的使命感,一方面同"文化大革命"逆流抗争,一方面同疾病作斗争,无论如何也要想法完成周恩来总理交给的任务,为实现矿山机械化作贡献。

1971年九一三事件之后,傅景新终于回到了久别的工作岗位。他不计较个人得失和荣辱,团结研究所的全体同志(包括曾经批斗过他的同志)争时间,抢速度,一门心思要完成周总理交给的任务。经过反复实验,终于取得了可喜的成绩。到1973年,全矿实现了平巷掘进,上水平掘进、天井吊罐三条机械化作业线,全矿的机械化作业程度由1965年的40%上升到70%左右。为此,国家冶金部专门在河北铜矿召开了矿山机械化现场会,对他们的成绩给予很高评价,并向全国推广了他们的机械化作业线。

消息传到了中南海,正在病中的周恩来非常高兴,亲自观看了矿山机械化模型操作表演,并微笑着连连点头称赞。然后,又指示国家计委批给冶金部专用钢材,进一步支持矿山机械化。同时还委托有关同志转告傅景新:不要骄傲,要总结经验,再攀高峰。

受到周总理的称赞和鼓励,傅景新的劲头更足了。他认为眼下的成绩还不是最好的答卷。为了圆满地完成周恩来总理交给的任务,还有许多的工作要做,他要像周恩来总理要求的那样,不骄不躁,再攀矿山机械化的新高峰。

1973年末,根据周恩来关于加快发展矿山机械化的指示精神,国家冶金部又派傅景新到瑞典进行为期3个月的考察。通过考察,他既学到了国外的先进经验、技术,也看到了我国与发达国家在矿山机械化方面的差距,也进一步掂量出周恩来总理交给的任务的份量,更坚定了他改变祖国矿山机械化落后面貌、赶超世界先进水平的决心。回国以后,他很快就提出了《加快科研步伐,用先进技术缩短我国矿山机械化与世界先进水平差距的报告》。冶金部和河北铜矿党委批准了他的报告,并以他为主组成了"三结合"的攻关组,进行联合攻关。

然而,正当他们的攻关工作取得进展的时候,在"文化大革命"后期极"左"思潮的影响下,社会上刮起宁要"社会主义的草,也不要资本主义的苗",宁要"社会主义的低速度,也不要资本主义的高速度"等阵阵阴风。有的说傅景新是在搞"唯生产力论";"只拉车,不看路";有的说傅景新是"为走资派效劳""崇洋媚外"等等。傅景新又急又气,把桌子拍得山响:"胡说八道,难道我们搞矿山机械化有罪吗?难道我们搞的装岩机能把矿石装到外国去吗?难道让中国的矿山开采业永远落后下去才是社会主义吗?"

此时此刻,他多么想向敬爱的周恩来总理诉诉苦衷,说说掏心窝子的话呀!

这一天终于到来了。1975年1月,傅景新被选为全国人大代表,光荣地出席了全国人大第四届一次会议。在雄伟的人民大会堂,他又一次见到了敬爱的周恩来总理,亲耳聆听了由周恩来所作的政府工作报告。周恩来关于"在本世纪末全面实现农业、工业、国防和科学技术的现代化,使我国国民经济走在世界前列,要把我国建设成为社会主义的现代化强国"那动人心魄而又略带沙哑的声音在人民大会堂回荡,激起了与会代表一阵又一阵经久不息的掌声,同时也更加鼓起了傅景新进一步搞好科技攻关的勇气。他多么想走到周总理身边,向他老人家表达工人阶级愿为早日实现四个现代化贡献力量的决心啊!但是,当他得知周恩来总理已经身患癌症,是强忍着病痛来大会堂向人大代表作政府工作报告时,傅景新退缩了,他再也不忍心因为自己而影响周总理的休息,耽误他老人家的宝贵时间。他只好在心底里默默地衷心祝愿周恩来总理能早日战胜病魔,早日康复,到那时,他将以更加优异的成绩再次向他老人家汇报,向祖国人民汇报。

然而,使他万万没有想到的是,1976年1月8日,深受人民爱戴和敬仰的周总理,却永远地离开了我们。噩耗传来,傅景新悲痛欲绝,泣不成声:"周总理呀周总理,我还没来得及向您汇报,您就这么匆匆地离开了我们。您走得太早啦,太早啦……"

周恩来总理虽然逝世了,但是,10年前总理在中南海亲切接见傅景新并嘱咐他一定要把矿山机械化搞上去的情形,仍时时浮现在他眼前。傅景新更加沉默不语,更加努力工作。他决心在实现矿山机械化方面做出更大的成绩,以告慰周总理在天之灵。

1976年10月6日,祸国殃民的王洪文、江青、张春桥、姚文元"四人帮"反革命集团被粉碎以后,普天同庆,万民欢腾,傅景新和他的技术攻关组信心更足了,干劲更大了。在各级领导的大力支持下,经过多次反复实验,他们的矿山机械科研攻关工作取得了辉煌的成绩。截止1979年,他们先后研制和改进了大型无轨蟹爪式装岩机、前端式铲运机、履带式六机台车、四机中孔重型凿岩台车、单链扒岩机、锚杆采矿掘进三用台车等多种大型内燃无轨采掘装运机械设备,从而实现了从60年代的小型机械化作业线,向70年代的大型内燃无轨采掘装运这一矿山机械化的历史性跨跃。其中,仅大型无轨蟹爪式装岩机一项,就比原来使用的铲斗式装岩机提高工效3倍以上。他以自己的实际行动,向党和人民,向敬爱的周恩来总理交上了一份满意的答卷。

挥不去的镜头

31年前,中华大地亿万人侍立在寒风中哭周恩来总理辞世,有旷古未有之悲恸,"恨不以身代,凄然为国伤"。

31年来,世间沧海桑田,于无声处听时代发展之惊雷,思念犹是不灭。

都说世间完人难寻,共产主义者的无私和儒家传统的仁义忠信,在他身上糅合成一种新的美德, 其气度才华让联合国前秘书长感叹:"与周恩来相比,我们简直就是野蛮人。"

他一生经历波澜壮阔,"民族危亡挺身而出","日理万机纵横寰宇","鞠躬尽瘁死而后已"……世人加诸他许多崇高词语:英雄、元勋、公仆、伟人。

他却是一个彻底的无产者。其生而无后,官而不显,党而不私,劳而无怨,死不留言,连遗骨也抛撒大海间,真正地去如长烟一空。当世人纷纷感慨其"大有"

之功时,宁不思其"大无"之心?

有人说,只有近距离感受到的伟大才可称其为真正的"伟大"——光环褪尽、还原为生活中的普通人后,他所折射的人性光辉才是最震撼、最持久的一种力量。时至今日,在亿万人民的心中,周恩来依然还像珠峰那样让人高山仰止,肃然起敬。

作为毛泽东的战友和助手的周恩来,其人格魅力在中国历史、世界历史和全世界人们心中矗立了一座不朽的丰碑。

追寻他在二十世纪留在燕赵大地的足迹,弘扬他的不朽精神,彰显他的人格魅力,可以看出他对中国和世界的巨大影响,他的光辉形象与日月同辉,光照后人。

电视专题片《百年恩来》第一集,有一些令人难忘的镜头。试举两例:河北邢台地区发生地震时,余震未息,周恩来就来到灾区视察。他要听取抗震救灾指挥部的汇报,指挥部负责同志考虑到他们办公的房子不大牢固,怕出危险,就在另一处支起一个帐篷,请周恩来在那里听汇报。周恩来得知后,说:"你们不怕危险,就我怕?"坚持在不时有尘土从屋顶震落的指挥部听汇报。这是一个镜头。另一个镜头是,周恩来向灾区群众讲话,前来聆听的人很多,那天风大,人们迎风而立,秩序井然,讲话者面向群众,自然是背风了。周恩来发觉后,立即让乡亲们掉转身子,由迎风变为背风,他自己则由背风变为迎风。看到这两个镜头,几乎所有的人都禁不住流泪了。类似这样的镜头,这样的故事,在河北大地上还不知有多少。他的战友,他的下属,他身边的工作人员,他接触过的科技、教育、文艺界人士,普通的工人、农民、战士,他结交的民主党派朋友,乃至与他打过交道的外国人士……几乎都可以不费力地说出关于他的一些故事。周恩来的故事真是说不完!

人们常说"人格的魅力"。那什么是人格的魅力?笔者认为,发生在周恩来身上的小事,就是他人格魅力的见证,无需我们刻意总结归纳。人格的魅力是表演不出来、包装不出来、宣传不出来的,它是一个人全部教养和追求的极其自然的流露。笔者以为领导的力量来自三个方面:一是权位,这是每一个在位的领导者都具有的;二是学识,这在领导者中有高有低,因人而异;三是人格,更是因人而异。唯有高尚的人格最具魅力,能够产生巨大而久远的影响。书法家赵朴初同志曾说过这样一句话,我们中国人对父母的去世都很悲伤,一般也是三年以后就淡化了,可是提到周恩来去世,至今还激动不已,这就是人格的力量使然。

在河北,在中国,在世界,广大人民群众尊重周恩来,敬佩周恩来,热爱周恩来,但没有人把他看作神仙、救世主,感到他站得太高,离自己太远,在他面前只能说好话,不能提出问题或发表不同意见。不,周恩来虽住在西花厅,却同全国各地广大干部、各界人士、普通劳动者保持着割不断的联系。他乐于与建筑工人认"亲戚",耐心倾听敢于说真话的农民"发牢骚",和不入公共食堂的农民交朋友……尽管他从不宣传自己,也不允许别人宣传自己,可在他身后还是有许许多多故事流传下来。

多年前,记得《新民晚报》曾登了署名为王蓓的一篇回忆周恩来的文章。这位曾被周恩来呼作"小王蓓"的演员写道:"对于中国,对于中国知识分子,周恩来总理是我们时代不可替代的伟人。他最了解知识分子的价值,也深知他们的

1965年3月15日,周恩来出席河北省贫下中农、农业先进生产者、先进单位代表会议,与代表亲切握手

弱点。所以他是中国知识分子最信赖的师长。他用自己伟大的人格力量和博大的爱心,为共产党、为新中国,吸引过、影响过、团结过千千万万知识分子。在历次政治风浪中,他保护过许多人。他从来不把那些出于爱国、敢于直言的人推向敌对的方面。他身居高位,而能关心到普通人的命运。哪一个人有他那样多的科学家朋友? 那样多的文学家朋友? 那样多的艺术家朋友? 那样多的老百姓朋友? "王蓓同志对周恩来的描述既简练,又深刻。正因为周恩来有那么广、那么多的朋友,周恩来的故事才说不完!

　　周恩来鞠躬尽瘁、光明磊落的一生,深得人们的敬佩和爱戴。追寻周恩来视察河北大地的点点滴滴,可以体味到他老人家等老一辈无产阶级革命家的崇高品格风范,可以使人们启发心智,扩展胸襟,也有助于我们认真学习和深刻理解党的十七大精神和中国特色社会主义理论体系。

周恩来与河北有关
讲话、文章、电报、批示等

讲　话

北方党组织存在两个极端,一是关起门来讲赤色工会,一是与国民党合作。他们现在是反对整个工会,不能正确运用黄色工会的策略,结果很容易引起群众的对立。我们应影响这些未加入黄色工会的群众,建立赤色工会的基础,同时在举行罢工斗争时仍应与黄色工会的群众在一起。

选自:《周恩来年谱》(1898—1949),中共中央文献研究室编,人民出版社、中央文献出版社1990年版,第159页。

注:1929年4月30日,周恩来出席中共中央政治局会议,报告唐山煤矿工人罢工情况时的讲话摘要。

城市的工人、职员和广大市民们,他们是拥护共产党的领导的,在党的领导下,恢复工业、商业及农业生产,他们会积极努力去做的。资本家和保定地区上层的各界人士,对我们党的政策不一定认识得很清楚,这就需要靠我们做工作,多宣传中央公布的城市政策。对资本家要保护,要帮助他们恢复生产,发展生产。使民族资产阶级要和我们长期合作,发展生产,繁荣经济。

选自:《周恩来传》(二),中共中央文献研究室编,中央文献出版社1998年版,第917页。

注:1949年3月24日,周恩来在保定听取中共冀中区党委书记林铁工作汇报时的讲话摘要。

你们是搞经济的,要算经济帐,要注意经济效益。

选自:《党和国家领导人在秦皇岛》,秦皇岛市政协委员会编,中央文献出版社2006年版,第68页。

注：1957 年 8 月中旬，周恩来到秦皇岛耀华玻璃厂视察，当了解到生产用煤是从抚顺运过来时指出。

成立人民公社是要适应生产力发展，关键是要把生产搞上去。生产是个基础，有了基础，其他事情就好办了。生产搞上去了，才能提高社员生活。生产关系和生产力、上层建筑和经济基础的两者的关系要恰当，上层建筑、生产关系要适应经济基础和生产力的发展，生产如搞不上去，办什么事情也有困难。

选自：《情满燕赵》——中央三代领导人关怀河北纪实，中共河北省委党史研究室编，2002 年内部出版，第 322 页。

注：1958 年 9 月上旬，周恩来在北戴河听取北戴河区委书记王巨峰和海滨公社社长郭东鸣，关于人民公社成立情况及群众思想反映后的讲话摘要。

要实事求是，如果产量没有把握，不要随便减少耕地，可以后年再减，吃饭不要钱这个口号不确切，有些口号提的过早，不要把一些问题说得简单化了，把共产主义庸俗化；明年青黄不接时，粮食可能出现紧张局面，要注意听老农的话，允许吃饱，但不能浪费粮食；劳动时间过长，把人闹得根本没有回旋余地，连续干群众受不了，以我的经验我怀疑他们的劳动效率。对当地所提的"大干、苦干加巧干"中的"巧干"二字作了解释：巧干就是讲究科学。现在只讲大干、苦干，最终还应该巧干，才能建好社会主义。

"农民是不愿意离开他居住几百年几十年的家的。""农民原有的好房子为什么就不能住呢？农民住三层楼习惯吗？做饭怎么办？鸡和猪怎么养？反复指出北方人不睡炕，要得腰痛病的。"

选自《周恩来年谱》(1949—1976 中卷)，中共中央文献研究室编，中央文献出版社 1997 年版，第 197、198 页

注：1958 年 12 月 24 日、25 日，周恩来视察安国制药厂、机械厂和徐水一些新居民点。往返途中同中共河北省委负责人谈话摘要。

邯郸在河北省说来很好，交通发达，发展前途大，是河北省钢铁中心，一定要搞好，要提高质量，不要图快，要拿出来好生铁来，贪多不好，要多快好省。工厂向公社替工人交款不应该，这样加大了国家的开支，关于工人，今后凡是技术

工人可改为固定工,不这样技术不好过关,固定工实行工资制。关于铁的价格和铁的补贴问题,已经挣钱获利的单位就不应当补贴了,继续补贴不合理,要分别情况:一、赔钱多的单位,可以把它停下;二、成本差不多的,可限期补贴;三、基本上不赔钱,就不必再补了。

选自:《周恩来年谱》(1949—1976 中卷),中共中央文献研究室编,中央文献出版社 1997 年版,第 232 页。

注:1959 年 6 月 4 日,周恩来召开邯郸地区和市十三个炼铁厂的党政负责人座谈会时的讲话摘要。

毛主席说过一个粮食,一个钢铁,有了这两个东西,什么都好办了,要把我们的国家建设的更强大,钢铁上不去不行。现在,我们的钢铁很少,有些国家卡我们,我们要自己动手,多想办法,搞技术革新,技术革命,多采矿,多炼钢,力争在短时间内把我国的钢铁事业搞上去,把工业生产搞上去。

选自:《领袖莅临邯郸纪实》,中共邯郸市委党史研究室、邯郸市档案局编,中共党史出版社 1994 年版,第 92 页。

注:1959 年 6 月 5 日,周恩来到武安境内的矿山村铁矿进行视察时的讲话摘要。

去年大跃进,不少地方否定了老农的经验,这就不好。工业是主导,要起带头作用,工业也不只是钢铁,有帅就需有兵。四大指标我们要尽最大努力,争取完成。实在完不成,政治上要受一点影响,但还可以解释,少搞点工业,还不要紧,农业搞坏了就不安定,对农业必须重视。工业交通方面,指标不当的要压一下子,生产和基建,要先压基建。邯郸是个好地方,有工业发展前途,但不要走得太快,快了农业跟不上。关于岳城水库,将来势必要修的,开煤矿要服从水库,没有粮食人心不稳,要重视水利。

选自:《周恩来年谱》(1949—1976 中卷),中共中央文献研究室编,中央文献出版社 1997 年版,第 232 页。

注:1959 年 6 月 5 日,周恩来召集中共邯郸地、市委和河南安阳市委书记解决六河沟煤矿与岳城水库问题时的讲话摘要。

生产准备落后于回采,这是生产上的一个矛盾,要积极努力去解决。不仅今年把生产搞好,而要搞得更好,这就必须加强生产准备工作。生产与安全发生矛盾时,生产要服从安全,不仅产量要高,而且安全要好,要安全第一,质量第一,安全不好,数量也得不到,要在保证安全、保证质量的基础上实现任务。关于规章制度提出:要恢复必要的、可靠的、行之有效的技术规程,要在恢复后改进,要当机立断。

选自:《周恩来年谱》(1949—1976 中卷),中共中央文献研究室编,中央文献出版社 1997 年版,第 233 页。

注:1959 年 6 月 6 日,周恩来视察井陉煤矿,针对煤矿生产的实际情况和开始出现的一些问题的讲话摘要。

修建这样的大型水库,不能光说效益一面,不提损失的一面,必须经过计算比较,计算比较时要树立对立面。关于水库的质量问题,要求做到万无一失,决不能出错,必须设想到最坏的环境,争取最好的结果。一定要做好大洪水可能到来的一切准备,保证滹沱河下游人民生命财产安全。关于工程进度问题,指出要注意保护群众的积极性,但作为领导要做到心中有数,要坚持实事求是的精神。

在视察黄壁庄水库时,针对水库质量向水库工程局党委书记指出:

百年大计,质量第一,洪水如果把大坝冲垮,比不修坝淹得更惨,危害更大。

周恩来非常关心库区移民的安置工作,特别指出:

我们总的目标是为了全体人民的长远利益,但是,对于少数人的、目前利益也必须照顾到。岗、黄两座水库淹地 10 万多亩,迁移人口七、八万,总要把这些人的生活、生产问题解决好。现在小麦还没下来,总要设想如果来了大水,库区群众在生活、生产问题怎么解决。事先先指定地点,哪些人暂时住地哪里,你们工程局的房子可以住一些人,这是临时度汛安全措施。但是,所有移民的房子要在明年基本上盖好,这是移民最关心的。还有种地问题,今年最高拦洪水位可达 185,这个高度以上的可以种,争取秋收;不迁移的人也要安排地种,什么高程可以种,什么高度要淹没,都要向群众讲清楚。

选自:《周恩来年谱》(1949—1976 中卷),中共中央文献研究室编,中央文献出版社 1997 年版,第 234 页。

注:1959年6月7日,周恩来在视察正在建设的岗南水库和黄壁庄水库工地时的讲话摘要。

一、对现有高炉进行改装和技术,可定点30至40个,要把利用系数逐步提高到每立方米容积出铁一吨;二、一定要对铁矿石和石灰石进行焙烧,对粉矿进行烧结;三、一定要洗煤,要下决心,不洗煤就不炼焦;四、搞好炼焦生产;五、抓唐山、邯郸等地的耐火砖质量。还指出:重点企业的生铁是提高产量,保证质量;而地方上则是首先保证质量;在这个基础上再提高产量。

选自:《情满燕赵》——中央三代领导人关怀河北纪实,中共河北省委党史研究室编,2002年内部出版,第328页。

注:1959年5月26日,周恩来同河北省委书记林铁等座谈工农业生产、钢铁生产、煤炭生产等问题时,对河北的炼铁生产提出要迅速抓五项措施的讲话摘要。

搞生产必须注意算账,要搞综合平衡,去年由于对农产估高了,在估高的基础上生产布局多了,消费上吃、用、花多了,基本建设项目多了,公社化未注意到所有制问题,再加上粮食没有收好,城市职工人数的膨胀,造成了市场紧张,现在要落实,要搞质量,只有落实可靠才能跃进。不能违背社会主义的经济规律。去年搞数量,今年则先搞质量,质中求数。数与质的矛盾,质量应是主导的方面。增产节约是社会主义长期的建设方针,我们要把生产和消费、全部和局部、今天和明天的关系结合起来。消费要少于生产,有了积累才能扩大再生产。全局与局部,全局是主导的。今天和明天,明天是主导的。我们必须在今年的跃进中,贯彻这个方针。办法:一、增产,用各种力量抓农业生产、商品性生产,抓市场,从省委起都要把重点放在农业,中央也腾出手来抓农业;二、压缩社会购买力,减少人员,提倡储蓄,减少开支;三、控制投资放款;四、缩小生产指标和基建项目,必须缩短战线,集中力量。我们现在固然还有阶级斗争,但对自然斗争是新一课,要认真切实地搞建设,要互相学习。农业、市场问题要抓紧,不要盲目乐观,争取好的,准备坏的。

选自:《周恩来年谱》(1949—1976 中卷),中共中央文献研究室编,中央文献出版社1997年版,第234页。

注:1959 年 6 月 8 日,周恩来约中共河北省委和石家庄地委负责人谈钢铁生产问题时的讲话摘要。

产品的质量是个大问题,各地都有反映,你们应该很好地重视,发动工人、技术人员,一定要解决这个问题。一定要把规章制度变成工人群众的自觉行动,科学地有秩序地组织现代化大生产。

选自:《周恩来年谱》(1949—1976 中卷),中共中央文献研究室编,中央文献出版社 1997 年版,第 235 页。

注:1959 年 6 月 9 日,周恩来视察华北制药厂时特别对产品质量的讲话摘要。

要注意移民问题,无论如何要保障今冬明春移民有房子住。移民的耕地不够,应当注意解决,从河北的经验看全国,今冬明春,大水库要少搞些,新工程上马要非常谨慎,因为上了马就不能下来,与民生有关。水利建设不能把设计能力当成实际,把前途当成现实。

选自:《周恩来年谱》(1949—1976 中卷),中共中央文献研究室编,中央文献出版社 1997 年版,第 235 页。

注:1959 年 6 月 9 日,周恩来视察华北制药厂途中同水电部副部长李葆华谈密云水库、岳城水库、岗南水库、黄壁庄水库的修建问题时的讲话摘要。

有奖储蓄不属资产阶级法权,但总带有彩票性质,带有投机性。我是反对打彩票的,因为只是少数人发一笔大财。搞这个东西,对社会思想状态影响不好,使人们产生侥幸心理。社会主义总不要取无义之财呀。

选自:《周恩来年谱》(1949—1976 中卷),中共中央文献研究室编,中央文献出版社 1997 年版,第 236 页

注:1959 年 6 月 9 日,周恩来在视察华北制药厂途中,当河北省委书记处书记解学恭说到有的工人对有奖储蓄很感兴趣的问题后的讲话摘要。

"不养猪不行,要大搞养猪积肥,一头猪就是一个小化肥厂,你们这里大多是沙土地,需要较多的肥料,要按《六十条》办,只要政策落实,社员的干劲就会

鼓起来。"同时强调:"要搞好植树造林工作,把树林管理好,植成防风林带,改造沙丘,改善环境。要大搞水利建设,多打机井,使旱田变水田。"

选自:《领袖莅临邯郸纪实》,中共邯郸市委党史研究室、邯郸市档案局编,中共党史出版社1994年版,第95、96页。

注:1961年4月8日,周恩来来到邯郸地区成安县小堤西村时的讲话摘要。

"食堂是上边叫办的,下边报告说好,我们没有调查就相信了。现在调查了一下,不好,不好就可以不办。""一、自留地保证不收回;二、自留地收入保证不顶指标。""你们议论一下,不要供给制行不行?光照顾五保户、困难户行不行?"

关于棉花生产、口粮和公社体制问题。周恩来讲了十个问题:

一、关于调查研究问题。周恩来说:毛主席很重视调查研究。这几年调查工作少了些,听汇报多了。今后我还要下来。建党四十年,就是靠走群众路线取得胜利的。这次到这里4天时间,了解了很多事情,今后我不能来,也要派工作组来。给我谈,给工作组谈,对的都要接受。

二、关于社队规模和体制问题。周恩来说:社有制非推翻不可。过去没有调查研究,下边说好,中央点了头,搞试点。现在一调查试点,不行。社、队规模小点好。小了好管理。

三、关于社员当家问题。周恩来说:多开社员会,社员代表会,要社员当家。干部要听取群众的意见。

四、关于小队权限问题。周恩来说:小队权限要大些,社要搞小些。小队很重要。重要的是四固定:土地固定、劳力固定、农具固定、畜力固定。大队应把畜力分到小队。

五、关于三包一奖问题。周恩来说:过去瞎指挥,红薯代替谷子,把粮食挤到坏地里了。今年先锋大队棉花亩产50斤,粮食亩产304斤,是高产,了不起。这是大队指标。各小队还有不同,各大队之间也不同,一定讲清楚。这几年棉花长得不错,去年瞎指挥,棉花减了产。今年又碰到旱年,但劲头赶上了,三包一奖落实到小队了,棉花增产,粮食增产,谷子也多了。先锋大队多了,胜利大队是否也多了?(胜利大队干部答:也多了。)棉花有奖励,每百斤皮棉奖35斤粮,5尺布票。奖励归小队,多劳多得,这点是肯定不顶指标。种棉花不能吃亏,保证口粮不是七两,七两半,而是八、九两指标,搞几年就翻过来了。粮食要少调出,到邯郸要算全市帐。

包产达不到,要商量,上边指标是建议。去年外调92万斤(伯延),今年不调了,产量可以少些,小队长再议一下,要实事求是。超产奖励问题,大家再议议。主要给个人,大队、小队也要留点。粮食超产也主要奖给社员,卖棉花的奖励粮也主要分给社员。大家再议一下,大队、小队是否也留点。国家买粮食只能买大队和小队的。

六、关于自留地问题。周恩来说:自留地中央也决定不再收回。我打保票,生产收入归个人,不顶粮食指标。自留地内的果树要归户,可以采取分成的办法。大家议一下,这样他们就爱护了。我看到马路两旁的树头都扒光了,因为那是公家的,不爱护。房边树还好一些,田间果树也应归小队,象包活一样包给小队。这样树就有人管理了。对于没收的社员自留地的粮食,今年还不清,明年也要还清。

七、关于食堂问题。周恩来说:食堂是上边叫办的,下边报告说好,我们没有调查,就相信了。现在调查了一下,不好可以不办。先锋大队第四小队,共63户,有58户要出食堂,有5户还留在食堂(不几天也出了食堂)。我们要积极办好,也要积极散好,不要一哄而散。

八、五保户、困难户和供给制问题。周恩来说:五保户有公益金保,大家拥护。困难户怎样照顾?大家议一议。困难户照顾有两种办法:一是公益金照顾;一是部分口粮上照顾,但不是三七开,照顾多少由小队议。供给制还保留,每人都有一部分口粮供给,如5斤、10斤,适合不适合,需要不需要,大家议一议。

九、关于机耕地问题。周恩来说:你们对机耕地意见很大,我们去进行了研究。这个站(伯延拖拉机站)机器老,指标高,9台(混合台)拖拉机耕5万亩地。全国来说,1标准台耕2500亩就不少了。这里是13个标准台,耕3万多亩就够了。我检查了工作,今后指标可低点,再给要馍馍,不给他们。(社员提出:不给馍要烟,不给,就不给犁地。)不给犁地不行。要馍要烟都不对,要管他们。

十、关于整风整社问题。周恩来说:家庭的东西不能平调,除自留地以外,还有房子、农物等个人东西都不能平调,归个人所有。公社平调20多万元,还欠4万元未退赔,市委欠3万元。要彻底退赔。社没有款,市委先赔,今后不能平调。还说:今后一年要比一年好起来,否则要社会主义干什么?毛主席今早给各省委书记写来信。要大家关心生活,就是要我们富强起来。

选自:《领袖莅临邯郸纪实》,中共邯郸市委党史研究室、邯郸市档案局编,中共党史出版社 1994 年版,第 106—109 页。

注:1961 年 5 月 3 日,周恩来在邯郸武安县伯延公社调研,四天中先后召开了 7 次座谈会,其中有大小队干部、社员代表,农机站和修配厂职工等人员参加。主要谈了三个问题:食堂、自留地和供给制。

"中央支援的重点是在北方""北方的重点又是河北","对河北的情况心中有了数,才能对北方八省的整个工作做出恰当的部署。"

选自:《周恩来传》(四),中共中央文献研究室编,中央文献出版社 1998 年版,第 1811 页。

注:1966 年新年刚过,周恩来关于北方抗旱工作的讲话摘要。

"抓生产首先要考虑抗旱。""对作物要进行研究。可以进行调查,能高产的作物,要种到有水或有埔情的地方,集中人力,集中肥料,不要分散开。到处都旱,到处都搞,结果效果不大。能种的地方要力争种上,雨一来,马上抢种,做两手准备,和他们去商量。每个省委书记包一两个地委,跟他们亲自去谈。先下去布置,早点布置,早做准备。""在天津要多打井,再就是地上水利要搞好,不然顺海河都流掉了,要把它断住。"

"中央对你们的要求是低的,去年你们搞了一百八十亿,今年能搞二百亿就了不起。可是,你们要到下边去,把生产队发动起来,好的地方要丰收,差一些的地方要自保。每个公社、每个生产大队都有丰收的,都有自保的,这样就好了。""要有两手准备,天旱有五千万亩丰收,五千万亩平收,涝了你们山区还有二千多万亩嘛,还有些地淹不了嘛。这样,全省动员起来,你们再下去抓,冬闲抓一次,到了春耕锄草再去抓一次,夏收时抓一次,然后再抓秋收秋种,一年抓四次。今年抓一年,1967 年抓一年,1968 年再抓一年,河北就有起色了。"

他还强调工业一定要支援农业,说:要搞好河北的农业,地区之间的协作非常重要。周恩来指出:

除了邯郸、邢台、石家庄、保定、天津、唐山搞起来以外,要专门帮助一下衡水和沧州。石家庄帮助衡水,保定帮助沧州,这样就好办了。

"东北还向中南要粮食,那是端着金饭碗讨饭吃,那么大的工业不支援农业。天津也是这样,石家庄也有东西,保定也有东西,还有唐山,一定有很多金银财宝,不好好搞就会卖掉甚至很浪费。"(注释:周恩来听取河北省委汇报农业工作时的讲话记录,1966年1月24日。)"农业还没有过关,工业也不算本事嘛。""农业负担不解决,就是对农业本身、对备战、对现在的工业建设也不利。""你支援农业,发展农业,也就支援了工业,供应它粮食,供应它经济作物,供应它各种三类物资、山货等等,很多好处。这样才能使工农业结合得更好,互通有无。这就是我们掌握计划、掌握生产的要抓这一个关,支援农业的关。"(注释:周恩来在全国工交工作会议、全国工交政治工作会议上的讲话记录,1966年3月5日。)"非搞副业不行,要搞多种经营。养猪多的,除了出口、外调,还要自己销一些"。(注释:周恩来听取河北省委汇报农业工作时的讲话记录,1966年1月24日。)

选自:《周恩来传》(四),中共中央文献研究室编,中央文献出版社1998年版,第1811—1813页。

注:1966年1月24日,周恩在天津听取河北省委汇报农业生产情况后的讲话摘要。

同志们,乡亲们:

你们受了灾,损失很大,党中央和政府非常关心你们,毛主席让我来看望大家,慰问大家。昨天夜里我到了隆尧县城,听了地委、县委的汇报,今天又来到这里。

这次地震来得很突然。你们这个地方从邢家湾到耿庄桥是地震的中心。20年前,在抗日战争中,你们也受了损失,那是和民族敌人作斗争。这次是和地底下的"敌人"作斗争。每个村庄、每个家庭都有很大损失。付出了代价,也取得了经验。

听到地震的消息后,解放军立刻赶来了,地方上的工作队和医疗队也来了。重伤的得到抢救,轻伤的得到治疗,牺牲的也掩埋起来了。他们牺牲了,我们要继承他们的事业。我们要和地球"打仗"。你们这个地方是洼地,过去改造得不错,现在要战胜地震灾害,重建家园。重建家园光靠你们的力量还不够。你们县西部有好多没有受灾的庄子,巨鹿、宁晋、任县都有些没有受灾的庄子,可以来帮助你们。互相支援,过去打日本就是这样。重建庄子要建得分散一点,房子要矮一点。共产党员、共青团员和少先队员要带头抗震救灾。你们组织起来,办法一定会有的。国家当然要支援你们。你们这个地区有 30 个公社、34 万人受灾,现在已开进解放军 2 万多人,地方上的工作队和医疗队 1 万多人,共 3 万多人,10 个人就有一个人帮助。真是一人有困难,大家来相帮,因为我们是社会主义的国家。你们不是学过《愚公移山》吗? 愚公能够移山,我们对现在的困难也一定能够战胜。死了人当然难过,但是不要低头。大家一定要团结起来,团结就是力量! 老年人家里没有人,我们要照顾他们,娃娃没有人带,我们要帮着带,这些都要靠青年壮年去做。

我不能到每个庄子去了,请你们庄子做代表,你们要把党中央、毛主席的关怀和我讲的这些话传给别的庄子。中国人民是有志气的。你们要学习毛主席著作,把劲头鼓起来,用七八天的时间把生活组织起来,过几天还要搞生产。隆尧要和巨鹿、宁晋比嘛! 恢复了生产,恢复了力量,就对得起死去的人。现在大家一起呼口号:

奋发图强!

自力更生!

发展生产!

重建家园!

重建家园后,再来看你们。

选自:《邢台地震与抗震救灾》,中共河北省委党史研究室、中共邢台市委员会编,中央文献出版社 2006 年版,第 32、33 页。

注:1966 年 3 月 10 日,周恩来在隆尧县白家寨群众大会上的讲话。

为什么有些思想问题解决不力? 这是个吃透两头的问题。吃透两头,基础是吃透群众这一头,中央的东西也是从群众中来的。群众中的好经验总结了,树立了样板,就有说服力了。这次地震后,要贯彻自力更生精神,多难兴邦。

选自:《情满燕赵》——中央三代领导人关怀河北纪实,中共河北省委党史研究室编,2002 年内部出版,第 347 页。

注:1966 年 3 月 10 日,周恩来与中共石家庄地委和市委负责人了解,粮食生产、水利、肥料、种子情况后的讲话摘要。

社员同志们：

3月8日你们这里损失小，22日损失大了。第一次我到了隆尧没有到你们这个庄上来，22日地震以后党中央毛主席派代表团来慰问你们，当时因为我忙，有国务院副周恩来李先念同志来宁晋，没到你们这个地方，今天我来补看你们。你们受了灾，你们的情绪还很好，这是你们高举了毛泽东思想伟大红旗，敢于向困难斗争。

地震是个自然灾害，是不是没办法对付它呢？不是的。你看，3月8日地震范围小，损失大，3月8日以后，天天有些小震动，22日大家提高了警惕，有了准备，损失就小了。第二次地震面积大，有巨鹿、有隆尧、有宁晋、有新河、有邢台专区、有邯郸专区、有石家庄专区、有衡水专区，但因大家有了防备，房子倒了，伤亡很小。同一件事情，有了准备，就和没有准备不同。毛主席早就有预见，他说：要随时准备打仗，准备灾荒，我们把它简化了：就是"备战、备荒、为人民"。你看，毛主席的话不是说明了吗，战争还没有来，我们就作准备。美帝国主义看我们强大了，就敌视我们。开始，我们把日本鬼子打垮了，我们又打倒了蒋介石，在朝鲜打败了美帝国主义。我们七万万人口的大国，如果美帝国主义打进来就打不出去，就把它消灭在中国，所以我们有备不怕。

我们这里受灾多，1963年大水灾，倒房子不少，1964年沥涝，1965年又旱，现在旱仍未解除，抗旱中又来了地震。当然，受了灾有很多困难，但我们有防备就好些。这一次你们这里地震，比南边隆尧来得晚，所以损失就小。对自然灾害，不管是天上来的气候、地下来的震动，只要有准备，就有办法对付。我们派来很多人，研究地震规律。地震怎样对付，我们积累了不少经验。你们这个专区、周围其他专区的经验，就使河北省有了预防地震的办法。盖房子，现在还不忙，先搭个棚棚，以后盖什么样的房子防震要通过试验。这和你们种庄稼一样，种什么样的品种，要经过试验，然后再推广先进经验。盖房也要先试验。毛泽东时代的人，对自然灾害是最有办法的。毛主席告诉我们：每一件事情都要和大家商量，和农民商量，和贫下中农商量，和工人商量，因为我们是为人民服务的，是为工农兵服务的，我们做得对不对，有意见大家就提出来。

东汪公社是个大公社，你们这个庄子有6个大队，7000多人，在这里开会的仅是一部分，这次救灾救的公道不公道，你们可以讨论。救灾主要靠自己，国家要帮助。3月8日我到白家寨,他们提出首先靠自己,自力更生,大家帮助。国家是大家的,要依靠大家的力量搞好。我们是新中国的人民,是社会主义的农民,是有志气的,现在恢复生产要靠大家。过去我说的四句话,需要颠倒,现在看来要先搞生产,再搞建设,大家说的:"家里丢了从地里拿回来",这符合毛主席的思想。

麦子返青了,地该种了,干部要带头,党团员要带头,贫下中农要带头,把生产搞好,特别是党的支部,要带头把生产搞好。我说的四句话应改为:"自力更生,奋发图强,发展生产,重建家园。"把生产搞好了,家园就会建设得更好。你们说对不对?

今天是4月1日,5日就到清明节,该播种了,你们都懂的嘛,你们都知道种什么。经过灾荒,更要依靠集体力量,男同志、女同志,老的、少的,大家一同来干。你们公社有10个大队14000多人,是宁晋最大的一个公社,这是一个很大的力量。特别是小伙子、姑娘们,要带头搞好生产。

灾情越大,干劲越大,你们东汪公社要做宁晋县的模范公社。今天,我代表党中央,毛主席来慰问你们。我就讲到这里了。

选自:《邢台地震与抗震救灾》,中共河北省委党史研究室、中共邢台市委员会编,中央文献出版社2006年版,第34、35页。

注:1966年4月1日,周恩来在宁晋县东汪镇群众大会上的讲话。

社员同志们:

我代表党中央、毛主席、国务院来慰问你们。你们这地方是束鹿的最南边,3月8日地震,对你们影响小,22日这次就影响大了。上次我到隆尧县慰问,这次到宁晋东汪镇看了看。东汪镇离你们不远,但换了专区,换了县。你们这次损失大,房屋倒得多,但你们有准备,有了精神上的准备,也有了组织上的准备,民兵都组织起来了,警惕性高了;虽然倒的房子多,但人畜伤亡少,这说明不论做什么事情,凡是有准备就好,预先能想到就好一些。毛主席去年就提出:解放16年了,要有备战思想。如果战争打起来怎么办?这次地震,你们有了准备,所以损失少。你们打败过日本鬼子,蒋介石也被赶到台湾去了。美帝国主义侵略朝鲜,我们支援朝鲜,又把美帝国主义赶回老家,保卫了祖国,保卫了北朝鲜。这都是胜利。你们有些老干部,参加过这些战斗。地震没有什么可怕!现在我们国家富强多了,我们是社会主义大国,农村实现了集体化,城市工业也有了发展,美帝国主义就仇视我们,怕我们了,我们有七万万人民,又爆炸了两颗原子弹,就更怕我们。因此,我们要有准备,如果它胆敢侵略我们,就叫它进得来,出不去!要像打日本那样,在中国土地上消灭它!这是对付阶级敌人。还有一种敌人,就是自然灾害。有天上的,有地下的。如1963年大水涝过,去年干旱,今春还旱。天上的,人们知道了。还有地下的,就是地震。河北省两千年前就有过地震,现在又有。地震经常有,过去很轻,我们感觉不到。3月8日隆尧地震大些,你们知道了。这次有了准备,房屋倒了,人就伤亡少。所以毛主席要我们"备战备荒"。荒:有天灾、地灾。你们懂了,遇到就想办法防备。搞好了准备,防天灾地灾,就有办法了。把经验积累起来了,有了经验就好办了。你们懂得种庄稼,什么季节种什么,老年人懂。经验多了,集中起来,今后加以注意,损失就小。怎么造房子,也要研究,上次在邢台耿庄桥就搞了试验,什么房能顶得住地震,怎样盖房倒得少?

我过去讲的四句话:奋发图强,自力更生,重建家园,发展生产。现在要颠倒一下,改成:"自力更生,奋发图强,发展生产,重建家园。"国家是要支援,但主要是靠大家自力更生。搞好生产,恢复生产要靠自己。你们不是喊口号,说要自力更生吗?我们要战胜困难,就是要天不怕,地不怕,毛泽东时代的人民,就有这个志向。经过社会主义教育运动,你们有这个志向,现在就要搞好生产,因为季节到了,5号就到清明,春耕上肥,麦苗返青,生产忙了。房晚盖两天,先住在棚子里,把生活安定下来,就搞生产。搞好生产,才能建设家园。也就是毛主席说的,"备战、备荒、为人民"。你们这地方有各种组织,有党支部、共青团、民兵和妇联,要领导人民战胜灾害。解放军、医疗队来帮助你们,做得好你们就欢迎,做得不好就批评,你们有这个权利。毛主席提出的"备战、备荒、为人民",现在用上了。我代表毛主席来慰问你们,更重要的是鼓舞你们。经过社会主义教育,天不怕,地不怕,什么困难都能克服,这才是好社员,这才是毛泽东时代的人民。你们回去还要对没有来的人讲,困难越大,干劲越大。石家庄专区是河北省尖子专区,东边是衡水,南边是邢台,你们在束鹿县的南边,要带头嘛,要在周围的公社起模范作用,搞得更好。

选自:《邢台地震与抗震救灾》,中共河北省委党史研究室、中共邢台市委员会编,中央文献出版社2006年版,第36、37页。

注:1966年4月1日,周恩来在束鹿县王口村群众大会上的讲话。

诸位同志们：

我现在代表党中央、毛主席、国务院来看望你们，慰问你们！

上一次，3月8日地震，主要在邢台地区。那里灾重，我到隆尧看了看。这次22日地震，面大了。不仅有邢台地区，还有衡水地区、石家庄地区、保定地区都有。但是，人损伤的少，因为我们有了经验。上次地震，提醒了我们，教会了我们。这次面大，人死伤得少，牲畜死伤得也少，就是房子倒塌得多了一些。这样，党中央、国务院、华北局、省委、地委、县委都注意了；所以，到各地来调查、访问、慰问，多总结经验，帮助你们。刚才我到了宁晋的东汪公社，又到了束鹿的王口公社，现在又转到了你们冀县码头李公社来了。飞机很快，我一连到了3个专区，3个县，3个地方。不管哪一个县，都互相支援。有了邢台的地震，这里就注意了，损失就少了；这里的地震，就告诉了其他各省注意。不管干什么事情，都得有准备。不光对灾害是这样，对敌人也是这样。

毛主席去年提出了"备战、备荒、为人民"。什么是备战？就是准备打仗。年纪大的，你们都记得，打过日本鬼子，打过蒋介石，把蒋介石赶到台湾，把它打垮了。你们又派子弟兵到朝鲜，抗美援朝，保家卫国，打美国鬼子，打败了它，保卫了朝鲜兄弟，保卫了北朝鲜。

解放16年了，过上了和平生活，搞了土改，搞了社会主义改造，农村建立了人民公社，又搞了社会主义教育。你们冀县，有的搞了，有的正在进行。农村有公社，城市有工业，城市、农村一结合，我们搞得就更好了。不光我们搞好了，也影响了别的国家，支援了别的国家。我们搞好了，美帝国主义把我们看成眼中钉。备战，不但军队要准备，人民也要准备。我们是社会主义国家，绝不侵略别人；如果美帝国主义胆敢进攻我们，我们就打倒它，就叫它进来了出不去，来了就消灭它们。这就是要备战。毛主席讲过，就是要防备它们，敢于消灭它们，消灭阶级敌人。

第二件事是备荒。备荒，就是备灾荒。天上的灾，我们经过了。远的不说，1963年闹大洪水，漫过去了，毁灭了庄稼，全国帮助了你们。1964年涝，1965年旱，今年你们还在抗旱。这都是天上的灾。现在，又出现了地震。这是地下的灾。地震，过去就有过，不过很轻，感觉不到。这里就闹过地震。这次大，人畜都有损伤。这是对我们的考验，看我们能不能战胜？上次，到隆尧县去，那里灾大，房子倒了，人死得多；但是，大家的生产劲头很足，人们的意志不衰。宁晋、束鹿，也是如此，干劲都挺足。你们是衡水专区冀县的人民，相信你们，天上灾、地下灾都能战胜。天上的灾，我们不怕，地下的灾，我们不怕。这样才是天不怕，地不怕的伟大的中国人民。只要我们有准备，损伤就少。3月8日就提醒了我们，稍微一动，就出去了。你们冀县，房子倒了，墙塌了，大家没受多大损伤。上次在隆尧，我们准备不够，损失就大。看来，只要有准备，就可以减小。现在，我们更有准备了，我们有了一个来月的经验。要把地震的次数、级数、度数，也就是震动的大小，都记录下来。用科学仪器记下来研究，找出个规律来。将来，总要找出经验，对付地震。慢慢就有办法了。

将来盖什么房，现在还没有设计好。不要密，要分散开。小一些，倒不了。过去几百年前，有过地震，那时没办法。这次又闹了，我们是在共产党、毛主席的领导下，是毛泽东时代，一定会找出办法来。我们要准备，不要恐慌。恐慌是没有用的。22日，大家有了准备没惊慌，死伤的就少；8日，没准备，死伤的就多。我们要提高警惕，不要听坏分子的造谣生事。我们队伍里，总有坏人。毛主席说了，坏人只不过是少数，只占百分之几嘛！我们要注意他们。一个公社有几个坏分子，是少数的。党支部要注意，贫协要注意，社员群众要注意，贫下中农要注意，党员要注意，团员要注意，青年要注意，妇联要注意，大家都注意，他们就搞不了了。

受了灾，上级想办法，解放军出来了，但还得靠自己。解放军是战斗队，是打仗的。这也是打仗，打的自然敌人。现在就是打仗，和地球打仗。战时打仗，平时为人民服务。这就是政治挂帅，毛泽东思想挂帅。党的干部、做政府工作的干部，也要很好地为人民服务。搞好生产，重建家园，从支部做起，到公社、工委、县委、地委、省委、省人委，看做得怎么样？做好了，受赞扬；做不好，受批评。都要听群众的话，听党员的话，听贫下中农的话，听积极分子的话。不管是党的工作、解放军的工作，谁做得不好，就提意见。毛主席说，"备战、备荒、为人民"，就是为大家办好事。哪一级做得不好，都可以批评。我们办政府工作的，不一定每一件事都办好了；办得不好，可以批评。我们要听大家的，大家要听贫下中农的、群众的。我们的工作组来这里，也听你们的意见。各级都加强领导，战争来了有办法，灾荒来了也有办法。大家都提好意见，这才是当家作主，贫下中农当家作主。

现在快到清明了，播种季节到了，麦苗返青了，生产忙了，要抓紧抗旱、保墒、浇麦、春播。先搞生产,把盖房子放慢一步。先搞窝棚,要搞牢固一些,长期准备。恢复房子,怎样防震,还没研究好。要把口号倒一下:"自力更生,奋发图强,发展生产,重建家园。"自力更生,主要靠自己;奋发图强,要志气不衰。大家不是正在学习焦裕禄、学习王杰、学习麦贤得吗? 就是要有他们的志气,奋发图强,把国家建设好。首先发展生产,赶季节,不误农时。先发展生产,后重建家园,把口号变一下。有的公社的同志说:"家里丢了的,从地里拿回来。"就是应该这样。

我今天讲的,大家都明白这个道理,就是要干,我只是代表党中央、毛主席、国务院来看看大家,慰问大家,支持你们,鼓舞你们!

选自《邢台地震与抗震救灾》,中共河北省委党史研究室、中共邢台市委员会编,中央文献出版社 2006 年版,第 38—40 页。

注:1966 年 4 月 1 日,周恩来在冀县码头李村群众大会上的讲话。

社员同志们:

我现在代表党中央、毛主席和国务院,来看望你们,来慰问你们。

你们这个地区是地震首先发生的地带, 从 3 月初就开始了,3 月 6 日发生了一次较小的地震, 党中央就派中国科学院地球物理研究所来到你们这里,8 日来了个大的地震,你们这个地区是个中心。由于你们有准备,虽然 8 日的地震较大,但比白家寨、马兰损失小一些。22 日的损失就更小,当然房子都坏了,但人畜伤亡得少,所以说一件事情有了经验,有了准备就好办了。你们付出了一些代价,但引起了邯郸、石家庄、保定、衡水等地区的注意,如果他们也遇上了地震,就不会有大的损失了。

毛主席在去年提出了个口号:"备战、备荒、为人民",备战,就是准备和国内外的阶级敌人作战。我们过去不是也打过仗嘛,打败过日本鬼子,打蒋匪帮胜利了,又在朝鲜战场上,把美国鬼子打败了嘛。因为有共产党和毛主席的领导,我们把这些敌人不是都打败了嘛。我们有七万万人民,所以敌人害怕我们。敌人究竟是敌人,有美帝国主义一天,就有战争的危险。美帝国主义现在正在欺侮弱小的国家,现正在越南,还想侵略我国,所以我们要备战,要做到有备无患。如果美帝国主义胆敢侵略中国,我们就让它进得来回不去,把它们消灭在中国的土地上。只要有准备,什么敌人也不怕。

以上是和阶级敌人作战,我们还有自然界的敌人。我们这个地区,大前年闹了洪水灾害,去年闹了大旱灾,今年又闹了地震灾害,地震灾害过去有,这次是很大的。河北省是很大的,我们这个地区雨大要涝,雨小就旱,现在又受了地震灾害。好,我们有了这次经验,以后就好办了。毛主席提出的"备荒",就是要防备旱、涝等灾荒,只要有了准备,就什么也不怕了。第三是"为人民",比如过去打日本鬼子,子弟兵好不好,共产党好不好,你们都知道。现在备战也好,备荒也好,同样都是为了人民。现在是人民当家做主的国家嘛,你们是国家的主人。大家对我们的工作,有什么意见都可以提。农村的贫下中农社员和党团员们,要起带头作用嘛,现在要靠自己,过去打仗也是靠自己,现在还是要靠自己,靠自力更生,奋发图强,发展生产,重建家园。房子倒了是要盖的,砖瓦要烧,但不是几天要盖起来的,盖什么样的牢固,什么样的防震,要研究研究。春播季节到了,现在不是快到清明了吗,你们不要误了农时,只有生产发展了才能重建家园。现在是公社时代了,是毛泽东时代了,生产要靠集体力量,盖房子也要靠集体力量,国家支持你们。因为地震面积很大,所以要一步一步地搞。解放军不能常住这里,但他们要留一部分帮助你们把生产搞好。要照毛主席的话把生产搞好,所以天大的困难也是能够克服的。

老乡们,你们要家里丢了地里拿回来,这次来看你们就是鼓舞你们好好生产,重建家园。

选自:《邢台地震与抗震救灾》中共河北省委党史研究室 中共邢台市委员会编,中央文献出版社 2006 年版,第 41、42 页。

注:1966 年 4 月 1 日,周恩来在宁晋县耿庄桥群众大会上的讲话。

社员同志们:

上一次我到了白家寨,因为时间短,没有到你们这里来,这次补来。你们是巨鹿县的何家寨,3 月 8 日那次地震,你们这里受损失很大,我们来晚了,现在我代表党中央、毛主席和国务院来看望你们,慰问你们。

同志们,上一次地震你们巨鹿县 6 个公社受到很大损失,付了代价,取得了经验。因此,你们在第二次地震时,面积虽扩大了十几个公社,可是损失小了;房子虽然倒了塌了,可是人救了,牲口救了。跟头一次比面积大了,人死伤少了,为什么?因为第一次取得了经验嘛,付了代价嘛。所以第一次巨鹿县 6 个公社,为全巨鹿县，也是为邢台专区，也是为河北省取得了经验。我们首先要纪念那些受害的烈士，慰问受害的家属们。因为你们和他们付出了代价，这个代价不仅使我们今天的人民得到了教训，得到了经验；同时也为我们后代，留下了经验。这应该感谢那些受伤的、死难的同志。这种经验不是一下子就取得的，总要付代价的。譬如打仗吧，过去我们也牺牲了很多人，才把战争打胜了嘛。毛主席在去年就提出一个口号，叫我们要"备战、备荒、为人民"。毛主席的口号是有预见的。你看吧，我们过去打了几十年仗，现在还要备战，为什么？因为过去打的日本鬼子，被打走了；把蒋介石、白匪也打垮了，我们国内统一了。但是我们兄弟的邻邦朝鲜，又被美国欺侮，我们抗美援朝，保家卫国，也支持了他们，也把美国打退了，保护了北朝鲜。我们打了这三次仗，取得了经验，所以就能够建设我们的祖国了。我们要把它变成一个社会主义强国，现在才开始，将来还会更强。因为我们有七万万人口，这样的大国要强起来，不仅需要我们革命继续胜利，社会主义的果实也要保住，而且还要影响世界的革命、世界的反帝斗争，支援他们取得胜利。这样子，美国帝国主义就怕我们，恨我们，它就把我们看成敌人，想来侵略我们。要侵略我们，它就首先欺侮那些弱的小的国家。所以现在就欺侮越南，可是越南的人民也和我们一样地英勇，打得比我们更好。1400多万人，就敢于和20多万的美国兵、跟50多万的伪军打，还准备打更多的敌人。所以我们支持他们。美国帝国主义打不过他们，就想扩大战争，把战争扩大到整个越南，扩大到中国。因为这样，我们就要准备，如果美帝国主义强盗来打中国，让它进得来回不去。我们要在中国大地上，广大的土地上消灭它们。我们只有作这个准备，它就要想一想了，还是进来好，还是不进来好；不进来害怕我们，进来就被我们消灭。所以现在美国的强盗尽管再强，也会睡不好觉。而我们呢，我们是社会主义国家，是最广大人民拥护的国家。他们是占人口少数的资本家的国家，没有多少人拥护的。所以我们就要准备战争，不怕战争，这样就能够打胜敌人。

同志们，现在还没有打仗，我们做准备，所以，我们解放军要训练，民兵要组织，地方部队也要训练，做战争的准备。我们有社会的阶级敌人，我们对付他们；我们现在还要对付第二种敌人，就是毛主席说的要备荒，要对付灾荒。天上的灾，我们今天遇到过了，远的不说，1963年洪水漫过我们的庄子，1964年涝灾，1965年旱灾，今年还在抗旱，这是天上的灾。现在又来了地下的灾，地震来考验我们。过去这里震过一个月，有小的地震，我们没有感觉到。3月6日耿庄桥来了一次地震,受了影响,他们准备了,我们这个地方还没有准备,所以 3 月 8 日来了一次大地震,你们这里何家寨、崔寨损失就大,死伤人多。经过这次我们就有了准备。22 日虽然地震的面积大,可是死伤的就少,我们有了经验了嘛。所以,毛主席说:我们对于灾荒也要准备,也不要大意,也不要恐慌,恐慌做什么事情也就不好准备了,那是不好的。另外,我们也要警惕,既要镇静,也要警惕。所以,22 日邢台专区有了准备,邯郸、衡水、石家庄、保定都有些准备,受损失就少。对于自然灾荒,我们也要有经验有准备才行,这次,不仅巨鹿县,整个河北省,全中国都经受了考验。大家都注意收集经验嘛。所以你们看天上的自然灾、地下的自然灾,我们都有了经验了,那我们就能够克服各种自然灾害给我们的困难。我们是毛泽东时代的人民,我们天不怕,地不怕,要把社会主义建设的更伟大!这就是备荒,这是我们现在面临的问题。但是,不管备战、备荒,为的什么?毛主席说:是为人民,要人民过好生活嘛,要一天天强大起来嘛。不但我们这个地方把反动派消灭了,我们还要帮助全世界人民都要消灭反动派、帝国主义。为什么?因为我们人口多,七万万人口,在世界上占四分之一,这么大的地方,我们胜利了,我们能够不帮助人吗? 我们要不帮助人家,那么人家也不管我们,我们就会被孤立了。我们帮助人家,我们的朋友就遍天下了。帝国主义、反动派是一小撮的人,人民是最大多数的,全世界 90% 的人,都要翻身的,都要革命的,都要反对帝国主义、反动派的。我们要联合他们,我们力量就大。所以,我们不仅要为本国人民,也要为世界人民;首先为自己,为本国人民。所以现在,不管是备战、备荒,我们都要为工人、农民、贫下中农和部队,多做些事。

不管是党的领导、各级党委、政府的工作、部队的工作都要为人民。譬如这次来救灾,看工作做得对不对,做得对,你们支持,做得不对,你们批评,做得不够,你们提意见,应当把工作做好。譬如现在已经到了生产的季节了,很快就是清明,不仅麦子返青了,现在也要耕种了嘛,也要播种嘛。这个季节不能耽搁,所以房子可以慢一点,现在搭起棚子了暂时住着,先要把生产搞好。不是有些地方的老乡们说,我们"家里丢掉的,从地里收回来",这句话很对,这是豪言,豪壮的话。我们应该树立这种精神,不管大风、大雨、风沙,我们总要干嘛。地下的东西我们总要把它收回来嘛。只要有这个精神,今年的生产会搞的更好。今年虽然旱,但是我们有干的精神,拿水来灌,打井来积水,并且我们还能增加土肥,使庄稼生长得更好。生产搞好了吗,我们就会重建家园的。所以我们提的口号"自力更生,奋发图强,发展生产,重建家园"。我们家里丢的,地里收回来,才会把我们家园重新建好。这一点是要靠你们大家的集体力量的,这次救灾是靠集体力量嘛,一家一家的怎么救啊? 整个庄子,互济互救,集体来互救;部队来,工作人员来,帮助大家来救。这样才有力量。所以,你们是 8 日受的灾大,我上一次没到你们巨鹿县来,这次补来。希望你们干得更好,干得更成功,等到你们庄稼收的时候,夏收的时候,有工夫再来看你们。我的话完了!

选自:《邢台地震与抗震救灾》中共河北省委党史研究室 中共邢台市委员会编,中央文献出版社 2006 年版,第 43—45 页。

注:1966 年 4 月 1 日,周恩来在巨鹿县何家寨万人大会上的讲话。

"心肠是好的",但"当前首先是保麦收、保春播",打井应在麦收或秋收以后再进行。群众愿意继续打的要完成。来不及完成的,群众有意见的要停下来"。"建设要一步一步走,欲速则不达。"

选自《周恩来年谱》(1949—1976 下卷)中共中央文献研究室编,中央文献出版社 1997 年版,第 25 页

注:1966 年 4 月 2 日,周恩来在河北邯郸同省、地领导座谈,当听说全地区布置 4 月底打七千眼井指标情况后的讲话摘要。

我反对把党员和群众分开来写,要写成党员和非党员,党员和非党员都是群众。把非党员写成群众,就认为党员不是群众,是站在群众之上,比群众高,这要改过来。党员脱离了群众,就变成了官僚。

询问到打井情况时 说:

打井要注意配套,劳动力要合理安排。指示:同去的钱正英要水利学院派人加强对打井的技术指导;要求蹲点的国务院工作组帮助当地把机井搞好,配上套,搞不好不回去。

对大名县被抽调九千多人、三千多辆排子车上海河工程表示不满,说:

为什么调那么多排子车去? 如果我是县委书记,我就顶。我一直担心海河上人多了,什么事太集中了不行。

得知全县至 4 月底准备打三百多眼井后指出:

打井占用很多劳动力,4 月生产很忙,劳力占得多应考虑。

选自:《周恩来年谱》(1949—1976 下卷),中共中央文献研究室编,中央文献出版社 1997 年版,第 25 页。

1966 年 4 月 3 日,在邯郸地区魏县漳河林大队谈到"党员"与"群众"的提法时的讲话摘要。

"农业落后几十年,一年是翻不过来的,全县打井计划也不是一年可以完成的。""一年水利化我有保留。"

选自:《周恩来年谱》(1949—1976 下卷),中共中央文献研究室编,中央文献出版社 1997 年版,第 26 页。

注:1966 年 4 月 4 日,周恩来在临漳县同干部、群众座谈时的讲话摘要。

"态度要积极,步子要稳,自愿原则,自力更生",这几句话不能丢掉任何一句。我们办事不能加重人民的负担。农业机械化要积极,但要一步步实现,必须根据实际可能。抗旱救灾要与生产自救相结合,必须强调生产自救,国家救济不能让群众产生依赖思想。贷款要促进群众自救,不要使群众躺在国家身上。

选自:《周恩来年谱》(1949—1976 下卷),中共中央文献研究室编,中央文献出版社 1997 年版,第 26 页。

注:1966 年 4 月 5 日,周恩来就对抗旱打井高潮中一些人头脑有点热,不顾实际的安排任务,在磁县与河北省、邯郸地区及中央有关部门负责人的讲话摘要。

各位同志:

把你们留了一个星期,六天的会变成两个星期,我们因为有别的工作,你们这一星期也有事干。你们这次会是重要的会,到了 400 多位地震工作者。据科学家估计,这次会是十几年来最丰富的一次地震科学讨论会。不能把以往的会都否定,但这总是一次有收获的会。

旧社会只有一个地震台,三个地震工作者。你们能看到这个发展,是个好事。说旧社会有了地震也不去实地考察,是否这样差?1920 年六盘山大地震总有人去看过。不要否定一切,历史也要一分为二,批判吸收嘛!说到苏联去学习有教条,总还学到一点东西,也是一分为二。苏联有些框框,自己做些比较,就突破了。没有低的,怎么来高的?现在全国有100多个地震台了,比美国、日本还多,这也要一分为二。在某一点上超过,在全国说起来呢?就算美国、日本只有100多个地震台,那么中国六七亿人口,他们只有一二亿,和日本比我们应该有700多个台。所以,还差很远,不要满足于现象。现在地震技术人员有350人,也是成百倍增长。但是,从国家的人口、面积上来比,从地区情况不同来看,我们的地震台和地震技术人员的数量还不够得很。希望以此为起点继续往前进。

有了数量,还要有质量,不然数量可以增得很大,但未起质变。量变到质变要通过实践。这次抓住了这个现场去实践,是一个关键。事情总是要通过实践,才能有一个飞跃,有一个认识。这一次邢台地震考察,对地质构造、地震预报等进行了探索,有了一个初步认识。地震预报过去国外都不敢提,"三八"节那天地震后,有些科学家说:"地震预报世界上没有解决。"李四光同志独排众议,认为世界上未解决,我们为什么就不能解决?我们派去大批人马,到现场实践,大力协同,就能得出结果。群策群力嘛!单是一方面,只一个行业,就没有比较,不能从各个侧面去探索。这次的确是多兵种联合作战。参加的有科学院、地质部、石油部、水电部、农业部、建工部、测绘总局、海洋局、北京大学、科技大学等单位和地方的同志。只有这样,才能集中各方面力量,才能进行比较。抓住一个现实的关键问题,就要抓住不放,所以还要继续观测。这次地震,震动最多的一天是1070次,现在一天还有100多次。科学就要有数据。必须从多方面来研究,不能由一方面包了。任何事情不能一个人垄断,学术不能一个人垄断,专家也不能垄断。要同群众结合,吸收群众的经验和智慧。知识是从群众中来的,不过他们的分析方法不大完整。专家的作用就是把群众的智慧集中起来,加工、提高成为一门学问,再到群众中去进行考证,对的肯定,不对的修正,不断地从物质到精神、从精神到物质,反复不断地提高。

量变到质变,要通过实践,不断地从物质到精神,从精神到物质,不断提高,这是毛泽东思想,量变到质变,就是要做出成绩来。赶和超要立足于超,才能赶过去,才能赶、超并进。我们应该有这个雄心壮志,要到现场实践,大力协作,协同作战。我们这次有收获,将来可能把世界上这个未解决的问题解决了。现在粗线条看出点眉目,有希望。

要搞两个三结合。我们领导就是起推动作用,不然你们互不相识,互不熟悉,组织不起来。我们帮助解决些困难,把你们组织起来,调动起来,集中起来。

我们提出领导、专家和群众三结合，因为真正有本事是群众，其次是专家，用力量最次的是领导。另一个三结合就是科学研究要和教学、生产相结合。搞密云水库，就是清华大学水利系的师生去设计，这样三结合，一年就搞起来了。有些人不赞成两个三结合，要专家包办，那怎么行？怎么包办得了？这么大灾，如果不是群策群力，哪能有这么好条件去研究，也得不到现在的结果。两个三结合还只是开始。一定要把科研、教学、生产结合起来，才能搞得起来。我们需要这么多仪器，还要建立那么多地震台。现在 100 多个台，300 多位专家，绝对不够。要同学校（科大、北大）地球物理系好好研究，抓住不放，好好搞下去。请国家科委、聂总抓下去，一直抓，抓出大成果来。石油已放出异彩，我们要在地震问题上也放出异彩，不要像狗熊掰包谷，抓住又丢了，要作为事业抓一辈子。

现在有了一定的数量，大兵团协作，到现场实践，这是一大进步，但还未做出最后成绩——赶上、超过世界水平。我们是七亿人口的社会主义国家，应该作出成绩。如何做出成绩来？搞两个三结合。用什么方法？用毛主席的哲学思想，一分为二。对第一手材料要分析，要发现矛盾，分析矛盾，就是要找到主要矛盾方面，改正错的，让正确的站住。经过分析综合，就是一方把另一方吃掉。对立统一，事物总是一分为二的。每个部门的研究不会所有的都对，一个时期坚持自己的意见是许可的，总要有点见解，但经过共同讨论，多数证明是错的部分，就要丢掉，把人家的正确的接受过来，才能得出共同的好意见。否则，就是"门户之见"，"闭门造车"。科学界提"三严"，军事上要从难从严，从实战出发，同"三严"也近似。"三敢"，现在是"五敢"，加上敢闯，敢革命。闯不容易，在权威面前可是不敢闯。没有这两个"敢"，顶多是个改良派，敢于革命才敢闯，要做真正革命派。总之，方法从思想上来，这就得学毛泽东思想。

毛主席的《矛盾论》、《实践论》不仅可用在社会科学上，而且可用在自然科学上。毛主席在 1964 年第三届全国人民代表大会第一次会议上在我所作的《政府工作报告》中，亲自加了一段话："人类的历史，就是一个不断地从必然王国向自由王国发展的历史。这个历史永远不会完结。在有阶级存在的社会内，阶级斗争不会完结。在无阶级存在的社会内，新与旧、正确与错误之间的斗争永远不会完结。在生产斗争和科学实验范围内，人类总是不断发展的，自然界也总是不断发展的，永远不会停止在一个水平上。因此，人类总得不断地总结经验，有所发现，有所发明，有所创造，有所前进。停止的论点，悲观的论点，无所作为和骄傲自满的论点，都是错误的。其所以是错误，因为这些论点，不符合大约一百万年以来人类社会发展的历史事实，也不符合迄今为止我们所知道的自然界（例如天体史，地球史，生物史，其他各种自然科学史所反映的自然界）的历史事实。"这一段话运用马列主义哲学，最集中地、深入浅出地说明了社会、自然发展的规律。地震工作也要高举毛泽东思想伟大红旗，首先学习几篇哲学论文，这非常重要。

总之，要高举毛泽东思想伟大红旗，向群众请教，同左邻右舍协作，搞两个三结合。抓住这些方法，有领导、有计划、有步骤地进行工作，不仅地震预报，任何部门都会有成果。

选自：《邢台地震与抗震救灾》中共河北省委党史研究室 中共邢台市委员会编，中央文献出版社2006年版，第47—49页。

注：1966年5月28日，周恩来在接见邢台地震科学讨论会代表时讲话。

水的问题很复杂，先不要马上下断语，要相信科学。我们搞了二十年，水利知识很有限。河北、天津、北京、水电部要很好抓，水利工作有成绩，也有很多错事，我们有责任，不要自满。在谈到问题时，强调：只靠业务机关不行，要向广大干部群众宣传员、依靠群众搞规划。水利非和人民结合不行。

选自：《情满燕赵》——中央三代领导人关怀河北纪实，中共河北省委党史研究室编，2002年内部出版，第352、353页。

注：1972年11月23日，周恩来听取河北、天津、北京有关负责人关于海河工程情况汇报后的讲话摘要。

文 章

中国革命性质仍然是资产阶级民主革命，政治形势处在两个革命高潮之间，党的任务不是进攻，而是争取群众，准备起义，党内主要倾向是"左"倾盲动主义。顺直党的同志否定革命策略必须根据客观形势变化而变化，把党在革命低潮时期"争取群众"的正确策略说成"机会主义"，继续执行盲动主义的暴动方针，群众不愿参加，就机械命令或威胁恐吓，强迫罢工，命令暴动，这些都是错误的。

庸俗的官僚化倾向,要深入基层支部,把党的决议、政策和策略交给党员去讨论和实行,而每个党员都要积极反映情况,提出意见,但不能要求上级处理每一件事情都经过一般党员同意后才实施。

机会主义的来源很深,决不是排除了几个人就能把机会主义肃清的,主要的还在批判一切机会主义的观念,使全党同志有明白的认识,然后党的政治路线才能走上正确的道路。变成专门对人,便成了闹不清的意气之争,造成党内无穷纠纷,这是充分的小资产阶级之意识的表现,是与无产阶级的党绝对不相容的。他重申党中央的决定:对于闹私人意气的同志,无论其历史的长短和工作的好歹,一律不客气地排除。

因失业无所归,专门找党来解决生活问题,把党组织看成是救济会,有的以为在指导机关里做事的人才算是为党工作,实际上是为了领取生活费。这些人所注意的大都是经济问题,个人问题,政治上的意见反倒很少。他严肃地指出:党不是救济的机关,党的工作也不是在党部,决不能人人都派做党部工作(注释:《改造顺直党过程中的几个问题的回答》—《出路》第二期,1928 年 12 月 18 日。)。他还指出:每个共产党员在党内生活的支部中积极工作,这是应尽的职责和义务。根据当时具体条件为党工作,就是参加斗争、到会、缴费、讨论问题和本身工作、读党报、散发宣传品,介绍同志等。并指出必须这样工作,才能算做一个共产党员。(注释:《顺直党内问题和党的出路》)对于党员的生活来源,他指出应做到:职业化,即失业同志应当设法找到职业,党部应当帮助同志去谋职业,无职业技能的还要学习,特别注意到工厂中去做工,同志间也应当相互介绍职业,使党员不依赖党而生活,而且能深入群众,把党的影响扩大到群众中去,又把群众的意见正确地反映到党里来。这样才能使党成为真正群众的党。(注释《中央致顺直省委并转全体同志来信》,1928 年 11 月。)

反对小资产阶级的思想意识,不能用"命令"的手段,也不能采取"快刀斩乱麻"的方法。正确的方针,应该是"发展党内的政治讨论"、"发展党内的理论教育"。各级党部都要尽可能地讨论一切政治问题,引导每个同志都尽量发表对于政治问题的意见。同时,加紧党内的政治教育,提高党的理论水平和党员的思想水平。

选自:《顺直扩大会议与北方党的建设》,《天津师大学报》1989 年第 2 期。

注:1928 年,顺直省党组织发生严重危机,党内思想极度混乱,极端民主

化、个人意见、互相猜疑、互相攻击、宗派主义、经济主义、唯成份论、雇佣观点等小资产阶级意识泛滥。有些党员和党组织甚至投靠国民党,叛变革命。12月18日,周恩来以"伍豪"的笔名在《出路》第2期发表了《改造顺直党的过程中几个问题的回答》一文,表达自己对改造顺直党的意见。

电报、电话

(一)据北平确息,蒋、傅匪决集中第94军(3个师)及新2军(2个师)经保定向我石门(注释:石家庄)实施空心袭击,并配属汽车400辆,携炸药百吨,企图炸毁石门。现94军121师先头已抵北河店,其中五师已抵新城。估计27、28两日和94军可能集中保定,29日可能会合新2军大部向石门前进。

(二)我为坚决保卫石门,破敌计划,第7纵队主力应即转移至保定以南坚决抗阻南进敌人,以待第3纵队赶到会合歼敌,使敌不得南进;第7纵队另一旅应即直开新乐、正定之间,沿沙河、滹沱河两线,布置坚决抗阻阵地。

(三)杨(得志)、罗(瑞卿)、耿(飚)得电后,应立即令第3纵队受军区直接指挥,于明(26)日起,以5天行程,不惜疲劳赶到望都地区,协同第7纵队主力作战并直接指挥之。扬、罗、耿主力应相机过河,到后或直插平涿线破路,或向保定、望都方向随第3纵队后跟进,视情况再定。

(四)"聂、薄(一波)已直电3纵行动,2兵团电台应于宿营后随时保持与军区及军委联络。"

10月25日 为中共中央起草杨成武、李井泉电:目前傅作义"正图乘虚袭我石门,杨罗耿兵团须用在平保线上,故攻打归绥计划应暂缓实行"。但为吸引傅之一部分兵力注意归绥,以利杨罗耿主力隐蔽南下,望令第一纵队第十一旅亦作攻打归绥的准备,另以第八纵队一部及地方部队仍在绥东方面积极行动,迷惑敌人。

选自:《苍茫大地主沉浮——中共中央在西柏坡》,中共中央党史研究室第一研究部、中共河北省委党史研究室编,人民出版社2003年版,第146页。

注:1948年10月25日,获悉蒋、傅准备突袭石家庄,周恩来为中央军委起草了《保卫石家庄的部署》,致电华北军区司令员聂荣臻、政委薄一波和第二副司令员滕代远及华北军区第二兵团司令员杨得志、政治委员罗瑞卿和参谋长

耿飚电。

主席：

　　已与聂通了电话，要他转令3纵连26日在内以4天行程赶到满城。他说5天赶到，每天已近百里，我要仍以此命令转告郑维山(3纵队司令)，他定今日接通电话后即告郑，并催其轻装，取捷径按4天行程赶到。7纵主力今(27日)夜到达完县方顺桥，高阳以西之线布防。军区给他们的命令，是坚守方顺桥到唐河西线，以待3纵队到达，其他一个旅，则尚在来沙河途中。顷聂第二次电话，他已将提前一天到满城的命令，经北岳电话转告3纵。3纵今(27)日，可能到达紫荆关以北。地方已在动员，物资在疏散。

周恩来　27日4时半

主席：

　　3纵队昨26日上午方得出发命令，得令下午即走，故昨天下午及夜间，均在走路。今日恐总须下午才能出发，俟叫通电话后，专告聂转达你的指示。

周恩来　27日6时

主席：

　　顷与聂电话，3纵昨天多部分是白天行军，在山沟里走不成问题。今天，得催其3天赶到满城，当更会白天走。已告其再以电话通知。给各县命令，已告。与各县通电话，须经过地委。现新乐、望都、安国、高阳等县，均由孙毅及9地委在直接指挥。完、唐、曲阳、行唐等县，则由4地委指挥。石门附近各县，则由萧克指挥。聂通过他们3处与各县联络。并负责检查各县道路要点及纵深破坏情况与民兵日夜的袭扰。聂亦认为如3纵赶到出现，及我正面阻敌3天，可能破坏敌之袭击计划。今天下午，当再检查其执行程度。

周恩来　27日7时

　　选自：《苍茫大地主沉浮——中共中央在西柏坡》，中共中央党史研究室第一研究部、中共河北省委党史研究室编，人民出版社2003年版，第148、149页。

　　注：1948年10月27日4时半至7时的两个半小时里，周恩来三次向毛泽东书面报告3纵行动情况，即《关于令三纵赶到满城配合破敌袭击石家庄的情

况报告》。

主席给李井泉和陈正人同志的信(注释:指毛泽东1961年5月6日在上海写给中共中央政治局委员、中共中央西南局第一书记李井泉和正在四川农村做调查的国务院农林办公室副主任、农业机械工业部部长陈正人的信。信中要求各中央局、各省市自治区党委第一书记,在半个月内下苦功去农村认真做一回调查研究工作并写出报告。)6日早上我就看到了。我到邯郸之后,听了三天汇报,就到武安县伯延公社,现在已经有五天了。五天中,我找了公社、大队、生产队的干部和社员群众谈了话,开了座谈会。现在有下面四个问题简要地向主席汇报一下。

(一)食堂问题。绝大多数甚至于全体社员,包括妇女和单身汉在内,都愿意回家做饭。我正在一个食堂搞试点,解决如何把食堂散好和如何安排好社员回家吃饭的问题。

(二)社员不赞成供给制,只赞成把五保户包下来和照顾困难户的办法。现在社员正在展开讨论。

(三)社员群众迫切要求恢复到高级社时评工记分的办法,但是已有发展。办法是:包产到生产队,以产定分,包活到组。这样才能真正实现多劳多得的原则。因此,这个办法势在必行。只有这样,才能提高群众的生产积极性。

(四)邯郸专区旱灾严重,看来麦子产量很低,甚至有的颗粒不收,棉花和秋季作物还有希望。目前最主要的问题是恢复社员的体力和恢复畜力问题。

我明天还要看一个食堂,8日返回北京,帮助陈总(注释:指陈毅,当时任中共中央政治局委员、国务院副周恩来兼外交部部长。)解决出席日内瓦会议的一些问题。以后再给主席写报告。问题解决了之后,我还要返回邯郸。

我到邯郸之前,已经派许明(注释:当时任国务院周恩来办公室副主任。)同志带领一个工作组在这里工作了二十天。

选自:《论调查研究》,中共中央文献研究室编,中央文献出版社2006年版,第196、197页。

注:1961年5月7日,周恩来关于食堂和评工记分等问题的调查(注释:这是周恩来在河北省邯郸地区农村调查期间给毛泽东的电话汇报记录。)

批示、指示

阜平局关于平分土地的指示,一般很好。中央发表了一个关于老区半老区的土地改革工作和整党工作的指示,除在那个文件中已经说到者外,另有几点与你们的指示有关者,告如下:

(一)关于土改,你们在乙项二节中,原已依据不同情况,规定各种地区的不同方针。但在乙项三、四、五三节中,却显得实现这个方针的分类和办法不够明确。在第三节土改较彻底区,规定一般土地不平差额如都在平均数百分之十以下,就不再分,至多把差额较大者加以调剂,但对差额如在平均数百分之十以上,则无规定。在第四节所指地区,规定如缺地农户在百分之四十或五十以下,平分时需抽出土地的户数在百分之二十以上,即不要平分,而采取中间不动两头动的办法。实际上,这种地区如是土改不彻底区,中间可能有小动,而缺地农户在百分之五十以上,抽地户数在百分之二十以下,仍可用调剂办法解决。如系土改极不彻底区,则又应平分,无所谓调剂。我们认为可以有这样两类地区,主要均由于土地已经变动,地富封建剥削已不存在或只存残余,而占有较多较好土地者,是干部、军属、烈属及一部分地富,故原则上,不应再来一次平分土地,而应是调剂土地。在第一类土改较彻底区,中农多,贫雇农少,故调剂范围就小。在第二类土改不彻底区,中农少,贫雇农多,故调剂范围就大。因中农多,其所有土地的平均数,就不可能与贫雇农所有土地的平均数相差太大,贫雇农少,其所需抽补的土地就不多,故应尽可能不动或少动中农的土地。反之,因中农少,其所有土地的平均数,就可能与贫雇农所有土地的平均数相差较大,贫雇农多,其所需抽补的土地就较多,故不得不动一部分中农的土地。照中央指示,在这后一类地区,凡中农所有土地的平均数,超过贫雇农所有土地的平均数在一倍上下者,在取得其本人同意后,可以抽出中农一部分土地,但以不超过其全部土地的四分之一为限度,似较合理些。望你们根据实情,加以斟酌。但这类地区,即使需要平分,也应当作是特殊的而不是一般的规定。在这类地区,你们规定了其他一些具体办法很好,在较彻底地区也一样适用。在土改极不彻底地区的主要情况,应是土改一般并未实施,地富封建剥削仍然存在,故原则应是平分土地,不是调剂土地,但办法仍应是抽补,而不是完全打烂。你们第四节第五节,如均系指这类地区,就无须划一界限,规定缺地农户在百分之五十以上抽地户数又在百分之二十以下时才平分,否则不平分而两头动。实际上,地富土地多,贫雇人数多,在实行抽补平分时,就是中间不动两头动。在这类地区,再规定某些中农占有土地不超过平均数百分之十者即不动,那对中农动的就会更少,你们在第四第五两节规定两种标准(百分之十与百分之五),也不甚妥。

(二)关于春耕生产问题,关系确是很大。但如为满足农民分地要求,而不问工作是否做到,条件是否成熟,只靠一股劲,就将三类地区的土地都调剂好或平分好,这恐怕是不可能的。凡是靠一股劲,就想完成这样细致的土改工作,最多象东北煮成夹生饭,还要再煮,否则,就会搞错了,还要纠正。贫雇农欲罢不能,而中农无心生产,大吃大喝,地富则对生产怠工,故意破坏,正证明我们工作尚未深入。如就在这样的基础上调剂土地,平分土地,其结果,可以想象得到不会很好。你们要研究绥德黄家川调剂土地的典型(注释:陕西省绥德县黄家川,当时属于陕甘宁地区。它的典型经验是:在己进行过土改的基础上,用抽肥补瘦、抽多补少的的方法调济土地,使土地分配更为合理,既满足了贫雇农对土地的要求,又巩固地团结中农。),那样土改较彻底地区,还需要那样"深耕细作"的群众工作,那不彻底或很不彻底的地区,更可想而知。群众中此种情绪,你们还应在宣传上检查其影响,是否由于过去强调为贫雇农撑腰将中农冷落了,划分阶级有错误,宣传平分土地又没在抽补上定出办法,致中贫农情绪如此不同。而组织上又一下子停止几万村级地富党员的党籍,是否也起了副作用。凡此,你们应从造成这一心理现象的各种因素分析它的根源,迅速采取正确的领导和办法去纠正这些现象。同时,应根据中央的指示,并采用晋绥分局二月十日紧急通知及晋绥行署、农委会以命令保证的办法,使农民愿意加紧春耕,敢于发展生产,劳动致富。

(三)几万村级地富党员不加区别不分地区地一下子都停止党籍,也值得考虑。因为在地富党员本身,固然坏的投机的异己分子会多,但也不能说没有自愿放弃或脱离剥削关系的人,这是一。划成份既有错误,不能使中农党员不受影响而被当成富农党员处置,这是二。在抗战、自卫战期中,地方党吸收了这么多村级地富党员,党的高级领导毫无警觉,现在一下子全部停止党籍,乡村支部不会毫无影响,而且有可能是一种带普遍性的震动,这是三。各地方县、区、村领导者及工作团,是否都很健全,又处在战争中,对于这件事可能发生的副作用,能否应付裕如,这是四。这些,当然不是地富党员原则上是否还应留在党内的问题,而是实行步骤是否应该如此急促,如此不加区别的问题。你们对这件事的决定和实行,是否已筹划妥当,执行后的情形和影响又如何,均望你们搜集材料仔细研究后电告。你们既已下令停止地富党籍,如果现在又说不停止,当然不好。我们不是要你们取消过去停止党籍的规定,而是要你们研究停止后的结果如何,如果结果不好则应采取适当处理办法。在这里,我们认为平山用党内外民主结合的办法来整党审干是一个新创造,是最健全的整党方法。

选自:《周恩来选集》上卷,人民出版社 1980 年版,第 297—300 页。

注:1948 年 2 月 23 日,周恩来关于土改和整党问题给阜平中央局的电报。

"在开会前,请你打个电话告诉河北,请他们确定一个书记或一个副省长认真地将生产救灾抓一抓,并一直抓到底,重点放在生产自救。救灾费应先拨一些,实事求是地发给那些确实买不起粮的灾户。"

选自:《周恩来年谱》(1949—1976 中卷),中共中央文献研究室编,中央文献出版社 1997 年版,第 679 页。

注:1964 年 10 月 24 日,周恩来接到派往河北的工作组和粮食部长陈国栋关于河北、河南等地灾情的报告,就李先念在附信上建议"在十一月上旬召开一次六大区管粮食的同志和几个灾区的同志会议,以摸清楚灾情和督促一下收购工作"一事批示。

"一看,二帮,三指挥"。具体是:"下去后,不能增加地方负担,不要去指手画脚。首先向当地干部、群众学习,帮助地方工作,听从领导指挥。""工作组干部应该到生产队和群众共同劳动,通过劳动进行调查研究,取得生产知识,鼓励群众的干劲,不能因工作组的工作妨碍群众劳动生产。""对河北组讲的这些办法,同时也适合其他组。"

选自:《周恩来传》(四),中共中央文献研究室编,中央文献出版社 1998 年版,第 1816 页。

注:1966 年 2 月 15 日,周恩来对奔赴河北的抗旱工作队临行前规定了三条纪律。

由科学院布置,与各部门联系,解决地震的延续时间与发展方向的测定。要行动起来,到现场去,到实践中去。凡需增加人力、物力的,可以调动。

选自:《周恩来年谱》(1949—1976 下卷),中共中央文献研究室编,中央文献出版社 1997 年版,第 19 页。

注:1966 年 3 月 8 日,周恩来获悉河北省邢台地区发生强烈地震后的指示。

"这次地震波及邯郸、石家庄、衡水地区。邢台地区损失最重的是隆尧、宁晋、巨鹿三县的三十多个公社、三十二万人的地区。初步统计,死亡七千人以上,重伤二万人以上,房屋倒塌百分之八十左右。"

选自:《情满燕赵》——中央三代领导人关怀河北纪实,中共河北省委党史研究室编,2002 年内部出版,第 345 页。

注:1966 年 3 月 9 日,周恩来就邢台地震灾情和地震后的紧急部署与国务院秘书长周荣鑫联名报告中共中央和毛泽东。

(一)当前的工作主要是怎样领导群众克服灾害。我们下一步的工作方针是不是这样:自力更生,奋发图强,重建家园,发展生产。(二)每个大队要有三至四名干部组成新的领导核心,最好是从附近轻灾区和非灾区抽调干部支援,把当地群众组织起来。(三)由六十三军统一领导,除组成指挥部外,下设若干分指挥部。(四)组成流动组织。一个县委委员管一二个公社,每天深入各公社指挥。(五)通过实践总结经验,传给下一代。地震规律的问题在世界上还没有解决,我们要解决。(六)做饭用锅达到三户一口,要在两天内落实。

选自:《周恩来传》(四),中共中央文献研究室编,中央文献出版社 1998 年版,第 1821 页。

注:1966 年 3 月 9 日,周恩来不顾余震危险,代表中共中央、国务院在隆尧县邢台地震救灾指挥部听取灾情汇报时的指示。

特急

即送刘、邓、彭、陈、富春、先念、震林、一波、富治、肖华、成武核阅。

晚间紧急会议商定:

一、由国家科委和科学院（武衡、裴丽生）为主，集合科学院、地质部、水电部、石油部、煤炭部、冶金部、有关地质勘察和物探技术力量一部分，前往地震现场进行探测、观察和研究，以便进一步判明地震范围、性质和方向，并将有关资料送回北京进行科学探讨（由李四光同志主持）。（按地震研究所资料，河北以宁晋、隆尧、巨鹿为中心地震地区，自公元777年始，已有记载，直至1963年尚有小度地震，但地质科学家对何故发生地震，范围多大，方向如何，尚无定论，世界科学界对地震预测预报，也未解决。我们拟以这次损失推动地质人员进行各方探讨，求得一些结果。）

二、由曾山同志为首代表中央、国务院率领有关人员前往视察慰问，并进行救护。

三、由有关部门（卫生、公安、内务、供销社、兽医、铁道、农业等）组织医疗、供应、工程人员随队前往，协助当地进行救护工作。

四、我拟于明（9）日下午飞石家庄，视察这次地震灾情。（据报，这次死亡7000多人，伤2万多人，这是一次最大地震。）后日回京送宫本之行。

谨报

1966年3月8日

选自：《邢台地震与抗震救灾》，中共河北省委党史研究室、中共邢台市委员会编，中央文献出版社2006年版，第29页。

注：1966年3月8日，周恩来关于邢台地震救灾工作的批示。

即送刘、邓、彭、富春、陈、康生、先念、富治、震林、一波、秋里传阅。

现国务院正在开紧急会议，商量采取紧急措施，并告总参、卫生部、科学院，参加这次救护、治疗、善后和观察工作。据上海、内蒙电话告，两地对地震也有反映，可能从上海到内蒙这一地段都有影响，已告科学院和科委加紧注意和研究。一切具体布置，另告。

已告卫生部并已派出医疗队前往救护治疗。

已请××军加派人员和卫生队前往救护。

选自：《邢台地震与抗震救灾》，中共河北省委党史研究室、中共邢台市委员会编，中央文献出版社2006年版，第30页。

注：1966年3月8日，周恩来在河北地震初步情况报告传阅文件上的批

示。

"在一星期内把秩序恢复起来,要帮助群众把死者掩埋好,安置好伤员,使伤病员得到治疗,再帮助群众搭好棚子,把简单的生活恢复起来,然后转入正常的生产救灾工作。

"加强对受灾社队的领导。受灾严重的社队基层干部死伤过多的,由周围轻灾区抽调一些干部去充实,代理职务,帮助工作,轮流受教育。要发挥地方干部的积极性,提倡学习焦裕禄、王杰,要以毛泽东思想为武器,要宣传毛泽东思想,把工作做好。

"由军队和地方组织统一的救灾指挥部,凡是参加救灾的党政军、医疗卫生等部门,以某军政委蔡长元为主,由救灾部队统一指挥。组织后方支援机构,设在石家庄驻军机关,由军长挂帅,邢台、石家庄专区各有一名副专员,石家庄有一名副市长参加。前方指挥部设在隆尧。

"今晚到明天下午,把受灾情况、人员伤亡、房屋损坏、群众需要什么统计好。明天下午我还来,要给我汇报。"

"查了县志,在这里一千二百年以前,已有过大地震。我们的祖先只给我们留下了记录,没有留下经验.这次地震付出了很大代价,这些代价不能白费! 我们还可以只留下记录吗?不能! 必须从中取得经验。希望转告科学工作队伍,研究出地震发生的规律来。"

"总结出经验要为人民造福。我回北京后,要把搞地震救灾的部门都动员到现场来。到现场来的人和灾区群众要很好地配合,解决吃饭问题、防火问题,要解决好发展生产的问题.牲畜,县与县要调节好.把压在地下的东西要很好地挖出来.广泛宣传,要稳定人心可要搭棚,不要在房子里住,防止房屋再倒。要根据毛主席的指示、中央的关怀,去克服天灾。"

选自《周恩来与防震救灾》,中央文献出版社 1995 年版,第 7、8、9 页。

注:1966 年 3 月 9 日晚,周恩来听取了邢台地震救灾指挥部的负责人汇报后,对抗震救灾工作做了全面安排。

一、对地震的发生,要提高警惕和保持镇静相结合。对自然界作斗争,首先要保持镇静。要有冷静的头脑,才能掌握情况,掌握方向,研究对策,采取措施。

二、加强震中现场观测。立即派飞机把地震仪送至尧山、耿庄桥经石家庄至北京的有线和无线专向通讯,保障地震情况及时上报。三、地震区要提高警惕,预做准备,减少损失。四、对谣言要追究。要区分两种情况,对经讹传讹,传错了的,要批评教育、及时解释,以镇静的精神使谣言自释;对别有用心的、乘机造谣的坏分子,追查清楚后,要彻底严办。

选自:《周恩来传》(四),中共中央文献研究室编,中央文献出版社1998年版,第1825页。

注:1966年3月23日,周恩来就邢台再次发生强烈地震及北京流传谣言事,除派出救援部队外,还特别指示。

地震,现在有了经验。岳城水库九度地震有没有问题?我们对于历史要批判地接受,历史上对地震的记载,只会轻,不会重。过去的记载当然有用。但是过去的县志都是士大夫编写的,当时的知识分子是为地主阶级服务的,无论从地震时间、范围和破坏程度来说,都是记载不准的。那时没有观测仪器,科学不发达,只能凭人的感觉,因此一、二级地震往往很难感觉到。拿地震范围来说,当时封建社会的统治阶级集中在城市,因此,只把城市情况记载得较清楚,记载以城市为中心,对乡村就不记了。对破坏与损失情况来讲,往往不敢把真实情况反映出来。因为地方有了自然灾害,人畜死亡,在封建社会中是不被重视的。过去死人多了,县官是要砍头的,他为了免罪,就要少报死亡人数。有的让犯人顶替,再到别处去做官。因此,地震波及面积、震动时间、人畜伤亡等,不会写得重,只会写得轻。对县志要一分为二看,既记载有这个事情,但面积、时间长短、破坏情况和人畜伤亡都记得不准。对自然科学,也要用阶级分析来看问题,这是毛主席教导的。因为历史是士大夫写的,是为封建地主阶级服务的。过去磁县大地震范围也许不只这样大。河北省地裂缝很多,北京、磁县、怀来都有。

现在我们把地震情况记载与调查得很清楚,正在用物探探测。从3月6日、8日、22日、26日、29日到今天、地震没有停止。最近6天地震较轻了些,看来已渐趋稳定。这里(指岳城水库)与北京差不多,有震动感觉,没有破坏情况。

我们对地震,不但要救灾,还要帮助地方迅速恢复生产,重建家园,而且要设法探索其规律。地震预报世界上还没有解决,为什么我们不能先解决呢?也可能我们这一代,也可能下一代,我们一定要解决它。

要抓牢邢台地震不放。注意工厂、铁路和水库。

选自:《邢台地震与抗震救灾》,中共河北省委党史研究室、中共邢台市委员会编,中央文献出版社 2006 年版,第 46 页。

注:1966 年 4 月 5 日,周恩来在视察磁县岳城水库时的指示。

一个月救灾宣传工作,要同时帮助群众搞生产,在春耕春播、追肥浇水间隙中进行宣传教育,决不要停止生产来参加学习,以致延误农时。

选自:《情满燕赵》——中央三代领导人关怀河北纪实,中共河北省委党史研究室编,2002 年内部出版,第 351 页。

注:1966 年 4 月 11 日,周恩来针对邢台地震灾区一些群众有"春耕这么忙,哪有工夫学毛主席著作"的反映,批告赴邢台专区进行救灾宣传工作的北京军区 187 师。

西柏坡是毛主席和党中央进入北平,解放全中国的最后一个农村指挥所,指挥三大战役在此,开党的七届二中全会在此。

选自:《西柏坡馆藏艺术精品选》,中央文献出版社 2005 年版,第 8 页。

注:1973 年 2 月 26 日,周恩来在《关于梨菜铁路经过红岩村和新华日报馆旧址问题的请示报告》批示中,对西柏坡的评价。

信件、报告

大多数接受中央恢复省委职权、扩大省委、改组常委的办法,并一致认为必须积极到群众中工作,从参加和领导群众斗争做起,才能建立起党的无产阶级基础,才能逐渐肃清小资产阶级意识,才是解决党内纠纷的正确出路。

选自:《周恩来传》(一),中共中央文献研究室编,中央文献出版社 1998 年版,第 224 页。

注:通过对中共顺直省委工作的指导,1928 年 12 月 17 日周恩来致信中共中央。

关于山西党的组织,中央最近依据全国组织的变动,有一新的决定,特分项说明如下：

一、自"八七"会议（注释："八七"会议，即一九二七年八月七日在汉口召开的中国共产党中央紧急会议。出席这次会议的有党的中央委员、监察委员等二十一人。瞿秋白在会上作了《将来工作方针》的报告。会议通过了《告全党党员书》和农运、工运及组织问题等决议案，改造了中央领导机构。这次会议在中国革命的危急关头坚决地纠正和结束了陈独秀的投降主义，确定了土地革命和武装反抗国民党反动派屠杀政策的总方针，号召党和人民群众坚持革命斗争，这些都是正确的，是它的主要方面。但是，在反对右倾投降主义的时候，不认识当时应当根据各地不同情况，组织恰当的反攻或必要的策略上的退却，在组织上开始了宗派主义的过火的党内斗争，因而为后来的"左"倾错误开辟了道路。）至今一年有半，在白色恐怖压迫之下，各省组织几经破坏，干部牺牲不计其数，而自首告密叛变的事亦由南而北渐渐遍及于全国上级党部。于是党的无产阶级基础日益削弱，党的组织日益脱离群众、隔绝社会，上级党部机关尤多形成空架子，完全与群众生活相隔绝。因之自中央至支部有层层机关，而工作效能极其微弱。有时且因党的上级机关一再破坏，各地党部唯一的办法，便是要求中央派人前往恢复。中央过去确也循着这个路线，派人至各省恢复组织。结果不但工作不能推动，新的关系不能发生，甚至旧的基础也日益缩小。工作既没做起，而机关已立，于是这个架空的组织，在社会中便极易为敌人发现，屡遭破坏，在党内因有了这些不落实际的机关，反足以助长同志依赖机关、忽视下层群众工作的错误观念。因此，中央特改定，各级党部的设立，必须其所管辖区域的下层组织已经建立起来，工作已有开展，然后才能由此种下层组织成立上层组织。嗣后凡是下层组织没有工作，或是破坏之后，主要的路线应是领导同志走入工厂农村社会中，寻找职业，深入群众，以恢复和建立党的组织。党的组织必须在此种基础上才能谈到恢复和建立。如果超越了这一基础工作而谈恢复，而先立一上级机关，则必致基础没有，徒然发生一些个人的关系，牵引这些同志围绕在党的机关左右，无职业，无社会关系。这种人越多，越妨碍党的下层基础的恢复和建立，于是这一机关越隔离群众，越隔绝社会，形成一架空而不合实际需要的组织。

二、依照上项说明的组织路线运用到北方党部，山西省委便成为目前最不必要的组织。如强行组织起来，必成为一空架子机关。汪铭同志（注释：汪铭

(1903—1931年),1925年参加中国共产党。1928年任中共山西省委书记。1929年被国民党逮捕,1931年10月就义。)来信还主张调一批人到太原,结果必如上项所说,因为有了省委这一级空架子机关,于是又团聚了许多同志离开社会的关系而围绕在党的机关左右,这是最妨碍深入群众工作的。故中央决定,目前山西可不成立省委,先着手于地方工作的恢复和建立,山西工作改归顺直省委(注释:先后称北方局、顺直省委、河北省委。顺直指北京(曾名顺天府)和河北(曾名直隶省),顺直省委曾领导河北、山西、北平(北京)、天津、察哈尔、绥远、热河、河南北部、陕北一部的党的工作)兼管。

整顿地方工作的程序,应先从中心区域做起,如太原、阳泉、绛州、榆次、河东诸地(大同由京绥路方面建立关系)。目前第一步工作,便应先在这些地方寻找有社会关系的同志,建立党的基础。工作恢复开始,党员的线索并不求多,重在质量的选择,要有一人能得一人之用。主要的还在产业工人,即无产业工人之地,亦应注意寻找手工业工人及乡村中雇农贫民。知识分子,必求能在社会中生活活动的人,如与社会一无关系而又畏怯深入社会,不努力寻找职业,这种人从前即使是同志,现在找到也无甚利于党,这种人越多,反而越易使党停留在这些与社会隔绝的流落分子圈中,而不能建立社会基础—党的阶级基础。

假使在太原、榆次这类地方,仅只找到几个同志,最初便须以支部的形式开始他们党的生活。主要的工作自然须依照中央前次致山西的信去做。要能在群众中注意日常生活的痛苦所在,鼓动起日常斗争的要求和情绪,以发展到行动,并在这一艰难困苦的工作中训练我们的战斗员。假使我们能在每一地方,得到几个能深藏在群众中、能领导群众斗争的同志,则便是仅仅这几个同志,便是仅仅一两个工人支部,也会使这一些组织成为山西工作发展的核心。要在一个地方有了几个健全的支部后,再成立地方党部—县、市委的组织。务使这一组织,能从几个有群众基础、有社会关系的支部基础上建立起来,县、市委负责同志也要多由在业同志选出担任,这样才能避免空架子机关的毛病。在县、市委没有成立前,几个支部并存时,可指定一个较健全的支部为特支,指导其他支部的工作。中心县、市委须指导其他邻近县份。

三、根据上述的办法,目前山西实无集中一部分同志到太原的必要。便是太原的工作,也只能设法在当地找有社会职业或下决心找社会职业的同志,去开始恢复党的工作和建立党的基础。

顺直省委应根据此信所指示的办法,函知汪铭同志至天津面商,依指示的区域,速即计划如何用巡视方法去寻找各地在业的同志,开始恢复中心区域的工作。汪铭同志得此信后,亦应速至顺直省委处面商。

河东有七县范围(注释:河东七县,指山西南部黄河以东的安邑、闻喜、夏县、解县、猗氏、绛州(即新绛)和绛县。),工作不可忽视。在目前春荒期中,主要的斗争固在扩大借粮分粮运动,但斗争的对象宜多领导着向地主方面进攻,尤其重要的是不要使农民斗争专停顿在这一运动上,宜从抗债分粮运动发展到农民反抗地主的日常斗争。只有斗争的范围日益扩大,斗争有继续不断的小胜利,然后农民运动才会深入,土地革命的阶段才得在北方开始进行。这一点很重要的指示,望你们于指示河东工作时特别注意。

对士兵运动和土匪、民团等工作,也望依照中央的工作计划指示河东特委。

选自:《周恩来选集上卷》,人民出版社 1980 年版,第 19—22 页。

注:1929 年 3 月 25 日,周恩来为中共中央起草的给顺直省委并汪铭同志的指示信《在白色恐怖下如何健全党的组织工作》。

深入反对军阀战争,扩大反帝运动,深入产业工人群众,建立产业支部,反对和平发展,这是顺直党目前主要而急迫的任务。并强调说:"在已有了群众有了下层组织的黄色工会中,我们决不应采取站在黄色工会外面笼统地反对黄色工会,以致使群众对立的办法。

选自:《周恩来年谱》(1898—1949),中共中央文献研究室编,人民出版社、中央文献出版社 1990 年版,第 159 页。

注:1929 年 4 月 24 日,周恩来为中共中央起草致顺直省委信的摘要。

"反帝运动在全国尤其在顺直都居于很重要的地位",南京政府既然出卖山东,又公开禁止爱国运动,我们便必须"引导群众的反日反帝情绪使之继之增长增高,以联系到反国民党运动"。

选自:周恩来《中共中央给顺直省委的指示信》,1929 年 4 月 25 日,手稿。

注:1929 年 4 月 25 日,周恩来起草给顺直省委的指示信摘要。

洞国兄鉴：

欣闻曾泽生军长已率部起义（注释：当时任国民党军第一兵团副司令兼六十军军长。1948 年 10 月 17 日率领所部在长春起义。新中国成立后，任中国人民解放军军长、国防委员会委员等职），兄亦在考虑中。目前，全国胜负之局已定。远者不论，近一个月，济南、锦州相继解放，二十万大军全部覆没，王耀武、范汉杰（注释：王耀武：当时任国民党军第二绥靖区司令官兼山东省政府主席。1948 年 9 月在济南战役中被我军俘虏。1959 年 12 月被特赦。1964 年任中国人民政协全国委员会委员。范汉杰：当时任国民党军东北"剿总"副司令兼锦州指挥所主任。1948 年 10 月在锦州战役中被我军俘虏。1960 年 11 月被特赦。1964 年任中国人民政协全国委员会委员。）先后被俘，吴化文（注释：当时任国民党军整编九十六军军长。1948 年 9 月在济南战役中起义。中华人民共和国成立后，任中国人民解放军军长等职）、曾泽生相继起义，即足证明人民解放军必将取得全国胜利已无疑义。兄今孤处危城，人心士气久已背离，蒋介石纵数令兄部突围，但已遭解放军重重包围，何能逃脱。曾军长此次举义，已为兄开一为人民立功自赎之门。届此祸福荣辱决于俄顷之际，兄宜回念当年黄埔之革命初衷，毅然重举反帝反封建大旗，率领长春全部守军，宣布反美反蒋、反对国民党反动统治，赞成土地改革，加入中国人民解放军行列，则我敢保证中国人民及其解放军必将依照中国共产党的宽大政策，不咎既往，欢迎兄部起义，并照曾军长及其所部同等待遇。时机急迫，顾念旧谊，特电促速下决心。望与我前线肖劲光、肖华两将军（注释：肖劲光：当时任中国人民解放军东北野战军副司令兼第一兵团司令员。肖华：当时任中国人民解放军第一兵团政治委员。）进行接洽，不使吴化文、曾泽生两将军专美于前也。

选自：《周恩来选集》上卷，人民出版社 1980 年版，第 313 页。

注：1948 年 10 月 18 日，周恩来致郑洞国（注释：当时任国民党军东北"剿总"副司令兼第一兵团司令。1948 年 10 月 19 日率领所部在长春放下武器。新中国成立后，任中国人民政协全国委员会常务委员等职）信。

为了迅速抢救伤员、安定群众情绪、安排好生活、尽快恢复生产，在接到河北省报告后，立即召集国务院有关各办、各部和总参，作了紧急部署：

一、组织以曾山同志为团长的中央慰问团，团员由国务院各办各部参加，共

11人。慰问团的任务是代表中央、国务院进行慰问,帮助各级领导进行抢救、救灾工作,解决需要中央解决的问题。

二、指定总参谋部通知北京军区和当地驻军参加紧急抢救工作,当地驻军由军政治委员和副军长组织了前线指挥部,组织了2000人以上的医疗队,分别到隆尧、巨鹿、宁晋进行抢救。并在邯郸、正定、石家庄三个医院同和平医院布置抢救和接收工作。××军、××军和河北军区已组织医疗队待令出发。

三、卫生部已组织北京各方面医务人员500人以上,携带药品器械从8日开始陆续出发,预计今明两天,全部到达灾区。

四、农业部已派出兽医54人,于今天上午出发。

五、财贸办公室已通知商业部、粮食部、财政部和供销总社派员随中央慰问团出发,解决支援救灾的物资和粮款。

六、科学院由地球物理研究所顾功叙(副所长)等21人组成考察队,地质部地质力学研究所组成11人考察队,已于8日晚出发到地震区进行考察、物测,研究抗震措施。

为了做好抗灾工作,已要求中央慰问团要高举毛泽东思想伟大红旗,照毛主席指示办事,协同各级领导,突出政治,加强领导,深入现场,做好抗灾的宣传教育工作,切实解决群众的急迫问题,坚定这一地区干部群众依靠党的领导、依靠集体力量克服灾害的信心。

选自:《邢台地震与抗震救灾》,中共河北省委党史研究室、中共邢台市委员会编,中央文献出版社2006年版,第31页。

注:1966年3月9日,周恩来、周荣鑫给党中央、毛主席关于河北地震抢救工作部署的报告。

周恩来在河北大事记

1917 年

1月19日　在天津南开学校就读的周恩来应其同窗好友、唐山籍同学常策欧邀请,从天津乘火车奔赴唐山开平镇。

1月23日　在唐山开平镇和郑姓煤矿工人聊天,了解工人生活状况。

1月25日　在唐山开平镇常策欧家中,就女孩缠足发表意见,指出缠足弊端,劝给女孩放足。

2月1日　开平大集。周恩来随其同学常策欧在集市上观看高跷、秧歌表演,品尝地方小吃,并调查集市粮店粮食行情和百姓生活疾苦。

2月3日　与其同学常策欧离开唐山开平镇,返回天津。

1928 年

12月11日　时任中央组织部长的周恩来受党中央派遣,为解决顺直省委内部问题,化装成商人秘密来到天津。当天会见陈潭秋、刘少奇等人,听取他们关于顺直党情况的汇报。

12月12日　与陈潭秋、刘少奇等商讨恢复省委职权问题,随后恢复了省委领导人的工作。

12月13日　主持召开了顺直省委常委全体会议,听取省委常委对于中央改造顺直党的路线的意见。最后大家统一思想,接受中央恢复省委职权,扩大省委、改组省委的办法,并决定于20日后召开省委扩大会议。

12月14日　周恩来听取了团省委书记何成湘的工作汇报,同他讨论了青年的思想工作;下午与陈潭秋、刘少奇等共同商议了召开省委扩大会议的准备工作;晚上参加了天津纱厂支部座谈会,了解党员的思想情况。

12月15日　上午,参加了天津胶皮支部座谈会。下午,主持召开了天津基层党支部书记和省委工作人员联席会。

12 月 16 日 赴唐山做"京东护党请愿团"的工作。为解决顺直党内的矛盾,同请愿团成员进行谈话,耐心听取他们对省委的意见,为召开顺直省委扩大会议,统一认识。

12 月 17 日 为顺直省委改组问题致信中央,汇报了改组顺直省委、配备干部的情况。

12 月 18 日 以"伍豪"的笔名在顺直省委创办的刊物《出路》第 2 期发表《改造顺直党的过程中几个问题的回答》一文,表达他对改造顺直党的意见。

12 月底 参加顺直省委扩大会议,会上作重要报告,一是传达党的六大决议精神,制定顺直党的政治路线;二是针对顺直党内存在问题,提出改造党的途径。

12 月 在唐山召集矿山同志会、铁路同志会,考察基层群众的实际工作、生活情况。

1929 年

1 月上旬 主持召开顺直省委新的常委会议,会议重新改组了省委,确定了省委工作机构和人事安排,为北方党建立了一个健全的领导中枢。这次会议在北方党的历史上具有重大的意义。

1 月 周恩来完成了整顿顺直党的历史任务,返回上海。

3 月 25 日 为中央起草给顺直省委的指示信,指出顺直省委的主要路线应是领导同志走入工厂农村社会中,寻找职业,深入群众,以恢复和建立党的组织。

1937 年

9 月中旬 和八路军副总指挥彭德怀等一行四人,在中共石家庄市委书记陶希晋的陪同下,来到石家庄。周恩来出席了以石家庄各界抗日救国会的名义公开召开群众大会,并在会上进行了讲话。他以通俗的语言,深入浅出地宣传了党的洛川会议精神和党的抗日救国的主张。

9 月 16 日 和彭德怀到保定会见徐永昌、刘峙等国民党河北省军政官员,商谈八路军准备进入河北境内的布防和作战问题。19日,经石家庄回到太原。

1940 年

8月1日 节振国率领工人大队与日军在滦县尤各庄作战时,不幸壮烈牺牲。周恩来在延安得到消息后,指示文艺工作者都要创作关于节振国的作品,教育人民,打击敌人。

1948 年

4月11日至13日 随毛泽东从陕北杨家沟出发,东渡黄河,先后到达河北省阜平县杨林街、西下关村,驻晋察冀军区所在地阜平县城南庄。

4月23日 和任弼时率中共中央机关部分工作人员到建屏县(今平山县)西柏坡,同刘少奇、朱德等会合。

4月25日 接到毛泽东来电,与刘少奇、朱德、任弼时在西柏坡讨论若干问题,然后赴城南庄商定。其中有:邀请港、沪、平、津等地各中间党派及群众团体代表到解放区商量召开人民代表大会成立临时中央政府;今冬召开二中全会;酌减人民负担和大力发展工农业生产;取消某些无政府状态和酌量缩小地方权力;区、乡、村人民代表会议组织大纲草案;陈粟兵团行动。

4月30日 同刘少奇、朱德、任弼时到城南庄,参加由毛泽东主持的中共中央书记处会议。会议在研究如何发展战略进攻问题时,采纳粟裕等的意见,作出暂不渡江南进,而先集中兵力在中原黄淮地区打大仗,尽可能多地把敌主力消灭在长江以北的决策。会议还研究和作出在已经连成一片的华北、中原解放区建立并加强统一的中央局、政府和军区及其他夺取全国胜利的战略部署。5月7日会议结束。

5月18日 得知毛泽东住处被炸后,赶往城南庄看望。

5月30日 到中共中央各机关驻地东柏坡、南庄、北庄、夹峪等村庄,调查了解土改和整党政策的贯彻情况。

7月30日 闻附近工人住的两孔窑洞在大雨中坍塌,立即冒雨到现场参加抢救,要求大家"一定要把我们的同志都救出来!"经过努力,救活四人,一人牺牲。次日,参加追悼会并致悼词。

8月下旬—9月上旬 出席在西柏坡召开的中共中央政治局会议预备会议。

9月8日—13日 参加在西柏坡召开的中共中央政治局会议。周恩来在会上作了关于第三年军事作战计划与军队建设的发言。会后协助毛泽东组织并指挥与国民党军队的战略决战——辽沈、淮海、平津三大战役。在此期间,根据所掌握的敌我力量的消长情况,提出分析判断,同毛泽东共同决策;同时,听取各方面汇报,批发文电,部署调动,补充部队兵员与弹药,保障后勤供给。

10月25日 获悉蒋介石、傅作义乘华北军区两兵团在察绥地区作战之机,决定集中第九十四军、新二军经保定突袭石家庄,威胁中共中央和中共华北领导机关的情报后,起草中共中央军委致聂荣臻、薄一波、滕代远、杨得志、罗瑞卿等电,告以估计傅部第九十四军二十七八日可能集中保定,29日可能会合新二军大部向石家庄推进。并作紧急部署,第七纵队主力即至保定南抗阻,另一个旅开新乐、正定间,沿沙河、滹沱河布置抗阻阵地;第三纵队以五天行程赶到望都地区协同作战。杨、罗、耿率主力相机行动。同时对军事学校、地方武装的动员和中央机关的疏散等事宜作了周密部署,并始终与聂荣臻等保持密切联系。

同日 为中共中央起草致杨成武、李井泉电:目前傅作义"正图乘虚袭我石门,杨罗耿兵团须使用在平保线上,故攻打归绥计划应暂缓实行"。但为吸引傅之一部分兵力注意归绥,以利杨罗耿主力隐蔽南下,望令第一纵队及第八纵队第十一旅亦作攻打归绥的准备,另以第八纵队一部及地方部队仍在绥东方面积极行动,迷惑敌人。

10月27日 先后三次和聂荣臻通电话,一是要第三纵队轻装、取捷径,在四天内赶到满城;第七纵队主力今夜到达完县、方顺桥、高阳以西一线布防。二是商议在北线主力未赶到前,把冀中、冀晋地方部队和民兵部署在铁路、公路线两侧,作大纵深的节节抗击的准备问题。同时,于凌晨四时半、六时、七时接连三次致信毛泽东汇报部署军队防国民党军偷袭石家庄的情况。国民党军的这次偷袭行动,在解放区军民的迎头痛击下,徒然损失官兵3700余人,战马240匹,汽车90余辆,以及其他大宗物资,以失败而告终。

12月7日 获悉困守张家口、宣化的国民党军大举向东突围后,起草中共中央军委致杨得志、罗瑞卿电：以全军于今日径直插宣化、下花园间,坚阻张、宣敌人东逃。

12月11日 中共中央军委就平津战役作战方针问题致电林彪、罗荣桓、刘亚楼：我们真正的目的不是首先包围北平,而是首先包围天津、塘沽、芦台、唐山诸点,以防止敌人从海上逃跑。为此,两星期内(十二月十一日至二十五日)作战的基本原则是,对张家口、新保安围而不打；对北平、天津、通州隔而不围,只作战略包围,隔断诸敌联系,而不作战役包围,以待部署完成后各个歼敌。

12月中旬 协助毛泽东指导天津前线领导人同傅作义派来人员进行谈判,基本原则是要傅放下武器,并指示可以与傅作义沟通电台联络。

1949 年

1月6日—8日 出席在西柏坡召开的中共中央政治局会议。会议通过了《目前形势和党在一九四九年的任务》,决定在北平解放后召开七届二中全会；召集没有反动派代表参加的各民主党派、各人民团体的政治协商会议,通过共同纲领,成立新中国等。8日,周恩来在会上作关于统一财政、民主党派和外交问题的发言,指出:"分权与集权要适当。过渡时期,不要太急。"银行发行权要统一,铁路集中归中央管理。渡江南下,是一项很大的工程,从兵源到装备等事情都要一件一件地解决。党外人士现已来得多了,我们要把主张明朗化,便于他们了解。强调外交上我国人民百年来受压迫,现在站起来了,要有些气概。要反对恐美媚外,增长自己的志气,去掉国民党的买办作风。

1月10日 在中共中央军委作出以林彪、罗荣桓、聂荣臻组成平津战役总前委,统一指挥平津战役的作战及领导平、津、唐地区其他一切工作的决定后,为中共中央军委起草致林彪、聂荣臻等电,并告华北局、东北局、平津市委等：平、津两军管会由叶剑英、黄克诚分任主任,由总前委从东北野战军指定两人(如谭政)任副主任,平、津两市警备部队各由一个军分担；冀东区党委、军区、行署"受华北领导"。

1月31日 北平和平解放,平津战役胜利结束,共歼灭和改编国民党军队52万余人。

同日 苏共中央政治局委员、部长会议副主席阿·伊·米高扬受斯大林委派抵达西柏坡,前来了解中国革命形势。周恩来同米高扬就战后经济恢复工作、成立新政府的总体规划与设想、对外关系、外贸管理以及中国民主党派等问题,进行了单独会谈。

2月1日 会见连夜从李家庄赶来接受任务的齐燕铭、周子健,要其立即出发,赶往北平筹备召开新政协,并会同金城、申伯纯将住在李家庄的民主人士周建人、胡愈之、符定一、韩兆鹗、雷洁琼、沈兹九、何俱等送去北平。

2月22日 毛泽东、周恩来在西柏坡会见由北平经石家庄前来的颜惠庆、邵力子、章士钊、江庸,对国共和平谈判及南北通航、通邮等问题广泛交换意见。

同日 迎接和颜惠庆等一同前来西柏坡的傅作义、邓宝珊等。对傅说:傅将军以人民利益为重,和平解决北平问题,避免了战争将给北平人民带来的重大损失。欢迎你同我们合作。将要召开的新政治协商会议,你既是有党派,也是有功将领,是有代表性的,可以参加。随后,陪同毛泽东会见傅、邓。

3月初 鉴于西柏坡百里以外就有国民党军队,为保证中共七届二中全会的绝对安全,听取方志纯汇报他所负责的有关大会警卫工作的准备情况,并帮助完善部署。指出:要防敌袭击,"光有决心不够",还"要有切实的措施和精确的计算"。不仅想到敌人从地上来,而且应想到敌人"如果空降部队,怎么办?"强调"这次警卫任务很重要",因此,"第一要绝对安全;第二要依靠群众;第三要保密,但又不要神秘"。

3月5日—13日 中共七届二中全会在西柏坡召开。会议讨论彻底摧毁国民党统治、夺取全国胜利、把党的工作重心从乡村转到城市、以生产建设为中心任务等问题,并通过了召开新政治协商会议和成立联合政府的建议。13日,周恩来发言指出:现在"后方生产,目的为发展,但第一步为恢复,争取全国胜利,今天还不是转入建设"。这是过渡时期。这个时期,"在组织形式上,不能一下子都集权","分权,区域性问题还存在"。由分散到集中将需要较长时间,因此只能"在分区经营的基础之上,有步骤有重点地走向全国统一"。一定要授权地方才能发挥其积极性。中央现在是"抓住华北,依靠东北,支援前方"。

3月14日 出席中共七届二中全会闭幕后的座谈会,研究华东、山东、浙江、上海、东北等地的干部配备和内蒙问题、铁路问题。

3月23日 毛泽东、朱德、刘少奇、周恩来、任弼时、林伯渠等率中共中央机关及人民解放军总部人员乘汽车前往北平。当晚住唐县淑闾村。

3月24日 经唐县、保定到定兴,在定兴车站附近作短暂休息活动后继续北上,夜晚住在涿县粉子胡同北公安局院内。晚,毛、朱、刘、周、任等同由北平赶来的叶剑英、滕代远商议25日的行动安排。周恩来报告到北平后将在西苑机场举行阅兵式的有关事项说:检阅部队后准备同各界代表见面,特别是同张澜、李济深、沈钧儒、陈叔通、郭沫若、黄炎培、柳亚子、茅盾等见面。他们过去和我们合作,现在胜利了,更高兴了,急于见到我们。他们也在考虑今后怎么办。关于党外人士的安排问题,我们到北平后还要召开各种会议征求意见,进行协商。毛泽东说:赞成恩来的意见,对作过贡献的各民主党派领导人,应该在政府里安排适当职务。

3月25日 晨二时,毛、朱、刘、周、任等乘火车出发,天明至北平。随后周恩来同叶剑英、彭真、聂荣臻、李克农商议阅兵式的有关问题,并去阅兵现场检查。下午五时,毛、朱、刘、周、任出席在西苑机场举行的阅兵式,受到北平各界群众代表和民主人士的热烈欢迎。晚,进驻香山。

1950 年

2月 毛泽东主席访苏后回国,返京途中与周恩来一起视察了山海关。在回京的列车上,唐山市委书记吴德向毛泽东主席汇报了唐山市的工作情况。

8月24日 在中华全国自然科学工作者代表会议上说:"华北的永定河,实际上是无定的,清朝的皇帝封它为永定,它还是时常泛滥。不去治它,只是封它,有什么用?"

1951 年

10月 在周恩来的支持下,官厅水库破土动工。

1953 年

8月20日 在186次政务会议上,肯定了三年来根治淮河、修建官厅水库等方面取得的成绩。

1954 年

8月　在北戴河办公期间,关心海滨绿化问题,提出要在沙丘上植树。

9月23日　在一届人大一次会议上作《政府工作报告》时,肯定了官厅水库和大清河、独流减河入海工程发挥了抗洪和减轻旱灾的作用。

1955 年

8月22日　视察官厅水库,他一路上做调查、问情况。他向官厅水库管理处的负责人详细询问了水库工程和效益情况后,提醒他们要加强库区建设,充分利用水土资源,使水里有鱼、山上有树。

8月30日　赴北戴河。

9月21日上午　离开北戴河去天津。途中,到开滦煤矿和塘沽港视察,视察启新水泥厂,他详细询问工人生产、福利及水泥产量和质量情况,提出:"要关心群众生活",并同私方经理进行了热情、坦率的交谈。

1956 年

6月3日　参观北京规划模型展览,在听取引水方案汇报时,指出要注意解决北京用水和河北省用水的矛盾,不能光顾了北京而不顾河北。

6月8日　视察唐山钢铁厂,听取了关于唐钢"一五"计划执行情况和今后展望。视察了炼钢、铸钢、轧钢、机修车间,并到职工住宅区了解工人生活情况。

8月　在北戴河审议我国发展国民经济的第二个五年计划的建议。期间,到北戴河"起士林"西餐店就餐,关心餐店建设。

1957 年

7月27日　赴北戴河。

7月29日　约聂荣臻、宋任穷等谈原子工业问题。

8月　在北戴河，主持国务院第十一次常务会议。期间视察耀华玻璃厂和秦皇岛港口，在视察耀华玻璃厂时，周恩来对厂领导说："你们是搞经济的，要算经济帐，要注意经济效益。"

11月21日　月初，石家庄市丝弦剧团进系汇报演出。周恩来先后三次观看他们演出，并走上舞台和全体演职人员握手、合影留念。21日，在百忙之中为石家庄市丝弦剧团题词："发扬地方戏曲富有人民性和创造性的特长，保持地方戏曲的艰苦朴素和集体合作的作风，加强学习，努力工作，好好地为广大人民服务。"

1958 年

8月　在北戴河办公期间，主持长江三峡工程会议。

9月1日　和刘少奇一起离开北戴河去视察唐山开滦煤矿唐家庄矿水力采煤过程。他们参观了井口，到井下参观并亲切地与工人进行了交谈，了解了煤矿工人的工作和生活状况。晚，与中共唐山市委、唐山地委负责人谈话。

9月2日　视察了唐山钢铁厂，参观了轧钢车间、轧钢生产过程和氧气车间，下午又视察了唐山铁道学院。

9月上旬　在北戴河会见北戴河区委书记王巨峰和海滨公社社长郭东鸣，听取关于人民公社成立情况和群众思想反映的汇报。

12月24日　到保定视察，在河北礼堂同地市干部1000多人见了面，并在河北省委书记处书记解学恭、保定地委书记李悦农等人的陪同下，对安国进行视察。上午，他先后视察了东长仕打井工地、伍仁桥（原东风人民公社）医院和千亩"天下第一田"、百货商店、社员食堂、托儿所、安国县通用机械厂，并深入农民家庭详细调查了解群众的生活情况。

下午　到安国制药厂视察后，题写了"敢想、敢说、敢干、苦干、实干、巧干"12个大字。并视察了安国中学和校办工厂，嘱咐学校领导："要好好培育祖国的后一代！"

下午5时，到定县视察。在县委会议室听取了县委第一书记王洪儒关于工农业生产和人民生活情况的汇报。夜晚又视察了工农业生产展览和冶炼厂。

12 月 25 日 到徐水视察了商庄人民公社已在建的居民点,到群众家中询问了生产情况,并对徐水县的规划设想作了具体指示。视察徐水八四大队,并在徐水县看清华大学师生用芦草做的房顶模型。

下午 回到北京,出席全国农业社会主义建设先进单位代表会议开幕式。并邀请安国县出席会议的代表,到家中作客。

1959 年

6 月 1 日 到达河北省邯郸。他先后多次召集中共邯郸地委、市委以及安阳市委的负责人开会,谈工业生产等问题。

6 月 2 日 上午,到临漳北关视察,与红光公社书记尹景新、北关大队长王好人交谈,并亲自走上田间视察麦田,同群众了解情况。下午,到成安道东堡田间看棉花方,与农民一起参加劳动。

6 月 3 日 视察了邯郸宿风炼焦厂、峰峰煤矿、马头炼铁厂。

6 月 4 日 视察了邯郸国棉一厂、邯郸钢铁厂、邢台滚珠厂等单位视察。召开了邯郸地区和市 13 个炼铁厂的党政负责人座谈会,听取汇报,了解生铁的生产、分配情况和存在的困难,还就工人工资和铁的价格问题作出指示。

6 月 5 日 召集中共邯郸地、市委和河南安阳市委书记等研究解决六河沟煤矿与岳城水库问题。

同日 到石家庄华北军区烈士陵园晋谒烈士英灵。

6 月 6 日 视察井陉煤矿,听取矿务局领导关于矿务局的历史和矿山生产情况及职工生活情况的汇报。

6 月 7 日 在去平山县岗南水库途中,路遇马车翻倒,老农受伤,当即命令停车救人,直至送老农的车从医院回来,得知老农只有点轻伤,才重新上车,继续前进。

视察了正在建设中的岗南水库和黄壁庄水库工地。他先到岗南水库指挥部了解工程进展情况。在观看水库沙盘模型时指出,修建这样的大型水库,不能光说效益一面,不提损失的一面,必须经过计算比较。他还谈到了做好移民工作和保证水库质量等问题。在视察黄壁庄水库时,向水库工程局党委书记指出:百年大计,质量第一,洪水如果把大坝冲垮,比不修坝更惨,危害更大。

6月8日 视察了石家庄钢铁厂,了解生产情况,并到炼焦分厂红旗二号焦炉前观看出焦情况。到石家庄市郊长安公社槐底生产大队视察,观看第八生产队的小麦和八个老农的实验田和由妇女种的实验田,了解群众的生活情况。在视察棉花丰产田时指出:在抢收小麦的同时,还要彻底治虫,对要加强对棉田的管理。

同日 约徐达本和河北省委有关人员谈井陉煤矿的生产问题。召开石家庄专区主要钢铁厂、焦化厂负责人和技术人员参加的座谈会。听取关于炼铁和炼焦生产情况的汇报。约中共河北省委和石家庄地委负责人谈钢铁生产问题。

6月9日 视察华北制药厂,听取药厂负责人关于生产情况的汇报,指出要特别关心产品的质量问题。

在返回北京的车上,同李葆华谈密云水库、岳城水库、岗南水库、黄壁庄水库的修建问题。

10月23日 约有关人员谈岳城水库和六河沟煤矿问题。

1960 年

7月6日 到北戴河,出席中共中央工作会议。会议研究国际问题和国内经济调整问题。晚,应约同毛泽东谈尼边境事件和国际问题。

7月7日 在北戴河出席中共中央政治局常委会议。会议讨论目前国际形势和与苏联的关系问题。

7月8日 在北戴河出席中共中央工作会议全体会议。

7月10日 约陈毅、章汉夫、张彦等谈印尼、印度与尼泊尔有关华侨和边境贸易等问题。约孔原、张彦、龚饮冰谈港澳市场问题。

同日 约罗瑞卿谈中尼边境问题。

7月13日 同时,约李富春、陆定一、聂荣臻谈留学生问题。

7月14日-16日 受中共中央常委会委托,在中共中央于北戴河召开的省、市、自治区党委书记会议上作内容为共产国际和中国共产党关系的报告。

7月15日 召集各省、市、自治区党委第一书记和中央有关部门的负责人讨论粮食调运和棉花棉布问题。

7月20日 出席中共中央政治局常委扩大会议。会议讨论国际形势和国内工农业生产等问题。

7月21日 致信李富春谈国内工农业问题,下午五时离开北戴河。

7月25日 到北戴河。约张经武、汪锋谈西藏问题。

7月26日 主持中共中央工作会议,讨论粮食问题。

同日 出席毛泽东主持的中共中央政治局常委扩大会议。会上主要谈粮食问题和关于科学尖端等事。

7月30日 出席中共中央政治局常委扩大会议,讨论答复苏联撤回专家的照会稿。

7月31日 在中共中央北戴河工作会议上作中苏关系问题的报告。

8月1日 回到北京。

8月2日 赴北戴河。

8月3日—10日 继续出席中共中央工作会议。

8月4日 出席中共中央书记处会议,讨论中央三个文件稿。

8月7日 同陈毅、章文晋、姚仲明谈中缅边界问题。

8月8日 同7日到北戴河的胡志明交谈。中午,应约到毛泽东处,汇报同胡志明谈话情况。次日晚,到毛泽东处开会。

8月10日 约有关人员谈三门峡水利工程问题。

同日 陪毛泽东见胡志明。次日,为胡志明去苏联送行。

8月11日 回到北京。

1961 年

4月8日 到邯郸地区成安县小堤西村。在社员郭清海家同村干部、社员代表进行了座谈。

4月28日午夜 赴邯郸进行调查研究工作。

4月29日—5月1日 4月29日,与邯郸地委书记庞均等谈话,听取调查情况的汇报。以后连日听取工作组许明和河北省省长刘子厚的汇报。5月1日,接见邯郸市劳动模范。

5月3日—7日 在邯郸继续听取庞均、许明、马列等汇报后,前往武安县伯延公社进行调研。连日来,除与公社、大队和小队干部座谈,了解人民公社的基本情况和社员对党的农村政策的反映外,还走访几十户贫下中农家庭,了解群众的生产、生活和身体情况;视察生产队的集体食堂,查看社员的伙食,并与群众同吃玉米面糊;参观公社百货商店和农技站,了解商品价格、销售和农业机械等情况。

5月7日　清晨3时,就几天来的调查情况,向毛泽东作电话汇报,提出人民公社存在的问题。中午,赴涉县继续做调研。晚,回到邯郸。次日返京。

5月10日午夜　赴邯郸。

5月11日—13日　继续在邯郸进行调研。分别听取了刘子厚和工作组的汇报。与邯郸地委负责人核算粮食帐,并去成安公社社员家中访问。14日返京。

1962 年

1月31日　约河北省省长刘子厚谈话,了解河北情况。

7月27日—8月24日　在北戴河。

1965 年

3月15日　接见了出席河北省贫下中农先进代表会议的涞水县郑义珍、李景贤、李前荣"三姐妹"放映队,并观看了她们的放映。

1966 年

3月8日　得悉河北省邢台地区发生强烈地震后,立即做出关于邢台地震救灾工作的批示,派出有关人员前往视察慰问,指示卫生部派出医疗队前往救护。

3月9日　就邢台地震灾情和地震后的紧急部署与国务院秘书长周荣鑫联名报告中共中央和毛泽东。下午,不顾余震危险,代表中共中央、国务院赶赴灾区。先听取石家庄地委的汇报。四时,约邢台地委领导谈话,听取了邢台地震的灾情汇报。参加的人员有:河北省委副书记阎达开,救灾部队某军军长张英辉,邢台地委副书记张双英以及石家庄地、市的领导。

同日晚,11时,到隆尧县考察灾情。听取了救灾部队和隆尧县委的汇报,研究了震后对策,制定了"自力更生、奋发图强、发展生产、重建家园"的抗震救灾方针。还指示成立党政军联合指挥部,对地震现场的救灾工作做了全面安排和部署。

3月10日 凌晨一时,返回石家庄。上午与中共石家庄地委和市委负责人谈话。下午,前往受灾最重的隆尧县白家寨慰问,并在2000余人参加的群众大会上讲话,然后又访问了七户受灾群众。五时,动身返京。

3月23日 就22日下午河北邢台地区再次发生地震及北京流传谣言之事作出指示。根据周恩来指示,北京军区以马卫华、成少甫副参谋长、张正光副主任、吴树声部长组成邢台地震救灾指挥部,负责指挥河北、山西两省的救灾工作。

同日 约李四光等人商谈地震问题。

3月26日 将邢台地区救灾指挥部转发的中共中央华北局《关于巨鹿五个队受灾损失和求灾物质下放分配调查报告》批转李先念。同日,飞抵石家庄。

4月1日 先后到第二次地震重灾区的宁晋县东汪镇、束鹿县王口乡、冀县码头李乡、宁晋县耿庄桥和巨鹿县何家寨等五个重灾村进行视察和慰问,并在这些村庄的群众大会上讲了话,五个群众大会参加人数达4.5万余人。周恩来鼓励灾区人民振奋精神,战胜困难,号召灾区人民要"先搞生产,再搞建设,家里丢了从地里拿回来。""要抓紧抗旱、保墒、浇麦、春播"。"赶季节,不误农时"。

在耿庄桥视察时,看望了地震科技人员,并对他们说:"必须加强预测研究,做到准确及时。"他还对科技大学地震专业的同学说:"希望在你们这一代能解决地震预报问题。"

在视察和慰问了五个村庄之后,在蔡长元和李际泰陪同下,乘直乘飞机来到邢台市救灾部队某师驻地视察。他要求救灾部队要组织毛泽东思想万人宣传队,要用一个月的时间,对邢台地区普遍宣传一次,村村走到,山区也去,不留死角。在宣传中要注意帮助群众春耕春播。

视察期间,还听取了刘子厚省长的工作汇报。

4月2日 在河北邯郸同省、地领导座谈,听取关于打井抗旱工作的汇报。并在刘子厚省长陪同下视察了邯郸钢铁厂、马头铁厂、邯郸第一棉纺织厂。

　　4月3日　在邯郸地区魏县漳河林大队与干部群众座谈,并赠送了"粉子大红穗"优质高粱种20公斤。下午,前往大名县前桑圈大队与干部群众座谈,指示同去的钱正英要水利学院派人加强对打井的技术指导。晚,与大名县领导座谈,听取了县委县政府的工作汇报,了解全县的生产情况。

　　4月4日　在临漳县同干部群众座谈,听取县委书记汇报农业水利问题。并到成安县西南庄村观看并操作了"猴爬杆"打井,视察了临漳县南岗村和后赵坦寨村。

　　4月5日　到磁县视察,听取了岳城水库工程局负责人的汇报。对农业、水利工程和地震工作做了指示。他说:"要抓牢邢台地震不放,注意工厂、铁路和水库。"

　　4月6日　凌晨,在经石家庄回北京途中,约邢台、石家庄地委和驻军负责人谈话。

　　4月11日　针对邢台地震灾区一些群众有"春耕这么忙,哪有功夫学毛主席著作"的反应作出指示。

　　5月28日　在北京接见参加邢台地震科学讨论会的代表。周恩来对他们说:"要到现场去,大力协作,协同作战,""石油已放出异彩,我们要在地震问题上也放异彩。"陪同接见的还有聂荣臻、郭沫若、李四光、武衡、钱正英等负责同志。

　　11月初　在周恩来的支持下,由华北局和北京军区主办的邢台地震救灾《毛泽东思想万人宣传队事迹展览》在北京展览馆展出。到1967年6月4日结束,历时半年之久。共接待参观人员290万人次,其中有120多个国家和地区的1300多位外宾。

1968 年

　　3月6日　审阅河北省革命委员会关于设置工作机构的报告,并向毛主席提议,将报告转发各省、市、自治区革委会参照执行。

1972 年

11 月 23 日　听取了河北、天津、北京有关负责人关于海河工程情况汇报，详细询问工程规划和消除公害等问题。

1973 年

2 月 26 日　在《关于梨菜铁路经过红岩村和新华日报馆旧址问题的请示报告》批示中，对西柏坡评价说："西柏坡是毛主席和党中央进入北平，解放全中国的最后一个农村指挥所，指挥三大战役在此，开党的七届二中全会在此。"

结束语

伟大的无产阶级革命家、开国总理周恩来与河北这片热土可谓是情缘深厚，渊源流长。早在1917年，青年时期的周恩来在天津南开读书时，就应好友之邀，到过唐山的开平镇，秦皇岛的昌黎、山海关，趁放假之际搞社会调查，体察民情，抒发报国之志；十年之后的1928年，时任中共中央政治局常委、秘书长兼中央组织部长的周恩来肩负使命又来到河北，为解决顺直党内存在的问题，到唐山做过"京东护党请愿团"的工作，及时挽救了顺直党的命运；1937年，抗日战争爆发后，周恩来还到石家庄，在群众大会进行演讲，号召建立统一战线，联合抗日。为了督促国民党军队坚持抗战，他不顾个人安危，在炮火声中亲赴保定同国民党谈判。为了解决国民党的军事摩擦，他也曾到过河北的张家口做过军事调停；1948年，中共中央移驻西柏坡后，他在这里居住了整整11个月，协助毛泽东指挥了震惊中外的三大战役，为新中国的建设呕心沥血，做了大量的工作。新中国建立后，周恩来又多次到河北视察指导工作，足迹踏遍河北的山山水水。时至今日，周恩来已离去30余个年头，但是河北人民永远不会忘记，他生前到河北视察时，深入厂矿车间，足留官厅大坝，置身开滦矿井，走在田间地头，关心工人生活，和农民交朋友，体察民情，关注民生，指引河北人民搞建设、促发展的件件逝去的往事。

伟人已乘黄鹤去，深情永存燕赵间。周恩来留给我们后人太多的精神遗产，这不仅包括他的丰功伟绩和光辉的革命理论，更包括他的崇高品质和独特的人格魅力，他在长达半个多世纪的革命实践中锻造出来的人格精神感召着后来人。值此周恩来诞辰110周年之际，我们纪念周恩来，更要学习周恩来，让其伟大精神和人格风范永驻人间。

首先，我们要认真学习周恩来亲民、爱民，心里时刻装着人民，全心全意为人民服务的崇高思想

周恩来是实践党的全心全意为人民服务宗旨的典范，这也是他人格精神的核心。周恩来作为共和国的"大管家"，人民的忠实公仆，与人民息息相通，血肉相连。他急人民之所急,想人民之所想,忧人民之所忧,喜人民之所喜,把人民的疾苦时刻放在心上,把实现大多数人的最大利益,作为自己人生的追求。虽然他为了国家大事日理万机、昼夜操劳,但仍然不忘深入农村、工厂、学校、部队,与工人、农民、知识分子、战士交朋友,详细了解他们的疾苦,询问他们的要求,倾听他们的呼声,征求他们的意见,并及时把群众的意愿化为党的方针政策,扎扎实实地为人民谋利益。在周恩来整个革命生涯中,他始终同人民群众心连心,最不能容忍那些高高在上、不关心人民疾苦的现象。1956 年,他在北戴河办公期间,路上遇到一位老人被车撞了,便主动停车相救,事后又派工作人员前去慰问,并送去钱物,使老人万分感动。1958 年在安国视察时,每到一地,他都要深入农户,摸摸群众的炕头热不热,看看群众锅里吃的什么饭。1960 年,他在邯郸调查研究时,看到伯延公社人民生活还相当贫困,觉得对不起老区人民,竟难过地落下了眼泪。他说:"我作为一个国家的总理,对不住老区的人民啊!"在场的干部、群众都无不感动。1961 年 5 月,在灾情较严重的河北武安县,他同敢于直言的农民交朋友、话家常,同社员同吃一锅饭,就群众反感的公共食堂等问题开座谈会进行深入地调查研究,并及时地向党中央提出了纠正"大跃进"偏差的问题。1966 年 3 月 8 日和 22 日,邢台地区发生了两次强烈地震。周恩来在 3 月 9 日第一时间赶到了灾区,他到灾区视察,正是余震不断的时候。可他根本不管这些,迈开大步,跨越一条条尺余宽的地面裂缝,穿过一道道随时都可能倒下来的断壁残垣,哪里有群众就到哪里去,哪里有危险就在哪里出现。周恩来的行动,极大地教育了当地干部,鼓舞了受灾群众。灾区人民无不从他身上直接感受到了党和人民政府的温暖。周恩来晚年胸前一直佩戴的"为人民服务"的纪念章,这就是他一生只讲奉献,从不索取,把个人有限生命完全溶入全心全意为人民服务中去的伟大人格和高尚情操的真实写照。

周恩来心里装着全体人民,唯独没有他自己。直到去世的前一天,他还关照身边的医生说:"我这里没什么事了,你还是去照顾别的生病的同志吧,那里更需要你。"鲁迅先生说过:"将血一滴滴地滴过去,在饲养别人,虽自觉渐渐瘦弱,也以为快活。"周恩来正是这样把自己的全部心血献给人民的人。

在新时期新形势下,我们纪念周恩来,学习其亲民爱民思想,就是要紧密联系实际,坚决克服官僚主义,强化公仆意识,关心群众疾苦,把人民群众的利益维护好,发展好,使其共享改革成果。就是要牢固树立全心全意为人民服务的宗旨观念,坚持一切从人民的利益出发,立党为公、执政为民,真正把权为民所用、情为民所系、利为民所谋落到实处。

其次,我们要认真学习周恩来一切从实际出发,注重调查研究,求真务实、真抓实干的工作作风

周恩来作为伟大的无产阶级革命家和彻底的唯物论者,"一生的认识和行动都遵循着辩证唯物主义和历史唯物主义的准则。"他在实际工作中,首先考虑的是"一切从实际出发,实事求是"。基于这种认识,他始终坚持以辩证唯物主义指导自己的一切实践活动,做到既敢想敢做,又尊重客观规律,不超越实际,不做"狂想主义者"。50年代末到60年代初,由于"大跃进"和人民公社化运动中"左"倾错误的一再发展,加上自然灾害,人民生活陷入困境。周恩来针对当时出现的"左"倾冒进情绪,从中国的国情出发,深入调查研究,及时对那些脱离实际的高指标坚决压缩调整,从而使国民经济免遭重大损失。"大跃进"时,周恩来对下面报来的浮夸数字不相信,为了解和掌握实际情况,他经常深入实际,调查研究,去掌握第一手材料,以便做到心中有数,实行科学决策。1958年,在保定安国,他亲自到农村视察,走上田间地头,深入农户家中,和农民交谈,倾听他们的呼声。对安国县中学不切实际,急功近利地办农业大学的做法予以制止。1959年,他在邯郸调查研究时,看到一些干部搞官僚主义,违反实事求是原则,不关心群众疾苦,周恩来心情沉痛地说,我犯官僚主义,你在杨桥也犯官僚主义。1961年,在邯郸武安,为了掌握农村食堂的真实情况,他亲身到食堂体验生活,在武安吃了四顿饭,就换了三个食堂。并且多次召开座谈会,鼓励干部和群众讲真话。

周恩来经常教育党员干部:要一切从实际出发,敢于讲真话。他针对一些人爱搞形式主义、做表面文章、弄虚作假,只喜欢表面上轰轰烈烈、不愿意踏踏实实干工作的现象,强调"要做实实在在的事,做实事,收实效,才会对人民有利。""说真话,鼓真劲,做实事,收实效。"这四句话归纳起来就是:实事求是。这也是周恩来一生做人做事的准则。

今天,我们纪念周恩来,学习周恩来,就是要把他一生坚持实事求是、求真务实的优良作风发扬光大。特别在当前改革日益深入的新形势下,不同利益群体的矛盾日趋凸显,要解决好这些矛盾,调动各方面人员的积极性,我们必须以脚踏实地、注重实际、实事求是的工作作风,时时处处坚持重实际、摸实底,务实事、求实效。决不能搞花架子,做表面文章。要以优良的工作作风和创造性的工作思维,坚定地贯彻党的各项路线、方针、政策,把群众工作做深做细,消除一切不利因素,维护安定团结的大好局面,以实际行动赢得人民群众的拥护和信赖。

第三、我们要认真学习周恩来严谨细致、规范有序、勤政高效,对党和国家事业高度负责的工作精神

周恩来是人民的忠实公仆,也是勤政高效的践行者。他对工作的严谨高效,源于他对党和国家事业的高度责任感,对工作极端的负责任。在西柏坡期间,周恩来协助毛泽东指挥了 23 个重要战役,对于每次战役,周恩来都熟悉和掌握敌我双方的兵力部署,甚至对敌我双方团以上指挥官的姓名、指挥能力和脾气性格也都了如指掌。能够做到这点的背后无不凝聚着他的心血和付出。当时在西柏坡中央机关流传着周恩来可以连续工作 20 天不睡觉,精力仍然充沛的佳话。即使在三大战役最忙的 9 月份,他仍未放松新政协的筹备工作,1948 年到 1949 年,在他的安排下,护送进解放区的民主人士达 350 人以上,无一例发生意外。对于民主人士的接待工作,他更是安排的十分周到、细致。从而为新政协会议的圆满召开奠定了坚实的基础。

建国后,作为一国总理的周恩来,在工作上仍是勤勤恳恳,兢兢业业,呕心沥血,日夜操劳,每天工作十三四个小时,从不午睡。周恩来规定,从白天到深夜,凡有重要事情,无论他是在盥洗室、办公室、会议上,还是在睡眠,都要随时报告。他疲倦了,就走一走,或是用湿毛巾擦把脸。有时忙得顾不上吃饭,就在汽车里吃点干粮。即使国事繁忙,他对工作的要求也从不放松,每一项工作总是认真细致、严谨规范地完成。1956 年盛夏,周恩来在北戴河,为编制和审议我国第二个五年计划,曾忘我工作了 15 个日日夜夜。在审议计划草稿的过程中,周恩来总是字斟句酌反复推敲,对每个数字、百分比和标点符号,都不轻易放过。有些重要指标,他还亲自核算,检验是否可靠,有没有算错。有些工作中的个别疏忽,有些数字有出入,常常是他发现和纠正的。1959 年 6 月,周恩来利用5 天时间,连续视察了石家庄的工厂、农村、矿山、水库等地,他听汇报、看实地、问生产、做记录,一刻都没有停歇。在井陉煤矿,他提出了"安全第一、质量第一",在石家庄钢铁厂,他提出了发展工业与治理污染、综合利用的观点。不论在哪里,周恩来都是不时提出各种问题,对每个具体数字都问得非常仔细。凡是他了解过的情况和数字,常常不等秘书翻本子,自己就敏捷地脱口而出。正因为如此,他那认真细致、严谨高效的工作作风一直为人们所传颂,他那风尘仆仆、体察入微的形象也一直为人们所怀念。

周恩来常说,共产党员"应该象牛一样努力奋斗"。1966年春节,他对杨虎城的儿子杨拯民说:"一个人应该不怕死。如果打起仗来,要死就死在战场上,同敌人拼到底,中弹身亡,就是死得其所。如果没有战争,就要努力工作,拼命地工作,鞠躬尽瘁,死而后已。"他是这样说的,也是这样做的。他把自己的一切都献给了国家和人民。

我们纪念周恩来,学习周恩来,就是要学习他这种兢兢业业、忘我工作的奉献精神,时刻保持良好的精神状态,牢固树立责任意识、公仆意识、服务意识、奉献意识,扎扎实实做好本职工作,在建设中国特色社会主义的伟大事业中,恪尽职守、爱岗敬业、扎实高效,自觉为现代化建设做出自己应有的贡献。

第四,我们要认真学习周恩来待人谦和、礼贤下士、平易近人、坦荡磊落的人格风范

凡是和周恩来一起共过事的同志都深切体会到,他是一位平易近人,可敬可亲的领导。周恩来在工作中,总是让各方人士充分发表意见,集思广益,取各家意见之长,补自己主张之不足。他说,政治家就是能把群众的意见集中起来,制定政策。智慧是从群众中来的,政治家是集中群众的智慧来代表群众讲话。与周恩来接触的人都觉得他学识渊博,知道的东西很多,甚至连一些部门领导也说不上来的行业基本常识,他却能说得头头是道、分毫不差。这正是他平时注意学习积累的结果。这就使他在指挥、决策中赢得了主动。在生活上,他又是一位细心体贴、无微不至的长者。在西柏坡期间,他十分关心警卫战士的成长,曾经把文化水平低的同志送到中央文化补习班去学习。临走前还专门找他们谈话,并题词"学习为人民服务的道理",以示鼓励。邢台地区发生地震后,周总理在工作十分紧张的时刻,还关心身边的每位同志。在工作的间隙,关心地问当时担任机要秘书的赵茂峰家受灾情况,并在去灾区慰问时,看望了他的父母。

于细微处见精神,周恩来之所以能获得所有人的尊敬,就是因为他居功不自傲,处处以礼待人,哪怕一句话,一个动作都充分体现了他虚怀若谷的崇高品质。待人接物,总是设身处地,先为别人着想。正因为如此,他赢得了中国人民甚至世界人民的尊重和敬爱。周恩来的为人谦和平易,礼贤下士的人格魅力,在今天仍然有借鉴意义。每位党员尤其是领导干部必须树立和发扬尊重群众、讲究民主的作风，要做到一切相信和依靠群众，尊重群众的首创精神；要以民主的胸怀，虚心纳谏，虚心接受各种批评监督，不断改进和锤炼领导作风和领导品格。

第五、我们要认真学习周恩来廉洁奉公、无私奉献、艰苦朴素、严于律己的生活作风

周恩来身居高位，从不谋私。在他看来，为人民出生入死，建功立业，是共产党员应有的责任、义务和本份。战争年代，在行军作战中，两身换洗的衣服，一床毛毯，几乎就是周恩来的全部"财产"。建国后，作为一个大国的总理，周恩来依然如此俭朴。他有一套睡衣是 1950 年买的，颜色都褪光了，一直穿到逝世。一条浴巾用了 20 多年，正反补了 14 块补丁。住院时，还把它当作枕巾，舍不得扔掉。他的膳食每餐只有几小盘炒菜和一碗汤，每次吃完饭，他总要倒点开水在碗里喝下去，不浪费一粒米、一片菜。吃剩的菜，还要留到下一餐再吃。三年困难时期，周恩来和毛泽东带头不吃鱼、肉、蛋，与人民同甘共苦。

周恩来在基层调研期间，从不摆架子、讲排场、搞铺张浪费，每次都是轻车简从、厉行节约。无论到哪里，他都十分反感前呼后拥，甚至不让工作人员事先通知有关部门。1955 年，周恩来视察唐山启新水泥厂，还专门就接待问题打电话告知，一切都不要准备，更不能搞特殊接待，连烟、茶也不要预备。视察时，周恩来只用别人用过的茶缸喝了几口白开水。1961 年，周恩来在邯郸调研时，亲自吃食堂。食堂为周恩来蒸了馒头、红薯，还煮了面条，炒了 4 个素菜，为总理接风洗尘。吃饭时，总理津津有味地吃着红薯，还风趣地说："红薯很好吃，可以进入国宴招待外宾。"周恩来时时处处总是以身作则做表率，哪怕一件小事也不例外。在保定安国伍仁桥视察时，医药人员给他称了二两薏米，他坚持自己付了两角钱才带回去。周恩来不仅不以权谋私，不搞特殊，就是对国家制度规定范围内应该享受的待遇，也常常居之不安，尽可能降低标准，坚持弘扬我国人民勤俭节约、艰苦朴素的传统美德。

我们纪念周恩来，学习周恩来，就是要以无产阶级革命家和革命先辈为榜样，牢记"两个务必"，坚决克服"贪图享乐不愿过艰苦生活的情绪"；坚决抵制贪图享乐、骄奢淫逸的作风，管住小节，挡住诱惑，追求健康向上的生活情趣，形成谦虚谨慎、戒骄戒躁、艰苦朴素、洁身自好的生活作风；坚决反对铺张浪费、大手大脚的不良习惯,弘扬艰苦朴素、勤俭建国的精神,磨练艰苦奋斗的意志,踏踏实实地工作,不断为党和人民建立新的业绩。

一代伟人虽离去,风范永存天地间。有人遗憾:周恩来没有留下遗体,没有留下骨灰,他似乎什么也没有留下。但他给我们留下了弥足珍贵的周恩来精神,这是一笔极其丰富极其宝贵的精神遗产,可供子孙后代享之不尽、用之不竭。

历史在发展,时代在前进。老一辈无产阶级革命家开创的伟大事业需要后人来继承,去完成。我们一定要学习周恩来精神,继承周恩来遗志,在全面建设小康社会、构建社会主义和谐社会的征程上,紧紧团结在以胡锦涛为总书记的党中央周围,以邓小平理论为指导,按照党的十七大提出的各项任务和要求,高举建设有中国特色的社会主义的伟大旗帜,团结奋斗,开拓进取,克服前进道路上的各种艰难险阻,为中华民族的伟大复兴,为建设一个高度民主、高度文明的社会主义现代化强国而努力奋斗。

后 记

为了纪念周恩来同志诞辰 110 周年,我们从 2007 年初开始,就着手征集周恩来与河北的相关资料。在广泛征集、占有大量资料的基础上,省委党史研究室有关同志进行了认真研究和精心谋划,并本着有所创新、有所突破的原则,使该书既有史料性,更有可读性。我们采取纪实文学性的写法,按照周恩来到河北视察的情况,以时间和地域相结合的形式,编写了本书的章节纲目。之后又组织相关同志进行了反复讨论和修改。纲目确定后,经室领导审阅同意,即开始落实人员,分工撰稿。具体执笔者:张平均、丁建同、张建华、杜丽荣、张振岭、余炳荣、郭冰、田超、刘洪升等同志。

书稿形成后,张平均、丁建同对章节纲目及全部书稿进行了认真修改,并负责全书的统稿。

省委党史研究室的领导对编写此书极为重视,主任安树彦、副主任赵胜军、李殿京多次反复审阅书稿,并提出了许多指导性意见。还在各方面给予了大力支持。特别是副主任赵胜军先后几次认真审阅书稿,并对有关章节亲自动手进行修改。编研二处、编研三处、资料室、办公室等处室也在人力物力、复印扫描、资料借阅等方面给予了大力支持和帮助。

各市委党史研究室和相关单位也对此书的编写给予了很多支持。原沧州市委党史研究室主任王国新、唐山警察学校副校长曾文友、承德市委党史研究室科长郝洪喜、唐山市妇幼保健院高振芬等同志积极为本书提供了部分稿件。保定、邯郸、邢台、秦皇岛等市委党史研究室也都积极为本书的资料征集提供了很有价值的线索。同时,在本书的编写过程中,还参考和摘引了部分公开出版的史料书籍及官方网站的相关史料。对此,我们一并表示衷心感谢。

由于编者水平有限,加之时间仓促,本书从资料的选编到内容的编排,可能有许多不妥之处,敬请广大读者多提宝贵意见。

编 者

2008 年 2 月于石家庄

《周恩来与河北》
主要资料来源及参考书目

1、《周恩来选集》上、下卷,人民出版社,1980年12月出版。

2、《周恩来年谱》(1989—1949),中央文献出版社、人民出版社,1990年3月出版。

3、《周恩来年谱》(1949—1976)上、下卷,中央文献出版社,1997年出版。

4、《周恩来传》(1989—1949),人民出版社、中央文献出版社,1989年2月出版。

5、《周恩来传》(一至四卷),中央文献出版社,1998年2月出版。

6、《周恩来生平》上、下卷,吉林人民出版社,1997年6月出版。

7、《风雨四十年》第一部,中央文献出版社,1994年10月出版。

《风雨四十年》第二部,中央文献出版社,1996年1月出版。

8、《领袖在河北》,中共党史出版社,1993年11月出版。

9、《领袖莅临邯郸纪实》,中共党史出版社,1994年4月出版。

10、《邢台地震与抗震救灾》,中央文献出版社,2006年3月出版。

11、《周恩来与他的世纪》(1898—1998),中央文献出版社,1992年11出版。

12、大型电视文献纪录片《周恩来》,陕西人民出版社、珠海出版社,1998年2月出版。

13、《周恩来和他的事业》,中央党史出版社,1990年9月出版。

14、《周恩来的最后岁月》,中央文献出版社,1995年12月出版。

15、《周恩来在文化大革命中》,中共党史出版社,1998年2月出版。

16、《共和国的经济与周恩来》,中共党史出版社,1996年9月出版。

17、《周恩来世纪行》,中共党史出版社,1998年2月出版。

18、《邓颖超传》上、下卷,人民出版社,1993年3月出版。

19、《中共顺直省委》,中共党史出版社,1994年8月出版。

20、《论调查研究》,中央文献出版社,2006年出版。

21、《党和国家领导人在秦皇岛》,中央文献出版社,2006年1月出版。